충청 역사문화 연구

● 지은이

윤용혁 _ 尹龍爀

1952년 목포에서 출생하여 광주고등학교와 공주사대 역사교육과를 졸업하였다. 고려대학교 대학원에서 석사와 박사학위를 받았고, 일본 츠쿠바(筑波)대학과 국립해양유물전시관에서 각 1년 간 연구교수를 하였다. 1980년부터 공주대학교 역사교육과 교수로 재직하고 있으며, 공주대 박물관장, 백제문화연구원장, 대학원장 및 충남발전연구원의 역사문화센터장, 호서사학회장, 한국중세사학회장 등을 역임하였다. 충청남도 문화재위원, 문화재청 문화재전문위원, 충청문화재연구원의 이사를 겸하고 있으며, 2007년도 충청남도문화상을 수상 하였다. 저서로서는 『고려 대몽항쟁사 연구』(1991), 『고려 삼별초의 대몽항쟁』(2000), 『고려·몽골전쟁사』(2007), 『공주, 역사문화론집』(2005) 등이 있다.

忠淸 歷史文化 硏究

충청 역사문화 연구

초판인쇄일	2009년 4월 10일
초판발행일	2009년 4월 13일
지 은 이	윤용혁
발 행 인	김선경
발 행 처	도서출판 서경문화사
	주소 : 서울 종로구 동숭동 199 - 15(105호)
	전화 : 743 - 8203, 8205 / 팩스 : 743 - 8210
	메일 : sk8203@chollian.net
인 쇄	한성인쇄
제 책	반도제책사
등록번호	제 1 - 1664호

ISBN 978-89-6062-040-7   93900

정가 22,000원

충청 역사문화 연구

윤 용 혁 지음

서경문화사

금강을 내포에서 넘나들며…

'일사후퇴 때 피난 내려온' 것은 아니지만, 이제 나의 충청도 생활
은 거의 40년을 헤아리게 되었다. 그것은 갯바람 속 남녘 고향 언저리에
서 보낸 것보다 두 배 이상이나 긴 시간이다.

직장으로서의 공주 생활이 개시된 1978년, 백제문화권 개발 추진을
위한 문화재 조사 사업이 처음 시작되었다. 이후 충남 여러 지역에 대한
지표조사에 직접 참여하는 기회가 잦았고, 때로는 고고학적 발굴 업무에
간여하기도 하였다. 모교인 공주대에서 박물관장과 백제문화연구소장
등을 역임한 것이 10년이었고, 도의 문화재위원 등 지역에서의 역사문화
관련 사업에 역시 오랫동안 참여하여 왔다. 그러나 공주에서의 역사 관
련 업무란, 대개 백제 관련이거나 아니면 문화재에 대한 것이 거의 전부
여서, 정작 나의 실제 전공 분야인 고려시대사의 용도는 그냥 강의실과
연구실의 범위를 넘어서지 못하는 것이었다. 지역 관련의 고려 역사에
대한 작업은 시, 군지 집필에서나 간혹 필요한 정도였다. 그러나 그나마 이러한
소소한 작업을 통하여 얻어진 아이디어가 논문으로 이어진 경우가 여러 번이어
서, 그것이 이 책을 간행할 수 있는 하나의 기반이 되었다.

본 저서 『충청 역사문화 연구』는 필자의 충남역사 관련 논문을 주로 모은 것
이다. 이러한 점에서 이 책은 2005년에 간행한 『공주, 역사문화론집』의 자매편이
라 해도 좋을 것이다. '공주' 책의 주제가 고대에서 근세에 이르는 긴 시기에 걸쳐
있었던 것에 비하여, 이 '충남'의 경우는 그 대부분이 중세 논문이어서 '공주' 보
다는 나의 전공에 더 근접한 논문들이기도 하다. 이것을 다시 손질하여 3장으로
나누어 금강문화권과 내포문화권, 그리고 다른 중세 충남의 논문으로 정리하고,
맨 앞에 충남 역사문화의 정체성이라는 글을 추가 하였다. 고려시대 충남 관련 자
료가 희소한 여건에 비추어 이 책은 고려시대 충남의 복원이라는 점에서 일정한
의미를 갖는다고 생각한다. 9편 논문의 내용은 지역적으로 충남의 10개 시군에 걸

쳐 있다. 논문의 대상 지역이 그렇게 고르게 분포 할 수 있게 된 중요한 이유의 하나는 금강권과 내포권을 매일처럼 넘나들었던 나의 '이중생활' 때문이었다.

몇 년 전 형님의 회갑에 즈음하여 나는 전혀 생각지 않게 자작의 호 하나를 떠올리게 되었다. '송하(松下)' 라는 것이 그것인데, 그것은 목포(木浦)에서 생장하여 공주(公州)에서 한 세월 살게 된 나만의 이력이 담긴 조합(組合) 문자이다. 그런데 공주라고는 하지만, 실상은 지금 15년 세월을 내포의 예산에서 기숙하고 있는 처지여서, 1시간 거리 금강권과 내포권을 아침 저녁으로 넘나드는 박쥐 인생이 되어 있는 것이다. 처음 공주에서 함께 살던 동료들은 웬만하면 다 동쪽 큰 저자거리로 옮겨갔고 옛날 달마라는 스님도 동쪽으로 갔다는데, 나만은 반대로 서쪽으로 간 것이다. 그래서 가끔은 두 갈래 길에 서서 시인 프로스트가 갖게 되었던 상념을 떠올리게 된다. 그리고 솔직히는 나의 아이들에 대해서, 내가 잘못을 저지른 것은 아닌가하는 자책을 해보는 경우도 있었던 것이 사실이다. 그래서 이 '충남' 의 책을 나는 누구보다 나의 아이들, 지현과 재각에게 선물하고 싶다는 생각을 갖게 되었다. 공주에서 태어나 예산에서 성장하고, 다시 공주에 머물고 있는 '충남' 고향의 두 아이, 그들에게 이런 저런 핑계로 내가 주지 못한 것들, 나의 잘못에 대한 변명을 조금이라도 대신할 수 있을까 하는 생각에서이다.

이 책의 끝에 붙인 '연표' 는 이해준 교수가 만든 자료를 빌려 보완한 것이다. 이교수로부터의 오랜 학문적 도움에 대해서는 특별히 지면을 통하여 감사를 드린다. 또 최우윤과 정세진이 책의 정리 작업을 도와주었던 점을 밝혀둔다.

끝으로 책의 출판을 흔쾌히 맡아주신 김선경 사장 및 서경의 편집진 여러분에게 깊은 감사의 말씀을 드리고 싶다. 그리고 이 책의 정리를 위하여 공주대학교 교내 연구비의 지원을 받은 사실을 여기에 부기함으로써 감사의 마음을 표하고자 한다.

2009. 2. 28.

신관동 연구실에서 **윤 용 혁**

총론 충남 역사문화의
정체성

충남 역사문화의 정체성

머리말

　행정중심복합도시의 건설, 충남도청의 이전 확정 등은 충남도민의 오랫동안의 소외감을 어느 정도 해소하면서 지역발전에의 기대감을 높여주고 있는 것으로 보인다. '한국의 중심(HEART OF KOREA)' 이라는 충남의 브랜드로고는 이같은 기대와 자신감을 반영하는 것이기도 하다. 그러나 충남지역의 장기적 발전을 위해서는 충남의 역사적 문화적 정체성을 깊이 인식하고 이를 바탕으로 발전의 방향을 가다듬어갈 필요가 있다.

　지역의 역사문화의 정체성을 이해하기 위해서는 이에 대한 많은 논의를 필요로 한다. 분야에 따른 전문적인 연구 결과는 그동안 상당한 축적을 보인 것이 사실이지만 이를 총괄적으로 정리하여 그 역사 문화적 전망을 간명하게 제시한 작업은 많지 않아 보인다. 이러한 측면에서 본고는 다분히 주관적이고 거친 글이기는 하지만, 충남의 역사문화적 정체성을 파악하는데 얼마간 도움이 되지 않을까 생각한다. 이같은 논의가 전문 학자들에 의하여 앞으로도 좀더 제안되기를 기대한다.

1. 충남의 지정학적 조건

1) 터를 고르면 가장 살만한 곳

한반도의 중서부에 자리한 충남은 산과 강과 들과 바다가 고르게 갖추어져 있는 지역이다. 들은 아주 넓지도 좁지도 아니하며, 산은 높지도 낮지도 않으며 강도 아주 길지도 짧지도 않다. 태풍과 가뭄 등 자연 재해도 적은 편이다. 이러한 자연 조건은 예로부터 사람들이 살기에 적합한 조건이 되었다. 이같은 충남 지역의 자연적 인문적 환경에 대하여 가장 좋은 묘사의 하나가 조선조 이중환의 『택리지』에 적혀져 있다.

> (충청도의) 물산은 영남 호남에 미치지 못하나 산천이 평평하고 아름다우며, 서울에 가까운 남쪽에 있어 사대부들이 모여 사는 곳이 되었다. 그리고 여러 대를 서울에 살면서 이 도에 전답과 주택을 마련하여 생활의 근본으로 삼지 않은 집이 없다. 또 서울과 가까워 풍속에 큰 차이가 없으므로 터를 고르면 가장 살만하다.

즉 충청도(충남) 지역은 물산이 여유 있는 편이고 산천도 평범하면서도 예쁜 맛이 있고 더욱이 서울에 가까워 사대부들이 살만한 곳으로 선호하였다는 것이다. 이러한 모나지 않은 자연적 조건, 모든 것이 그럭저럭 고루 갖추어져 있는 조건, 그러면서도 조금은 여유 있는 물산 등 제요소는 충남 사람의 심성을 그와 닮게 만들었다고 할 수 있다. 억척스럽거나 요란하지 않은 기질, 튀는 것을 경계하며 대체로 중간쯤에 끼어 있는 듯한 특성이 그것이다. 충남의 여유 있고 부드러운 말씨 역시 그러한 자연적 조건과 연결된다.

2) 금강권과 내포권

그러나 같은 충남 지역이라 하더라도 공주·대전을 중심으로 한 동남부지역과, 이른바 '내포문화권'으로 칭해지는 서부지역과는 지역적 차이가 있다. 충남의 동남부 지역은 대체로 백제시대의 왕도와 그 주변 지역으로서, 금강과 계룡산으로 상징되는 내륙의 공간이다. 그러나 서부의 내포지역은 바다를 끼고 있고, 가야산과 삽교천이 그 줄기를 구성하고 있다. 차령산맥의 줄기가 서남으로 빗겨 질러가면서, 충남을 동남과 서북으로 구분지어 놓은 것이다. 이중환은 『택리지』에서 공주·대전권의 충남 동남부 지역에 대하여 다음과 같이 긍정적인 묘사를 한 바 있다.

(공주) 공주는 경계가 매우 넓어 금강 남쪽과 북쪽에 걸쳐 있다. 지방 사람들 사이에 전해오는 말에 "첫 째가 유성이고 둘 째가 경천이며, 셋 째가 이인이고 넷째가 유구"라고 하는데, 이것은 살만한 곳을 말한 것이다.

(대전) 갑천 동쪽은 회덕현이고, 서쪽은 유성촌과 진잠현이다. 동서 양쪽의 산이 남쪽으로 들판을 감싸 안으며 북쪽에 와서는 서로 교차되어 사방을 고리처럼 둘러 막았다. 들 가운데는 평평한 둔덕이 구불구불하게 뻗었고, 산기슭이 깨끗하고 빼어나다. 구봉산(九峰山)과 보문산은 남쪽에 불끈 솟아 맑고 밝은 기상이 한양 동교(東郊)보다 나은듯하다. 전지(田地)가 아주 좋고 넓으나, 바다가 조금 멀어 서쪽으로 강경의 교역에 힘입는데, 강경까지는 백리 거리이다.

한편 삶의 조건으로서의 충남 서북 내포지역에 대한 평가도 만만치 않다. 이 내포지역은 내륙수로의 교통상의 기능 쇠퇴, 대전권의 발달 등에 의하여 근대 이후 지역발전이 늦어졌지만, 사람들의 거주 환경으로서는 일찍부터 높은 평가를 받았다.

(내포) 충청도에서는 내포가 가장 좋다. 공주에서 서북쪽 200리 쯤에 가야산이 있다. 서쪽은 큰바다이고 북쪽은 경기의 바닷가 고을과 큰 못(大澤) 하나를 사이에 두고 있으니, 곧 서해가 쑥 들어온 곳이다. 동쪽은 큰 들판이고, 들 가운데에는 또 큰 개(大浦)가 있으니 이름이 유궁진(由宮津)으로, 밀물이 들어오지 않으면 배를 이용할 수 없다. 남쪽으로 오서산에 막혀 있는데 가야산으로부터 온 맥으로 단지 동남쪽으로 공주와 통한다.

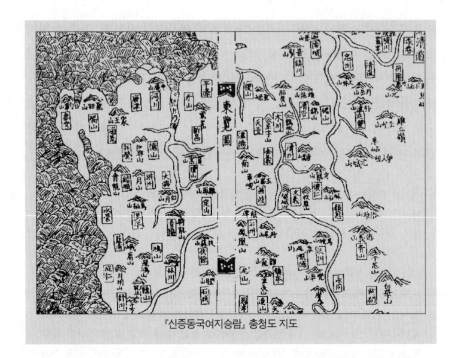

『신증동국여지승람』 충청도 지도

가야산의 앞뒤에 있는 10고을을 함께 내포라 한다. 지세가 한 모퉁이에 멀리 떨어져 있고, 또 큰 길목이 아니므로 임진 병자의 두 차례 난리에도 여기에는 미치지 않았다. 땅이 기름지고 평평하다. 또 생선과 소금이 매우 흔하므로 부자가 많고 여러 대를 이어 사는 사대부 집이 많다. 그러나 바다 가까운 곳에는 학질과 염병이 많다. 산천이 비록 평평하고 넓으나 수려한 맛이 적고 구릉과 습원(濕原)이 비록 아름답고 고우나 천석(泉石)의 기이한 경치는 모자란다.

같은 충남이라고는 하지만, 금강을 끼고 있는 공주·부여·논산·연기·대전 등 동부권과 삽교천을 중심으로 한 내포지역은 일정한 문화적 차이가 있다. 그 이유는 이들 두 지역이 금강과 삽교천을 각각 대내외의 주교통로로 활용하면서 별개의 생활권이 조성되어온 반면 차령산맥의 줄기가 양 지역간 교통상의 단절성을 가져왔기 때문이다. 대체적으로 이들 두 지역의 역사적 문화적 격차는 퍽 현저한 편이며 지역개발상의 문제, 도내 권력의 주도권 문제 등 일련의 요소에 의하여 현재까지 보이지 않는 갈등구조가 저면에 잠재하여 있다고 할 수 있다.

3) '금강, 내포' 이외의 제3의 권역

충남을 동남의 금강권(백제고도권 내지 대전 근린권)과 서북의 내포권으로 대별할 때, 여기에서 벗어나 있는 제3의 지역이 천안·아산 및 서천 지역이다. 천안·아산은 충남의 북부에 위치하면서 삽교천의 교통로의 주변부에 위치해 있는데, 나누자면 내포권에 가깝다. 그러나 근년 서울 중심의 체제로 재편되면서 충남보다 오히려 수도권의 범위에서 파악되는 별도의 권역을 형성하게 되었다.

서천은 금강의 하류에 있다는 점에서 금강을 교통축으로 하는 충남의 동남권에 가까웠다. 그러나 공주 등지와 지리적으로 상당히 멀고, 특히 근대 이후 수로교통의 기능이 무의미해짐으로써, 충남의 두 권역에서 모두 고립되는 위치가 되었다. 지리적으로는 전북 군산권이라 할 수 있지만, 군산과는 행정권을 달리하고 있기 때문에 오히려 군산의 영향력과 대립하며 독자적 입지를 갖추어야 한다는 점에서 충남도내에서 고군분투의 가장 어려운 입지에 처하게 된 것이 서천이라 할 수 있다. 충남의 지역 문화 이해에 있어서는, 이 같은 도내의 내부적 격차감을 파악하는 것이 매우 중요한 요소임을 유의할 필요가 있다.

2. 충남문화의 바탕 - 백제문화

1) 백제에 이르기까지

한강 유역에 거점을 두고 있던 백제가 금강유역으로 그 중심을 옮긴 것은 475년의 일이다. 고구려 장수왕의 남진정책에 의하여 백제의 왕도

한성이 함락된 결과였다. 이후 660년 나당 연합군에 의한 부여 도성의 함락에 이르기까지 약 2백년 간, 백제는 공주와 부여, 금강유역을 새로운 왕도로 하여 발전하게 된다. 그러나 백제의 공주 천도, 그리고 금강권에서의 발전이 결코 우연은 아니었다. 일찍부터 일정한 지역 발전의 조건을 갖추고 있었기 때문이다.

공주·부여의 금강 중류지역은 수만 년 전 구석기 문화의 존재에서부터 신석기시대, 청동기시대, 철기에 이르면서 많은 삶의 흔적이 축적된 곳이다. 충남은 한반도에서 가장 풍부한 청동기문화의 거점이었다. 충남의 대부분 시군에서 청동기에서 초기 철기시대에 이르는 청동기 유물과 집자리들이 풍부하게 발견되고 있는 점이 이 점을 입증한다. 이들은 구릉지대를 그 거주지로 선호하며 벼농사를 짓기 시작하며 경제적 부를 축적하고, 전쟁을 통한 생존경쟁을 치르고 있었다. 마한시대 주거지로 인식되는 공주 장선리 유적도 주목할 만하다. 백제 이전의 이 같은 지역기반이 백제시대 문화의 발전 혹은 백제 왕도로서의 기반이 되었던 것이다.

2) 백제의 왕도(475-660)

금강권에서의 백제왕도 기간은 475-660년에 이르는 약 2백년이다. 백제의 건국을 기원 직전의 시기로 생각할 때, 천도 이전 약 5백년의 도읍이 현재의 서울(한성)이었기 때문에, 공주·부여 2백년은 상대적으로 짧은 기간이었다는 느낌을 갖게 한다. 금강유역의 백제가 한성 백제의 절반 기간에도 미치지 못하는 기간인데도 백제를 바로 공주·부여와 연결짓는 이유는 바로 이 금강유역의 거점 기간동안 백제가 문화적 발전과 대외교류에 의한 문화 전파 등 괄목할 활동을 보여주었기 때문이다. 이같은 문화의 발전과 전파에 가장 중요한 파이프(管) 역할을 담당한 것이 불교였다. 이러한 점에서 공주·부여시대의 불교는 단순한 종교라는 단위가 아닌 선진의 종합적 문화체계였다고 할 수 있다.

백제시대 공주 부여의 왕도로서의 발전은 금강이 갖는 경제·물류운송·군사 등의 제 기능을 배경으로 하는 것이었다. 그만큼 금강의 영향은 절대적이다. 이 금강의 기능은 백제의 멸망 이후에도 지역의 행정중심을 이곳에 계속 유지할 수 있었던 배경이 되었다. 신라의 통일이후 웅천주(오늘의 충남지역)의 치소가 공주에 설치되었고, 이러한 중심성이 조선조 후기, 1602년 충청감영의 공주 설치로 연결된다. 금강의 기능이 상실된 근대 이후 대전의 도시 건설과 발전은 금강의 역사적 기능 변화에 대한 대체 결과였다고 할 수 있다. 이 점에서 충남으로부터 대전의 분리는 단순한 도시의 분리가 아니라, 충남이 갖는 역사적 전통의 근간 체계를 무너뜨리는 것이었다. 근년 충남이 갖는 문화적 중심성의 상실과 혼란은, 이러한 인위적 정치적 조치의 부작용의 결과라 할 수 있다.

3) 무령왕릉과 백제금동대향로

공주·부여 2백년 백제의 도읍기간동안 백제문화를 대표하는 상징물을 든다면 공주의 무령왕릉과 부여의 백제금동대향로일 것이다. 무령왕릉은 6세기 전반 공주도읍기의 정치적 문화적 대외적 발전을 상징하는 가장 대표적인 유적이며, 금동향로는 6세기 후반 부여에서의 백제문화 발전을 가장 잘 집약한 명품 유물이다. 전자는 1971년에, 후자는 1993년에, 대략 20여 년 간격을 두고 공주·부여에서 발견되어 백제문화의 우수성을 부각시켰다. 전자가 백제문화에 있어서 불교적 요소를 강조하고 있다면, 후자는 불교 이외의 보다 다양한 사상적 내용을 포괄하고 있다는 점에서도 상징적이다. 이러한 점에서 이들 유물 유적의 등장 자체가, 현대에 있어서 '백제 이벤트'와 같은 성격을 가지고 있다. 이들이 지역을 달리하여 차례로 발견된 점도 매우 흥미 있다.

최근 공주에서는 무령왕릉을 소재로 한 공주 중심의 한중일 국제교류의 추진 및 무령왕 소재의 백제문화제를 시도하고 있다. 백제문화의 중요성을 애써 강조하여왔지만, 그러나 우리의 역사문화재중 유네스코의 세계문화유산에 아직 등재 시키지 못한 나라가 백제이다. 백제문화를 상징화하려 할 때, 그 대표성을 분명하게 갖는 공주 부여 두 지역에서의 상징이라는 점에서, 위의 두 자료가 갖는 의미에 대하여 유의할 필요가 있다.

4) 내포지역의 백제 불교문화

금강권을 중심으로 한 백제문화의 발달에 부수하여 내포권에서도 백제문화의 발달이 함께 이루어졌다. 그리고 그것은 왕도의 부수적 차원이 아닌, 독자적 문화발전의 단계에까지 이미 이르러 있었다는 점을 주목할 필요가 있다. 이같은 백제시대 내포지역의 독자수준의 문화 발전을 상징하는 것이 내포지역의 '삼불(三佛)'이다. 예산 사면석불(보물 794호), 태안 마애삼존불(국보 307호), 서산 마애삼존불(국보 48호) 등이 그것이다.

1983년에 발견된 예산의 사면불은 예산군 봉산면 화전리에 소재한다. 높이는 대략 3m, 4면중 넓은 면은 110-120cm, 좁은 면 50-60cm이다. 남쪽의 좌상은 본존에 해당하는데, 연꽃무늬를 두광(頭光)으로 하면서 불꽃이 치솟는 듯한 광배를 가지고 있다. 남면의 좌상에 비해, 동면 및 서·북면은 입상이다. 백제의 대표적 석불로서 서산 마애불보다 제작 시기가 다소 앞서는 6세기 중엽의 조성으로 추정되고 있다. 태안군 태안읍 남문리 백화산 기슭에 소재하는 태안마애불은 양옆의 높이 2m가량의 여래상, 중앙의 1.3m 높이 보살상을 배치하여 다소 파격적인 구도를 가지고 있다. 불상 명칭은 가운데는 관음보살, 왼쪽은 석가여래, 오른쪽은 약사여래로 파악되며 조성 시기는 예산과 서산의 중간인 6세기 말로 추정한다. 서산시 운산면 용현리 소재의 서산마애삼존불은 '내포삼불' 가운데 가장 널리 알려진 불상이다. 가운데 높이 2.8m의 석가여래본존상을 중심으로 왼쪽 보살입상은 1.7m, 오른쪽은 결가부좌의 미륵반가사유상을 배치하였다. 화사한 본존의 웃음으로 인하여 '백제의 미소'로 널리 알려져 있다. 연대는 3불 가운데 가장 늦은 7세기 초로 추정된다.

　중요한 것은 백제시대 왕도에서 떨어져 있는 지방에 어떻게 이러한 불교문화 유산이 집중적으로 형성될 수 있었는가 하는 문제이다. 백제의 불교는 만인의 종교가 아니라, 왕실과 귀족만을 범위로 하는 소수 지배세력의 종교였기 때문이다. 이에 대한 해석으로 흔히 내포지역의 대외 교통상의 기능을 들고 있다. 즉 이 지역이 중국의 선진문물 유입의 통로였으며, 그 결과 선진의 불교문화가 일찍 정착할 수 있었다는 것이다. 백제시대 이 지역이 대외교통의 주요 거점이었으리라는 것은 부정하기 어렵겠지만, 왕족과 귀족들에 의한 지역문화의 기반이 일찍 자리 잡혀 있었다는 사실도 주목하지 않으면 안 된다. 다시 말해서 이들 내포3불은 백제 당시 이미 왕도에 버금하는, 독자적 문화발전의 기반 위에서 조성된 것이었다는 것이다. 금강권에 위치한 백제의 왕도가 660년 나당군에 의하여 함락되었을 때 가장 먼저 조직적 대규모적으로 '백제 부흥' 의 군을 일으킨 거점이 다름 아닌 이 내포지역이었다는 사실은, 내포지역에 있어서의 왕도에 버금하는 이같은 독자적 지역 문화 기반의 구축을 짐작하게 하는 것이다.

5) 백제문화의 대외적 영향력

　백제문화는 기본적으로는 토착문화와 외래문화의 결합에 의하여 이루어진 것이라 할 수 있다. 백제 지배층의 주류가 고구려 계통이었다는 점, 백제문화의 발전에 중국의 선진 문화가 크게 기여하였다는 점을 부정할 수 없기 때문이다. 그러나 그것이 '백제문화' 라 할 수 있는 것은 백제 이전에 이미 토착민에 의한 문화가 전개되고 있었고, 결국 외래의 신문물은 토착문화의 바탕과 자연지리적 여건에 영향을 입으면서 발전되었기 때문이다.

　충남권에서 꽃피운 백제의 고대문화는 신라에도 영향을 주었다. 신라의 대표적 사찰이었던 황룡사와 9층탑 건설에 백제의 기술자 아비지가 주도적 역할을 담당 하였다는 사실은 이를 단적으로 입증하는 것이며, 백제 석탑의 조성이 신라에서 계승되어 일반화되었던 것도 그 대표적 예이다. 그러나 신라에의 영향은 정치적 환경 때문에 크게 제한되었다. 반면 백제문화의 고대 일본에 대한 영향력은 훨씬 괄목할 만하였다. 백제의 불교가 일본에 전해지면서 불교라는 종교만이 아니라 불교를 바탕으로 한 최신의 문화와 기술, 예술이 선진 지식인층의 집단 이주를 수반함으로써 '패캐이지'로 전달되었기 때문이다. 이것이 일본 고대문화 개화의 기초가 되어 이후 일본역사의 발전에 큰 동력이 되었음은 잘 알려진 사실이다.

　백제문화의 일본에의 영향은 잘 알려져 있지만, 이에 대한 구체적인 내용 혹은 이같은 역사적 사실을 오늘날 우리가 어떻게 인식하고 접근해야 할 것인가에 대해서는 퍽 많은 혼란이 있다. 첫째로 일본 고대에 있어서 백제문화의 영향에 대한 구체적 실상은 장기적으로 연구되어야 할 과제라는 점을 지적하고자 한다. 중국문화와의 관계에서와 마찬가지로 백제문화의 일본에서의 전개는 직접적 간접적 여러 양상이 있으며 거기에는 일본 자체의 문화적 역량과 감각도 포함되어 있기 때문이다. 구체적으로 무엇이 백제적인가는 면밀한 객관적 자료와 논증을 필요로 하는 작업이다. '심증'과 감각적 결론이, 과학적 자료와 근거에 의하여 뒷받침되기 위해서는 기초적인 조사와 연구의 작업이 중요하다. 둘째는 일본에의 문화적 영향이라는 것을, 일본에 대한 문화적 선진성이라는 관점 일변도로 지나치게 단순화하는 인식의 문제이다. 백제가 고대에는 더 발전해 있었다는 것을 논증하는 것으로는, 그 의미가 적다는 것이다. 셋째는 과거의 역사를 오늘 우리가 어떻게 '사용'하여야 할 것인가의 문제에 대한 진지한 고민이 필요하다는 것이다. 특히 국제교류의 중요성이 날로 증대되는 시대에 국제성 있는 백제의 역사를 이에 접맥시켜 활용하는 것은 매우 중요한 연구의 소재라 할 수 있다.

3. 충남문화의 전개 - 백제문화의 계승

1) '붓의 문화' 로서의 백제문화의 계승

충남에서 꽃피웠던 백제문화는 기본적으로 무(武)의 문화이기보다는 문(文)의 문화, 칼의 문화가 아닌 붓의 문화였다. 문의 문화는 사상과 종교와 예술을 포괄하는 문화이다. 7세기 후반 백제는 정치적으로 멸망하였지만 그 문화적 바탕은 시대를 흐르며 계승되어 내려왔다. 신라, 고려시대 불교문화의 진흥은 충남지역에 풍부한 불교문화의 유산을 꽃피우게 하였다.

불교문화의 중심 거점은 금강권은 계룡산, 내포권은 가야산 일대였다. 계룡산의 갑사 · 신원사 · 동학사, 가야산 일대의 수덕사 · 개심사 등이 그 유산이며, 그 중간 어간에 마곡사와 무량사 등이 현재 남겨진 대표적인 절들이다. 그러나 남겨진 곳보다 이미 황폐되어버린 곳이 훨씬 많았다. 구룡사를 비롯하여 계룡산 일대에 조성된 절들, 가야사 · 보원사 · 성주사 등 내포권의 절터는 한 시대 한국의 불교를 주름잡는 터전이었다. 불교의 신앙층 확산에 따라 보다 다양한 불교문화유산이 조성되었는데, 충남의 경우는 거대규모의 석불, 혹은 바위벼랑에 새긴 마애불이 많이 분포한 것이 특징이 되고 있다. 크기로 말하면 높이가 20m에 가까운 논산의 관촉사 석불이 대표적이지만, 이외에도 공주 · 부여 · 천안 · 아산 · 당진 · 예산 · 홍성 등 충남의 여러 지역 도처에 이같은 거석불들이 풍부히 조성된 것은 신라, 고려시대 지역 세력의 불교문화적 기반이 충남에 있어서 그만큼 폭넓게 확산되어 있었음을 입증한다. 그리고 그것은 백제민의 정치적 좌절을 극복하는 지역민의 에너지가 결집된 것이었다는 해석을 할 수 있다.

2) 도자예술에 깃들여진 백제 혼

백제지역에서 후대에 백제의 예술 혼을 가장 잘 이루어낸 사례로서

도자예술의 발전을 들 수 있다. 한국에서의 도자문화는 고려청자의 발전에서 기원된다. 고려청자의 기술은 중국의 송대 자기의 영향을 많이 받은 것이 사실이지만, 이것이 '고려청자'로까지 발전될 수 있었던 것은 고려의 예술 혼이 이에 접맥되어 꽃피워졌기 때문이다. 고려청자의 가장 대표적 산지는 전남의 강진과 전북의 부안이었다. 이른바 명품 고려청자의 주산지였던 것이다. 이들이 모두 서해 또는 서남해안가에 위치한 것은 생산 이후 소비지 개성까지의 운송 문제가 전제된 측면도 있겠지만, 청자의 제작 기술이 중국으로부터의 것이었음도 연관이 있다는 생각이다.

청자이후 한국의 도자문화는 조선초기의 분청사기를 거쳐 조선시대 백제문화의 발전과 보편화로 이어진다. 그 과정에서 백자는 이천·광주·여주 등지의 경기지역이 최상의 명품을 생산하였고, 분청사기는 충남 공주의 것이 가장 유명하다. 흥미 있는 것은 이들 도자문화의 대표지역, 강진·부안과 이천·광주·여주, 그리고 공주 등지가 모두 고대의 백제지역이었다는 사실이다. 그러한 의미에서 한국의 도자문화는 백제의 예술 혼과 장인 정신의 계승이라는 논리를 전개하는 것이 가능하다.

청자·백자·분청사기의 3개 관련지역 중 충남에 소재하는 곳은 계룡산 분청사기로 유명한 공주이다. 공주의 분청사기 중에서도 반포면 학봉리에서 많이 생산된 철화분청사기가 특히 유명하지만, 조선시대 15·16세기의 분청사기 도요지는 공주의 여타 지역 및 인근 연기지역에 풍부하게 분포하고 있다. 공주 학봉리의 분청사기는 유달리 거친 태토에 막걸리색 같은 분장토를 바르고 귀얄로 선명하게 칠을 한 다음 자연철로 문양을 그리고 소성하여 짙은 먹쑥색으로 발색하였다. 분청사기는 고려청자에 비하여 제작의 공정을 단순화하고, 문양 등의 기법에 있어서 보다 자유분방함을 특징으로 한다. 청자가 귀족적이라면, 분청사기는 보다 대중적 취향이다. 청자가 고전적 미의 정수라면, 분청사기는 현대예술과도 소통이 가능한 자유롭고 대중적인 감각을 가지고 있다. 이같은 역사성에 비추어 충남에서는 분청사기 문화의 계승 및 발전을 위하여 좀더 분발할 필요가 있다.

공주의 도자문화는 임진왜란을 계기로 일본에 전해졌다. 당시 많은 도공들이 일본에 포로로 잡혀가 일본도자 문화의 발전에 절대적 공헌을 하였음은 널리 알려진 사실이거니와, 이른바 '아리타(有田)의 도조(陶祖)'로 유명한 이삼평(1579-1655)이 아마도 공주 지역에서 잡혀간 인물로 생각되고 있다. 공주시 반포면의 동학사 입구, 박정자 언덕에 세워진 7.5미터 높이의 이삼평 기념비는 1990년 일본 사가현의 아리타 사람들이 이삼평에 대한 '보은과 감사'의 뜻으로 이곳에 건립한 것이다.

3) 성리학의 수용과 발전

조선왕조 5백년을 사상적으로 지배한 것은 유교의 성리학이었다. 불교가 종교적 문화적 범위가 그 한계였다면, 성리학은 정치적 이념으로까지 기능함으로써 그 지배 범위는 불교보다 포괄적이고 강력하였다. 성리학이 발전하면서 우리나라에서는 지역을 기반으로 하는 두 개의 큰 학파가 성립한다. 이퇴계를 정점으로 한 영남학파와 이율곡으로 대표되는 기호학파가 그것이다. 기호학파는 경기 및 호서지역을 지역기반으로 하는 일군의 학자들을 말한다. 이 기호학파의 핵심지역이 바로 공주·논산·대전 등 충남의 동부 지역으로서 조선조 후기에 있어서 이들의 정치적 문화적 파워는 실로 막강하였다. 16세기 이후 금강의 중상류를 배경으로 하는 공주·논산·대전 충남의 동부권은, 지식기반의 '트라이 밸리(Tri-Valley)'라 칭할 만 한 곳이었다. 오늘날 대전 일대에 첨단의 '테크노 연구단지'가 들어선 것도 역사적인 맥락에 부합하는 것이라 할 수 있다.

성리학은 14세기 고려 말에 지식인사회에 기반을 잡았다. 그것은 불교문화를 축으로 운용되어온 사회의 한계점에 대한 인식에서 비롯된다. 이같은 시대적 배경에서 성리학은 빠른 속도로 여말의 지식인 사회를 점령하고 '성리학 혁명' 을 일으켜 왕조 교체를 이루었던 것이다. 이 초기 성리학 시대에 기여한 인물로서 금강의 하류, 서천 한산을 지역기반으로 한 이곡(李穀) · 이색 (李穡) 부자를 들 수 있다. 이곡은 여말 권부(權溥)의 제자이며 이색은 이제현의 제자가 된다. 즉 한산 이씨 가문인 이곡 · 이색부자의 성리학은 기호학파의 시원을 조성하며 금강을 거슬러 올라 16세기 이후 금강의 중상류 지역에 성리학의 '트라이 밸리' 를 성립시킨 것이다.

4) 호서 사림의 '트라이 밸리'

조선후기 성리학의 발전에 있어서 충남지역이 차지한 비중은 매우 높았다. 그 중에서도 충남의 동부지역 공주, 논산, 대전 지역은 조선후기 성리학의 기라성 같은 학자들을 배출한 곳으로 널리 알려져 있다.

공주에서는 임진왜란 이전에 고청(孤靑) 서기(徐起, 1523-1591)를 배출하였으며, 그의 유적이 반포면에 남아 있다. 공주시 상왕동 출신의 초려(草廬) 이유태(李惟泰, 1607-1684)는 공주의 성리학자로 가장 저명한 학자이다. 그의 묘소는 연기군 종촌면 행정도시 건설지역 안에 있으며, 유품의 일부는 공주대박물관에서 전시되고 있다.

대전의 탄옹(炭翁) 권시(權諰, 1604-1672), 동춘당(同春堂) 송준길(宋浚吉, 1606-1672), 우암(尤庵) 송시열(宋時烈, 1607-1689) 등은 조선후기 한국의 성리학 및 정치 일선에서 극히 중요한 비중을 차지한 일련의 인물이다. 한편 논산 역시 성리학의 한 거점으로서의 역할을 담당하였다. 연산(논산)의 사계(沙溪) 김장생(金長生, 1548-1631), 신독재(愼獨齋) 김집(金集, 1574-1656), 노성(논산)의 명재(明齋) 윤증(尹拯, 1629-1714)이 그 예이다. 그 가운데 호서사림의 연원을 정리한다면, 그것은 이율곡의 문하인 연산의 김장생-김집을 근간으로 한다. 이들의 학문적 특성은 예학이었으며, 이는 양란 이후의 사회적 혼란을 극복하려 하였던 것이다. 그들의 문하에서 송시열 · 윤선거 · 송준길 등 일련의 기라성 같은 인물들이 배출되었다. 그리하여 이 기호학파는 이퇴계의 영남학파와 더불어 조선후기 조선 성리학의 두 줄기를 형성하였던 것이다.

우암 송시열은 김장생의 문하로서 서인의 집권에 따라 중앙정계에서 커다란 영향력을 행사하였던 이른바 노론의 거두이다. 이들은 노성의 윤선거 · 윤증 부자와 대립하며 노 · 소론의 치열한 정쟁을 치르기도 하였다. 이상과 같은 일련의 내용은 조선조 후기에 있어서 대전 · 논산 · 공주 지역을 중심 거점으로 한 기호학파와 호서 사림의 정치적 비중을 입증하는 것이라 할 수 있다. 근년 추진중인 논산의 유교문화권 개발은 이같은 충남의 역사성을 반영하는 것이다.

5) 문화적 개방성

역사적으로 볼 때 충남문화의 중요한 한 특성은 문화적 개방성에 있다. 백제문화 자체가 외래문화의 수용에 의한 이의 자기문화화에 그 기반을 두고 있기 때문이다. 무령왕릉에서 백제 유물과 함께 수습된 중국으로부터의 도자기류, 그리고 일본으로부터 온 관목(棺木)은 백제가 갖는 개방적 교류의 양상을 입증하는 것이다. 개방성에 입각한 백제문화의 발전은 다시 신라, 일본의 문화에 영향을 주는 것이었다. 충남문화는 백제문화의 개화 이래 외래문화의 자기화, 그리고 이의 새로운 확산에 의하여 그 문화적 역사적 기능을 담당하여 왔다고 할 수 있다.

백제문화 이래, 조선조 도자문화의 발달이나 성리학의 발전은 이같은 문화적 특성과 관련이 있다. 성리학의 시대가 그 힘을 상실할 무렵, 충남은 서양으로부터의 종교인 천주교의 초기 신앙 거점으로서 새로운 기능을 담당하였다. 충남 가운데 특히 내포지방은 '한국 초기 천주교의 못자리'로서 널리 알려져 있고, 18, 9세기를 전후하여 많은 순교자와 위인을 배출하였다. 당진 · 서산 · 예산 · 보령 · 청양, 그리고 천안 · 공주 등지에 널려진 수다한 초기 천주교 유적은 충남문화가 새로운 문화 요소에 개방적이며, 이를 자기화하여 발전시키는 저력과 깊은 관련이 있다고 할 수 있다.

4. 충남문화의 정신

1) 효와 우애

충남의 문화와 사상을 이해는 데 있어서 빼놓을 수 없는 것이 '충효정신' 이다. '충효' 라는 것은 조선조 유교문화에서 특히 강조된 것이기는 하지만, 충남의 경우는 반드시 조선조 유교문화의 영향으로만 해석하기 어렵다.

효와 관련, 대표적 충남의 효자로서 금강권에서는 향덕, 내포권에서는 이성만 형제를 꼽을 수 있다. 향덕이란 인물은 8세기 신라시대 공주사람이고, 이성만 형제는 15세기 대흥(예산) 사람이다. 향덕은 모친이 병을 앓자 이를 치료하기 위하여 입으로 고름을 빨아내고, 부모 보양을 위하여 자신의 허벅지를 베어 먹인 인물인데,『삼국사기』에 열전이 만들어질 정도로 당대에 이미 효자로 부각되었던 인물이다. 이는 경주의 신라 경덕왕이 이 사실을 알고 집과 토지를 내리고 정려를 세우도록 하는 등 직접 포상조치를 하게 됨으로써 널리 알려지게 되었다. 향덕은 아마도 우리나라에서 처음으로 효행에 대한 포상으로 정려를 세우게 된 케이스라 할 수 있다. 관련 유적이 그가 살던 공주시 소학동에 남아 있다.

대흥의 이성만 형제는 효행보다는 형제우애로 널리 알려져 있는 인물이다. 형은 아우에게, 동생은 형에게 볏가리를 서로 가져다주다, 어느날 달밤에 형제가 마주쳤다는 유명한 이야기의 주인공들이다. 그들은 효행으로 널리 알려져, 15세기 세종대에 국왕으로부터 직접 포상을 받았으며 연산군 때 마을사람들이 이를 기념하여 비석을 세워주었는데, 이것이 지금까지 예당저수지 부근, 대흥동헌 앞에 옮겨 전하고 있다. 조선시대의

『동국삼강행실도』에는 향덕의 효행과 이성만 형제의 효행이 글과 그림으로 각각 묘사되고 있다.

충남에서는 많은 효열의 인물이 배출되었다. 그러한 가운데 얼마 전까지도 공주와 예산에서는 특히 효 문화의 진작이 시·군정의 역점 사업이었다. 이들 지자체 정책의 역사적 근거는 향덕이나 이성만 형제에게서 찾을 수 있다.

2) 충의정신

효와 함께 전통적인 충의정신은 충남지역 출신 인물들에 의하여 높이 고양되었다. 백제 멸망기 3천 결사대를 이끌고 황산벌에서 비극적 최후를 맞은 계백장군은 이 충의정신의 대표적 인물이다. 부여군 충화면에 그의 출생지로 전하는 곳이 있고 지금은 팔충사(八忠祠)라는 사당이 만들어져 있다. 계백장군 이외에 나라를 위하여 자신을 던진 역사상의 충남 인물들은 얼마든지 들 수 있다. 고려 말 왜구 토벌에 공헌한 최영 장군(1316-1388), 수양대군의 정치적 야심에 희생당한 김종서(1390-1453)와 사육신의 성삼문(1418-1456), 임진왜란의 이순신(1545-1598) 장군 등이 그 유명한 예이다. 최영은 우왕 2년(1376) 부여에서 홍산 대첩으로 왜구를 대파하였으며, 명의 철령위 문제 제기를 계기로 요동정벌을 결행하였으나 이성계의 위화도 회군으로 좌절, 죽임을 당하였다. "황금을 보기를 돌같이 하라"는 아버지의 유훈을 평생 실천하였으며, 그가 죽임을 당할 때 만일 자신이 탐오(貪汚)하였다면 묘 위에 풀이 날 것이라고 단언하였는데, 과연 풀이 나지 않았다고 한다.

김종서는 함길도 국경지방에서 삭풍을 무릅쓰고 여진족을 막아 우리 영토를 압록강까지 확보하였으며, 이순신은 조선 사직이 일본에 의하여 거의 침탈당할 뻔한 위기에서 자신의 몸을 던져 나라를 구했던 인물이다. 이들은 한결같이 비극적 죽음의 주인공이 되었거니와, 김종서는 공주, 최영과 성삼문은 홍성, 이순신은 아산 등이 그 출신지이다. 이들 지역에는 그 생가터나 사당 등이 남아 있다. 이같은 충의정신은 근대에 이르러 나라가 위기에 처하여 있을 때, 충남지방 혹은 충남 출신 인물에 의해서 활발하게 재현되었다.

청양의 최익현(1833-1906)은 한말의 위정척사운동으로 일본의 침략의도에 대항하다가 쓰시마에서 순절하였으며, 김복한(1860-?)은 1906년 민종식과 함께 홍성에서 의병을 일으켜 일본군과 싸웠으며, 1919년 유림대표로 파리강화회의에 독립청원서를 발송하였다가 체포되어 옥사하였다. 예산 출신 윤봉길(1908-1932)은, 1932년 상해 홍구공원에서 열린 '전승기념식'에서 폭탄을 투척, 일본군 시라가와 대장, 제3함대 노무라 사령관 우에다 9사단장 등에게 중상을 입혔다. 거사직후 현장에서 체포되어 오사카로 이송, 가나자와에서 처형되었다. 덕산면에 옛집이 남아 있고 충의사가 건립되어 있다. 서천 한산 출신 이상재(1850-1927)는 1895년 서재필 등과 독립협회를 조직하고 청년운동과 기독교운동에 투신하였으며 1927년 신간회의 초대 회장이 되었던 인물이다. 홍성의 김좌진(1889-1929)은 1920년 4월 만주에서의 청산리전투를 지휘하고 1925년 대한독립군단의 대표가 되었던 인물이다. 홍성군 갈산면 행산리 출신으로 옛집이 남아 있다. 독립운동가이며 불교 시인으로 널리 알려진 한용운(1879-1944)은 홍성군 결성면 성곡리 출신으로 옛 집이 복원되어 있다. 천안출신 류관순(1904-1920)은 3.1운동에 참가하여 서대문형무소에서 옥사하였으며 심훈(1901-1936)은 1919년 3.1운동에 참가하여 복역하고, 1932년 당진에 잠적하여 농촌계몽소설『상록수』를 쓰고 상록학원을 설립하여 농촌계몽운동에 헌신하였다. 나라가 위기에 처하였을 때 충남사람들이 보여준 이같은 충의적 행위는 그것이 충남정신의 한 줄거리를 이루고 있기 때문이라 할 수 있다.

3) 충남 충의정신의 연원 - 백제부흥운동

충남지역이 위에서와 같이 충의 정신의 중심무대가 된 이유는 무엇일까. 그 정신적 연원은 어디에서 시작되는 것일까. 그것은 백제 멸망기 백제인들이 보여준 백제부흥운동에서 연원을 찾을 수 있다.

부여 함락이후 치열하게 전개된 백제 부흥운동(660-663)의 중심은 주류성과 임존성이었다. 주류성은 백제 부흥운동기 왕과 지휘부가 있었던 곳이고, 임존성은 부흥운동 최초, 최후의 거점이었다. 주류성은 충남 서천 한산의 건지산성설과 전북 부안의 위금암산성의 두 가지 주장이 주로 맞서고 있지만, 임존성의 경우 그것이 충남 예산군 대흥면 일대라는 데 대해서는 이의가 없다. 예산의 임존성은 표고 483.9미터의 봉수산에 구축한 것으로 성의 규모는 2.8킬로이다. 흑치상지가 봉기하여 임존성에 의거하자 10일 만에 3만 여명이 모여들었다고 기록되어 있으며 복신 등이 이에 합류하였다. 이에 소정방은 나당군을 동원하여 660년 8월 26일 임존성을 공격 하였으나 실패하였다. 소정방은 9월 3일 유인원의 1만 당병, 김인태의 신라 7천군으로 사비를 지키게 하고, 의자왕 및 왕자들 및 대신 장사 88인, 백성 1만 2천 807인을 포로로 하여 뱃길로 귀국하였다.

661년 초 복신 · 도침들은 사비성에 대한 2차 공격을 감행하였다. 이때 부흥군은 거점을 임존성에서 주류성으로 이동하여 있었다. 나당군은 부흥군의 거점, 주류성을 공격하였으나, 복신에게 대패하였다. 661년 9월 왜에 머물던 왕자 풍이 귀국, 백제의 왕통을 계승하였다. 그러나 부흥군 내부에서는 복신이 도침을 살해하는 등 내분이 야기되었다. 주류성을 함락한 나당군은 10월 22일(663)부터 임존성 공격에 나섰다. 지수신의 부흥군이 이를 격퇴하였다. 그러나 11월, 임존성은 항장 흑치상지에게 함락되고, 지수신도 고구려로 도망함으로써 백제 부흥운동은 종식되었다.

4년간의 부흥운동의 거점이 되었던 곳은 특히 임존성의 내포지역, 충남의 서북지역이다. 고려 이후 충남지역에 많은 충의의 인물이 배출되고,

최영 · 성삼문 · 이순신 · 김복한 · 윤봉길 · 김좌진 · 한용운 등 그 대부분이 충남서북의 내포 출신이라는 사실은 백제 부흥운동의 정신이 근대에 이르기까지 맥맥히 이어져 왔음을 입증하는 것이라 하겠다.

맺는말 - 백제문화의 현대적 계승과 충남문화

충남 지역의 역사와 문화는 '백제' 라는 단어로 설명할 수 있다. 백제는 기원 전후한 시기로부터 7세기 후반까지 존속했던 고대 국가이다. 그리고 그 영역은 오늘의 서울 경기지역으로부터 호서, 호남지역에까지 걸쳐 있다. 백제의 서울이 충남지역으로 옮겨진 것은 475년의 일이고, 따라서 충남지역의 공주 부여가 백제의 중심이었던 것은 대략 2백년이다. 백제 전체에 비추어 볼 때 시간적으로나 공간적으로 충남은 그 부분에 해당한다. 그러나 백제문화가 고대문화로서 꽃피운 것이 이 시기였기 때문에 충남은 백제의 문화적 중심을 이루게 되었다. 그리고 백제 멸망 이후의 역사문화의 발전도 이러한 백제문화의 후대 계승이라는 개념으로 설명하는 것이 가능하다. 즉 백제문화의 문화적 기반과 창의력이 후대의 문화발전에 의하여 발휘되었다는 의미이다. 이러한 관점에서 향후 충남의 문화적 발전이 어떻게 계승되어야 할 것인가에 대한 일정한 암시를 받을 수 있다.

이제 이상과 같은 입장에서 향후 충남문화의 발전 방향을 정리하면 다음과 같다.

1) 지식기반사회의 선도적 역할

백제문화는 한국 고대문화 발전에 선도적 역할을 담당하였다. 그것은 신라 혹은 일본에 영향을 미쳤으며 이러한 기반 위에서 불교문화의 발전, 성리학의 발전 등 지역문화의 진흥이 면면히 이어 내려왔다. 이것은 지식기반 사회의 새로운 구축을 과제로 하고 있는 우리시대의 과제에 유용한 지표가 되고 있다. 충남문화의 발전은 지식기반사회의 선도적 역할의 감당이라는 목표를 필요로 한다.

2) 충남정신의 현대적 계승

역사적으로 볼 때 충남정신의 현저한 내용의 하나가 충의정신이었다. 충의정신은 나라가 위기에 처하여 있을 때에 자신의 몸을 던져 나라를 구하는 정신이다. 이를 현대사회에 그대로 적용하기는 어렵다. 그러나 나보다 남을 중히 여기는 이타적 정신은 개인주의가 팽배해가는 현대사회의 한 미덕으로 장려되어야 한다. 이를 현대적으로 변용한다면, 그것은 사회에의 봉사정신이라 할 수 있다.

3) 문화예술의 진흥

백제문화의 특징은 문화예술의 진흥이다. 미술, 공예, 조각, 음악 등 여러 부면의 예술과 학문이 발전하였다. 문화와 예술은 시대를 달리하며 양상이 달라지기는 하지만, 이를 초월하는 보편적 요소가 함께 있다. 백제시대에 발현되었던 문화예술의 감각을 재창조의 자원으로 삼아야 한다.

4) 문화콘텐츠 개발에의 활용

다양한 문화콘텐츠 개발이 필요하다. 문화콘텐츠의 개발에 있어서는 충남의 역사적 전통, 혹은 백제문화로부터 그 소재를 개발하는 것이 우선적인 과제이다. 이러한 점에서 백제문화, 혹은 지역문화의 전통적 소재들에 대한 심층적 연구, 그리고 현대의 지역문화와의 접맥을 위한 노력을 필요로 한다.

5) 개방성에 기초한 국제교류에의 활성화

백제문화의 특징은 문화의 개방성에 기초한 국제적 교류와 영향력이다. 중국으로부터의 새로운 선진문화 요소의 도입, 자기문화로의 발전, 문화에 의한 대외적 영향력이 그것이다. 이러한 점에서 충남의 경우 지역문화의 국제화, 국제교류의 활성화를 통한 문화적 능력과 영향력을 키워나가는 것이 중요하다. *

---

*충남발전연구원, 『열린충남』37, 2007년 1월호 게재

■ 충청 역 사 문 화 연 구

1장 금강문화권의 역사와 문화

01 공주 고마나루의 역사와 변천

머리말

고마나루는 한자로 '熊津(웅진)'으로 표기되며, '웅천'도 같은 의미의 표기라 할 수 있다. 고마나루에 대한 논의에 앞서 고마나루(웅진)는 여러 가지 의미로 사용되었기 때문에 논의의 정확성을 돕는 의미에서 먼저 이에 대하여 언급하고자 한다. 첫째 도시명으로서의 고마나루이다. 공주의 백제 이름인 웅진은 고마나루를 한자로 옮긴 것이며, 이 때문에 국외의 역사서에는 공주를 웅진이 아닌 고마성, 또는 구마나리 등으로 적고 있다. 이것은 백제시대에 웅진이란 도시명이 보다 구체적으로는 고마나루였음을 말해준다. 둘째, 나루로서의 고마나루이다. 나루로서의 고마나루는 용당리와 신웅리를 잇는 금강의 나루로서 공주시내와 충남의 서부, 혹은 서울 방면을 연결하는 통로였다. 1011년 고려의 현종, 1624년 조선 인조가 모두 이 나루를 통하여 공주에 들어왔다는 것이 기록되어 있다. 나루로서의 성격을 분명히 하기 위하여 '웅진도(熊津渡)'라는 이름으로 사용되는 경우도 많다. 셋째 강으로서의 고마나루이다. 고마나루는 공주의 금강, 혹은 공주 서쪽 일대의 강물을 지칭하는 지명으로도 많이 사용되었다. 이러한 의미에서의 웅진은 '웅강'에 해당한다고 할 수 있다. 넷째는 옛날 고마나루의 나루가 있었던 웅진동 금강 하안 일대를 지칭하는 지명이다. 같은 글자라도 이같은 쓰임새의 차이가 있기 때문에 이를 유념하지 않으면 의미 전달의 혼동이 있을 수 있을 것이다.

본고는 공주의 상징적 공간의 하나인 고마나루의 역사, 그리고 곰 신앙과의 관련성 등 역사적 변천을 고찰하고자 한 것이다.[1]

1. 금강과 고마나루

금강은 전북 장수에서 발원하여 서천과 군산, 충남과 전북의 경계선을 만들며 서해로 유입하는 길이 401.4km, 유역면적 9,886km², 남한에서는 한강과 낙동강에 이은 세 번째 규모의 하천이다. 전북 장수에서 발원하는 본류수계와 충북 진천에서 발원하는 미호천 수계로 나누어지며, 부강에서 강경까지 85.7km의 중류, 강경-하구 간 41km가 하류로 구분된다.[2] 금강은 북으로 올라가다 서쪽으로 꺾어져 흘러 행복도시에 이르러 충북에서 들어온 미호천과 합류하는 삼기강(三岐江)을 이루며 진행하다 공주에 이르러 다시 방향을 남으로 꺾어 내려간다. 서쪽으로 흐르던 금강이 공주에서 남으로 꺾어지는 구비가 바로 고마나루인 것이다. 이 같은 금강의 흐

---

1) 본고와 관련하여 필자는 「공주지방 곰신앙 자료의 일정리」(『호서사학』7, 1979)를 발표하고, 이를 수정 보완하여 『공주, 역사문화론집』(서경문화사, 2005)에 수록한 바 있다. 본고는 앞의 원고와 일부 겹치는 부분이 없지 않지만, 고마나루에 대하여 함께 참조 되었으면 한다.
2) 길이로서는 금강은 낙동강 525.7, 한강 469.7km에 이은 세 번째이며, 네 번째인 영산강(115.8km)과는 큰 차이가 있다. 이에 대해서는 나도승, 1992, 「금강 수운의 변천에 관한 지리학적 연구」, 『공주 금강권의 역사지리』, 209쪽 및 이동령, 「水文 기후」, 『금강지』상, 충청남도, 83쪽 참조.

름은 일찍부터 '회룡고조(回龍顧祖)'의 풍수로 일컬어져왔다.

금강 유역이 정치적으로 크게 주목된 것은 역시 475년 백제의 공주(웅진) 천도에 의해서이다. 백제의 공주 천도 배경에 대해서는 종종의 논의가 있지만 금강이 가져다준 교통상 혹은 군사적 이점에 대해서는 누구도 부인하기 어렵다. 즉 공주는 대표적인 '금강의 도시'였던 셈이다. 백제는 공주에서 64년을 지내고 도읍을 다시 부여로 옮기지만, 공주가 갖는 중부지역의 중심권으로서의 기능은 근대에 이르기까지 1천 4, 5백 년 간을 지속하였다.[3] 14세기 말 조선 초 신도안 천도론, 조선조 정감록의 정씨왕조 도읍설, 1970년대 말 공주 장기지구에의 행정도시 건설 계획, 그리고 현금의 행복도시 건설에 이르기까지 끊임없이 이어져온 천도론은 사실 금강이 역사 속에서 살아 있는 강이었음을 말해주는 것이었다.

금강은 원래 공주 인근에 제한적인 이름이었던 것이 강 전체를 대표하는 이름이 되었다. 예로부터 금강은 상, 하류의 구간별로 여러 이름으로 다르게 불리어 왔기 때문이다. 가령 이중환은 금강의 상류를 적등강, 공주 부근을 웅진강, 부여 부근을 백마강, 강경 부근을 강경강, 그리고 그 하류를 진강(鎭江)이라 하고 있다.[4] 이보다 좀더 오랜 다음의 자료는 이 같은 금강의 흐름과 이름을 이해하는 데 도움이 된다.

> 적등진(赤登津)은 (옥천)군 남쪽 40리에 있다. …(중략)… (옥천)군 동쪽은 차탄
> (車灘), 동북쪽은 화인진(化仁津), 회인현을 지나면 말흘탄(末訖灘)이 되고 문의

---

3) 공주가 백제 멸망 이후에 충청지역의 중심지역으로 지속적인 거점 기능을 담당한 것은 같
   은 금강변의 백제 도읍이었던 부여의 경우와는 큰 대조를 이룬다. 공주의 지속적 번영은
   고려 이후 1천년 간 개성과 서울이 한반도의 중심이 된 것과 깊은 관련이 있다. 개성과 서
   울 역사 1천년은 서울과 남북 직선상에 위치한 공주를 호남지역과 중앙을 연결하는 육로
   교통의 주요 기능을 겸하게 하였다. 즉 공주는 수로와 육로의 중복된 교통 거점을 형성하
   게 되었던 것이다.
4) 이중환 『택리지』 팔도총론 충청도

현에서는 형각진(荊角津), 공주에 이르면 금강이 되고 웅진이 되며, 부여에서는 백마강이 되고, 임천과 석성의 양읍 경계에 이르면 고성진(古省津)이 되고 서천 군에 이르러 바다로 들어간다. 『동국여지승람』15, 옥천군 산천)

　　이에 의하면 '금강' 은 공주 부근의 금강만이 '금강' 으로 지칭되고 있다. 더 구체적으로 고마나루는 서쪽 7리, 그리고 '금강' 은 "공주 동쪽 5리에 있다"고 하였다.[5] 지금의 행복도시 지역에서 전북에서 올라온 금강이 미호천과 합류하기 때문에 삼기강(三岐江)이라 하였던 것을 고려하면 '금강' 은 삼기강과 웅진(고마나루)의 연결구간에 해당하는 셈이다.[6]

　　이 '금강' 의 구간은 금강 1천리 중에서도 선비들의 거처가 많이 형성되고 동시에 유서 있는 명승이 공사간 다수 조성되었다. 독락정(공주 동 30리), 금강루(금강 남쪽 언덕), 금강원(금강 북쪽 기슭), 영춘정(동 3리), 안무정(금강아래, 2리),[7] 금벽정, 사송정,[8] 벽허정, 창벽 등이 그것이다. 그 가운데 안무정은 고마나루 가까운 정지산, 즉 무령왕비의 빈전 유적으로 알려진 정지산 유적과 거의 같은 위치이다. 이곳은 공주시내, 공산성, 계룡산, 고마나루와 금강 등이 한 눈에 들어와 다른 어느 곳보다 조망이 뛰어난 곳이다.[9] '안무정(按撫亭)' 이라는 이름도 "옛날 어느 안렴사가 이

---

5) 『동국여지승람』17, 공주목 산천
6) 금강의 전체를 대표하는 이름을 『당서』에서는 웅진강, 『翰苑』의 주에서 인용한 『括地志』에 의하면 熊津河라 하였다. 금강에 대응하는 백제시대의 강 이름이라 하겠다.
7) 『동국여지승람』17, 공주목 고적
8) 이중환 『택리지』팔도총론, 충청도
9) 안무정의 뛰어난 경관과 관련한 오래전 서거정(1420-1488)의 시가 『동국여지승람』(17, 공주목 고적)에 다음과 같이 전한다.
　　"안무정 앞에는 강산도 좋은데 안무정 속에는 풍월이 늙었구나
　　당시 안렴사는 진정 호걸이로다 술 취해 일어나 춤추니 玉山이 넘거졌네
　　그 풍류 질탕하기 천하 제일이라 아름다운 그 이름 정자와 함께 전하네 (중략)
　　그 옛날 안무정에서 황금빛 아름다운 술을 白玉瓶에 가득 붓고
　　(미녀가) 흰이 드러내고 노래하며 가는 허리 춤을 추니
　　손님도 덩실 덩실 두 소매 나부낀 것을 또 보지 못 하였나"

많은 정자가 지어졌던 공주의 금강

정자에 올라와 멀리 앞을 바라보고 술에 취하여 춤을 추었다"는 데서 유래하였다는 것이다. 정자가 폐해진 것을 뒤에 목사가 중수하려다 감사(관찰사)에게 제지를 받아 성사되지 못하였다는데, 이에 "전에는 취해서 춤추는 안렴사가 있는가 했더니 뒤에는 술깨서 꿍얼거리는 감사도 있구나" 하고 사람들이 조롱하였다 한다.

장기면 금암리의 금벽정은 풍양인 조대수(趙大壽, 1655-1721)가 낙향하여 창건한 정자로, 처음 호해루(湖海樓)라 한 것을 금벽정으로, 그리고 나중에 탁금정(濯錦亭)으로 바꾸었다가 1982년 훼철하였다고 한다.[10] 사

---

10) 금벽정의 경치에 대하여 鄭夏徵(1666-1739)은 "금벽의 경치가 아름답다더니, 와서 보니 듣던대로 절묘하구나. 종일 바라보아도 싫증나지 않는데, 종놈은 돌아가자고 재촉하구나"라는 시를 남겼다. 안무정 및 금벽정에 대해서는 윤여헌, 1988, 「공주 금강8정」, 『웅진문화』1, 12-13쪽 참고.

송정(四松亭)은 공주시 월송리 공주-대전간 대로변에 새로 만들어 놓았는데 원래 사송정은 『택리지』의 저자 이중환(169-1756)의 집안 소유로서 『택리지』와도 깊은 관련을 갖는 곳이다.[11] 벽허정(壁虛亭)은 관찰사 이익보(李益輔)가 1751년에 건립한 것으로 도로변은 정자, 금강쪽은 누각으로 꾸며 '제승루'와 '벽허정'으로 각각 현판을 달았는데, "지붕의 기와, 구부러진 난간, 朱砂로 바른 붉은 벽은 푸른 강물과 어우러져 악양루보다 아름답다"고 하였다.[12] 창벽(蒼壁)은 공주 금강변의 대표적 경관으로 알려져 있는데 1602년 관찰사로 부임한 류근(柳根)은 이 창벽에 대하여 "소동파는 일찍이 적벽에 놀았으나 나는 지금 창벽에서 놀고, 유량(庾亮)은 남루에 올랐지만 나는 여기 북루에 올랐노라"고 하여 금강의 창벽을 적벽에 비유한 바 있다.[13]

이상 고마나루에 연결되는 '금강'의 풍광에 대하여 언급하였는데, 고마나루의 경관에 대해서는 다음과 같은 여말 문인 강호문(康好文)의 시가 전한다.[14]

강물은 아득히 바다로 흘러들어 가는데
푸른 산 그림자 속에 한 조각 배 로세
백 년 동안 남북으로 오가는 사람은 일도 많건만
모래밭 갈매기만이 자유롭구나

---

11) 이문종 교수는 사송정의 건립은 숙종 27년(1701) 충청도관찰사로 공주에 부임한 이중환의 아버지 李震休(1657-1710)에 의하여 이루어진 것으로 추정하였다. 이교수는 이중환의 조부 泳과 부인 사천 목씨의 묘가 조선시대 공주 땅이었던 연기군 남면 고정리(뜨므기마을)에 있다는 것도 밝힌 바 있다. 이문종, 2001, 「택리지로 본 충청도」, 『문화역사지리』13-2, 21-27쪽 참고.
12) 1980년 7월 금강에서 '이공사적비'의 부분이 인양되었는데 그 안에 벽허정 관련의 내용이 포함되어 있다. 이공사적비의 행방은 현재 알 수 없다. 윤여헌, 앞의 「공주 금강 8정」, 13쪽 참조.
13) 이중환 『택리지』팔도총론, 충청도
14) 『동국여지승람』17, 공주목 산천

공주는 풍수적으로 행주형(行舟型)의 도시로 알려져 있다. 공주와 함께 우리나라에서 가장 대표적인 행주형 도시는 고구려의 서울이었던 평양이다. 이 때문에 평양은 우물을 파지 않고 대동강물을 퍼올려 용수로 사용하였다고 한다.[15] 행주형의 지형과 관련하여 『동국여지승람』 공주목 산천조에는 주미산(舟尾山)과 함께 사공암(沙工巖)에 대하여 "주 남 3리에 있다. 풍수적으로 공주의 지세가 행주형이기 때문에 주미(舟尾), 정지(艇止), 사공 등의 이름이 있게 되었다고 한다."고 적고 있다. 잘 알려져 있지는 않지만 주미산, 정지산 이외에도 사공암이라는 것이 행주형으로서의 공주를 뒷받침해주고 있는 것이다.[16] 공주지도를 보면 정지산 일대가 배의 머리처럼 보이고 고마나루와 공산성 쪽 금강은 배가 물을 가르며 진행하는 모양으로 되어 있다.

고마나루는 금강의 중류에 위치한다. 한편 고려 말에 기록으로 등장하는 금강은 '곰강'에서 연유하는 것으로 인식되고 있다. 이같은 의견을 처음 체계적으로 제시한 것은 가루베지온(輕部慈恩)이었다.

현재의 금강을 웅강(한글의 현재 표기로는 '곰강'이라 쓰고 그 하류 부여 부근에서는 백마강, 그리고 다시 그 하류는 백촌강이라 하여, 모두 '고말나루'라는 훈을 갖는 것으로 나는 생각한다. …(중략)… 그리하여 熊江은 후세에 그 글자의 뜻을 따라 '곰강'이라 읽고, 계속 곰강이라 불리던 것이 다시 한자의 類音美字를 찾아 금강이라 하여 오늘의 이름이 된 것이다.[17]

여기에서 금강이 백마강, 백강과 같은 어원이라는 것은 논의가 일치

---

15) 평양 이외에 청주와 무주도 행주형 지세로 알려져 있다. 청주 시내 용두사의 고려시대 철당간은 '行舟'의 돛대 모양을 나타낸 것이라는 것이다. 村山智順, (최길성 역), 1990, 『조선의 풍수』, 민음사, 618-621쪽.
16) 사공암에 대해서는 최석원, 2005, 「공주 사공암과 천연대에 대하여」, 『웅진문화』 18, 27-33쪽.
17) 輕部慈恩, 1935, 「公州に於ける百濟の遺蹟」, 『忠南鄕土誌』, 2-4쪽.

용당진사가 있었던 서천(장항)의 용당산 전경

하지 않지만, 금강이 곰강에서 기원한 것이라는 견해는 이제 꽤 일반화 되어 있다.[18] 금강에는 고마나루 웅진 이외에도 웅진(熊津) 지명을 가진 공식적 제사처가 몇 군데 더 있다. 금강 하류 서천군 장항읍의 웅진명소(熊津溟所), 금강 상류인 전북 진안(용담현)의 웅진분소(熊津濆所) 등이 그것이다. 그리고 고마나루의 제사처도『세종실록지리지』에 웅진연소(熊津衍所)라는 이름으로 기록되어 있다. 금강에는 상류, 중류, 하류에 각각 3개소의 국영의 웅진 제사처가 마련되어 있었던 셈이다.

　　서천의 웅진명소에 대해서는『신증동국여지승람』에 "용당진사 : 군남 24리에 있다. 고려 때에는 웅진명소로 되어 향과 축문을 내렸는데 지금

18) 도수희, 1983,「백제어의 백·웅·사비·기벌에 대하여」,『백제연구』14, 30쪽.
　　조재훈, 1995,「공주 곰나루 설화 연구」,『공주의 역사와 문화』, 공주대박물관, 81쪽.

은 본읍으로 제를 지내게 한다"[19]고 하였다. 이 서천의 용당진은 금강 하류에서 특히 군산 쪽과 연결되는 나루였다.[20] 이 때문에 인근의 금강을 '용당강'이라고 할만큼 중요한 교통 기능을 가지고 있었다. 한편 용담현의 웅진분소는 "용왕신이 있으며 춘추로 관에서 제를 지낸다",[21] 이곳의 사당은 "마산담(馬山潭)에 있으며 춘추로 제사를 지낸다"[22]고 하였다. 마산담은 용담 현치 동 12리 지점 용담의 한 지점을 가리킨다. 이로써 보면 서천과 용담(전북 진안)의 제사는 공주 고마나루에서의 제사와 같은 수신제적(水神祭的) 성격의 제행이었다고 할 수 있다.

2. 고마나루는 곰과 무관한 지명인가

고마나루의 지명과 전설이 공주의 상징으로서 주목되기 시작한 것은 일제시대 때의 일이었다. 1920, 30년대 공주고보 교사 가루베(輕部慈恩)에게 곰과 고마나루는 관심 사항의 하나였다. 그가 책임을 맡아 편찬한 『충남향토지』의 맨 첫 자료로서 고마나루의 전설이 다음과 같이 실려 있다.[23]

---

19) 『신증동국여지승람』19, 서천군 사묘조
20) 장항읍 원수동 금강변에 소재하며 1930년대까지 나루로 사용되어 왔다. 나루에 소재한 용당산의 정상에서 선박의 안전을 위한 제사를 지내왔다 한다. 나루의 기능이 상실되면서 제사도 단절된 것으로 보인다. 충남발전연구원, 2000, 『문화유적지도』, 서천군, 107쪽.
21) 『세종실록지리지』전라도 용담현
22) 『신증동국여지승람』39, 용담현 사묘조
23) 공주공립고등보통학교 교우회, 1935, 『忠南鄕土誌』(輕部慈恩 편), 14쪽. 이 자료는 공주 고마나루 전설 가운데 가장 이른 시기의 채록이라는 점에서 중요하다. 이점은 일찍이 조재훈 교수가 주목한 바 있다. 조재훈, 1995, 「공주 곰나루 전설 연구」, 『공주의 역사와 문화』, 공주대박물관 참고.

공주의 입구를 흐르는 금강에 웅진(고마나루)이라는 곳이 있다. 옛날 이 웅진 가까이 솟은 연미산이라는 산의 동굴에 한 마리의 커다란 암콤이 살고 있었다. 곰은 전부터 자신의 지아비가 될 남자를 찾고 있었는데 어느날 그 동굴 앞을 잘 생긴 한 사람의 나그네(旅人)이 지나므로 곰은 크게 기뻐하여 이 사람을 자신의 굴로 데리고 들어왔다. 그로부터 곰은 그 사람을 한걸음도 못나가게 하고 자신이 굴을 나갈 때는 커다란 돌로 굴을 막고 나갔다. 매일 개고기, 물고기를 가지고 와 자기도 먹고 사람도 먹였다. 사람은 어떻게 하든 도망갈 생각을 했지만 틈이 나지 않았다. 그러는 중 한달 두달 해서 1년이 지나갔다. 그 무렵 곰은 임신해서 1년 만에 아이를 낳았다. 그런데 재미있는 것은 그 아이의 반신(半身)은 곰이었다. 아이까지 낳았기 때문에 이제 도망가는 일은 없을 것으로 생각했을 것이다. 어느날 곰은 어느 때와 같이 먹을 것을 찾아 나갈 때 굴을 열어둔 채 나갔다. 나그네는 이때다 하고 굴을 나가서 웅진(고마나루)으로 나가 배를 저어갔다. 마침 돌아온 곰은 이것을 보고 강가에 서서 이리로 오라고 손짓을 하였으나 남자는 돌아가려 하지 않았다. 그러자 곰은 아이를 데려와 높이 흔들며 손을 까불렀다. 그래도 돌아오려 하지 않자 물 속으로 빠트렸다. 그런데도 돌아오지 않자 곰은 비탄에 젖은 나머지 여러 자식들과 함께 물 속에 몸을 던져 죽어버렸다. 웅진(고마나루)이라는 이름은 이러한 전설에서 나온 것이다.(李種斌)

기왕에 보고 되었던 고마나루의 전설과 크게 다르지 않지만, 곰의 자식들이 반웅반인이었다는 것이 좀 특이한 점이다.[24] 경부자은이 '고마나루'에 대하여 일찍부터 깊은 관심을 표시하게 되는 이유는『일본서기』에 공주의 백제시대 이름을 '구마나리'라 하고, 그것이 웅진 혹은 웅천의 한자식 표기라는 점이며 금강변의 고마나루는 바로 그 흔적이 남은 것이라 생각하였기 때문이다. 그러나 그는 고마나루가 곰 전설에도 불구하고 이지명이 곰과 관련하여 발생한 지명으로는 생각하지 않았다. 백제시대 웅진에 해당하는 '고마나루'는 '큰 고을'이라는 의미를 갖는 것으로, 곰과

---

24)『忠南鄕土誌』에는 우성면 거주 '李熊'의 제공이라는 비슷한 줄거리의 또 한편의 곰나루 설화가 채록되어 있다.(120쪽)

는 무관한 지명으로 생각하였다. 그의 생각을 직접 인용하면 다음과 같다.

그러면 '고말나루' 라는 이름은 무엇을 나타내는가 하면 '고' 와 조선어의 '크' '커' 등과 같이 '대(大)' 의 뜻을 가진 말이고 '말' 은 조선어의 마을이란 뜻을 가진 것으로 생각된다. 그리고 나루는 앞에서 언급한 바와 같이 도선장 또는 강, 천의 나루라고 볼 수 있다. 고만나루는 고말나루가 전화(轉化)한 것으로 '큰 부락의 도선장' 또는 '큰 부락을 낀 강' 이라는 의미에서 백제의 서울인 대도시를 가리키는 것일 것이다. 그것을 일본서기에서는 구마나리라는 글자를 썼고, 중국의 사적에는 고마성 또는 거발성이라는 글자로 쓰여진 것이다. 현재의 금강을 웅강 (한글의 현재 표기로는 '곰강')이라 쓰고 그 하류 부여 부근에서는 백마강, 그리고 다시 그 하류는 백촌강이라 하여, 모두 '고말나루' 라는 훈을 갖는 것으로 나는 생각한다. …(중략)… 그리하여 웅강(熊江)은 후세에 그 글자의 뜻을 따라 '곰강' 이라 읽고, 계속 곰강이라 불리던 것이 다시 한자의 유음미자(類音美字)를 찾아 금강이라 하여 오늘의 이름이 된 것이다.[25]

금강의 어원이 곰강(웅강)이라는 가루베의 주장은 지금에 있어 많은 사람들이 이를 긍정하고 있다. 그러나 여기에서 주목하는 것은 웅진(고마나루)의 이름이 큰 도시의 도선장이라는 뜻으로 고마(곰)가 곰과는 관련이 없다는 결론적 설명이다. 곰이라는 의미가 되는 것은 후대 음의 유사함에서 비롯되었다는 것이다. 이것은 기본적으로 이마니시(今西 龍) 등 당시 관학자들의 주장을 수용한 것이다. 1930년대에 피력된 가루베의 의견은 그후 보다 정리된 형태로 다시 주장되었다. 즉 고마나루는 '대성(大城)' 혹은 '대성의 진(津)' 이라는 의미라는 것이다. 고마나루의 원음은 고말나루이고 '고말' 은 중국의 사서에서의 '거발' 에 해당하는 것으로서 '발' 은 '부락' 의 뜻이라는 점에서 고말나루, 구마나리, 거발 등이 모두 같은 이름이라는 것이다.[26] 그러나 고마를 '크다' 는 뜻으로 해석하는 의견

---

25) 輕部慈恩, 「公州に於ける百濟の遺蹟」, 『忠南鄕土誌』, 2-4쪽.

금강 가에 세워진 공주의 곰상

1930년대의 고마나루 (『충남향토지』)

은 국어학적으로도 수긍되고 있지 않다.[27)]

가루베지온이 웅진을 '큰 도시' 의 의미라고 해석한 것과 별도로, 단군신화의 곰을 비롯하여 고마나루의 곰은 실제로는 곰과 무관한 것으로서 후대에 부회된 결과에 불과하다는 주장은 특히 어학적 견지에서 끊임없이 제기 되었다. 웅은 '감' 의 한자어 표기로서 신과 같은 의미로 통용되었고 따라서 단군신화의 웅을 비롯하여 많은 곰 관련 전설이나 지명이 결국 곰의 의미에서가 아니라 신(神)의 의미에서 차자(借字)된 것에 불과하다는 것이 그 예이다. "단군의 웅녀 탄생설은 금·곰의 유음(類音)에서 생긴 전설" 이라는 양주동의 견해[28)]를 적극 지지하면서 웅과 신, 혹은 웅과 용의 글자가 넘나들었던 여러 지명 사례를 검토하고 다음과 같은 결론을 제시한 것이 그것이다.

웅이 용으로 환치된 경우 그것은 곧 신의 뜻으로 쓰였다. 신의 훈이 금·가마·곰이듯이 웅·용도 고유어로는 그렇게 불리었고 …(중략)… 단군신화에 나오는 웅도 신화 전개의 완성형이 어떤 모습이든 간에 그 원형은 위에서 살펴본 웅·용·신 류의 범주에서 벗어나지 않는다.[29)]

지명과 전설, 신화에 등장하는 곰이 실제로는 곰이 아니라 신이라는 이러한 논리는 고마나루의 전설에도 그대로 적용된다.

곰이 과연 제사의 대상이거나 신격으로서의 위상을 가진 것인지 어떤지는, 신라 때 중사(中祀) 가운데 4독(四瀆)의 하나로 제사 지낸 바 있는 웅천하를 보면 알수 있다. 다른 세 곳과 마찬가지로 웅천하는 그것이 하천이기 때문에 중사에 들

---

26) 이에 대한 상세한 논의는 輕部慈恩, 1971, 「熊津城攷」, 『百濟遺蹟の硏究』吉川弘文館, 9-19쪽.

27) 도수희, 1983, 「백제어의 백·웅·사비·기벌에 대하여」, 『백제연구』14, 24-25쪽.

28) 양주동, 1965, 『增訂 古歌硏究』, 일조각, 8쪽, 422쪽.

29) 신종원, 2002, 「단군신화에 보이는 곰(熊)의 실체」, 『한국사연구』118, 24쪽.

어간 것이지, 곰 숭배와 관련 지을 수는 없다. 당연히 여기에는 제단이 있었을 것이고 나아가서는 사당도 지었을 법하다. 우리가 곰나루 전설에서 먼저 보아야 할 것은 이 수신(水神) 모티프이다. …(중략)… 이 수신도 신의 일반적 이름 금으로 불리었겠지만, 그것이 한자 웅으로 정착된 뒤 곰나루 전설이라는 지명 유래로 발전을 거듭하였다고 본다.[30]

위의 주장을 쉽게 정리하면 웅천하(금강)는 고대로부터 수신 제사가 행해져온 지역인데, 이 수신 제사로 인하여 고마나루(웅진)라는 지명이 발생하고, 다시 웅진이라는 지명 때문에 곰 전설이 만들어지게 되었다는 이야기이다. 신을 웅으로 표기한 때문에 그것이 돌고 돌아 후대에 곰나루의 전설이 만들어진 것으로 고마나루는 애초에 곰과는 아무런 관련이 없다는 주장인 셈이다.[31]

여기에서 필자가 이해하기 어려운 것은 모든 신화 전설 지명상의 웅을 신에서 발생한 것으로 규정하고 있는 점이다. 언어의 속성상 위의 주장대로 웅이 신으로부터 나온 것이 있을 수 있고 혹은 웅이 웅도 아니고 신도 아닌 전혀 다른 요소가 웅으로 표기될 수도 있는 것인데 이를 일률적으로 웅 = 신으로 도식화할 수 있는 것인지 의문인 것이다. 실제 국어학에서의 웅(熊)에 대한 논의는 이를 '뒤(後)'의 의미로 해석하기도 하고, 또 구비(曲), 만곡부(彎曲部)의 의미라는 주장이 제기되기도 하였다. 고마나루의 경우도 연미산 아래에서 금강이 구비 도는 것에서 고마나루의 '고마'

---

30) 신종원, 위 논문, 27쪽.

31) 고마나루의 고마가 곰과 관련이 없는 것이라는 주장은 일찍이 강헌규 교수도 국어학적 견지에서 양주동 등의 견해에 뒷받침되어 피력한 바 있다. "신을 뜻하는 고유국어 고마·구마·검·감과 곰(熊)의 음성적 유사는 외경적 존재로서의 신을 구체적 존재로서 곰과 연합할 수 있는 한 동기가 되었다고도 볼 수 있을 것이다." "신을 의미하는 '검·감'의 구체적 지정으로서의 곰(熊)은 곰나루 전설을 낳았고, 이것은 상고시대부터 이 지역 이름으로까지 남게 되었다." (강헌규, 1983, 「취리산 주변 2, 3 지명고」, 『(공주사범대학)논문집』 21, 92-93쪽)

백제 - 조선에 이르는 지표상의 유물 파편(고마나루의 송림)

가 발생하였다는 것이다.[32]

한반도의 지명에서 보이는 '웅'을 모두 이렇게 해석하게 되면, 한반도에서는 실제 곰과 관련된 지명은 전연 곰과 무관한 것이고, 결과적으로는 단군신화의 문화적 요소조차 부정되기에 이른다. 동북아 일대에서 선사 이래 곰과 관련한 신앙이나 민족지 자료를 한반도와는 무관한 것으로 단정하는 것은 지나친 단정이 아닌가 하는 생각이다. 실제 웅자(熊字) 지명 가운데는 감, 곰에서, 혹은 자연 지형에 때문에 '웅'으로 붙여진 이름도 있을 것으로 생각되지만 경우에 따라서는 신(감, 곰)으로서의 곰에서

---

32) 강헌규, 1992, 「'공주' 지명에 나타난 '고마 · 웅 · 회 · 공 · 금'의 어원」, 『웅진문화』5, 14-24쪽.

유래된 지명도 있을 수 있다고 보아야 한다는 것이다. 그리고 이점에 있어서 공주의 경우는 곰과의 관련에서 고마나루(웅진)라는 최초의 지명이 유래되었다고 생각된다. 원래 고마나루의 지명은 연미산 부근의 나루에서 연원하여 도읍 이름이 되었다기보다는, 도읍의 이름에서 연원하여 후대에 남겨진 것이 지금의 '고마나루' 지명이라고 보아야 하지 않을까하는 생각인 것이다. 이 문제와 관련하여 고마나루의 나루가 원래 '영란진(營瀾津)'이라는 다른 이름의 나루가 아니었나 하는 추측[33]은 시사하는 바가 있다.

위의 주장에서는 고마나루의 전설 혹은 웅진의 지명이 특정의 것이라기보다는 일반적인 지명이고 이것이 고마나루가 반드시 곰과 관련된 것이 아님을 뒷받침하는 것으로 보았다. 서천의 웅진명소, 용담현의 웅진분소 등에서 나타나는 웅진은 결국 수신제에서 유래한 것이고 이것은 수신(水神)으로서의 용신(龍神)으로 연결된다는 것이다.[34] 그러나 서천과 용담의 웅진은 웅진이라는 지명의 일반화를 입증하는 자료로 보기는 어렵다. 이것은 강으로서의 웅진을 가리키며, 금강이라는 의미로서 금강 중류의 고마나루 제사에 상응하여 상류의 용담과 하류의 서천에 각각 수신 제사가 성립하여 같은 이름이 붙여진 것이라고 보아야 하기 때문이다. 즉 고마나루의 웅진이 상류와 하류에 행정적 관점에서 적용된 것으로서, 이것이 각각에서 별도 자생한 지명은 아니라는 것이다.

고마나루의 문제와 관련하여 필자는 그것이 단순히 나루에 대한 것이었다기보다는 기본적으로는 포구를 배경으로 하는 도시로서의 공주를 의미하는 것이라 생각한다. 가루베지온이 고마나루의 어원에 대한 논의에서 고마나루의 원음을 '고말나루' 라고 하여 이를 곰으로부터 분리시켰

---

33) 『세종실록지리지』충청도 공주목
34) 신종원, 앞의 「단군신화에 보이는 곰(熊)의 실체」, 12-18쪽.

는데, 고마나루가 원래 고말나루였다는 것은 근거 없는 추론에 불과하다. 고마의 '고'가 크다는 뜻이고, 마는 '마 → 말 → 마을'이라면, '고마'만으로 대도시를 의미한다. 그리고 고마나루는 웅진, 즉 도시로서의 공주를 지칭하는 것이었기 때문에 '고말'에 다시 나루를 덧붙여 하는 이유가 무엇이었는지 설명이 곤란하다. 공주는 지리적 혹은 고고학적 관점에서 볼 때 475년 천도를 계기로 비로소 크게 개발된 도시이다.[35] 그리고 이곳은 금강 중류에 위치하며 배들이 중도에 정박할만한 조건이 되어 있다. 이로써 생각하면 웅진은 천도 이전에 금강 중류의 포구마을로서 그 존재가 있던 곳으로 생각되고 475년을 계기로 비로소 큰 도시로 발전한 것이라 생각된다. 이점에서 웅진이라는 지역명은 천도 이전부터의 지역적 특성을 보여주는 지명일 것이다. 즉 웅진, 고마나루라는 백제의 도시 이름이 도읍 형성 이전의 지명에서 기원하였다고 생각되는 점에서 이를 대도시라는 의미와 연결시키는 것에 동의할 수 없다.

고마나루의 곰 전설이 지명에 연유하여 황당하게 만들어진 것으로 볼 수 없다는 것은 첫째 곰 신앙과 전설이 동북아 일대에서 선사 이래 현저하게 유포된 현상의 하나였다는 점,[36] 둘째 고마나루 전설이 이들 곰 신앙의 전설과 일정한 연계성이 보인다는 점이다. 가령 시베리아 아무르강 중류 비라알족에서 채집한 다음 곰 전설은 고마나루의 그것과 같은 것은 아니지만 상당한 유사성을 보여준다.

그런데 행방불명된 남자는 산 속에서 한 마리 암콤에 의하여 붙들려 동굴 속에 갇히게 되었다. 암콤은 생고기를 가져다 먹여 주었는데 결국 이 포로를 좋아하게 되었다. 암콤이 남자에게 결혼을 청하고 남자가 이에 동의함으로써 부부가 되었

35) 이남석, 1997, 「웅진지역 백제유적의 존재 의미」, 『백제문화』 26.
36) A.P. Okladnikov, 1950, 「신석기시대 동시베리아 종족의 곰숭배 사상」, 소련 고고학지 14.
    김정배, 1973, 『한국민족문화의 기원』, 고려대출판부, 236-257쪽.

고 그 사이에 자식 둘을 두었다. 이때부터 남자에게는 자유가 주어지게 되어, 남자는 사냥을 나가고 암콤은 남편을 위하여 맛있는 열매를 모으며 지냈다. 남자가 산에 머물기 3년째인 어느날 저녁 남자는 사냥에서 돌아오는 도중 사람을 태운 작은 배가 모하야 산아래 대어 있는 것을 보았다. …(중략)… 암콤은 남편이 없어진 것을 밤이 지나서야 깨달았다. 그녀는 강으로 달려가 보았지만 작은 배는 벌써 기슭을 떠나고 있었다. 격노한 암콤은 집으로 돌아가 두 아이를 데리고 아무르강으로 달려갔다. 그리고 사람들이 보는 앞에서 미친 듯 화를 낸 암콤은 자식들을 찢어 아무르 강에 던져 넣어버렸다.[37]

시베리아와는 지역이 다르지만 중국 '민담' 가운데도 '웅처(熊妻)' 이야기가 하나의 형식으로 보고 된 바 있다. 내용의 줄거리는 다음과 같다. 어떤 남자가 폭풍을 만나 어느 먼 섬으로 가게 되었다. / 섬 안에서 한 마리의 암콤이 그를 붙잡아 남편을 삼는다. / 몇 년이 지나 그 사람이 기회를 엿보아 도망하자 곰이 바다에 몸을 던졌다는 것이다.[38] 강이 바다로 바뀌었지만 기본 줄거리는 고마나루의 전설과 그대로 일치하고 있다.

이상에서 예를 든 곰 전설은 오랜 기간 구전의 형태로 각각 현지의 여건에서 전해진 점을 고려하면 고마나루 곰 전설과 놀라울 정도의 유사성이 인정된다. 이것을 바꾸어 말하면 고마나루의 전설은 반드시 어떤 실체적 내용을 포함하고 있다는 의미이고, 따라서 그것이 곰과는 무관한 상태에서 '고마' 라는 지명 때문에 황당하게 만들어져 전해온다는 의견에 동의할 수 없도록 만든다.

고마나루의 고마라는 지명은 원래 곰숭배와 연관이 있는 것이며 타 지역에서 관련 전설이 거의 전해지지 않은 상태에서 구전되어온 희귀한

---

37) 大林太朗, 1991, 『北方の民族と文化』, 山川出版社(윤용혁 역, 1995, 「북아시아의 곰에 대한 신화와 의례」, 『웅진문화』8, 137-138쪽).
38) 이 전설은 원래 鍾敬文, 「中國民譚の型式」, 『民俗學』5-11에서 논의된 것이라는데, 三品彰英, 1971, 「クマナリ考」, 『建國神話の諸問題』, 平凡社, 399쪽에 소개되어 있다.

전설의 하나이다.[39] 그리고 그 연원은 단군신화에 등장하는 곰의 경우와 같이, 곰 혹은 곰신앙과의 연관에서 비롯되었고 이후 지명에 부회되어 전설이 구전되었기 때문에 곰 이야기가 단절되지 않고 구전이 가능했던 것이 아닐까 하는 생각이다. 이 문제와 관련하여 조재훈 교수는 고마나루의 전설이 백제 혹은 그 이전부터 전해 내려오는 것으로서 비교적 원형을 많이 간직하게 된 이유는 지명에 연결되어 전해왔다는 점, 그리고 고마나루가 교통 요지로서 널리 알려진 때문이라 추측한 바 있다.[40] 또 정호완 교수는 상고시대로부터의 곰신앙이 단순히 단군신화에서만이 아니라 다양한 경로와 양상을 통하여 우리의 생활에 가까이 있다는 논의를 전개한 바 있다.[41]

고마나루 전설은 한편으로 백제 건국신화의 흔적, 혹은 백제시대 천도와 관련한 특정의 사실을 반영하는 것으로 보는 역사적인 해석이 시도되기도 한다.[42] 백제시대 웅진천도와 관련하여 공주의 토착세력이 백제세력에 협조하였으나 부여로의 천도, 또는 백제의 멸망이라는 역사적인 비극으로 귀결된 백제사의 내용을 반영하는 것으로 해석하는 것이 그 예이

---

39) 김균태 교수는 고마나루 전설의 변이형이라는 관점에서 구례 곰소, 인천 백령도, 성주, 대구 등 공주 이외의 곰 전설, 민담 자료를 수집 소개한 바 있는데, 공주 고마나루의 경우만이 堂神으로 설정되었다는 점에서 차이가 있음을 지적하였다. 김균태, 2000, 「곰나루 전설의 변이와 의미」, 『설화와 역사 - 최래옥박사 화갑기념논문집』, 집문당.
40) 조재훈, 2002, 「공주 곰나루 설화에 관한 몇 가지 물음」, 『전설과 지역문화』, 민속원, 453쪽.
41) 단군신화를 곰 신앙을 바탕으로 한 '제의 문화의 한 실체'로 보고, 그것이 우리나라의 지명과 낱말에 다양하게 자리 잡았다는 것이다. 공주의 고마나루, 혹은 금강은 물론 팔공산, 금호강, 웅천 등에서도 각종의 곰 관련 구전이 잔존하고 있음을 주목한 것이다.(정호완, 1996, 「'곰'의 사회언어학적 고찰」, 『한글』231, 한글학회) 그러나 우리말 '고맙다'의 어원을 '고마(熊)+-ㅂ다(如)'(당신의 은혜가 고마워 같다)로, '어머니(엄마)'는 '고마'에서 두음이 약화한 데서 비롯되었을 것이라는 등의 의견은 매우 흥미 있지만 한편으로는 위험하다는 느낌이 드는 것도 사실이다.
42) 최래옥, 1982, 「현지조사를 통한 백제 설화의 연구」, 『한국학논집』, 한양대 한국학연구소. 김균태, 1987, 「공주지역의 곰전설고」, 『한남어문학』13.

다.[43] 이같이 고마나루 전설을 역사적인 맥락으로 직접 해석하는 시도도 위험한 점이 있지만, 고마나루 전설이 갖는 역사성을 철저히 부정하고 어학적인 해석에 집착하는 것도 문제가 아닌가 하는 것이 필자의 생각이다.

3. 웅진시대의 제사터와 고마나루

『삼국사기』에 의하면 통일신라의 국가 제사 제도는 전국의 명산과 대천을 대사·중사·소사로 3구분하여 운용하였는데 그 가운데 중사는 가장 중심적인 명산과 대천(大川)에의 제사였다. 중사는 전국의 명산 대천을 대상으로 한 5악(嶽), 4진(鎭), 4독(瀆) 등으로 구성 되었는데 5악 중에는 계룡산이, 4진 중에는 가야산(예산)이, 그리고 4독 중에는 웅천하, 즉 금강이 포함되어 있음이 주목된다.[44] 이들 옛 백제 지역의 제장(祭場)은 도성 혹은 그에 가까운 지역의 유서 있는 지역으로서 백제 이래의 종교적 전통을 수용한 것으로 보아야 할 것이다. 즉 금강에서의 국가적 제사는 이미 백제시대 국가적 제사의 하나였을 것임을 짐작할 수 있다. 통일신라의 제사 체계는 다소의 변동에도 불구하고 부분적으로는 고려를 거쳐 조선조까지 이어졌다. 조선 태종 14년 8월 제정된 산천 제사제도에 의하면 중사 13처에는 '웅진', 즉 금강이 포함되고, 소사(24처)에는 계룡산이 들어 있다.[45]

---

43) 강현모, 2003, 「백제 건국신화의 전승양상과 의미」, 『비교민속학』 22, 321-328쪽 참조.
44) 『삼국사기』 32, 잡지 1. 제사. 최광식 교수는 중사의 내용이 통일 신라 국경의 주위를 돌아가며 위치하고 있다는 점에서 국토 방위의 목적이 개재한 것으로 해석하였다. 그리하여 대중소의 명산대천에의 제사 체계가 신앙적 측면 이외에 군사적 목적을 함께 갖는 것으로 보았다. 최광식, 2002, 「신라 국가제사의 체계와 성격」, 『한국사연구』 118, 127-129쪽.
45) 이욱, 2002, 「조선전기 유교국가의 성립과 국가제사의 변화」, 『한국사연구』 118, 178-181쪽.

백제시대에는 산천에 대한 제사 이외에 천(天), 혹은 천지(天地)에 대한 제사도 행해졌다. "백제는 매 4중(四仲)의 달에 왕이 천(天) 및 5제신(五帝神)에게 제사지냈다"[46]고 하였고, 온조왕 20년 이래 웅진 도읍기에도 동성왕 11년에 "왕이 단을 만들고 천지에 제사하였다"는 기록이 있다.[47] 『삼국사기』에는 백제의 제천사지 관련 기록이 도합 11회가 나타나는데 동성왕의 제천은 그 마지막 기록이 되고 있다.[48] 그런데 백제시대의 제천사지와 관련하여 나당군의 부여 함락 이후인 665년 8월 당 유인원 입회하에 백제 부여륭과 문무왕의 삽혈회맹에 대한 기록이 주목된다. "백마를 잡아 맹서하는데, 먼저 천신과 지신〈神祇〉, 천곡(川谷)의 신에게 제사한 다음 입에 피를 발랐다," "피를 바르고 맹서를 마치자 제물(희생과 폐백)을 맹세한 단의 북방에 묻고, 맹서문은 (신라) 종묘에 보관하였다"는 것이다.[49] 신라와 백제가 구원(舊怨)을 잊고 우호를 돈독하게 하겠다는 이 서약은 백마를 잡아 피로 입을 적시는 것으로서, 하늘과 땅에 대한 서약이었다. 이 점에서 동성왕이 단을 설치하고 하늘에 제사하였던 곳, 그리고 부여륭 등의 삽혈회맹의 장소는 경우에 따라서는 혹 동일 장소였을 지도 모른다. 이 점에서 우선 주목되는 곳이 삽혈회맹이 취리산에서 행해졌다는 기록이다. 취리산은 현재 공주생명과학고(구 공주농고) 뒤의 얕은 구릉성 산지인 치미산이 그에 해당하는 것으로 인식되고 있다.

---

46) 『삼국사기』32, 제사
47) 『삼국사기』26, 백제본기 동성왕 11년 10월
48) 동성왕대 제천 기록이 마지막으로 등장하는 것에 대하여 불교와 같은 외래사상의 영향으로 보는 견해가 있으나 (차용걸, 1978, 「백제의 제천사지와 정치체제의 변화」, 『한국학보』11, 65쪽), 이에 대해서는 앞으로 보다 구체적인 검토를 필요로 하는 문제라고 생각된다. 백제 제왕의 제천의례에 대해서는 이를 방계에 의한 왕위계승시의 즉위의례로 보고, 동성왕 11년 10월의 것만은 '농경제로의 轉化'라는 해석도 있다.(吉岡完祐, 1983, 「中國郊祀の周邊國家への傳播」, 『朝鮮學報』107, 43-44쪽) 그러나 그것이 '농경제로의 전화'라한다면 왜 1회에 그치고 말았는지 역시 이해하기 어렵다.
49) 『삼국사기』6, 신라 문무왕 본기 5년 8월

취리산 원경

    치미산이 취리산이라는 것은 15세기에 간행된 『동국여지승람』에 "취리산 : 북쪽 6리에 있다"[50]고 언급되어 있는데, 여기에서 말하는 취리산이 치미산을 지칭하는 것임은 같은 책에 연미산에 해당하는 여미산이 별도로 기록되고 있는 점에 비추어 틀림이 없다. 이 때문에 오윤환은 치미산이란 것이 취리산에서 오전(誤傳)한 것이라 추측한 바 있고,[51] 1957년에 간행된 『공주군지』에서도 치미산을 취리산으로 간주한 바 있다. 치미산은 지금은 매우 평범한 구릉지처럼 보이지만, 원래는 금강과 정안천 등의 물길에 의하여 섬이었던 것으로 추측된다.[52] 공산성에서 바로 건너다 보이는 위치, 혹은 수촌리 고분의 관문에 해당하는 지리적 조건 때문에 백제

---

50) 『공산지』1, 고적
51) 오윤환, 1955, 『백제 구도 공주의 명승고적』, 64쪽. 치미산에 6.25때 長蛇形의 참호를 팠는데 이때 백제시대 토기병과 토기호를 수습하여 공주박물관에 수장하게 했다고 한다.

시대에는 범상하지 않은 공간이었음이 분명하다. 더욱이『동국여지승람』의 취리산 위치에 대한 기록은 무시할 수 없는 자료이다. 이러한 점에서 공주생명과학고 뒤의 치미산을 백제의 취리산이라고 보는 것은 아직 실증적 근거가 충분히 확보된 것은 아니지만 상당한 신빙성을 가지는 것으로 필자는 생각한다.[53] 1997년 회맹지의 흔적을 확인하기 위하여 공주대 박물관에서 이에 대한 시굴조사를 실시하였다. 조사 결과 여러 기의 백제시대 분묘 유적이 노출되었지만 제사 관련 시설은 확인하지 못하였다.[54]

한편 삽혈회맹의 사건과는 별도로 정지산[55]의 백제 유적, 연미산(여미산) 정상, 혹은 공산성 내 등도 백제시대 제사유적과 관련하여 주목할 필요가 있다. 1996년에 조사된 정지산 유적은 국가차원의 제의 시설, 특히 무령왕비의 빈전이 설치된 곳으로 추정되었다. 왕릉과의 지리적 근접성 및 무령왕비 빈전의 설치라는 점을 전제로 한다면 정지산은 왕실의 선대에 대한 제사, 즉 종묘와 같은 제사 기능을 가졌을 가능성이 많은 것으로

---

52) 조선조 말 공주 고지도의 일부에는 이 산을 '箕山'으로 표시하고 있는데, 키를 엎어 놓은 듯한 형태에서 붙여진 이름으로 보인다. 취리산의 모양이 키 모양이어서 키가 까불기 때문에 공주에는 큰 부자가 없다는 이야기가 있다고 한다.(강헌규, 1983, 「취리산 주변 2, 3 지명고」,『(공주사범대학)논문집』21, 99쪽)

53) 취리산의 회맹지를 공주생명과학고 뒤의 치미산으로 보는 견해는 이미 강헌규 교수에 의하여 구체적으로 논의된 바 있다.(강헌규, 위의 논문, 96-100쪽) 근년 서울 풍납토성 경당지구 조사에서 제사 유구로 보이는 건물터와 함께 길이 13.5m 대형 구덩이에서 각종 제기류 토기와 함께 소와 말 10여 체 이상분의 뼈가 확인된 바 있다. 취리산 회맹지를 검토하는 데 참고자료로서 중요하다고 생각된다.(경기도박물관, 2006,『한성백제』, 102-103쪽) 취리산 회맹지는 그 유지가 확인되지 않아 문화재 지정이 이루어지고 있지 않지만 개략적으로나마 일정 지역을 추정, 지정해야 할 것이다.

54) 이남석, 1998,『제·라 회맹지 취리산』, 공주대박물관 참조. 이남석 교수는 제사유구의 미확인에도 불구하고 이것이 치미산의 취리산설을 부정하는 것이라고 보지는 않았다. 시굴 자체가 제한적으로 이루어졌을 뿐 만 아니라, 제사 유구 자체가 어느 식으로 검출될 것인지에 대한 예측이 어렵기 때문이었다. 한편 조사과정에서 백제시대의 철제 마구가 지표상에서 확인된 것은 흥미로운 일이라고 생각된다.(84-85쪽)

55) 국립공주박물관, 1999,『정지산』, 218-222쪽.

공주 연미산 원경

생각된다.

연미산의 경우는 이를 취리산 회맹단지로 보아야 한다는 주장이 이케우치(池內 宏), 이병도 등에 의하여 일찍부터 제기된 바 있다. 그리고 근년에 현지 조사에 근거하여 취리산의 치미산 설을 부정하고 고마나루 건너편의 연미산을 취리산으로 지목하는 의견이 제안된 바도 있다.[56] 치미산과 연미산은 모두 웅진 도성 근교, 금강변의 야산이라는 공통점을 가지고 있지만 전자가 해발 52m의 낮은 구릉인데 비하여 연미산은 해발 약 200m로 상대적으로 험고한 산봉우리를 형성하고 있다는 점에서 입지에 차이가 있다. 공주박물관의 이한상과 신영호는 치미산이 너무 낮고, 금강의 범람원에 위치하고 있으며, 시굴조사에 의하여 백제시대 고분이 확인

---

56) 이한상 · 신영호, 2001, 「취미산 석단과 취리산 축단」, 『국립공주박물관기요』1, 158-165쪽.

되고 있기 때문에 백제·신라 회맹지의 제단으로서 적당하지 않다는 것이다. 그들은 연미산 정상부에 조성된 1변 10m 크기의 석단에 주목하고 이 연미산이 665년 백제와 신라가 회맹한 취리산 회맹지일 것으로 단정한 바 있다. 그러나 이 점에 있어서 필자의 의견은 다르다. 치미산이 낮다는 것, 범람원에 위치한다는 것이 반드시 취리산 회맹지에 부정적 요소가 될 수 없기 때문이다. 당시 회맹시에 백마를 잡아 피를 발랐는데, 경사가 심하고 지대가 높은 연미산은 오히려 행사에 부적절할 수 있다.[57] 취리산에 백제 고분이 분포하는 것이 제사지가 아니라는 방증이라고 말하지만, 정지산의 경우도 백제 고분이 함께 조사된 예가 있고 보면 이 또한 지나친 단정이다. 한편 연미산 정상에서 확인하였다는 석축단은 정교하게 구축한 단이 아니고, 백제시대 사용하던 것이 지금까지 보존되어 내려온 것이라고 보기도 어렵다. 이러한 점에서 연미산을 취리산 회맹지로 보는 의견에 필자는 반대하는 바이지만, 그러나 연미산의 지리적 위치로 보아 백제시대 혹은 그 이후에 제사처로서 이용되었을 가능성은 많다는 생각이다.[58] 이점에서 이곳을 백제시대 제사지로서 파악하려 한 노력은 주목되어야 할 것이다. 그밖에 공산성내에서 확인된 8각 혹은 12각의 통일신라 건물터가 제사 관련의 기능을 가졌을 수 있다는 생각이다.

고마나루와 관련하여 제사터와 나루터에 대한 문제는 관심을 갖지 않을 수 없는 문제이다. 우선 고마나루의 제사를 위하여서는 오래전부터 사당이 건립되어 있었다. 이에 대해서는 조선 초 기록에

---

57) 이점에 대해서는 강헌규 교수도 연미산이 "백마를 이끌고 제물을 나르고 회맹의 당사자들이 등정하기에 심히 곤란할 정도로 경사가 급한 험산"이어서 회맹지의 제단으로서 부적합하다는 의견을 제시한 바 있다. 강헌규, 앞의「취리산 주변 2, 3 지명고」, 96쪽 참조.
58) 취리산의 위치를 대전시 가양동 인근(지헌영), 혹은 부여 서북 20리 지점(양주동)이라는 견해도 제안된 바 있으나 가능성이 희박하다고 생각되어 상론하지 않는다.

새로 만들어진 고마나루 수신제 제단

웅진사 : 고마나루 남쪽 하안(河岸)에 있다. 신라 때는 서독(西瀆), 조선조에는
남독(南瀆)으로 중사(中祀)에 포함되어 있으며 봄 가을로 향축을 내려 제사를 지
내게 하였다.(『신증동국여지승람』17, 사묘조)

라고 하여 '고마나루의 남쪽', 즉 금강 남안에 사당이 있었음을 명기하고
있다. 이 제사의 장소는 조선후기 읍지에도 모두 표시되어 있는데, 아마
근세에 이르기까지 동일 장소에 제의의 중심 공간이 형성되어 있었을 가
능성이 있다.[59)

　　일제 때 고마나루의 사당이 강 가 송림 속에 있었던 것은 많은 증언이

---

59) 김두진 교수는 고마나루의 웅진사의 존재는 백제시대 地神系의 신앙과 연관된다고 보았
다. 백제는 일찍부터 농업이 발달하여 농업신적인 존재인 수신이 중요하며, 부여에서도
지신은 하천과 관계된 수신이었다는 것이다. 김두진, 1999, 「백제 건국신화의 복원 시
론」, 『한국 고대의 건국신화와 제의』, 일조각, 194-198쪽.

이를 뒷받침 한다. 그것이
고려·조선에 있어서도 동
일한 위치였는지는 확언하
기 어렵다. 가령 19세기의
공주목지도는 다른 지도에
비하여 조금 더 구체적인 사
당의 위치를 보여주는데 이
지도에는 "웅진제단 : 읍 10
리 쯤의 지점 고마나루에 있
으며 봄 가을로 제향을 드린
다"는 주기(註記)와 함께 웅
진제단의 위치가 표시되어
있다. 그런데 그 위치는 강

웅진동 출토의 돌 곰상(공주박물관)

가가 아니고 왕릉 방향으로 조금 들어와 있다. 고마나루에서 시내방향으
로 안치(鞍峙)라는 고개가 있고 이 고개 넘어(고마나루 쪽에서)에 사당이
표시되어 있어 사당의 위치는 강가가 아닌 것이다. 한편 백제시대 추정의
돌 곰상이 출토한 왕릉 입구 지점을 혹 웅신 사당의 입지로 가정해 볼 수
도 있다. 그러나 현재로서 돌 곰상이 제당의 봉안용이었다는 확신이 있는
것이 아니므로 이를 곰 제사의 공간이었다고 단정하기도 어려운 실정이
다. 따라서 금강변 송림 이외에 고마나루 제사처를 정하는 것은 현재로서
는 다소 막연한 상태임을 인정하지 않을 수 없다.

　　이 고마나루 제사는 오랜 역사를 가지고 있었고, 국가적 제도의 틀 안
에서 제행이 이어져 왔다. 백제시대 고마나루의 제행이 이후 신라·고
려·조선에 이르기까지 끊이지 않고 계승되어 내려왔고, 따라서 신라시대
4독(瀆), 고려·선초의 웅진연소(熊津衍所), 그후 웅진사(단)의 제사는 모
두 백제시대 이래의 전통을 계승한 것이었다고 보아야 한다는 것이다. 다

만 제사의 양상은 시대에 따라 달라졌을 것이며, 그것은 웅신제로서의 성격이 시대를 내려오면서 약화, 소멸되는 형태였을 것이다.

4. 나루터로서의 고마나루

나루로서의 고마나루는 공주시내와 충남 서부와 북부, 혹은 서울을 연결하는 육로의 연결 부분이다. 공주에는 여러 곳의 나루가 있지만 육로 간선 교통로를 연결하는 나루로서 장깃대나루가 있다. 장깃대나루는 공주 시내를 경유하지 않고 호남과 서울방면, 혹은 연기(청주)방면을 연결하는 나루이다. 『동국여지승람』에서는 음암진(陰巖津, 북 4리), 지동진(紙洞津, 동 31리), 금상진(今尙津, 남 15리) 등이 기재되어 있다.[60] 그런데 고마나루의 나루로서의 기능은 백제시대와 고려 · 조선시대와는 다소 차이가 있었을 것으로 생각된다.

나루로서의 고마나루는 웅진동의 용당리와 우성면 신웅리를 연결하는 기능이다. 이 노선은 충남의 서부지역으로 연결되는 통로이기도하고 연미산 뒤를 돌아 서울로 연결되는 길의 일부이기도 하였다. 1011년 고려 현종이 거란에 쫓겨 나주로 피란할 때 이 나루를 이용하였다. 따라서 고마나루의 나루 기능이 중요해진 것은 아무래도 고려조 이후였을 것이고, 그 이전에는 충남의 서부, 혹은 서북지역과 연결하는 기능만을 가졌다고 생각된다.

백제시대의 경우는 특히 공주에 정박하거나 공주에서 출발하는 선편의 왕래가 빈번 하였을텐데 지리적으로 보면 공주에서 선박의 정박은 주

---

60) 『신증동국여지승람』17, 공주목 산천

고마나루, 1970년대의 풍경

로 두 군데에서 이루어졌을 것으로 생각된다. 하나는 웅진동 박산소와의 사이에 형성된 만입지로서 이른바 '소정방들'이라 불리는 곳이고, 다른 한 지역은 정지산과 공산성 사이, 정지방으로부터 제민천을 소급하는 곳이다. 후자의 경우는 시내에 보다 근접한 곳이라는 장점이 있고, 전자는 선박의 정박 공간이 더 넓었을 것이라는 점이다. 백제시대 소정방이 고마나루 부근에서 상륙 주둔하였다는 구전과 제민천 하구에 형성된 정지방이라는 장소는 이같은 포구로서의 공주의 여건을 말해주는 것이다.

고마나루의 나루 기능과 관련하여 고마나루에 웅진원(熊津院)이라는 숙박 시설이 설치되어 있었고,[61] 동시에 그 인근에는 원수대(元帥臺)라는 곳도 있었다.[62] 당시 공주에는 보통원(동 3리), 금강원(금강 북안), 환희원

61) 『신증동국여지승람』17, 공주목 역원
62) 『신증동국여지승람』17, 공주목 누정

(남 35리), 요광원(남 30리), 모로원(북 26리), 궁원(북 40리), 인제원(북 52리), 공서원(서 31리), 반야원(서 49리), 고관원(서 67리), 공제원(북 28리), 내창원(서 25리), 광도원(동 57리), 불현원(동 82리), 효가리원(동 10리) 등의 원이 설치되어 있었다. 웅진원은 고마나루에 소재하여 서울 방면 혹은 충남 서부지역으로 출입하는 사람들의 숙박처로서도 기능하였던 것이다. 한편『동국여지승람』에서 말하는 '원수대'는 아마 고마나루 남쪽 벌에 해당하는 '소정방 장대'를 지칭하는 것으로 생각된다.

20세기 초의 자료에 의하면 금강수로에 의한 미곡 수송 능력은 공주-부강 간 40-50석 정도이고, 부여-강경은 70석 정도가 가능하였다. 강경 이하는 400-500석 규모도 가능하여 1904년 강경의 경우 출입선박이 연 1만여 척에 이르렀다. 공주 -부강의 내륙은 미곡 이외에 소금, 명태, 대구, 청어, 새우젓 등 수산물이 상품으로 올라왔고 주행 시간은 부강에서 하구까지 1-2일, 역항(逆航)하는 데는 3-4일 정도 걸렸다고 한다. 1910년 공주와 군산을 연결하는 정기선까지 설치되었는데(제1공주환, 제2공주환), 공주에서 선운에 의한 상업이 발전했던 곳은 고마나루, 전막, 장깃대나루 등이었다고 한다. 1백년 전(1910년 기준) 금강의 수심은 공주대 정문쪽의 공주대교(신다리) 밑이 2.5m, 금강철교 3.5m, 고마나루 건너편(연미산 아래)이 5m였다. 이점을 생각하면 백제시대 이래 고려 조선시대에 이르기까지 1천 5백년동안 금강이 교통로로서 얼마나 중요하였을 것인가 짐작할 수 있다.[63]

고마나루의 교통상의 기능과 관련하여 고려의 현종과 조선의 인조가 이를 이용하여 공주를 방문하였던 것도 기억할만한 일이다. 두 임금 모두

---

[63] 나도승, 1993, 「근대적 공간구조」, 『금강지』상, 284-289쪽 ; 이문종, 1995, 「문화지리로 본 공주」, 『공주의 역사와 문화』, 공주대박물관, 25-29쪽 및 지수걸, 1999, 『한국의 근대와 공주사람들』, 공주문화원, 31-32쪽 참조.

외란 혹은 내란의 혼란 속에서 공주에 이르렀던 공통점이 있다. 고려 현종 임금의 공주 방문은 거란의 2차 침입시, 1010(현종 원년), 수도 개경이 함락되는 상황에서 이루어졌다. 고려의 주력군은 초기에 무너지고 항복론이 무성한 가운데 국왕 현종은 왕비와 함께 전라도 나주로 몸을 피하게 된다. 그 도중에 현종의 일행이 금강을 건너 공주에 도달하게 되는데, 때는 해가 바뀌어 1011년 1월 6일의 일이었다.

현종의 공주 방문시 공주의 수령인 공주절도사는 김은부라는 이였다. 국왕이 피란길에 공주를 방문하자 김은부는 공주사람들을 데리고 고마나루까지 영접을 나가는 등 극진한 접대를 아끼지 않았다. 끼니를 걱정해야하는 피난길에 심신은 지치고 마음은 극도로 불안한데다 때는 추위가 살을 파고드는 한겨울이었다. 이러한 시점에서 공주절도사 김은부의 극진한 접대는 국왕 현종에게 커다란 위로와 힘이 되지 않을 수 없었을 것이다. 김은부가 현종을 어떻게 접대하였는지에 대해서는『동국여지승람』에 다음과 같은 기록이 있다.

> 김은부는 고려 현종 때에 공주 절도사가 되었는데, 왕이 거란의 란을 피하여 남쪽으로 오매, 김은부가 예를 갖추고 교외로 나와서 맞으며 아뢰기를 "임금님께서 산을 넘고 물을 건너시며, 서리와 눈을 무릅쓰고 이런 지경에 이를 줄을 어찌 생각이나 했겠습니까" 하고, 옷가지와 토산물을 바쳤다. 왕이 파산역에 도착하니 아전들이 다 도망하여 끼니조차 거르게 되었다. 김은부가 또 음식을 올리어 아침저녁으로 나누어 공궤하였다. 거란군이 물러가자 왕이 돌아오는 길에 공주에 머물렀다. 김은부가 맏딸을 시켜 왕의 옷을 만들어 바치니, 왕이 곧 총애하였는데, 이가 곧 원성왕후이다.

전라도 나주에까지 피란하였던 현종은 거란군이 철병하자 개성으로 돌아가는데, 귀경중의 현종은 다시 공주에 들르게 되고 6일 간을 공주에 머물렀다. 그리고 현종은 김은부의 큰 딸을 왕비로 맞이하였으니, 원성태후이다. 김은부가 중앙으로 영전하여 승승장구 승진의 가도를 달렸음은 물론이다.[64] 현종이 공주에 들렀을 때, 공주에 대하여 지은 시가 있다. 『동국여지승람』에 이 한 구절이 전한다.

일찍이 남쪽에 공주라는 곳이 있다고 들었는데
선경(仙境)의 영롱함이 길이길이 그치지 않도다
이처럼 마음 즐거운 곳에서
군신(群臣)이 함께 모여 일천 시름 놓아 본다

현종의 흡족한 감정이 표현되어 있는 이 공주 시는, 현재 전하는 가장 오래된 공주 관련 시중의 하나이다.[65]
조선 인조 임금이 공주에 이른 것은 이괄의 란 때문이었다. 1624년 (인조 2) 2월 8일 서울을 출발하여 13일 공주 공산성에 입성 하였는데 이 때 광정과 석송, 우성 목천을 경유하여 고마나루를 건너 입공하였다.[66]

5. 한국 고대의 곰 자료와 공주의 곰상

서울 풍납토성 조사에서는 사슴, 멧돼지와 함께 곰의 뼈가 확인되어

---

64) 김은부는 큰 딸에 이어 둘째와 셋째도 모두 현종에게 시집보냈는데, 원혜태후와 원평왕후이다. 김은부의 외손자인 원성태후의 아들들은 9대 덕종과 10대 정종이 되었고, 원혜태후의 아들은 11대 문종이 되었다. 거기에 원혜태후의 딸은 덕종의 비(효사왕후)가 되고, 원성태후의 딸은 문종의 비(인평왕후)가 되었으니, 김은부는 딸 셋이 왕비에, 외손자 3명이 국왕에 오르고, 외손녀 2명이 다시 왕비가 되었던 셈이다.
65) 오는 2011년은 고려 현종의 공주방문 1천 년이 된다. 1천 년 전 공주에서의 그의 시는 공주에 대한 깊은 애정과 찬탄이 담겨져 있는, '공주찬가'라고 할만하다. 현종의 공주 방문 1천 년을 기념하여, 고마나루에 현종의 시비를 건립할 것을 제안한다. 그 시점은 2011년의 봄이라면 좋을 것이다.
66) 인조의 공주 파천 행로와 전설에 대해서는 최석원·이철원, 1990, 「인조의 공주 파천과 향토 사적」, 『웅진문화』 2, 3합집, 35-42쪽 참조.

백제시대 곰이 사냥의 대상이었음을 말해주고 있다.[67] 평양의 '낙랑 무덤'에서는 '금동 곰모양 장식품' 2개(높이 5.7cm)가 출토된 바 있다. 이것은 평양시 낙랑구역 토성동 55호 무덤 출토로 시기는 2세기 것이라 하며 [68] 앞발을 든 모양이나 높이가 짧아 앉은 듯한 느낌을 준다. 금동제에 눈, 귀, 젖꼭지 등에는 붉은색, 하늘색 옥구슬을 박아 장식하였으며 위 부분이 홈이 파여 비어 있는 것을 보면 낮은 높이의 상 다리로 쓰였던 것으로 보인다. 이와 비슷한 금동제 '곰모양 상다리' 유물이 국립중앙박물관에도 소장되어 있다.[69] '평양 근처'에서 출토하였다는 이 곰모양 유물은 재질과 조형 구도가 기본적으로 앞의 토성동 출토와 같은 것이어서 비슷한 시대, 같은 용도의 유물로 보인다. 전자가 입상인데 비하여 후자는 오른쪽 팔은 들고 왼쪽 팔은 왼쪽 무릎 위에 놓고, 오른쪽 다리는 세우고 왼쪽 발은 접은 상태여서 구도가 다소 복잡한 모습을 보여주고 잘록한 허리의 몸체를 만들어 전자보다 세련된 조형성을 보여주고 있다. 표면의 처리 혹은 도금 상태 등도 후자가 훨씬 양호한 모습이어서 시기는 국립중앙박물관 소장(후자)이 것이 조금 늦은 것으로 생각된다. 후자의 유물에는 위쪽 홈에 부러진 목재가 남아 있어 원래 각목을 빈 홈에 끼웠던 사실을 알 수 있고, 후자가 도합 4개로 되어 있는 것을 보면 앞의 토성동 출토도 원래 4개로 구성되었을 것임을 말해준다.

집안의 고구려 고분 벽화 가운데 각저총의 그림 중에는 신단수를 연상케 하는 신목(神木) 아래 곰과 호랑이가 서로 등을 돌리고 서있는 그림이 있다.[70] 장천1호분에는 신목(神木) 아래 동굴이 있고 '검은 곰 형상의

---

67) 경기도박물관, 『한성백제』(2006 특별기획전), 76쪽.
68) 2004, 『조선중앙력사박물관』, 조선문화보존사, 132쪽.
69) 박은봉, 2002, 『한국사 편지』1, 웅진닷컴, 44쪽의 삽도 사진.
70) 齊藤 忠, 1987, 「集安·角抵塚壁畵の熊と虎の圖」, 『東アジア墓 葬制の研究』(필자 미견).

1장-01 공주 고마나루의 역사와 변천 **65**

동물'이 보인다. "고조선의 건국신화인 단군신화를 연상시키는 존재들" 인 것이다.[71] 5세기 전반으로 분류된[72] 이들 무덤의 벽화에 단군신화의 곰과 호랑이가 등장하는 것은 곰신앙의 역사가 구전되어 오고 있음을 암시한다고 할 수 있다. 문화적으로 고구려와 깊은 연관이 있는 백제에 있어서도 곰신앙 관련의 문화가 흘러내려갔다고 하여 이상하다고 할 수 없다. 이러한 관점에서 공주 웅진동 출토의 돌곰상 및 부여 구아리 유적 출토 토제 곰상에 대한 적극적 논의가 필요하다는 생각이다.

백제 지역의 곰 자료로서는 공주 웅진동 출토의 돌곰상이 있다.[73] 화강암으로 만들어진 이 곰상은 높이 34cm, 길이 29cm의 크기인데 머리는 약간 위를 쳐들어 전방을 응시하고 있고, 앞발을 두 발을 함께 모아 딛고 뒷발을 오무려 앉힌 일종의 준좌상(蹲坐像)이며, 등은 활모양으로 둥글게 휘었다. 선의 처리가 극히 간결하고 조각상의 기교가 전혀 배제되어 있는데, 전체적인 인상은 소박·유순하여 친밀감을 느끼게 하고 사실적이기보다는 함축적인 느낌을 준다. 고고학적인 측면에서 곰상의 사례는 드물지만, 부여의 부소산성 앞 구아리 유적 출토의 작은 곰상의 예도 있다.[74] 성격은 다르지만, 시베리아에서는 곰숭배와 관련한 석제 혹은 목제의 곰상이 다수 확인된 바 있으며,[75] 청동으로 만들어진 중국 고대의 곰상이 사진

---

71) 전호태, 2004, 「초기 고구려 고분벽화의 특징」, 『고구려 고분벽화의 세계』, 서울대출판부, 164-167쪽.
72) 전호태, 위 논문, 114-115쪽의 분류표 참조.
73) 이하의 내용은 필자의 「백제시대의 웅신숭배」(2005, 『공주, 역사문화론집』, 서경문화사, 112-118쪽)에서 부분적으로 옮기면서 보완한 것이다.
74) 부여 구아리 유적은 1992년도에 조사된 유적인데 2기의 백제의 우물과 함께 백제의 연화문 와당, 저울추 제작용 돌거푸집, 제사용으로 보이는 철제 자루솥(鑑斗) 등이 확인된 바 있다. 곰상은 토제이며 높이 5.1cm 크기의 소형이다. 국립부여박물관, 1997, 『국립부여박물관』, 42쪽, 166쪽.
75) Okladnikov의 「신석기시대 동시베리아 종족의 곰 숭배사상」이 김정배, 1973, 『한국민족문화의 기원』, 고려대 출판부에 번역 게재되어 있다.

으로 소개된 바 있다.[76)]

웅진동출토 곰상에 대
하여 가장 궁금한 문제는 이
상이 과연 어느 시기에, 어
떤 용도로 만들어진 것인가
하는 점이다. 이에 대하여
작고한 김영배 선생은 조각
수법의 고졸(古拙)함이라든
가 풍화의 진행상태 등으로
보아 백제시대 소작이 거의
틀림없다는 의견이었다. 곰
상 출토지 주변이 백제시대
왕족 혹은 귀족들의 무덤 밀

부여 구아리 출토 백제시대 토제 곰상

집지역이고, 고마나루에서 웅진도성으로 들어오는 길(고개) 가까운데 위
치한다는 역사적 환경, 그리고 출토지점의 "부근에서 기와편과 백제 토기
편이 확인된다"는 보고는[77)] 이 곰상이 백제시대의 것일 가능성을 높이고
있다는 생각이다.

공주 웅진동의 돌곰상과 관련하여 부여 구아리 건물지에서 출토한
토제 곰상은 주목할만한 자료이다. 구아리 출토의 곰상은 흙으로 만들어
구은 높이 5.1cm 크기의 작은 것이지만 그것이 왕궁터의 일부 혹은 부근
으로 생각되는 부여의 중심구역에서 출토한 것이라는 점에서 중요성이 있
다.[78)] 재료와 크기에 있어서는 차이가 크지만 뒷발을 오므리고 앞발을 세

76) 김재원, 1979,『단군신화의 신연구』, 탐구당, 111쪽 및 도판 21 참조.
77) 공주사대 백제문화연구소, 1979,『백제문화권의 문화유적(공주편)』, 31쪽 및 백제문화개
    발연구원, 1988,『충남지역의 문화유적(공주군편)』, 483쪽 참조.

운 곰의 모습은 웅진동의 것과 기본적으로 같은 구도의 작품이다. 백제시대 곰 신앙을 유추해 볼 수 있는 자료라는 점에서 앞으로의 보다 적극적 논의가 필요하다는 생각이다.

고마나루의 북안에 높이 솟은 연미산에 '곰굴'이라 전하는 작은 자연동굴이 있다. 강헌규 교수가 이 곰굴을 사진 자료로 소개하였으나 별로 주목받지 못하였다.[79] 굴 입구는 가로 세로 1m 가량의 크기이나 안이 깊지 못하여 동굴로서 얼마나 효용성이 있었을지 잘 판단하기 어렵다. 구 국도의 연미산 고개에서 100m 정도의 가까운 거리이나 길이 없어 접근은 용이하지 않다.

연미산의 곰굴에 대해서는 연미산 아래 기슭 강변에 있었는데 금강의 모래 때문에 묻혔다는 이야기도 있고,[80] 고마나루 전설은 어디까지나 전설인지라 실제로 '곰굴'이 필요한 것인지도 확신할 수 없다. 연미산의 굴이 정말 전설상의 곰굴이라고 단정하는 것은 쉽지 않다. 그러나 전설의 장소에 맞추어 작으나마 자연굴이 형성되어 있는 것 자체는 흥미 있는 일이라 하지 않을 수 없다. 이러한 점에서 곰굴은 실제 곰의 굴이라기보다는 전설의 상징적 공간으로 인식하여 여기에 의미 부여를 하는 것도 하나의 방안이 될 것이다.

맺는말

금강의 유서 깊은 공간의 하나인 고마나루는 백제 공주의 정신적 상

---

78) 1997, 『국립부여박물관』(전시도록집), 42쪽.
79) 강헌규, 1990, 「곰나루 전설의 변이형 고찰」, 『웅진문화』2·3합집, 22쪽.
80) 1957, 『공주군지』제1편 31-32장.

징의 공간이기도 하다. 고마나루(웅진)라는 땅이름, 고마나루의 전설, 그리고 오랜 전통의 웅진사 제행의 역사 때문이다. 그것은 공주의 기원적 의미를 갖기도 하며 신성의 공간이기도 하였으며, 동시에 공주를 출입하거나 경유하는 이들에게 공주에 대한 신화적 이미지를 각인시키는 것이기도 하였다. 그러나 자료의 빈약으로 인하여 고마나루의 역사적 고찰은 상당한 한계성이 있을 수 밖에 없었다.

본고는 금강에서의 고마나루의 위치, 고마나루의 전설 등에 대하여 언급하는 한편으로 그것이 곰으로부터의 기원을 갖는 오랜 구전자료라는 점을 강조하면서 제사의 역사, 교통로로서의 기능 등을 검토하였다. 고마나루는 유형적 혹은 문헌적 자료가 충분히 뒷받침되지 않는 유적이다. 또 이 때문에 이 유적의 성격과 역사를 명확히 정리하기 어려운 난점이 있는 것도 사실이다. 그러나 다른 한편으로 이 '비유형성' 이야말로 고마나루가 갖는 가장 중요한 특성이라고 할 수 있다. 이러한 점에서 당해 공간의 자연 지형이 최대한 보존되고 경관이 유지됨으로써 신화적 혹은 설화적 공간으로서 정비하는 방안이 기본적으로 유념되어야 할 점일 것이다.

공주 고마나루 전설에서 가장 핵심적 문제는 그것이 역사성을 포함하는 것인가, 아니면 곰과는 전혀 무관한 완전한 가공의 산물인가 하는 것이다. 이에 대해서는 일제하 식민사학자에 의한 어학적 접근에 의하여 곰과의 무관성이 설명된 이래 지금까지 많은 논의가 이어지고 있다. 그러나 고마나루 전설과 유사한 전설이 시베리아 등지에서 확인될 뿐 아니라, 단군신화의 곰이 일정한 역사성을 반영하는 것이라는 점에 비추어볼 때 한반도에 있어서 곰신앙의 역사적 전통이 존재하였음을 부정하기는 어렵다고 생각한다. 이같은 관점에서 본고는 특히 고마나루 전설에는 고대의 일정한 역사성이 투영되어 있으며 이것이 고마나루(웅진)의 도시 혹은 나루 지명을 매개로하여 오랜 구전이 가능하였을 것이라고 주장하였다. 그러나 다른 한편 고마나루 전설을 백제의 특정 사실의 반영으로 보는 해석에 대해서도 필자는 부정적 입장을 피력하였다.

고마나루의 문제는 백제시대 국가 차원의 제사 문제와 연결하여 다루어져야 할 주제이다. 고마나루 주변의 몇몇 장소는 바로 이 제의와 직접 연관된 제장(祭場)이었을 것으로 생각된다. 그러나 이를 뒷받침할 수 있는 자료의 확보가 아직 크게 미흡한 단계여서 향후 이에 대한 각별한 관심을 요구하고 있다. 웅진시대의 역사상과 도성의 구도를 복원하기 위해서는 정치, 군사, 생업, 사후의 공간에 대한 파악과 함께 지상과 하늘, 인간과 신을 연결하는 공간이 되는 제장과 제의에 대한 인식은 필수적인 사항이 되기 때문이다. 이점에서 고마나루는 신화와 제의가 곁들여진 신성 공간으로서의 이미지가 중요하고 따라서 이에 대한 정비 방안도 신화성과 신성성을 제고하는 것이 핵심 과제의 하나라 하지 않을 수 없다. *

---

* 충청남도 역사문화연구원, 2007, 『충청학과 충청문화』6 게재 논문

O2 고려시대 백제 구도(舊都) 부여의 회생

머리말

부여는 백제문화를 꽃피운 고대 백제의 왕도였다. 백제의 왕도였던 기간은 부여(538-660)가 1세기를 조금 넘는 정도였던 것에 비하여 한강 유역 서울의 경우는 거의 5세기라는 기간이었다. 그럼에도 불구하고 백제의 왕도라 할 때 서울이 아닌, 부여를 연상하는 것은 다름 아닌 부여 도읍기가 백제문화를 꽃피우고 그 선진문화 전파를 통하여 백제의 위상을 국제적으로 확보해 갔기 때문일 것이다. 그러나 660년 나당군에 의한 부여 함락, 그리고 뒤이은 백제 멸망은 부여의 운명을 일전직하로 낙하시켰다. 그것은 낙화암에서 뛰어내린 백제 왕궁의 여인, 그 여인의 운명과 유사한 것이었다. 그리하여 부여의 역사는 7세기 백제 멸망이후 근년까지 철저히 소외된 '주변지역'으로서의 지위에 머물며, 고대의 영화를 결코 회복하지 못하였다.

백제멸망 이후 부여 역사는 이같은 점에서 오늘까지 주목의 대상이 되지 못하였다. 그것은 이 시기 부여 역사가 '주변성'을 면치 못하였다는 데 일차적 원인이 있다. 그러나 다른 한편으로는 화려했던 고대 백제의 영화에 가리어 이후의 부여 역사가 소외된 측면도 무시할 수 없다. 이러한 점에서 중세 이후의 부여 역사는 이중적으로 사람들의 관심권 밖에 있었던 사실에 주목하게 된다.

중세이후 부여 역사에 대해서는 군지류(郡誌類)의 서적이나 미술사적 논고를 제외하면 참고할만한 전문적 역사 연구는 매우 드물다. 따라서 이러한 작업은 앞으로 남겨진 중요한 작업과제라 할 수 있겠다.[1]

1. '백제 재건', 그러나 잊혀진 부여

660년 7월 13일 부여 도성은 나당군에 의하여 함락되었다. 당의 점령군은 공주에 웅진도독부를 설치하고 옛 백제지역에 대한 지배를 획책하였다. 부여에는 문무왕 12년(672) 총관부가 설치되었다고 한다.[2] 당은 백제 고구려를 차례로 멸망시킨 후 이 지역에 대한 지배를 도모하였지만, 신라의 반발로 백제의 옛 영토와 고구려의 남부지역을 신라에 내주지 않을 수 없었다. 신라가 당군을 축출하고 백제지역을 실질적으로 통할하게된 것이 670년 경이었다. 즉 문무왕 12년(672) 신라에 의한 부여에의 총관부 설치란, 당의 웅진도독부를 대체하는 것이었다고 할 수 있다.

그러나 총관부의 설치는 임시적인 것이었다고 보아진다. 곧이어 지방제도에 대한 대대적 개편에 착수한 신라정부는 전국을 9주5소경 체제로 정비하였으며, 이에 의하여 충남지역은 '웅천주'로 편제되고 공주에 치소를 두게 되었기 때문이다. 이것이 신문왕 6년(686)의 일이다. 부여를

---

1) 백제멸망 이후의 부여역사를 전반적으로 정리한 것으로는 이해준의 『사비시대 이후의 역사와 문화』(1998, 『백제의 고도 부여-그 역사와 문화의 발자취』, 부여군)가 있다.
2) 『고려사』56, 지리지 부여군

'부여'라는 이름으로 부르게 된 것은 신라 경덕왕대의 일이다. "경덕왕 때 지금 이름(부여)으로 고치고 군으로 삼았다"는 기록이 그것이다.[3] 8세기 경덕왕대(742-764)는 신라가 군현명을 대대적으로 고쳤던 시기인데, 이름의 개명은 주로 고유의 지명을 중국적 이름으로 고치는 한화(漢化) 작업의 범주에서였다. 이로써 '소부리'(사비)는 '부여'라는 이름으로 대체되었던 것이다.

부여군의 약화된 사정은 고려 현종 9년(1018)에 부여군이 공주의 속군이 되었던 사실에서 확인된다. 부여군에 지방관이 파견된 것은 그로부터 1세기가 경과한 명종 2년(1172)의 일이었는데, 그나마 가장 낮은 직급의 감무관의 파견이었다. 이같은 여파는 조선조까지 연장되어 부여군은 태종 23년 현감이 파견되는 현으로 낮추어졌다. 백제멸망이라는 비운의 역사는 지역적으로 유독 부여에 그 철저한 상흔을 남기며 내려왔던 것이다.

백제 멸망 이후 왕도 부여는 버려진 고장이었다. 신라시대에는 적국의 왕도로 분멸되었으며, 고려시대 역시 부여와 백제가 버려진 옛 이름이었던 것은 마찬가지였다. 14세기 고려의 문인 학자였던 한산 사람 이곡(1298-1351)은 옛 왕도의 스산함을 다음과 같이 묘사하였다.[4]

금성탕지도 하루아침에 무너지니
천 척 푸른 바위, 낙화(落花)라 이름 하였네
농부가 갈고 씨 뿌린 곳은 공후(公侯)의 동산이었고
쓰러진 비석 곁에는 동타(銅駝, 구리낙타)가 묻혀 있네[5]

---

3) 『신증동국여지승람』17, 부여현 건치연혁
4) 『가정집』에 실려 있는 이곡의 시, 「扶餘懷古」의 일부이다. 『신증동국여지승람』18, 부여현 題詠조에도 실려 있으며, 번역은 부여문화원, 2000, 『부여의 누정』(오세운 역), 204-205쪽에 의함.
5) 궁전이 파괴되어 銅駝가 가시덤불에 묻혔음을 말하는 것으로 구리낙타는 낙양의 궁전 앞에 세워져 있었던 것이라 함.

낙화암에서 바라본 백마강

사자루와(이강) '백마장강' (김규진) 현판

내가 고적에 찾아와 문득 눈물 훔치니
모든 옛 일은 어부와 나무꾼 노래 되었네
천년 아름다운 기운 비질하듯 없어지고
조룡대 아래에 강물만 절로 출렁이네

또 같은 시기 민사평(閔思平, 1295-1359)과 조금 뒤 서거정(徐居正, 1420-1488)의 시이다.

가을밤 대왕포에 보름달 떴으나
정사암의 꽃은 몇 해나 지났느뇨
오늘은 두세 집이라 쓸쓸하지만
당시에 10만 호가 태평 했었지[6]

사비의 산하는 나라 이미 텅 비었어라
삼한의 지난 일에 탄식이 거듭 나오네
맑디맑은 백마강엔 갈매기가 조용히 졸고
푸르른 계룡산엔 기러기 그림자 듬성해라
차가운 달빛 높은 누대는 용을 낚은 뒤요
쓸쓸한 바람 높은 바위는 낙화의 나머지로다
고금천지에 영웅의 한을 애달파하면서
석양의 외로운 배를 가는대로 맡겨두노라[7]

"10만 호가 태평을 누렸다"는 부여 도성이 '두 세집' 삭막하기 짝이 없는 지경이 되었다하니, '탄식이 거듭 나온다' 는 저간의 사정을 다소 짐작할 만하다.

9세기 후반, 지방에서는 중앙의 통제에서 벗어나 독립적인 세력과 질

---

6) 부여문화원, 앞의 『부여의 누정』, 213-214쪽에 의함.
7) 서거정, 『四佳集』4, 「扶餘懷古」(번역은 국립공주박물관, 2007, 『계룡산』, 38쪽에서 인용).

낙화암(고암 이응로 그림)

서가 형성되었다. 각 지방에서는 '성주' 혹은 '장군' 이라 칭하는 소지역 지배의 권력자가 형성되었고, 역사에서는 이를 흔히 '호족세력' 으로 부르고 있다. 그러나 부여지역의 경우 신라말의 이 같은 전반적 경향이 어떻게 적용되었는지는 불확실하다. 중앙의 통제력이 크게 후퇴하고 각처에서 독립적 지배력이 우후죽순으로 일어난 것은 사실이지만, 부여지역의 경우 백제 멸망과 함께 토착 세력이 크게 타격을 입었고, 거기에 망국의 도읍이라는 특성으로 군사적 관리가 타 지역에 비해 훨씬 철저하였기 때문이다. 다시 말해서 다른 지역에 비하여 독자적 세력 형성의 여건이 대단히 불리하였다는 것이다. 다만 부여 도성에서 다소 멀리 떨어진 임천 지역과 같은 곳은 아마 호족 세력의 독자적 성립도 가능하였을 것이다.

892년 전라도 광주를 점거하고 사실상 독립정부를 수립하였던 견훤은 900년 전주에 도읍하고 국호를 후백제라 하였다.[8] 경상도 문경 출신의 견훤은 일찍이 신라의 중앙군에 편입되어 출세를 도모하였던 인물이었다. 장교로서 전남의 서해안에 근무를 하던 견훤은 변경지역과 옛 백제지역의 민심동향을 파악하고 신라정부로부터의 자립을 꿈꾸었던 것이다. 그는 옛 백제 지역민의 민심을 끌기 위하여 국호를 백제로 칭하면서 다음과 같은 교서를 반포하였다.

> 내가 삼국의 기원을 상고해보니 마한이 먼저 일어나고, 나중에 혁거세가 발흥했으므로 진한, 변한이 따라 일어났다. 이에 백제는 금마산(전북 익산)에서 개국해서 600여 년이 지났는데, 당나라 고종이 신라의 청원을 받아들여 소정방을 보내 병사 13만으로 바다를 건너게 했다. 신라의 김유신도 황산을 거쳐 사비에 이르기까지 휩쓸어, 당군과 합세하여 백제를 멸망시켰다. 지금 내가 완산에 도읍을 정했으니 어찌 감히 의자왕의 원한을 풀어주지 아니할 것인가?(『삼국사기』 견훤전)

견훤은 신라로부터의 자립, 즉 자신의 왕위 즉위를 백제국의 재건이라는 명분으로 합리화하였다. 그리고 후백제의 건국은 의자왕의 원한, 백제 멸망의 한을 설욕하기 위한 것임을 표방하였다. 이것이 백제 유민들의 오랜 한(恨), 그리고 신라왕조로부터 이미 멀어져버린 민심을 수렴하기 위한 것이었음은 말할 필요도 없다.

그런데 '백제국의 재건', 의자왕의 원한을 설원하는 것이라면 도읍을 옛 백제의 도읍 부여로 정하는 것이 옳았을 것이다. 그러나 그는 부여에 도읍을 정하는 대신, 오히려 "백제가 금마산(익산)에서 개국하여 600년"

---

8) 견훤의 후백제 건국과정에 대하여 신호철 교수는 그것이 몇 차례의 단계적 과정을 거쳤음을 밝히고 있다. 즉 견훤은 889년 무진주(광주)를 습격하여 이를 점령하고 '新羅 西南都統'을 칭함으로써 신라의 지방관임을 자임하였고, 이후 무진주로부터 점차 북상하면서 지배 영역을 확대하였는데, 후백제왕 칭왕, 設官分職 등은 모두 서기 900년 전주 정도 이후의 일이라는 것이다. 신호철, 1993, 「견훤관계 諸異說의 검토」, 『후백제 견훤정권 연구』, 220-221쪽 참조.

이라 하여, 백제 도읍을 전주의 관할권에 있는 익산으로 규정하고 전주에의 정도(定都)를 합리화하였다.[9] 견훤의 이른바 백제 멸망의 한을 설욕하겠다는 후백제 건국의 논리가 다분히 정치적인 표방이었음을 잘 읽을 수 있다. 그는 철저히 전략적 관점에서 '백제'를 빌리고, '의자왕'을 논하고, 그리고 심지어 백제의 왕도를 '익산'으로까지 바꾸면서까지 전주에의 정도(定都)를 합리화하였던 것이다.[10]

2. 고려의 통일전쟁과 부여

10세기 후삼국 쟁란기의 충남 지역은 후백제의 북변, 그리고 후고구려(태봉)의 남변에 해당하는 접경지였다. 이 때문에 양대 세력이 치열하게 각축을 벌인 지역에 해당하였다. 이 시기 부여의 사정에 대해서는 기록이 거의 나타나 있지 않다. 그러나 금강변의 유사한 지리적 조건에 위치한 공주의 경우를 통하여 부여의 사정도 다소 짐작이 가능하다.

견훤의 건국 초기, 공주는 후백제의 세력권에 있었다. 당시 공주의 실

---

9) 견훤은 백제국의 재건과 함께 '正開'라는 연호를 채택하였다고 한다. 이에 대해서는 신호철, 1993, 「견훤정권의 성립」, 『후백제 견훤정권 연구』, 52-53쪽 참조.

10) 후백제 건국과 관련한 '익산'에 대한 강조는 후백제의 '완산도읍'이 구체적으로는 익산이었다는 '익산도읍설'을 야기하였다. 송상규의 「견훤의 완산 입도설에 대한 고찰」(1979, 『전라문화연구』1)은 그 대표적인 주장이다. 이에 대하여 신호철은 익산도읍설을 '막연한 추측'에 불과한 것으로 일축하고 "전주가 후백제의 도읍지였음은 더 이상 의심할 바가 되지 못한다"고 결론지었다.(신호철, 앞의 「견훤관계 제이설의 검토」, 『후백제 견훤정권 연구』, 216-217쪽) 전주에서의 견훤의 후백제 도성에 대해서는, 전주시 대성동 소재 東固山城을 후백제 도성으로 지목한 전영래 선생의 견해가 있으나(전영래, 1992, 『전주 동고산성 건물지 발굴조사 2차약보고서』, 원광대 마한백제문화연구소), 이에 대해서 성정용은 『신증동국여지승람』에서 견훤이 쌓았다는 '古土城'이 전주 시내 서노송동의 낮은 구릉상의 토성일 것으로 보았다.(성정용, 2000, 「후백제 도성과 방어체계」, 『후백제와 견훤』, 충남대 백제연구소 편, 84-85쪽)

제적 지배자는 '공주장군'으로 지칭된 홍기(弘奇)라는 인물이었다. 그러나 중부지역에서 궁예가 홍기하고 그 세력을 남부지역으로 확대해가자 공주는 궁예의 휘하에 들게 된다. 905년 궁예가 경상도 상주 등지까지 그 세력을 확대하자 공주는 궁예에 귀부하였다. 이때 궁예의 휘하에 있던 이흔암(伊昕巖)은 공주를 습격하여 장악하였다. 그러나 918년 궁예가 왕위에서 축출되고 왕건의 고려가 건국되자 공주는 다시 후백제권으로 넘어갔다. 927년 즉위한 지 10년이 된 왕건은 3월 운주(홍성)를 공격하여 이를 고려의 세력권에 포함시키고, 이어 4월 공주를 공격하였으나 실패하였다. 태조 17년(934) 견훤과 왕건은 운주(홍성)에서 다시 대결하였으나 결과는 왕건의 승리였다. 이에 따라 충남의 많은 지역이 고려에 붙게 되었는데, 아마 이때(934) 공주도 고려의 세력권에 들게 되었던 것 같다.[11] 935년 신라의 고려 귀부에 이어 936년 태조 왕건은 논산에서 후백제군을 격파하고 후삼국을 통일하게 된다.

　　이상과 같은 후삼국시대 공주지방의 사정을 감안할 때, 부여의 경우도 처음 후백제권에 있다가 905년 이흔암이 공주를 점거한 것을 계기로 후고구려권에 들게 되었다고 생각된다. 918년 고려의 건국을 계기로 공주가 고려에서 떨어져 나와 후백제권으로 돌아가자 부여도 함께 후백제에 귀속되었을 것이다. 927년 왕건은 홍성지역을 그 수중에 넣었으나 부여는 통일 직전인 934년에야 다른 인근 충남의 여러 지역과 함께 고려권에 복속한 것으로 보인다. 934년 홍주 싸움은 견훤이 직접 5천의 정예를 이끌고 왕건군에 대항하였다가 3천이 죽거나 포로로 잡히는 대참패였다. 이로써 충남지역의 지배권이 왕건의 고려로 넘어갔고, 후삼국 남북간의 경쟁이 고려의 승세로 전환되었던 것이다. 즉 부여의 경우는 한때 궁예의 영향권

---

11) 후삼국시대 공주의 상황에 대해서는 김갑동, 1999, 「백제유민의 동향과 나말여초의 공주」, 『우재 안승주박사추모 역사학논총』, 웅진사학회 참조.

임천 성흥산성

에 들어 있던 시기도 있었으나, 대체로 후백제의 북변에 해당하였음을 알수 있다. 그러나 부여지역이라도 서쪽의 홍산, 외산 등의 지역은 부여도성 지역보다 좀더 일찍 왕건의 세력에 들었을 것이다.

임천의 성흥산성 안에는 고려초의 장군 유금필의 사당인 유태사묘(庾太師廟)가 있다. 유금필은 고려의 통일전쟁 직후 이곳 임천의 성흥산성에 주둔하며 피폐한 민심을 위무하고 빈궁한 주민들을 구제하여 사람들을 안정시켰다고 한다. 이같은 유금필 이야기는 지역에서 널리 구전되고있는데, 1929년에 간행된 『부여지』의 「성흥산성실기」에는 이에 대해 다음과 같이 언급되어 있다.

백제가 망하자 왕자 풍이 이 성에 들어와 웅거하였으나 일이 끝내 이루어지지 못하였다. 그후 고려 태조 때에 유태사 금필이 진남장군(鎭南將軍)으로 전라도 순천군 산성으로부터 바야흐로 송도(개성)를 향하여 가던중 임천에 오게 되었다. 유금필 장군은 이 성(성흥산성)에 올라 주민 가운데 빈궁한 자를 진휼하였다. 그 후 주민들이 그 은덕을 잊지 못하여 사당을 세우고 제사하였다.[12)

  유금필이 전라도에서 개성으로 가던 도중에 임천을 경유하게 되었다는 것은 잘 이해되지 않는 대목이다. 그러나 적어도 고려 초 유금필이 성흥산성에서 임천 사람들을 구휼하였다는 것만은 사실일 것이다.

  유금필(? - 941)은 태조 왕건이 극진히 아꼈던 전공이 뛰어난 장군의 1인이었다. 황해도 평산 사람으로 고려 태조 왕건을 섬겨 마군장군(馬軍將軍)이 되었으며 후삼국 통일전쟁에 참가하여 수많은 공을 세웠다. 그리고 925년에는 예산의 임존성 전투를 지휘, 후백제군을 격파하여 대후백제 전선의 교착상태를 타개하며 고려의 충남지방 장악에 결정적 계기를 마련하였다. 왕건은 고려 건국 이듬해인 919년 예산에 대후백제 전진 거점을 확보하였으나 임존성에 막혀 그 이상 남쪽으로 세력을 확대하지 못하고 있던 참이었다. 충남 예산군 대흥면 소재의 임존성은 백제부흥운동 시발지로서 당시 주류성과 함께 부흥운동군 2대 거점의 하나였으며 주류성 함락 이후까지 부흥운동이 지속되었던 곳이다. 925년 고려군이 후백제의 임존성을 공격, 무려 3천을 죽이거나 포로로 하였다. 이때 유금필은 고려군의 주장(主將)이었다. 유금필의 딸은 태조의 제9비 동양원부인(東陽院夫人)이 되었는데, 이것으로도 태조와의 각별한 관계를 짐작할만하다.

  유금필이 고려 통일전쟁기에 임천의 성흥산성에 주둔한 이유는 무엇이었을까. 그리고 그 시기는 구체적으로 언제였을까. 그 구체적인 기록을

---

12) "及百濟亡 王子豊 來據此城 事竟不成 其後 高麗太祖時 庚太師黔弼 以鎭南將軍 自全羅道 順天郡山城 將向松都 路出嘉林 庚將軍登此城 賑恤居民之貧妻者 其後 居人不忘其恩德 立祠祀之"(『扶餘誌』(1929) 元林川郡 「聖興山城實記」)『부여지』는 부여문화원, 2000, 『부여의 지리지·읍지』(II)에 실려 있는 자료를 참고하였음.

유금필의 사당이 있는 성흥산성 안의 고목

볼 수 없기 때문에 이는 추정에 의존할 수 밖에 없다. 고려가 충남지역에서 완전히 승기를 잡은 것은 홍성지역에서 견훤을 대파한 934년 9월의 일이었다. 이에 의하여 공주 이북 30성이 고려에 복속하게 되었다고 한다. 935년 신라 경순왕이 왕건에 복속하였으며 936년 왕건은 망명한 견훤을 앞세워 후백제군을 연산에서 대파하고 통일작업을 완수하였다. 이로써 생각건대, 유금필의 임천지역 주둔은 934년부터 936년 사이의 일이 아니었을까 한다.

금강의 중하류에 위치한 임천은 이미 백제시대로부터 전략적 요충으로 널리 알려져 있던 지역이다. 934년 이후 고려는 후백제를 본격적으로 압박하였으며 이 시기 임천은 후백제에 대한 중요한 전진거점의 하나였을 것임이 분명하다. 아마도 후백제 멸망 직전의 이러한 시기에 고려 명장 유금필은 임천에 주둔하였을 것으로 추측된다. 후백제 멸망 이후라면 고려 최고의 무장이었던 노령의 유금필이 구태여 임천에 주둔하여야 할 이유가 없기 때문이다.[13)]

유금필은 견훤의 실각(935.3)을 전후한 고려 태조 18년(935) 4월에, 전라도 나주지역의 수복을 위하여 '도통대장군'의 직으로 현지에 파견되었다가 귀경한 기록이 있다.

> 유금필을 도통대장군에 임명하여 예성강까지 전송하고 어선(御船)을 주어 보냈다. 유금필이 나주를 경략하고 돌아오니 왕이 또 예성강까지 행차하여 맞아 위로하였다.(『고려사절요』 태조 18년 4월)

라고 한 것이 그것이다. 유금필이 나주를 수복하고 난 직후인 6월 견훤은 금산사를 탈출하여 나주에 피신하여 고려측에 귀부할 것을 알렸고, 이에 왕건은 다시 장군 유금필 등을 보내 해로로 견훤을 맞이하였다.[14)] 후백제 패망 1년 전인 태조 18년(935) 전반기에 유금필은 해로를 통하여 두 차례에 걸쳐 나주를 왕래하고 있다. 이로써 보면 앞의 「성흥산성실기」에서 유금필이 "진남장군(鎭南將軍)으로 전라도 순천군 산성으로부터 바야흐로 송도(개성)를 향하여 가던 중 임천에 오게 되었다"는 것은 바로 이 무렵의 일을 가리키는 것이 아닐까 생각된다. 당시 유금필은 해로를 이용하여 전라도 서남지역을 왕래하고 있었으며, 935년 6월 후백제 견훤의 귀부로 인

---

13) 유금필은 왕건과 고락을 같이한 측근 무장의 1인이다. 935년 나주에 파견될 때 왕건은 그의 나주 파견을 그의 노령으로 인하여 꽤 주저하였던 것 같다. 유금필은 태조에게 "저의 나이는 이미 늙었으나 이것은 국가의 대사인데 감히 있는 힘을 다 바치지 않겠습니까"라고 하여 쾌히 수락하니 태조가 눈물을 흘렸다는 것이다.(『고려사』92, 유금필전) 그는 태조보다 훨씬 연배가 위인 당시 고려 최고의 역전의 무장이었던 것이다.

14) "甄萱 與季男能乂女子哀福嬖妾姑比等 奔羅州 請入朝 遣將軍庾黔弼 大匡萬歲 元甫香乂 吳淡能宣忠質等 由海路 迎之"(『고려사절요』1, 태조 18년 6월)

하여 후백제 궤멸은 시간을 다투게 되었다. 아마도 이 무렵 고려는 전주까지 바로 직격할 수 있는 금강 중류의 요충인 임천에 전지기지의 하나를 구축하고 있었고, 이와 관련하여 한때 유금필이 해로를 통하여 임천에까지 이르러 직접 현지상황을 점검하였던 것은 아닐까 추측한다. 그렇다면 유금필의 임천 성흥산성 주둔 시기는 후백제 공함을 눈앞에 둔 935년(태조 18) 경이 될 것이다.

유금필의 임천과의 관련성을 입증하는 자료는 오늘날 성흥산성 안에 있는 유태사묘, 즉 유금필의 사당과 '유장군당' 이라는 당집이다. 사당의 건물은 1976년에 다시 지어진 것이나 돌아보는 사람이 적어 퇴락한 상태이다. 그러나 사당의 존재는 이미 조선시대 지리서에 나오고 있어, 이들 사당의 유래가 고려 이래의 매우 오래된 것임을 입증한다.[15] 유태사묘의 현판에는 유장군이 지었다는 다음과 같은 시가 전한다.[16]

묻노니 꽃 꽂고 있는 길거리 아이야　　　問爾揷花街上童
이 산중에서 어느 집이 술맛 좋으냐　　　誰家酒好此山中
은행나무 우뚝하고 수양버들　　　　　　杏亭亭下垂楊裏
옥녀가 파는 옥로술이 붉습니다.　　　　玉女當鑪玉露紅

유금필은 임천의 영웅이었다. 성흥산성 바로 아래 자리한 대조사(大

---

15) 앞의 『부여지』(1929)의 「성흥산성실기」에 "自郡每年 發大同船 使巫女祈禱 使無風災矣久 生巫覡輩 築堂于山城之顚 眩惑世人 以爲祈福之場云" 이라 한 것을 보면, 조선조 말 이후로 이 유태사묘는 주로 민간신앙적 차원의 기도소로 바뀌어 있었던 것 같다. 한편 임천 유금필 사당에 대해서는 김효경의 논문 「부여 임천군 성황사와 유금필」(2008, 『역사민속학』26)이 있다.
16) 부여문화원, 2000, 『부여의 누정』(오세운 번역), 401쪽. 한편 『부여지』(1929) 元林川郡 壇廟條에는 당시 이 유태사묘에 "江光挽回百濟 一派山勢 排列兩湖千峰 有雨自生 堦面芳草 與雲 俱老墻角長松" 이라는 柱聯이 걸려 있었음을 전하고 있고, 같은 책 城池條에서는 "城內有祠 設木像 俗傳 高麗名將庾黔弼 守北城云" 이라 하여, 사당에는 원래 유금필의 상으로 전하는 木像이 있었음을 알 수 있다.

鳥寺)에는 유명한 고려 미륵불이 세워져 있다. 은진 관촉사의 미륵불, 정림사지의 석불좌상과 함께 고려사회를 상징하는 이 대조사의 석불은 혹 성흥산성의 전설적 인물 유금필이 그 실제의 장본인이었을지도 모른다.

한편 고려의 후삼국 통일전쟁과 부여지역과의 관련에서, 석성현의 '태조산'(혹은 태조봉)의 존재도 주목할 부분이다. 석성면 정각리 소재 해발 224미터의 태조산에 대해서는 조선조의 읍지류에 "석성현 서북쪽 9리에 있다. 백제 태조가 이 산에 와서 놀면서 은배(銀杯)로 샘물을 마셨으므로 (태조산이라는) 이름이 붙게 되었는데, 지금도 '고정(古井)'이라는 이름이 상존 한다"고 한 것이 그것이다.[17] 여기에서는 태조를 '백제 태조'라 하였지만, 백제가 아님은 물론이고 고려 태조이든지 조선 태조이지 않으면 안 된다. 그러나 '백제 태조'라 한 것으로 보아, 매우 오래된 일임을 알 수 있고 따라서 고려 태조임이 거의 분명한 것으로 보인다. 즉 고려 태조 왕건이 석성지역에 온 적이 있다는 것인데 아마 그것은 고려 초 통일전쟁시 후백제에 대한 공격을 강화하는 막바지의 시점이었을 것이다. 태조 왕건이 군사적 거점을 삼았던 천안에 '태조산'이 남아 있는 것을 생각하면,[18] 부여에도 태조산(태조봉)이 있다는 사실은 매우 흥미 있는 일이며, 이는 역사기록에 남겨져 있지 않는 고려 초기 부여의 역사를 복원하는

---

17) 태조산에 대한 기록은 조선조의 읍지류(석성현)에 널리 등장하고 있는데, 태조산(태조봉) 자체는 15세기 기록인 『동국여지승람』(석성현 산천조)에 이미 등장하고 있어, 이 산이 예로부터 유명한 산이었음을 입증한다.

18) 천안의 태조산은 옛기록에 '王字山'과 '태조봉' 등으로 나오는데, 태조봉은 본래 '留麗王山'으로 불렸으며 고려 태조가 여기에 올라 산세를 둘러보았다는 데서 유래하였다 한다. 왕자산과 태조봉은 같은 봉우리를 가리키는 것은 아니다. 이에 대해서는 장성균, 1999, 「천안의 진산 왕자산과 태조봉의 위치 비정」, 『향토연구』10, 천안향토조사연구소 및 이미영, 2000, 「고려 통일전쟁기의 태조 왕건과 천안지역」, 공주대 교육대학원 논문 참조. 이 태조산의 천안에는 왕건의 太祖廟가 설치되었는데, 임천의 유태사묘와 관련하여 유의되는 점이다.

데도 중요한 자료라 생각된다.

태조 왕건의 통일전쟁과 관련하여 문제를 검토할 때, 태조산의 바로 인근에 '군장동(軍藏洞, 藏軍洞)', 혹은 '파진산(波鎭山, 破鎭山)' 이라는 지명이 있는 점도 주목된다. '군장동(장군동)' 에 대해서는 소정방이 백제를 정벌할 때 군대를 주둔시킨 것이라는 전언이 있는데,[19] 이 역시 고려 태조와 연결될 소지가 없지 않기 때문이다.

3. 백제정신의 부흥과 백제계 석탑

우리나라 역사에서 '백제부흥' 이라는 정치적 군사적 움직임은 대체로 세 차례의 파장을 일으켰다. 첫 번째 파장은 660년 부여 도성 함락 이후 3년에 걸친 지방 각처에서의 끈질긴 항전이었다. 두 번째는 신라가 쇠망하자 주로 전라도 지역을 중심으로 전개된 '후백제' 의 성립이었다. 그 세 번째는 고려왕조에서의 일인데, 고려왕조는 후백제를 제압함으로써 통일왕조를 이루었던 나라이고 고구려 계승을 표방하면서 실제적으로는 신라왕조를 계승하였다. 이러한 의미에서 백제 영역에 대해서는 견제적인 측면이 없지 않았다. 태조 왕건의 훈요10조 가운데 제8조 "차현 이남 공주강 밖 사람은 등용하지 말라" 는 지침이 그 단적인 예이다. 그 이유는 금강 이남의 풍수지리가 배역세이기 때문에 민심도 그러하여 장차 고려 조정에 변고를 일으킬지도 모른다는 것이었다. 이는 후백제와의 최후 무력대결

---

19) 『동국여지승람』(석성현 산천조)에는 태조봉, 장군동 모두 '在縣北九里' 로 표시하고 있고 '藏軍洞' 에 대해서는 "與太祖峰 相對 中有大路 洞門曲俠 行人見之 疑若無洞 笨入其內 極廣闊 可藏萬餘兵 世傳 唐將蘇定方 伐百濟時 藏兵字此 因爲以號"라하여, 소정방이 백제를 칠 때 군사가 주둔한 곳이라 하였다.

고려시대에 조성된 부여의 백제계 석탑(왼쪽 : 장하리 3층석탑, 오른쪽 : 무량사 5층석탑)

부여 장하리 석탑 사리구[20)]

에 의하여 통일을 이룬 고려왕조로서의 당연한 경계심일른지 모른다. 고려조에 있어서 '백제부흥' 의 움직임은 13세기 호남지역에서 민란 형식으로 야기되었으며, 이는 고구려 혹은 신라의 전통에 기반한 고려정부에 대한 반발을 의미하는 것이다.

통일 이후 고려조에 있어서 이미 '백제부흥' 은 정치적 영향력을 행사하기에는 어려운 형편이었다. 그러나 고려조에 들어와 현저히 눈에 뜨이는 현상의 하나는 백제문화의 복원에 대한 관심이었다. 고려조에 있어서 이미 백제의 지상 건축물은 자취를 감추었다. 그러한 가운데 백제의 마지막 왕도였던 부여 시내 한복판에 백제를 상징하는 기념물이 우뚝 솟아있었다. 정림사지 5층석탑이 그것이다. 신라가 망하고 고려왕조로 바뀌자 옛 백제지역에서는 우후죽순처럼 이 정림사 백제탑을 본뜬 백제식의 고려석탑이 건축되었다.

부여 인근지역에서는 서천 비인면의 탑과 공주 계룡산의 남매탑이라 불리는 2기의 석탑이 그 대표적인 예이다. 부여의 경우 금강을 건너 규암면 장하리에 정림사탑을 본 뜬 석탑이 세워졌다. 외산면에 소재한 무량사 5층탑의 경우도 다소 변형되기는 한 것이지만 역시 백제적인 느낌을 주는 석탑의 예에 속한다.

장하리 석탑은 백제탑의 기본 모델인 정림사탑에 가장 가까운 거리에 위치하고 있다는 점에서 흥미롭다. 3층으로 구성되어 있고, 탑신이 세장(細長)하여 다소 섬약한 느낌을 준다는 점, 그리고 부재가 약식으로 간략히 처리되어 도식적인 느낌을 준다. 그러나 탑의 구성은 전형적인 백제형식 고려탑이다. 1931년 1층 탑신에서 다라니경 조각, 은 혹은 나무로 만든 합(盒), 상아로 만든 불상, 도금한 목제 소탑, 수정옥 등이 발견되었는데, 1962년 해체 수리공사중 2층 탑신에서 사리호와 21알의 사리가 수습되었다. 무량사의 5층탑도 넓은 의미의 백제탑 계열 고려탑으로 분류된다. 기단부가 높고 옥개석의 낙수면 경사가 백제탑에 비하여 급하게 조성

고려 현종년간(1028) 정림사의 재건을 말해주는 기와

되어 신라탑의 영향이 함께 섞여 있어, 말하자면 백제, 신라 절충 양식으로 규정할 수 있는 양식이다.[21]

　　고려시대 백제 부흥에의 문화적 정신적 기운의 발흥과 함께 정림사의 재건은 주목할만한 사실이다. 정림사는 660년 부여 도성 함락 당시 당군에 의하여 소멸되고, 오직 5층석탑만이 소정방의 '백제평정'의 기념탑 역할을 하면서 겨우 생존하였다. 따라서 신라시대 이곳은 백제 멸망 '기념'의 공간이었다.[22] 그러나 고려조에 이르러 이곳에는 다시 절이 복원된다. 금당이 세워지고 미륵석불 좌상이 높이 안치되었으며, 이에 의하여 정림사

20) 국립부여박물관, 1997, 『국립부여박물관』도록, 120쪽.
21) 고려시대 백제계석탑의 문제에 대해서는 이은창, 1966, 「백제양식계 석탑에 대하여」, 『불교학보』3·4합집, 동국대 불교문화연구소 ; 정선종, 1986, 「백제계 석탑에 관한 일고찰」, 『사학지』20 ; 김정기, 1987, 「백제계석탑의 특징」, 『마한백제문화』10, 원광대 마한백제문화연구소 ; 이은창, 1991, 「백제의 석탑」, 『백제의 조각과 미술』, 공주대 박물관 등 참고.

는 비로소 '신앙공간' 으로서의 기능을 회복할 수 있게 되었던 것이다.

현종조 정림사 건축은, 1942년의 발굴에 의하여 고려 현종 19년 (1028)에 해당하는 연대(대평 8년)와 함께 '정림사' 라는 절이 재건되었음을 말해주는 기와 명문에 의하여 밝혀지게 되었다. 명문은 '大平八年戊辰定林寺大藏當草' 라 하였다. 5층탑 뒤에 자리한 높이 5.6미터의 고려시대 석불좌상은 바로 이 무렵에 제작되었을 개연성이 높다. 거의 400년 만인 고려 현종조 정림사의 복원은 단순한 사원의 복원이라는 의미가 아니라 '백제정신의 복원' 이라는 대단히 상징적인 의미를 갖는 역사적 사건이었다고 할 수 있다.

4. 부흥하는 불교문화

부여는 원래 백제 불교문화의 중심지였다. 그러나 백제의 수준높은 불교문화 전통은 660년 나당군의 부여 도성 함락과 함께 모두 잿더미로 화하고 말았다. 백제의 멸망에 의하여 이후의 불교는 신라 불교문화가 정통이 되었으며, 절과 탑을 짓는 데 있어서도 신라 양식이 옛 백제 땅을 지배하게 되었다. 옛 백제 양식을 고수하는 것은 아무래도 사상적, 정치적으로 의심을 받는 행위였고, 따라서 그것은 금기의 영역이 될 수밖에 없었다.

통일신라기 부여는 옛 백제 왕도로서의 지위 때문에 경계의 대상이었다. 우선 도시의 파괴와 인구 이산으로, 부여는 인구가 적적한 작은 소도시로 전락하고 말았다. 그나마도 치안 유지 등을 목적으로하는 군대의

---

22) 정림사지 발굴조사 결과에 의하면 이 절은 도성 함락과 함께 소실된 이후, 신라기의 흔적이 확인되지 않음으로써 당시 부여 도성지역이 거의 공백상태였던 것으로 간주되고 있다.(윤무병,『정림사지 발굴조사보고서』, 충남대 박물관, 70쪽)

주둔으로 인하여 철저히 견제 되었다. 불교문화의 단절은 물론이었다. 옛 백제 불교문화의 유산은 신라의 중앙 통제력이 마비된 후삼국 시대 내지 고려조에 들어서서야 비로소 다시 부흥되기 시작한 것 같다. 1946년 봄 부여읍 구교리에서 발견된 비편에 이같은 사실을 짐작케 하는 시 한 편이 새겨져 있었다.

누각에 오르니 저녁 쇠북소리 들리고	登樓聞夕磬
암벽에 다다르니 남은 봄이 아까워라	臨壁惜殘春
천수(天授) 2년에 지은 절인데	天授二年刹
거듭 …	重回△△近

한계원(韓啓源, 1814-1882)의 작으로 되어 있는 이 시는 그가 오랜만에 찾은 부여의 절이 천수 2년, 즉 고려 태조 19년(919)에 창립한 것이라고 말하고 있는 것이다. 이 절이 어떤 절인지는 알 수 없으나, 혹 부소산성 안에 있는 절일 수 있고, 만일 산성 안의 절이었다면 고란사였을지도 모르겠다.[23] 즉 부여의 가장 상징적 공간인 부소산성 안 경관 좋은 곳에 작은 절이 들어서고, 그리고 고려 초 현종조(1028)에는 시내의 가장 중심지에 위치하였던 정림사의 기능이 다소나마 복원되었던 것이다. 이러한 점에서 고려 초 정림사의 건축은 부여의 재건과 관련된 퍽 상징적 사건으로 인식될만한 일이다.[24]

---

23) 이도학, 1997, 『새로쓰는 백제사』, 푸른역사, 280-281쪽.
24) 정림사탑과 관련, 이 탑을 학자들이 '평제탑' 이라 규정한 것은 일제시대 식민사관적 의도가 작용한 것이었다. 그러나 '평제탑' 이라는 용어 자체는 조선시대의 읍지에 널리 등장하고 있어 용어 자체의 연원은 좀더 오랜 것임을 알 수 있다. 가령 18세기 영조년간에 제작된 『여지도서』 부여현 고적조에서는 "平濟塔：在縣南一里 校村前 蘇定方平百濟 立石以其功 而今則字頑不可攷見" 이라하여 '평제탑' 을 당장 소정방의 백제정벌 기념비로 규정하고 있다. 일제의 학자들은 이같은 자료를 고의적으로 계승하여 학문적 진실을 외면하였던 것이다.

임천 성흥산성 대조사 석불

창건의 연혁은 알 수 없지만 임천의 대조사와 외산의 무량사는 고려시대 번창하였던 부여의 대표적 사찰로 꼽힌다. 임천 대조사는 백제승 겸익에 의한 창건의 전설이 전하기는 하지만, 10미터 높이의 고려시대 미륵보살입상에 의하여 고려시대 크게 중창한 대가람이었음을 짐작할 수 있다. 신라 불상에서 보이던 세련미 대신 다소 거칠고 미숙한 듯하면서 불상의 거대한 중량감을 강조하는 이 입상은 한 눈에 논산 관촉사의 보살입상과 같은 느낌을 받게 된다. 논산의 것이 고려 초기 광종조(10세기 말)에 제작된 것인 만큼, 지리적으로 근접한 대조사의 것은 그보다 조금 늦은 시기에, 관촉사 보살입상의 영향 하에 제작되었을 것임을 짐작할 수 있다.[25] 경내에는 신라 양식을 한 3층석탑이 있는데 이 역시 고려시대에 미륵보살 입상과 함께 제작되었을 것이다.[26]

---

25) 최성은은 대조사 미륵보살이 관촉사의 것과 같은 계열임을 지적하면서, 제작시기는 관촉사보다 약간 늦은 11세기 경으로 추정하였다. 최성은, 1991, 「백제지역의 후기조각에 대한 고찰」, 『백제의 조각과 미술』, 공주대 박물관, 223쪽.

26) 대조사의 창건에 대해서는 백제승 겸익이 성왕 5년부터 10년에 걸쳐 완성하였다는 전언이 있다. 또 "고려 원종때 무량사 道僧 陳田長老가 불상을 重修하였다"고 하였는데(『부여지』(1929) 원임천군 「大鳥寺彌勒實記」), 이에 의하여 무량사와 대조사와의 관계 및 13세기 원종조에 있어서 대조사 중수의 성격에 대하여 앞으로 좀더 면밀한 검토를 요한다.

부여군 외산면 만수산의 남쪽 기슭에 위치한 무량사는 현전하는 부여지역 최대의 사찰이다. 그 창건은 신라 범일국사(梵日國師)에 의한 것이라 하는데, 고려 초기에 크게 중창된 것으로 보인다. 절의 건물은 임진왜란 때 소실되어 이후 다시 재건된 것인데, 극락전 앞에 육중하게 위치한 높이 7.5미터의 5층석탑(보물 185호)을 비롯하여, 석등(보물 233호), 당간지주(도 유형문화재 57호)는 창건 당시 이 절의 규모가 적지 않았을 것임을 말해준다. 앞에 언급한 것처럼 고려시대 백제식 석탑의 대표적 작품의 하나로 꼽히는 5층탑은 고려시대에 비로소 활기를 되찾게 되는 부여지역 불교문화의 상징적 존재이기도 하다. 1971년 5층탑의 해체 공사를 하면서 석탑의 1층 탑신에서 금동아미타불좌상을 주존(主尊)으로 하는 금동제 지장보살좌상과 금동관음보살좌상의 삼존상이 나왔고, 3층 탑신에서는 금동보살좌상 1구가 출토되었다. 또한 석탑 안의 원형 사리공에서는 청동으로 만든 사리구, 수정 정병과 다라니경 등이 함께 반출되었다. 한편 석등의 지대석 아래에서는 청동거울 2개가 출토되었다. 충청매장문화재연구원의 시굴 및 충청남도 역사문화원의 조사에서는 석불 조각, '三寶草' '无量寺' 등의 글자가 있는 기와와 함께 다양한 청자 파편이 확인되었고, 특히 '乾德九年 辛未 四月日' '青寧 丙申正月日' 등의 문자와가 출토되어 이 절이 고려 초에 크게 중창되었던 절이었음을 입증하였다. 송의 연호 '건덕 9년'은 광종 22년(971), 요의 연호인 '청령 병신'은 문종 10년(1056)에 해당하기 때문이다.[27]

무량사와 대조사는 지금까지 전하는 고려 이래 부여지방의 큰 절이다. 지금은 남아있지 않으나 임천 성주산의 보광사(普光寺)도 고려시대 이름난 큰 절이었다. 이 사실은 14세기의 원나라의 관인(國子監 丞) 위소

---

27) 충청남도역사문화원,『부여 무량사 구지』Ⅰ, 48-71쪽.

(危素)가 지은 보광사중창비에 의하여 확인된다. 보광사를 중창한 원명국사(圓明國師)의 기념비인 이 비석의 건립 시기는 공민왕 7년(1358)이다. 비문에 의하면 원명국사(1275-1339)는 강화 선원사의 주지를 15년이나 역임한 고승으로, 14세기 정치인 김영인(金永仁), 김영순(金永純)의 동생이기도 하다. 나이 19세에 승과에 합격하고 중국에 유학, 철산경(鐵山瓊)과 함께 귀국하여 선사에게 수학하였다.

원대의 승려 철산경(鐵山瓊)은 철산소경(鐵山紹瓊)을 이른다. 철산(鐵山)은 자호(自號)이고 소경(紹瓊)은 그의 법명이라 한다. 그가 고려에 입국한 것은 충렬왕 30년(1304)의 일이다. 보광사 주석 동기는 국왕의 간청에 의한 것이었으며 국사가 여기에 머무르자 문도가 무려 3천에 이르렀고 거주 시설이 1백 여 간에 달했다고 한다. 여기에 김영인, 김영순이 노비 1백, 전답 1백 경을 내주어 성대한 도량을 이루었다는 것이다. 원명국사비(중창비)를 지은 위소는 그에 대하여 다음과 같은 글로 칭송하였다.

> 삼한 옛 땅에 고려에서 나라 세우니
> 아득한 바다 저편으로 동오(東吳)와 연하였다.
> 서쪽으로 인도 바라보매 하늘 모퉁이에 각기 있는데
> 어느 해 패다(貝多)에 쓴 불경 전했던고.
> 배우는 이 마음자리 처음을 깨달아 밝혔네.
> 경선사(瓊禪師) 석장(錫杖) 날려 이 나라에 왔으며
> 원명국사가 기거(起居)를 모시었네.
> 조계(曹溪) 정종(正宗)을 힘써 붙들었고
> 한마디에 미묘하게 알아들어 온갖 생각을 쓸었네.
> 있다하자니 있는 것 아니요
> 없다하자니 없는 것 아니로다.
> 죽고 사는 것이란 일치하는 것, 변하지 않는 것이네
> 보광 큰 사찰 종어(鍾魚)가 울리니,
> 금벽(金碧)이 화려한데 운하(雲霞)가 깔렸도다.
> 편편(翩翩)한 학자들이 소문 듣고 달려오네

조용히 먹고 숨쉬면서 진여(眞如) 밝혔도다.
절 융성한데 국사 이미 갔도다,
기록하여 새겨서 공덕 모범을 밝히노라.
건곤(乾坤) 태평하여 덕화가 빛나리
천자(天子)의 만년장수 상서〔禎符〕에 합하리라.

(危素 撰「高麗林州 大普光禪師碑」)

철산 선사가 임천 보광사에 머문 것은 충렬왕 30년(1304)부터 같은 왕 32년에 사이의 일로 파악된다. 임제종(臨濟宗)의 승려로 국왕이 승지를 파견하여 맞이할 정도로 이름 있는 인물이었다. 그는 충렬왕 32년 (1306)에 강화 보문사에서 구한 고려의 대장경 6천권을 가지고 귀국하였다. 그가 보광사에 주석(主錫)한 원명국사와 긴밀한 관계였음은 보광사가 가지고 있던 당시의 비중을 보여준다.[28]

보광사의 터는 임천면 가신리 성주산 기슭에 위치해 있는데, 건물터만이 겨우 확인될 뿐이다. 일제 때 임천에서 고려시대 사리구 일괄유물이 수습되었는데 바로 이 터에 있던 탑으로부터의 것으로 전한다. 유물 중에는 금동 8각형 사리기와 함께 은제 대좌, 라마불교의 영향을 받은 목제소탑, 그리고 여러 가지 구슬 묶음이 포함되어 있고, 시대는 14세기의 것이어서, 원명국사의 사리구 일괄유물이었다고 인정된다. 이들 유물은 '전 부여 보광사지탑 사리구' 라는 이름으로 부여박물관에 소장되어 있다.[29]

불교가 전성하였던 고려시대 부여에는 이외에도 많은 사원들이 산재하였을 것이지만, 지금에는 거의 전하지 않는다. 그런데 15세기의 지리서인『동국여지승람』에는 다음과 같이 이 시기의 많은 사원들의 이름이 전

---

28) 철산경에 대해서는 허흥식, 1986,「1306년 高麗國大藏移安記」,『고려불교사연구』, 일조각을 참조.

29) 보광사지에 대해서는 충남역사문화원『부여 보광사지 문화유적 지표조사 보고서』2005 및 이경복「부여 보광사지와 원명국사 충감」『충청학과 충청문화』4, 2005 참고.

하고 있다.

부여현

숭각사(崇角寺) : 취령산(鷲靈山)에 있다.

도천사(道泉寺) : 취령산(鷲靈山)에 있다.

경룡사(鷲龍寺) : 망월산에 있다.

보각사(普覺寺) : 망월산에 있다.

망울사(望月寺) : 망월산에 있다.

호암사(虎巖寺) : 호암산 천정대 아래 있는데, 바위가 하나 있고, 그 위에 호랑이 자취가 있기 때문에 그렇게 이름했다 한다.

고란사(高蘭寺) : 부소산에 있다.

망심사(望心寺) : 취령산에 있다.

임천군

서부도암(西浮圖庵) : 성주산(聖住山)에 있다

서자복사(西資福寺) : 건지산에 있으며 절 남쪽에 돌 다리가 있다.

동자복사(東資福寺) : 성흥산에 있다. 절 남쪽에 돌다리가 있다.

용연사(龍淵寺) : 남당진(南堂津) 북쪽 기슭 위에 있다.

향림사(香林寺) : 천등산(天燈山)에 있다.

향덕사(香德寺) : 천등산(天燈山)에 있다.

보광사(普光寺) : 성주산에 있는데 차군루(此君樓)가 있다.

석성현

정각사(正覺寺) : 망월산에 있다.

군각사(郡覺寺) : 망월산에 있다.

도솔암(兜率庵) : 망월산에 있다.

홍산현

적선사(積善寺) : 천보산(天寶山)에 있다.

무량사(無量寺) : 만수산에 있다.

도솔암(兜率庵) : 만수산에 있다.

백제를 품고 있는 부여 시가 원경

보현사(普賢寺) : 만수산에 있다.
서운사(棲雲寺) : 천보산에 있다.

　이상 『동국여지승람』에 실려 있는 절 명단을 보면, 부여현 8개소, 임천
군 7개소, 석성현 3개소, 홍산현 5개소 등 도합 23개소에 이른다. 당시 부여
지역에 대단히 많은 불교사원이 분포하고 있었음을 알 수 있다. 15세기 조
선 초기는 억불정책으로 불교가 위축되고 있는 때였기 때문에 이 책에 등장
하는 절은 15세기에 개창된 것이 포함되지 않은, 모두 고려 혹은 신라 이래
존재하였던 절이라고 단정할 수 있다. 따라서 이에 의하여 고려시대 부여
지역 주요 사원의 존재와 분포 및 불교문화의 융성을 짐작해 볼 수 있다.
　위의 자료에 의하여 고려시대 사원이 분포한 대표지역은 취령산, 망
월산, 만수산, 성주산, 천등산, 천보산 등이었음을 알 수 있다. 그중에서도
부여와 석성의 경계지에 있는 망월산에 6개소가 분포하며, 취령산 3개소
등으로 집중되어 있다. 이들 두 산은 절이 분포한 지역중 부여읍내에서 가

장 가까운 위치라 할 수 있는데, 망월산은 부여 치소에서 동쪽 15리 지점, 취령산은 서쪽 20리 지점이다. 백제시대 불교사원은 거의 도성 내에 분포하고 있었으며, 부여도성 밖이라 하더라도 그 인근에 소재하고 있다. 그런데 위의 고려시대 불교사원의 분포를 보면, 부소산성 안의 고란사와 강 건너편 호암사를 제외하면 모두 부여 도성권에서 벗어나 있는 지역임을 알 수 있다. 다시 말해서 백제 멸망과 함께 부여 도성과 주변에 있던 사원은 모두 폐사되고, 신라 이후 새로 지어진 절은 거의 도성권에서 벗어나 있는 것이다. 즉 백제 멸망 이후 부여도성권은 불교중심지로서의 전통을 상실하고 불교사원은 부여 인근 지역의 각처에 산포하여 성립하였던 것이다.

맺는말

꿈이라는 것은 이루지 못한 것을 의미한다. 부여는 지금 백제에의 꿈을 꾸고 있다.

부여는 1천 4백 년 전의 백제 멸망이후 그 영광을 한번도 되살려본 적이 없다. '백제왕도'로서의 경력은 부여에 있어서 영광이 아니라 '불행'이었다. 부여는 버려지고 잊혀졌으며, 다만 지나는 과객들의 상념을 되새기는 시제(詩題)가 되었을 뿐이다. 신라 말 이후 고려대에 두 차례에 걸친 '백제재건'의 구호가 부르짖어지는 정치적 움직임이 있었지만, 그것은 자신의 정치적 목적의 필요에 의하여 이용되었던 구호에 다름 아니었다. 신라 말 백제 계승국으로서 '후백제'의 건국이 있었고 12세기에는 백제부흥을 표방하는 민란이 야기되기도 하였다. 그러나 이들 정치사회적 운동은 부여와는 무관한 자신들의 정치적 목적을 위하여 표방된 수단에 불과하였던 것이다. 심지어 '백제국'을 자칭하였던 견훤조차도 백제의 '익산도읍'설을 주장하고 전주 정도(定都)를 합리화함으로써 부여지역에 대한 무관심을 은폐

하였다.

　백제 이후 폐허로 버려졌던 부여도성은 고려에 들어 비로소 민간 거주지로서의 기능을 회복한다. 정림사의 재건이 바로 그 증거이고, 그런 점에서 정림사 터에 지금까지 전하는 고려불상은 고려시대 백제의 작은 복권을 상징하는 유품이다. 이와 더불어 부여 및 인근 옛 백제지역에서는 정림사의 백제탑을 계승하거나 변형시킨 유형의 작품이 다수 제작되고 있다. 신라를 뛰어넘어 고려시대에 비로소 이같은 양식이 출현하는 것은 고려조에 이르러서야 백제에의 표현이 자유스러워지고 부여의 숨통이 다소 트이고 있는 실정을 암시한다. 이러한 분위기에서 도성 이외의 부여 지역에서 대소 사찰들이 수다히 조영되어 백제 불교문화의 전성을 계승하였다. 고려 건국기 후 백제와의 쟁패과정에서 고려의 유력한 무장 유금필이 임천에 주둔한 사실이나, 석성에 고려 태조의 내둔 흔적이 보이는 점은 금강을 끼고 있는 이 지역의 전략적 경제적 중요성을 인식케 하는데 도움이 되었을 것이다. 그러나 여타 지역에 비교한 부여지역의 평범성은 여전히 큰 변화가 없었다.

　신라 이후의 백제에 대한 잇슈가 정치적 목적에 의한 관념적 표방에 그쳤던 것에 비한다면 근대에 이르러 일제하에서 부여가 '신궁' 조영의 공간으로 지목된 사실은 퍽 주목할 일이다. 1939년부터 수년 간 진행된 부여신궁의 조영 및 이에 수반하는 도시 건설 작업은 1천 3백 년 동안 방기되어온 백제역사와 부여를 본격적으로 주목한 것이었기 때문이다. 그것은 단순한 정치적 표방과 같은 관념적인 것이 아닌, 백제를 재건하고 부여의 거주공간을 전혀 새롭게 재편하며 부여의 위상을 도성에 버금하는 지위로 올리는 계획을 포함한 것이었다는 점에서 획기적인 것이었다. 이에 의하여 백제는 1천 3백 년의 장구한 시간을 뛰어넘어 20세기 시점에 돌연 부활하는 느낌이었다. 그럼에도 불구하고 이 계획은, 한마디로 전혀 빗나간 '백제 부흥'에의 기도였다. 일제가 한반도를 식민지로 지배하고 있는 상태에서 백제역사와 부여도시의 부활을 통하여 식민지 지배를 더욱 강

화, 확대하려는 음흉한 기도였기 때문이다.[30]

　광복이 되고 30여 년이 경과한 후에야, 백제에 대한 관심이 조금씩 일기 시작하였다. 그것은 백제의 역사와 문화를 오늘 우리의 역사적 문화적 자원으로 활용해야 한다는 자각이었다. 1980년 대 이후 본격적으로 '백제문화권 개발'이 정책적 차원에서 주창되었다. 이 개발의 중심지역은 부여를 포함한 옛 백제의 도읍이 될 수밖에 없었다. 그리고 '백제문화권 개발'이라는 사업은 많은 이들의 공감을 얻고 있다. 부여가 새로운 차원, 문화적 측면에서의 '백제부흥'을 성취하는 중요한 공간이어야 한다는 것은 큰 이의가 없는 듯하다. 부여지역의 주요 사적지 정비사업이나 백제역사 재현단지의 조성, 혹은 백제문화를 계승하는 전문 교육기관의 설립 등도 이같은 차원에서 이루어지고 있다고 할 수 있다. 그럼에도 불구하고 정책적 측면에서의 사업의 추진력은 기대에 미치지 못하고 있다.[31]

　'백제부흥'은 이제 21세기 우리 세대에 남겨진 중대한 과제임을 다시한번 절감하는 것이다. *

---

30) 일제 말의 부여 신도(神都) 건설에 대해서는 손정목, 1987, 「일제하 부여신궁 조영과 소위 부여신도 건설」, 『한국학보』49, 일지사 참조.
31) 백제문화와 관련한 백제문화권 개발의 경과, 혹은 내용 등에 관련하여 다음의 글이 참고된다. 윤용혁, 1995, 「백제문화권 개발과 충남발전」, 『열린충남』1, 충남발전연구원 ; 이강승, 1997, 「백제문화권 개발의 현황과 과제」, 『백제문화권 개발과 21세기 충남의 미래』(백제문화포럼 발표자료집), 충남발전연구원 ; 윤용혁·이남석, 1999, 「백제문화유적의 개발과 부여발전」, 『21세기를 향한 부여개발의 방향과 전략』, 백제정책연구소.
* 최근묵 교수 정년기념논총 간행위원회, 2003, 『호서 지방사 연구』게재논문

03 1393년 신도안 건도사업에 대하여

머리말

1392년 조선 건국과 함께 중점 추진사업의 하나였던 신도 건도문제
는 태조 3년(1394) 한양으로의 천도에 의하여 일단 확정을 보았다. 정종대
의 불안한 정치 상황에서 왕실 조정이 개경에 다시 돌아옴으로써 한동안
한양 정도(定都)는 난관에 봉착한 듯 하였지만 1405년(태종 5) 한양으로의
재천도가 이루어졌다. 이후 수도로서의 서울의 역사성이 오늘에까지 이
르고 있다는 점에서 조선의 건국과 더불어 이루어진 한양에의 천도는 현
재와 직접 연결되어 있는 역사적 사건이라고 할 수 있다.[1]

한양 천도 전년, 조선왕조의 개창 직후인 1393년(태조 2) 태조 이성계
는 금강 지적의 계룡산 기슭에 신왕조 도읍지의 건설을 전격적으로 결의
하였다. 이 계획은 실현되지 못하였으나 한반도에서 서울 이외의 지역에
서의 새로운 수도 건설 후보지를 가늠하는 지리적 인식을 깊이 각인시킨

---

1) 한양정도의 역사적 의의에 대해서는 한영우, 1988, 「한양 정도의 민족사적 의의」, 『향토 서
　울』45 참조.

것이었다. 그리고 이후 근세 정감록의 계룡산 도읍설을 거쳐, 유신 말기 공주 장기지구에의 행정수도 건설 계획, 그리고 지금의 행복도시 건설에 이르기까지 끊임없는 천도론을 생산하여 왔던 것이다.[2]

이러한 점에서 근세 이후 계룡산과 금강 지역 천도론의 중심에 있었던 사건이 말하자면 1393년 이태조의 신도안[3] 천도 계획이었다고 말할 수 있다. 그러나 지금까지 이에 대한 논의는 대체로 풍수적 관심에서 접근한 것이거나,[4] 혹은 선초 한양천도에 이르는 과정에서의 하나의 해프닝, 돌출 사건으로 파악됨으로써[5] 신도안 천도 논의의 내용에 균형이 잡혀져 있지 않고 결과적으로 그것이 갖는 역사적 위치와 성격이 명확히 부각되지 않았다. 풍수적 관점, 혹은 한양 천도에 대한 논의의 일부로서 이 문제를 다루는 것이 신도안 천도계획의 정확한 성격과 의미의 파악을 저해하여 왔던 것이다.[6] 특히 계룡시의 건설 이후 신도안 건도 관련 유적이 군사시설 지구 내에 포함됨으로써 신도안에 대한 역사적 관심을 희석시키는

---

2) 2004년도에 발표된 신행정수도 후보지 4곳에는 금강변 행복도시 지구 이외에 계룡산 서쪽 기슭의 공주시 계룡면, 논산시 상월면 일대도 포함되어 있었다. 4개소의 후보지중 풍수적으로 가장 월등한 곳은 바로 계룡면 · 상월면 지역이었다고 한다. 김두규, 2007, 「계룡산의 풍수지리적 특성」, 『계룡산』, 국립공주박물관, 197쪽.

3) '신도안'의 명칭은 新都안, 新都案, 神都案, 新都內 등 여러 가지가 있으나, 1990년 계룡출장소(계룡시의 전신)가 개소되면서 '新都內'로 통일되었다. (정종수, 1994, 「계룡산의 도참 · 풍수지리적 고찰」, 『계룡산지』, 충청남도, 526-528쪽) 그러나 '신도안'이 훨씬 일반성 있는 지칭이라는 점에서 본고에서는 '신도안'이라는 이름을 사용하였다.

4) 이병도, 1938, 「이조 초기의 건도문제」, 『진단학보』9 ; 1947, 『고려시대의 연구』, 을유문화사 정종수, 1994, 「계룡산의 도참 · 풍수지리적 고찰」, 『계룡산지』, 충청남도.

5) 신도안 천도에 대한 문제는 한양천도를 설명하는 부수적 측면에서 언급되어 왔다. 한양천도에 대한 주요 논문은 다음과 같다.
김용국, 1957, 「서울 천도의 동기와 전말」, 『향토 서울』1.
이원명, 1984, 「한양천도 배경에 관한 연구」, 『향토 서울』42.
원영환, 1988, 「한양천도와 수도 건설고」, 『향토 서울』45.
원영환, 1990, 「한성부의 형성 배경」, 『조선시대 한성부 연구』, 강원대학교 출판부.
이존희, 2001, 「한양의 지정학적 성격」, 『조선시대의 한양과 경기』, 혜안.

결과가 초래 되고 말았다.[7]

주지하다시피 신도안에의 천도 추진은 조선 건국 직후인 태조 2년 (1393)의 일이다. 기록이 상세하지는 않지만 태조 이성계가 직접 현지를 답사하였고, 당시에 조성된 건축재(석재)의 일부가 아직까지 남겨져 있다. 또한 신도안은 풍수도참과 관련한 많은 화제와 사건을 오랫동안 생산하여 왔다. 한편 신도안에는 현재 신도시인 계룡시가 자리 잡고 있을 뿐 아니라 지리적으로는 행복도시(세종시)와 금강을 사이로 인접해 있는 곳이고, 인근에 인구 1백만을 훨씬 넘는 대전시가 위치하여 있으며 국립공원 계룡산을 주요 자원으로 포함하고 있는 지역이기도 하다. 이러한 점에서 신도안 천도에 대한 보다 명확한 역사적 정리는 이 지역의 역사적 특성을 파악하는 주요 관건이 된다고 할 수 있다.[8]

본고는 1393년 신도안 천도계획에 대하여 특히 다음과 같은 세 가지 점을 중요한 줄거리로 문제를 정리해가고자 한다. 첫째, 1393년 신도안 천도문제는 신도안의 천도지로서의 거론에서부터 공사 추진에 이르기까지 시종 태조의 주도에 의하여 추진된 것이 특징인데, 신도안 천도는 바로 이 점을 주목할 필요가 있다는 점이다. 둘째, 1393년 계룡산 신도안의 천도논쟁은 외면상 풍수적 적합성이 핵심이었다. 천도지로 선정된 명분도 풍

---

6) 이태진 교수는 선초 한양천도에 대하여 종래 풍수적 관점에서의 인식이 팽배하였던 것에 대하여, 한양 정도가 풍수론보다는 오히려 '유가적 지리론'에 의한 결말이라는 점을 강조한 바 있다.(1994, 「한양천도와 풍수설의 패퇴」, 『한국사시민강좌』14) 신도안의 경우 풍수 논의가 훨씬 비등한 사안이었지만, 그러나 실제 논의를 좌우하였던 요소는 풍수적 측면보다는 정치적 측면이었다고 할 수 있다.

7) 신도안을 포함한 계룡산의 역사에 대한 전반적 개황은, 윤용혁, 2005, 「계룡산의 문화사적 성격」, 『공주, 역사문화론집』, 서경문화사 참고.

8) 국립공주박물관의 2007년도 기획전 〈계룡산〉은 지역에서의 계룡산이 갖는 의미를 조명한 것이었는데, 이 전시회에서 신도안에 대한 여러 자료를 소개하여 신도안에 대한 관심을 갖게 하였다. 특별전의 내용에 대해서는 국립공주박물관, 2007, 『계룡산』 참고.

수문제였고, 천도지로서의 적합성이 부정된 것은 풍수 때문이었다. 그러나 그 실제에 있어서 신도안의 풍수논의의 본질은 정치적 의도를 감춘 명분상 논란의 성격이 강하였다는 점이다. 셋째, 신도안의 천도계획을 건국초의 천도 문제 추진 과정에서 돌출한 단순한 해프닝으로 이해해서는 안될 것이라는 점이다. 계룡산 신도안 천도 계획은, 고려 말 이후 지속적으로 제기된 천도론의 결과이며 동시에 한양천도로 연결되는 사안이라는 점에서 전후 맥락을 계기적(繼起的)으로 이해하는 것이 중요하다고 생각한다. 이러한 관점에서 본고는 1393년 신도안 천도 문제 자체에 초점을 맞추어 그 배경과 과정, 그리고 의미를 검토하고자 한다.

1. 신도안에의 천도 추진

조선 건국에 의한 한양에의 천도는 계룡산 신도 계획을 거쳐 태조 3년(1394) 이루어졌지만, 잘 알려진 바와 같이 개경으로부터의 천도 논의는 고려 말, 특히 공민왕대부터 끊임없이 제기되어 왔던 문제이다. 한양에의 천도 혹은 계룡산 신도 계획은 이같은 고려 말부터의 천도론이 그 역사적 배경이 된다고 할 수 있다.[9] 따라서 계룡산 천도계획을 검토하기 위해서는 우선 고려 말에 끊임없이 제기되었던 천도론의 향배를 정확히 확인하는 일이 필요하다.

공민왕대의 천도론은 한양(남경), 백악, 강화, 평양, 충주 등이 거론되었는데 고려 말에 제기된 천도론은 무엇보다 왜구의 침입이 그 직접적

---

9) 종래의 연구에서 여말의 천도론이 충분히 다루어지지 못한 문제점에 대해서는 장지연이 지적한 바 있다. 장지연, 2003, 「여말선초 천도 논의에 대하여」, 『한국사론』 43, 1-3쪽.

고려 오백년 도읍지 개성의 만월대 터

요인이었다. 우왕은 즉위 초부터 천도 문제에 관심이 많았으며 그 결과 우왕 3년(1377)에는 철원, 이듬해 1378년에는 한양을 신도로 정하고 좌소조성도감(左蘇造成都監)을 설치하는 등 한양에서는 일시 공사까지 착수하였다. 이후에도 1381년(우왕 7) 한양 천도에 의견이 모아졌으며, 이듬해 1382년 9월부터 이듬해 2월까지 왕이 한양에 거처하기도 하고 건국 직전인 1390년(공양왕 2)에는 9월에 개경으로 천도하여 이듬해 2월 개경으로 돌아온 적이 있다.[10] 한편 우왕 14년(1388)에는 지금의 북한산성에 해당

---

10) 남지대, 1994, 「서울, 어떻게 '서울'이 되었나」, 『역사비평』1994년 봄, 81쪽 및 오종록, 2003, 「조선 초엽 한양 정도과정과 수도 방위」, 『한국중세의 수도와 천도』, 한국사연구회 2003년도 학술대회 발표논문집, 96-98쪽.

하는 중흥산성을 수축함으로써 우왕대 천도지로서의 한양에 대한 관심의 일단을 입증하고 있다.[11]

그러나 우왕대 이후 천도지로서의 한양에 대한 관심은 왜구에 대한 대비였다기보다는 오히려 정치적 차원에서 접근된 천도론이었다고 볼 수

고려 말(공민왕-공양왕)의 천도론[12]

연월	천도지	移御여부	내용	비고
1356(공민 5) 6월	한양	×	보우의 건의	
1360(공민 9)11월	백악	○	7월 논의, 11월 移御, 이듬해 3월 환어	1359년 말부터 홍건적 침입 1360년 윤5월 왜구 강화 침입
1362(공민 11)8월	강화	×		2차 홍건적 침입
1367(공민 16)4월	평양	×	신돈 건의	1365년 왜구 교동 강화 침입
1369(공민 18)7월	평양 충주	×	신돈과 관련, 3소 연관	1371년 왜구 양천 침입 1372년 왜구 한양 침입
1375(우왕1) 8월	×	×	최영 등의 반대로 중지	
1377(우왕 3) 5월	철원	×	최영 등의 반대로 중지	1376년 9월 해운 금지 10월 왜구 강화부 침입
1377(우왕 3) 7월	연주	×	5逆의 땅이라 하여 중지	
1378(우왕 4) 1월	백악	×	9월 중지	
1378(우왕 4)11월	北蘇	×	교통, 조운을 이유로 중지	
1378(우왕 4)12월	左蘇 (백악)	×	좌소조성도감 설치, 이듬해 2월 중단	
1379(우왕 5)10월	회암	×	권중화 등 파견 검토	
1381(우왕 7) 8월	한양	×	서운관의 건의	
1382(우왕 8) 2월	한양	×	서운관 추천, 이인임 반대	
1382(우왕 8) 8월	한양	○	9월 천도, 이듬해 2월 환도	
1387(우왕 13) 11월	한양	△	이듬해 1월, 한양 중흥산성 수축, 3월(1388) 세자왕비를 한양산성으로 옮겼다가 5월 돌아오게함	1388년 5월 위화도 회군 6월 창왕 즉위
1390(공양 2) 9월	한양	○	9월 천도, 이듬해 2월 환도	

---

11) 여말 우왕대의 천도 논의에 대해서는 이형우, 2003, 「고려 우왕대의 천도론과 정치세력」, 『한국학보』113.
12) 이 표는 장지연의 논문 「여말선초 천도 논의에 대하여」, 44-45쪽의 표를 이용하여 재정리 한 것임.

있다. 왜구에 대한 대비 차원이라면 한양이나 개경이 모두 해안에서 가깝다는 점에서 그 대책이 될 수 없었기 때문이다. 따라서 우왕대 이후 한양 천도론이 부상한 것은 고려 말의 정치적 위기에 대한 대응책의 일부라고 할 수 있다. 이 때문에 한양 천도 문제는 이미 고려 말에 중요한 정치적 현안의 하나로 제기되어 있었다. 개경으로부터의 천도가 불가피한 것이라고 한다면, 동일하게 국토의 중심에 위치하면서 고려 이래 이미 '남경'으로서의 지위를 가지고 있는 한양이 그 대안이 된다는 것은 일단은 자연스러운 추이라고 할 수 있는 것이다.

이상의 경과에서 보면 고려 말의 천도논의는 왜구 침입을 배경으로 제기되어 점차 정치적 요구에 의하여 뒷받침 되었으며, 그 대상지는 거의 한양에 초점이 맞추어져 있었다. 조선 건국 이후의 천도론은 이같은 고려 말 이래의 천도논의의 연장이며 동시에 신도로서 가장 유력한 대상지가 한양이었던 것이다.

고려 말 천도론의 명분은 송도의 지기쇠왕설에 근거한다. "마땅히 한양으로 행행할 것은 송도의 지덕을 쉬게 하기 위함"이라는 견해가 그것이다.[13] 명백한 '천도'를 표방한 것은 아니지만, 국왕의 장기적 한양 순주(巡駐)는 한양에의 천도를 지향하는 것이었음도 부정할 수 없는 일이다. 이 때문에 한양으로의 천도를 우려하고 그에 반대하는 논의가 쇄도하였다. 박의중이 천도를 "엄청난 비용과 혼란을 일으키는 폐단"으로 지적하고,[14] 윤회종(尹會宗)이 "국가의 운조(運祚)가 장구하게 되는 데는 임금이 덕을 쌓고 인을 모아 나라의 근본을 기르는데 있을 뿐인데 어찌 도성 지세의 왕기(旺氣)를 믿으십니까",[15] "신우가 도참을 믿고 남경에 도읍을

13) 『고려사』112, 朴宜中傳. 개경의 지기쇠왕설은 이미 보우에 의하여 제기되어 공민왕 5년 (1356)의 한양 천도 논의의 근거가 되었다.
14) 『고려사』112, 朴宜中傳

옮겼으나 어떤 나라가 조공하였는지 알지 못하겠습니다"라는 공양왕대 강준백의 반대론이 천도에 대한 부정적 분위기를 여실히 전한다.[16]

천도를 조속 확정하려는 입장에서 천도의 가장 중요한 명분으로 거론된 것이 개경(송도)의 지기쇠왕설이었다. 이것은 천도의 불가피성, 한양 천도에의 당위성에 대한 설명을 위하여 주로 동원된 논리였고, 결과적으로는 새 천도지의 적합성 여부를 따지는 데 풍수적 논의가 지배하는 현상을 초래하였다. 그러나 그 실상 천도문제에서 논란된 풍수 문제는 핵심적 논의라기보다는 역성혁명의 정치적 본질을 호도한 데서 야기된 명분론의 성격이 강하였다.

1392년 7월 17일, 즉위한 태조 이성계는 즉위 직후 바로 천도 문제를 공식 거론 하였고 이에 의하여 처음 천도지로 물망에 오른 것은 한양이었다. 즉위 한 달이 지나지 않은 8월 13일 한양에의 이도(移都)를 지시한 것이 그것이다. 태조는 15일 삼사우복야 이념(李恬)을 즉각 한양에 파견하여 기왕의 궁궐(남경 이궁)을 수리하도록 조치하고 있다.[17] 한양은 이미 고려시대에 개경, 서경과 함께 고려 3경의 하나로서 남경으로 불리고 있었으며 앞에서 언급한 바와 같이 여말에도 여러 번 창궁 순주(巡駐)를 시도한 곳이기도 하다. 이러한 점에서 한양에의 천도론 자체는 새로운 것이 아니었다. 그러나 이 같은 태조의 한양 천도계획에 대해서는 9월 3일 대신들로부터 공식적 의견이 태조에게 전달되었다. 시중 배극렴, 조준 등이 전달한 대신들의 의견은 천도는 도읍 건설 공사가 이루어진 연후에 천천히 해야 한다는 것이었다.[18] 태조는 이같은 대신들의 의견을 수용하는 듯한

---

15) 『고려사』120, 윤소종전 부 윤회종
16) 『고려사』117, 姜淮伯傳
17) 『태조실록』1, 태조 원년 8월 임술 및 갑자
18) 『태조실록』2, 태조 원년 9월 기해

계룡산과 신도안의 지세(해동지도) (암용추와 숫용추 지형 지세가 선명하다)

모양새를 취함으로써 한양천도는 일단 무산되고 말았다. 즉위 직후 태조
의 한양천도 지시는 당시 정부 대신들과의 천도문제를 둘러싼 극명한 인
식 차이를 확인하는 것으로 결말이 지어졌던 셈이다.[19]

　한양에의 천도문제가 거론되었던 이듬해, 1393년 정월 태조는 돌연
계룡산에 행차할 것을 공포하고 정월 19일 군신을 거느리고 개성을 출발

─────────────

19) 한양 천도에 대한 논의 없이 바로 한양에의 천도 지시가 내려진 것에 대하여 남지대 교수
　　는 개국 전에 한양이 이미 천도지로 정해져 있었기 때문일 것으로 추측하였다.(남지대,
　　2000, 「조선 태조대의정치와 군신관계」, 『인문과학연구』9-2) 그러나 기본적으로 개국 공
　　신들이 천도 문제를 시급한 사항으로 인식하고 있지 않았던 점이나, 신도안 천도 포기 이
　　후 천도지에 대한 문제가 다시 분분했던 것을 보면 한양에의 의견이 정해진 상태였던 것
　　은 아닌 것 같다. 태조의 일방적 지시는, 오히려 한양천도가 쉽게 추진되기 어렵다는 상
　　황을 파악한 때문에 이루어진 것이 아닌가 한다.

하였다. 도중 양주 회암사에서 무학대사를 동반한 태조의 갑작스러운 행행은 신왕조의 천도지 확정을 위한 것이었다. 신도안이 천도 후보지로 부각된 전말에 대해서는 한양 천도가 좌절된 얼마 후인 태조 원년(1392) 11월 27일(갑진), '왕실 안태의 땅'을 찾기 위하여 '태실증고사(胎室證考使)'라는 직책으로 '양광·경상·전라도에 파견'하였다는 정당문학 권중화(權仲和)가 주목된다.[20] 그는 한 달여 만인 1393년 정월 2일 태조에게 왕실 안태지로서 전라도 진동(珍同, 금산 군내)의 산수 형세도를 바쳤는데, 이때 '양광도 계룡산 도읍도'를 함께 올렸다는 것이다.[21] 1393년 정월 태조의 돌연한 계룡산 행차는 바로 이 계룡산 도읍도를 근거로 한 천도지의 확정을 위한 작업이었다. 앞으로의 논의를 위하여 『태조실록』에 의하여 우선 신도안 건도 과정 전반의 추이를 정리하면 다음과 같다.

태조 원년(1392)

7월 17일   태조 즉위
8월 13일   도평의사사에 한양으로의 천도를 지시함
9월 3일   시중 배극렴, 조준 등이 한양의 궁궐과 성곽 완성후의 천도를 청하므로 허락함
11월 27일   정당문학 권중화(權仲和)를 보내 양광도·경상도·전라도에서 안태(安胎)할 땅을 잡게 함
11월 29일   한상질을 중국에 파견하여 조선과 화령으로 국호 개정을 요청함

태조 2년(1393)

1월 2일   태실증고사(胎室證考使) 권중화(權仲和)가 전라도 진동현의 태실 후보지에 대한 산수형세도를 바치고 겸하여 양광도 계룡산 도읍

---

20) 권중화는 우왕 때에도 천도와 관련 北蘇 궁궐의 舊基를 현장 조사한 일이 있고, 원래 "의약과 지리와 卜筮"에 정통하였던 인물이다.(『태종실록』8년 11월)
21) 『태조실록』3, 태조 2년 정월 무신

	지도를 바침
1월 7일	권중화를 보내 태실을 완산부 진동현에 안치하게 하고, 진동현을 珍州로 승격시키도록 하는 한편, 1월 18일 날짜로 계룡산에의 친행과 대성(臺省) 각 1인, 의흥친군(義興親軍)의 시종을 명함
1월 19일	도읍을 정하 위하여 개성을 출발하여 계룡산을 향하는데 영삼사사 안종원(安宗源), 우시중 김사형(金士衡), 참찬문하부사 이지란(李之蘭), 판중추원사 남은(南誾) 등이 시종함
1월 21일	양주 회암사에서 왕사 자초(自超, 무학대사)를 대동함
2월 1일	지중추원사 정요(鄭曜)가 도평의사사의 계본(啓本)을 가지고 서울로부터 와서 현비(顯妃)의 병환과 평주·봉주에서의 초적을 평계로 태조의 계룡산 행차를 저지하려고 함.
2월 2일	청포원(靑布院)의 들에서 유숙함
2월 5일	청주에 이르러 목사 진여선(陳汝宣)의 영접을 받음
2월 7일	유성 온천[22]
2월 8일	계룡산 도착
2월 9일	신도의 산수 형세를 직접 살피고 호종하던 삼사우복야 성석린(成石璘), 상의문 하부사 김주(金湊), 정당문학 이염(李恬) 등에게 조운과 교통의 편부(便否), 그리고 의안백(義安伯) 이화(李和)와 남은(南誾)에게는 성곽을 축조할 지세를 살피게 함
2월 10일	삼사좌복야 영서운관사 권중화가 신도의 종묘, 사직, 궁전, 朝市의 형세도를 바치므로 서운관과 풍수가 이양달(李陽達), 배상충(裵尙忠)으로 하여금 이를 살피게 하고, 판내시 부사 김사행(金師幸)에게 명하여 먹줄로 땅을 측량하게 함.
2월 11일	태조는 중앙의 높은 곳(高阜)에 올라 지세를 관찰함
2월 13일	계룡산을 떠나면서 김주(金湊), 동지중추 박영충(朴永忠), 전 밀직 최칠석(崔七夕) 등을 현지에 잔류케 하여 신도 경영을 감독케 함
2월 14일	청주에 도착함
2월 27일	개경에 도착함

---

22) 『신증동국여지승람』17, 공주목 산천조에서 태조가 천도 문제로 계룡산에 행차할 때 유성 온천에서 목욕하였다고 하였는데, 날짜는 2월 7일로 추측된다.

신도안 지역 원경

3월 8일	신도 건설에 투입된 백성을 놓아 보냄
3월 24일	81개의 주, 현, 부곡, 향, 소를 신도의 기내(畿內)에 속할 지역으로 지정
4월 1일	신도 건설에 투입된 工匠을 놓아 보냄
8월 기축	신도(新都) 경기(京畿)의 전지를 다시 양전하여 10결, 5결로 차등 있게 작정하여 절급하도록 지시함
9월 4일	경상, 전라도의 안렴사에 명하여 역도를 징발하여 신도(新都)에 보내게 함
11월 19일	내원당(內願堂) 감주(監主) 조생(祖生) 등이 불교 여러 종파의 중을 인솔하여 신도의 역사를 자원함
11월 28일	좌복야 김주에게 의복과 술을 내림
11월 29일	김주(金湊)를 계룡산 신도에 보냄
12월 11일	대장군 심효생을 계룡산에 보내 신도 역사를 중지하게 함

1393년 2월 8일 태조의 계룡산 도착은 실질적인 천도 사업의 시발점

이 된다. 이태조는 계룡산 기슭에 도착한 다음날(9일) 신도 후보지의 산수 형세를 직접 살피고, 호종하던 성석린(成石璘), 김주 등에게 교통의 편부(便否), 도로의 험이(險易)를, 그리고 의안백(義安伯) 화(和), 남은(南誾)에게는 성곽의 형세를 살피게 하였다. 2월 10일 서운관원과 풍수가들로 하여금 권중화가 올린 신도의 종묘사직, 궁전, 조시(朝市)의 형세도에 의하여 그 실제 여건을 구체적으로 확인하게 하였다. 태조는 중앙의 높은 곳(高阜)에 올라[23] 주변 형세를 관찰하는 등 5일 동안 머물렀으며 귀경 후에도 상의문하부사 김주(金湊), 동지중추 박영충(朴永忠), 전 밀직 최칠석(崔七夕) 등을 현지에 잔류케 하여 신도 경영을 감독케 하였다.

3월 신도의 기내에 속할 81개 지역이 정해지고 공사를 담당하는 기술자와 노동력은 농기를 고려하여 일단 귀향 조치하였다. 그리하여 공사가 재개된 것은 추수가 끝나는 9월 이후였다. 9월에 경상 전라도의 안렴사에 명하여 신도 공사를 위한 역도 징발과 승도의 모집을 독려하도록 하였다는 것이다. 그런데 공사는 그해 12월 11일자로 돌연 중지의 명이 내린다. 『태조실록』에 의하면 이것은 경기도 도관찰사 하륜(河崙)의 신도안에 대한 반대론이 받아들여진 것이었다. 하륜의 논리는 계룡산이 지리적으로 남방에 치우쳐 있는 점과 호순신(胡舜臣, 申)의 풍수 논리에 의하면 도읍으로서도 길지가 아니라는 것이다.[24] 이에 태조는 호순신의 풍수설을 증험하기 위하여 전조(前朝)의 제산릉(諸山陵)의 길흉을 확인하도록 하였고, 이에 봉상시(奉常寺)의 제산릉형지안(諸山陵形止案)에 의거 검토한바 길흉이 모두 들어맞으므로 작업을 중단하도록 하였다는 것이다.[25] 뒤에

---

23) 신도안의 '대궐터' 주변에 中峰이라는 144m 높이의 구릉이 있는데 이것이 바로 태조가 올랐던 언덕일 것이다. 계룡대의 건설로 신도안 일대는 크게 변형되었지만, 이 중봉의 구릉은 지금 그대로 남아 있다.

24) 『태조실록』 2년 12월 임신

논의하지만 필자는 신도안의 제안으로부터 포기에 이르는 일련의 단계에
모두 태조의 의중이 개입되어 있었다고 생각한다. 기록과는 달리 신도안
의 천도지로서의 제안도 태조에 의한 것이었고, 그 포기도 풍수적 적합성
에 대한 논란 이전 이미 태조에서부터였다는 것이다.

2. 태조의 천도의지와 신도안

조선 건국 직후 천도에 대하여 가장 강한 집착을 보인 것은 누구보다
도 이태조 자신이었다. 1392년 즉위한 지 한 달도 되지 않은 8월 13일 한
양에의 천도를 직접 지시하고 남경의 이궁을 수리토록 조치하였던 것이나
이듬해 정월 돌연 계룡산에 행차하여 현지에서 곧바로 신도 건설 공사를
개시한 데서 그 일단을 볼 수 있다. 적어도 천도 문제에 대해서만은 공식
적 논의 과정이 결여된 채 이태조의 의지가 두드러졌다. 그것은 태조 자신
이 천도문제에 대한 대신들의 부정적 혹은 유보적 입장을 잘 알고 있었기
때문에 야기된 현상일 것이다. 태조의 천도에 대한 결연한 의지와는 대조
적으로 조정 대신 대부분이 이에 대해 부정적 혹은 유보적 입장이었다. 심
지어 개국공신 정도전조차도 천도문제에는 적극적이지 않았다. 정도전은
"국가의 흥망성쇠는 사람에게 있는 것이지 지리의 성쇠에 있는 것이 아니
다"라고 하여, 풍수설에 입각한 천도에 대하여 기본적으로 부정적이었으

---

25) 이태조의 신도안 건도 사정에 대해서는 이병도, 1948, 「조선 초기의 건도 문제」, 『고려시
    대의 연구』, 을유문화사, 395-401쪽을 많이 참고하였음. 이긍익의 『연려실기술』(1, 開國
    定都)에서는 "태조가 계룡산 아래 도읍을 정하고 신도를 건설하는데 꿈에 신선이 나타나
    서 이곳은 鄭邑(정씨의 도읍)이요 네가 도읍할 것이 아니니 머물지 말고 가라고 하였다.
    그리하여 태조는 도읍을 중단하고 한양으로 천도하였다."고 하였으나, 이는 후대의 부회
    라 할 것이다.

며, 만일 천도가 필요하다면 여러 가지로 경황이 없는 국초의 시기보다는 "천시와 인사와 천도지를 두루 잘 검토하고 때를 기다려 움직여야 한다"는 신중론이었다.[26] 즉 국초에는 국가의 체제 정비와 민력의 안정에 치중하고, 천도 문제는 그 다음 단계에서 논의할 문제라는 것이다.[27] 정도전의 천도에 대한 이같은 견해는 당시 상하의 일반 여론을 반영하는 것이

신도안 천도를 추진하였던 태조 이성계의 초상
(전주 경기전)

었으며,[28] 적어도 이점에 있어서 태조와는 정책적 견해차를 분명히 드러내는 것이었다.

천도에 대한 태조의 단호한 입장은 여러 자료에서 확인된다. 신도안이 취소된 다음 무악 천도론이 논의되는 과정에서 천도 반대론자 유한우(劉旱雨) 등의 반대에 그 대안을 추궁하면서 태조는 "너희들은 송도의 지기가 쇠했다는 것을 듣지도 못했느냐"고 몰아세운 끝에 가까운 곳에 천도지가 없으면 고구려, 백제. 신라의 도읍지 중에 길지가 있는가 검토하라는 지시까지 내리고 있는 데서 잘 표출되고 있다.[29] 고려 이전, 고대의 서울

---

26) 『태조실록』6, 태조 3년 8월 기묘
27) 이원명, 1984, 「한양천도 배경에 관한 연구」, 『향토 서울』42, 139-141쪽.
28) 건국 직후인 1392년 한양 천도 논의도 공신인 배극렴·조준 등의 반대로 무산되었다. 장지연, 앞의 논문, 23쪽 참조.
29) 『태조실록』6, 태조 3년 8월 무인

이라면 3국이 분립되어 대치된 시기여서 도읍이 모두 국토의 중심부에서 모두 멀리 떨어져 있고, 따라서 통일 조선왕조의 도읍으로서는 지리적으로 부합할 가능성이 거의 없다. 그럼에도 불구하고 이같은 무리한 주문을 서슴치 않는 것은 태조의 천도에 대한 단호한 입장을 잘 보여주고 있다.

신왕조의 건국에도 불구하고 천도 문제는 본격적 논의가 이루어지지 않고 있었다. 정도전 등 건국 세력에 있어서 천도 문제는 중심적 현안 과제에서 벗어나 있었다. 계룡산 신도안이 새로운 천도 후보지로 부상하고 1393년 정월 태조가 현지 실사(實査)를 위하여 거가(車駕)를 움직이자 도평의사사에서는 지중추원사 정요(鄭曜)를 보내 현비(顯妃)의 병보(病報)와 황해도 평주, 봉주의 초적에 대한 건을 구실로 천도 계획 추진을 저지하고자 하였다. 이때 태조는

> "도읍을 옮기는 일은 세가와 대족들이 모두 싫어하는 바이므로, (病報와 초적을) 구실로 삼아 이(천도)를 저지하려는 것이다. 재상은 송경에 오랫동안 살아서 다른 곳으로 옮기는 것을 즐겨하지 않으니, 천도가 어찌 그들의 본 뜻이겠는가"
> (『태조실록』2, 태조 2년 2월 병자)

하면서 천도를 저지하려는 대신들의 부정적 분위기에 강한 불만을 나타내고 있다. 계룡산 신도안의 풍수적 적합성 이전에 우선 태조가 천도의 조속 추진에 대한 강한 집착을 가지고 있었다는 점을 알 수 있다.

고려 말 이래 개경으로부터의 천도는 끊임없이 논의되어 왔기 때문에 천도 문제 자체는 조선 초에 있어서 새로운 문제가 아니었다. 그럼에도 불구하고 이 문제가 새 문제가 된 것은 지금까지 천도지로서 부각되었던 한양 대신에 돌연 계룡산이 도읍지로 등장하였다는 점이다. 우선 계룡산 신도안이 천도지로 돌연 부각된 이유는 무엇일까. 이에 대해서 이태진 교수는 한양이 "자신이 폐위시킨 왕이 가고자 했던 곳이므로 썩 내키는 곳은 아니었다"고 하였다.[30] 한양 천도가 반대에 부딪치자 쉽게 이를 포기

하였던 이유를 설명하는 것이다. 태조 3년 계룡산 이후 무악이 새로운 천도지로 거론되었을 때 천도에 대한 이태조는 자신의 결연한 의지를 다음과 같이 천명하고 있다.

> "나는 반드시 도읍을 옮길 것이다. 만일 가까운 곳에 길지가 없으면 삼국(고구려,백제,신라)의 도읍지도 역시 길지일 것이니 마땅히 합의하여 보고하라"(『태조실록』6, 태조 3년 8월 무인)

여기에서 주목되는 것은 태조가 천도 대상지를 반드시 한양이나 그 부근의 땅에 제한하거나 집착하고 있지 않았다는 점이다. 천도의 실현을 위해서는 국토의 중심부에서 다소 지리적으로 치우치더라도 가능하다고 생각하고 있으며, 동시에 신왕조의 건국을 삼국시대에 비견하는 한 시대의 출발점으로 삼고 싶어 하는 의지를 읽을 수 있다. 이같은 건국 인식이 태조로 하여금 천도의 대상지를 넓은 시각에서 검토할 수 있는 계기를 만들었으며, 한강 유역 인근을 선택하지 않을 경우 그 대상지는 금강권의 충청지역으로 초점이 옮기게 된다. 계룡산은 과거 백제의 도읍이었던 웅진, 부여와 지척의 지점이며, 외적 방어상의 이점, 본관지 전주와의 근접성 등 몇 가지 긍정적인 사항이 있었던 것이 사실이다.

1393년(태조 2)의 신도안 천도 계획은 정책 결정에 대한 논의가 생략된 지나치게 조급한 공사 추진, 그리고 동시에 허망한 공사 중단 결정 등 이해하기 어려운 의문점이 있다. 적어도 신도안 건도 공사 결정은 신중한 검토와 논의 과정이 생략 되었다는 점에서 조급한 정책 결정과 무리한 추진이 수반된 것이었다. 이러한 혼선의 중요한 원인은 무엇보다 신도안 천도계획이 처음부터 이태조의 단독적 결정에 의하여 일방적으로 추진된 데

---

30) 이태진, 1994, 「한양천도와 풍수설의 패퇴」, 『한국사시민강좌』14, 55-56쪽.

신도안 대궐터 부근(1953년 사진)

서 초래된 것이었고 그것은 태조가 천도 문제에 대하여 공신들의 지원을
받지 못하였기 때문이다. 이 때문에 태조는 천도 문제를 자신이 직접 주도
하고, 그 과정에서 개국공신세력이 아닌 비개국파의 도움을 받게 되는 것
이다. 신도안을 천도 후보지로 처음 보고한 것은 태실증고사 권중화라고
밝혀져 있으나, 실은 이성계 자신의 복안에 의한 것이었다는 것이 필자의
생각이다.

　　신도안이 천도 후보지로 부각된 전말에 대해서는 한양 천도가 좌절
된 얼마 후인 태조 원년(1392) 11월 27일(갑진), '왕실 안태의 땅'을 찾기
위하여 '태실증고사(胎室證考使)'라는 직책으로 '양광·경상·전라도에
파견'하였다는 정당문학 권중화(權仲和)가 있다.[31] 그는 한 달여 만인
1393년 정월 2일 태조에게 왕실 안태지로서 전라도 진동(금산 군내)의 산
수 형세도를 바쳤는데, 이때 '양광도 계룡산 도읍도'를 함께 올렸다는 것
이다.[32] 이로써 보면 실제 안태지 내지 천도 후보지의 검토지역도 전국이

아니라 처음부터 태조의 본관지인 전주로부터 금강, 혹은 계룡산 일대의 제한된 지역이었던 것으로 보인다. 더욱이 불과 한 달 동안에 남한지역을 두루 검토하여 안태지를 선정하고 그 사이에 겸하여 신도안을 천도 후보지로 추천한다는 것이 우선 일정상 퍽 무리하다. 거기에 함께 올렸다는 '계룡산의 도읍도'란 구체적인 천도 설계를 담는 것이어서, 공신들의 천도에 대한 부정적 분위기를 감안한다면 왕명에 의한 사전 지시가 있지 않고서는 불가능한 보고라 하지 않을 수 없다.[33]

요컨대 이태조는 한양천도 시도가 좌절된 후 계룡산을 후보지로 내심 작정하였고, 그에 대한 검토를 권중화에게 의뢰한 것이라 할 수 있다. 권중화에 의하여 계룡산의 신도안에 대한 검토안이 보고되자 불과 2주만에 직접 계룡산에의 현지 조사에 나선 것도 권중화의 '태실증고사' 파견과 신도안 계획이 사전에 맞물려 있었음을 뒷받침한다. 뒤에 인용하는 권근의 글 가운데 신도안 택지(擇地)에 대하여, 태조가 "대신을 보내어 계룡산 양달에 터를 보게 한"[34] 것이라 하여 신도안의 검토가 태조의 의지에 의한 것임을 암시한 것은 단순한 공치사(空致辭)가 아니라는 생각이다.

한편 신도안 후보지 문제와 관련하여, 이성계가 왕위에 오르기 전 계룡산에서 기도하였다는 풍부한 구전이 주목된다. 계룡산에서의 기도 덕에 결국 신왕조 개창에 성공하였다는 것인데, 그가 즉위 이전 기도한 장소

---

31) 권중화는 우왕 때에도 천도와 관련 北蘇 궁궐의 舊基를 현장 조사한 일이 있고, 원래 "의약과 지리와 卜筮"에 정통하였던 인물이다.(『태종실록』8년 11월)

32) 『태조실록』3, 태조 2년 정월 무신

33) 태조의 신도안에 대한 관심은 적당한 태실지를 찾던 권중화의 건의에 의하여 비로소 시작된 것으로 기록되어 있고, 따라서 그렇게 인식되어 왔다.(이병도, 「조선초기의 도참」, 『고려시대의 연구』, 396쪽) 그러나 당시 천도에 대한 부정적 분위기가 팽배하여 있던 시점에, 그것도 개경이나 한양에서 멀리 떨어진 곳을, 개인적 판단으로 왕에게 천도지로 추천한다는 것은 상식적으로 이해하기 어려운 극히 무모한 행위가 아닐 수 없다.

34) 권근, 『양촌집』1, 進風謠 幷序

는 구체적으로는 암용추 부근의 동굴이었다 하며, 이 때문에 여기에는 그후 이태조의 초상까지 모시는 영험 있는 기도처로 알려지게 되었다는 것이다.[35] 이를 뒷받침이라도 하듯 계룡산은 이태조의 기도처에 대한 전설이 전하는데[36] 필자의 경우도 이태조의 즉위 전 계룡산에서의 기도에 대한 구전을 1980년 경, 개발 이전의 신도안 마을에서 직접 청취한 바 있다. 만일 그렇다면 이태조는 즉위 이전 이미 계룡산에 대한 각별한 지식과 인연을 가지고 있었다. 이 때문에 한양 천도가 어려워지자, 기왕에 논의되어 온 한양과는 전혀 새로운 후보지라 할 수 있는 계룡산을 검토하였고, 그것이 바로 권중화의 파견으로부터 진행된 일련의 과정이었다고 할 수 있다.

3. 신도안 천도론의 정치적 성격

신도안의 등장과 건도사업이 태조의 적극적 의도에 의한 것임을 논의하였지만, 그러면 태조가 개국 초 특별히 천도 문제에 대하여 각별한 집착을 가지게 된 이유는 무엇일까 궁금하다. 이에 대해서는 기왕에 일정한

---

35) 이에 대해서는 成萬秀(1907-1965)의 계룡산 여행기(1860.7.28)에 다음과 같이 언급되고 있다. "암용추 三神堂 石室을 살피는데 통로를 幕으로 가려 동굴 속에 달팽이 집 같이 작은 집들은 다 도인들이 차지했다. 앞 봉우리에 帝釋寺가 있고 굴 안에 태조의 초상이 있으니, 곧 태조가 왕이 되기 전에 기도를 올린 곳이다."(『海琴先生文集』2, 충남일기) 이글의 번역 및 원문은 추만호, 1999, 『동학사』, 우리문화연구원, 307-309쪽에서 참고함.

36) 조재훈, 「계룡산의 전설」에 실린 '할머니와 이성계(신원사 전설)' 전설도 그 한 예인데, 이 전설은 야망을 품은 이태조가 무학대사의 말을 듣고 개국 이전 계룡산에서 기도했다는 내용을 담고 있다. 기도 중에 꾼 꿈에 이태조 자신이 장작개비 셋을 짊어지고 있는데 신발 바닥은 뒤축이 떨어져 나가 있고 앞에 있는 병의 목을 잡았더니 마개가 뚝 떨어져 나갔다는 것이다. 이에 대한 할머니의 해몽은, 장작개비 셋을 짊어진 것은 장차 임금의 위를 오른 것을 상징하고 신발 뒤축이 떨어져나간 것은 임금의 신발을 뜻하는 것이고 병마개가 떨어진 것은 대사를 성취하기 위하여 일을 시작하라는 계시라는 것이다. (1994, 『계룡산지』, 충청남도, 995-998쪽)

논의가 있었다. 일찍이 이병도 선생은 지덕이 쇠퇴하였다는 개경을 속히 피하려고 하는 태조의 "미신적 사상, 즉 음양지리(풍수)적 사상"을 가장 큰 원인으로 꼽은 바 있다.[37] 김용국은 신왕조의 출범에 부응하는 심기일전의 한 계기 조성, 개성의 지기 쇠퇴설, 그리고 역성혁명의 과정에서 야기된 잔혹 행위에 대한 불안감의 청산을 위하여 천도를 고집하게 되었을 것이라고 하였다.[38] 이원명은 천도 동기에 있어서 풍수도참 문제를 중시하는 견해를 부정하고 여기에는 정치적 이유가 중요하였다는 점을 강조하였다. 그리고 그 정치적 이유는 여말 정치권력의 탈취 과정에서 야기된 폐위와 살해 등의 가혹 행위로 인한 가책 및 왕씨를 중심으로 한 구가세족의 항거에 대한 대처의 필요성을 강조하였다.[39] 원영환은 개경에 기반이 없는 이태조의 정치적 불안, 반대세력을 잔혹하게 탄압한 데 대한 심리적 불안, 송도의 지기가 쇠했다는 지리도참설, 신왕조 개창에 따른 새 도읍 건설의 당위론, 천도에 의한 신왕조 민심의 일신 등 여러 가지 점을 그 배경으로 들었다.[40] 이태진은 태조의 조급한 천도책이 자신이 '폐군신'의 정변을 일으킨 송도에 머무는 것에 대한 부담감 때문이라 하였다. 공양왕 2년의 한양 천도 계획이 "천도하지 않으면 정변이 일어난다"는 참설 때문이었고, 그것을 직접 실현한 장본인으로서 태조는 개경에 머무는 것에 대한 부담감이 더 컸다는 것이다.[41] 정종수는 개경의 지기쇠왕설에 대한 태조의 강박감을 주요 원인으로 꼽는 한편 혁명과정에서의 희생자에 대한 부담감을 그 이유로 들었다.[42] 남지대는 개경에 기반한 구신 세족의 존재,

---

37) 이병도, 1948, 「조선 초기의 건도 문제」, 『고려시대의 연구』, 394쪽.
38) 김용국, 1957, 「서울 奠都(전도)의 동기와 전말」, 『향토서울』 1, 52-57쪽.
39) 이원명, 1984, 「한양천도 배경에 관한 연구」, 『향토서울』 42, 130-135쪽.
40) 원영환, 1988, 「한양천도와 수도건설고」, 『향토서울』 45, 9-13쪽.
41) 이원명, 1984, 「한양천도 배경에 관한 연구」, 『향토서울』 42, 130-135쪽 ; 이태진, 1994, 「한양천도와 풍수설의 패퇴」, 『한국사시민강좌』 14, 55-56쪽 참조.

송도의 지기쇠왕설, 역성혁명의 왕은 천도한다는 당위성, 새도읍에서 새 정치를 시작한다는 민심 일신의 의미 등 여러가지를 그 이유로 종합하는 한편,[43] "태조가 거처할 곳이 마땅치 않았던 것"도 현실적 이유 중의 하나라고 하였다.[44] 이존희는 개경의 구신 세족의 존재, 흩어진 민심의 일신, 지기쇠왕설을 비롯한 풍수도참의 영향, 한양천도에의 필요성 제고 등을 들었다.[45] 다소의 정치적 논의가 언급되어 왔지만 송도의 지기쇠왕설 같은 풍수 도참적 관점을 조급한 천도의 가장 중요한 계기로 보는 것은 일반적 관점이라 할 수 있다.[46]

이상 소개한 태조의 천도 집착 이유에 대한 논의는 대체로 사실에 어긋나는 것이라고 할 수는 없겠지만 사실을 정확히 지적한 것이라고도 할 수 없다. 우선 개경의 지기 쇠퇴와 같은 풍수도참론의 견해는 천도책의 추진에 하나의 배경은 되었겠지만 핵심 사유로 보기 어렵다. 정부 대신과 이태조의 천도에 대한 입장과 견해가 상반하고 있었다는 사실은 당시의 천도 문제가 풍수적 문제라기보다는 하나의 정치적 사안임을 입증한다. 역성혁명의 과정에서 자행된 반대세력에 대한 탄압이 초래하였을 심리적 부담이라는 것도 중요한 천도 추진의 요인이 될 수는 없다. 권력을 둘러싸고

---

42) 정종수, 2008, 「계룡산 신도내의 풍수지리적 특성」, 『신도내 건도사업 의의 및 활용방향 모색을 위한 워크숍』, 계룡시, 55-61쪽.

43) 남지대, 1994, 「서울, 어떻게 '서울'이 되었나」, 『역사비평』1994년 봄, 81-82쪽.

44) 남지대, 2000, 「조선 태조대의정치와 군신관계」, 『인문과학연구』9-2, 서원대 인문과학연구소.

45) 이존희, 2001, 「한양의 지정학적 성격」, 『조선시대 한양과 경기』혜안, 16-19쪽.

46) 특히 계룡산에 대해 풍수 도참적 관점에서 관심을 가지는 경우는 이같은 측면이 더욱 강조된다. 가령 정종수, 1994, 「계룡산의 도참·풍수지리적 고찰」, 『계룡산지』, 충청남도에서 신도안 '천도의 동기'에 대하여 고찰하면서 "그것은 어떤 사정보다도 음양 풍수적 사상을 바탕으로 한 개경의 지기쇠왕설에 기인한 것으로 보인다"(550쪽), 신도안 천도 계획의 중단이 지리보다는 '풍수상의 결함'에 비중이 실려 있었다(545쪽)고 한 경우도 그 예이다.

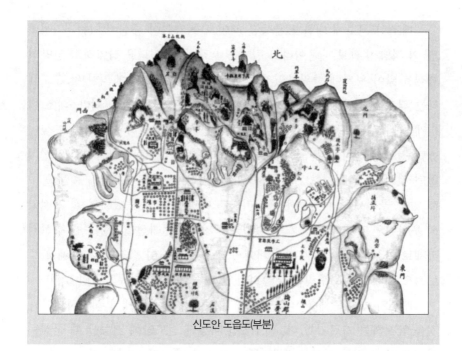
신도안 도읍도(부분)

피비린내 나는 유혈적 투쟁이 얼마든지 야기될 수 있다는 점에 비추어 조선 왕조의 건국은 왕조 교체라는 거대한 정치적 변동에 비한다면 비교적 '평화적인' 권력 변동의 과정이었음을 부인하기 어렵기 때문이다. 그리고 고려 왕씨에 대한 탄압이라는 것도 한양천도 이후에 이루어진 것이 많다.[47] 자신이 '폐군신' 의 정변을 일으킨 송도에 머무는 것에 대한 부담감이라는 것도 천도에 대한 조급증을 설명하는 데는 충분하지 않다는 생각이다.

---

47) 개국 초 태조의 정책 또한 혁명에 반대하였던 세족들에 대하여 온건한 정책을 취하였으며, 실제로 이들을 포섭해감으로써 왕조의 정치적 안정을 도모하고자 하였다. 이에 대해서는 남지대, 2000, 「조선 태조대의정치와 군신관계」, 『인문과학연구』9-2, 서원대 인문과학연구소 및 류주희, 1998, 「조선초 비개국파 유신의 정치적 동향」, 『역사와 현실』29, 44-45쪽 참조.

태조의 천도에 대한 조급증은 무엇보다 자신이 중심에 있는 '역성혁명'의 정당성 확보 때문이라고 필자는 생각한다. 권력을 장악하고 선양의 형식을 밟아 왕위에 즉위하였지만 그것으로 천명(天命)에 의한 왕조 교체라는 역사적 정당성과 정통성을 확보한 것이라고 보기는 어렵다. 태조 이성계는 바로 그 정당성의 확보를 천도라는 작업을 통하여 확인하고 싶어 했던 것이라 생각된다. 즉 태조에 있어서 천도야말로 역성혁명의 완성이었던 것이다.[48] 이러한 관점에서 생각하면 신왕조의 시스템 구축에 몰두해 있는 공신세력의 입장과는 달리 천도야말로 태조에 있어서 절대 절명의 우선적인 과제이지 않을 수 없었다. 특히 정부 대신들이 천도를 우선적 과제로 인식하고 있지 않은 단계에서 태조는 자신이 스스로 이 문제를 주도적으로 제안하고 추진하지 않으면 안 되는 상황에 놓여 있었던 것이다.

태조가 천도문제를 역성혁명의 완성이라는 관점에서 접근하였다는 것을 암시하는 자료가 있다. 태조 2년 계룡산 신도안에 거둥할 때 군신들의 반발에 직면한 태조는 "예로부터 왕조가 바뀌고 천명을 받은 군주(易姓受命之王)는 반드시 도읍을 옮기게 마련이다"[49]라고 하여 천도에 대한 자신의 입장을 단호하게 못 박고 있다. 태조의 부름을 받아 계룡산 행차를 수행하였던 양촌 권근(權近)의 노래는 이같은 태조의 관점을 잘 반영하고 있다.

| 왕자가 일어나면 | 曰王者作 |
| 반드시 도읍 옮겨 | 必遷厥居 |

---

48) 태조와 당시 군신과의 관계는 기본적으로 "역성혁명의 명분, 곧 천명 내지는 유교적 왕도 정치의 명분 위에 놓여 있었다". 따라서 대신들의 부정적 여론에도 불구하고 태조가 한양 천도를 추진할 수 있었던 것은 개국공신들의 입장이 "역성혁명한 새 나라에서 새 도읍으로 옮기는 것 자체를 반대하기는 어려웠기 때문"일 것이라는 견해는 이점에 있어서 시사적이다. 남지대, 2000, 「조선 태조대의 정치와 군신관계」, 『인문과학연구』9-2, 참고.
49) 『태조실록』2, 태조 2년 2월 병자

긴 명을 터 잡는데	以基永名
처음 할 일 이거라고	在厥攸初
정승들이 와서 살펴보니	相臣來相
계룡산에 터가 있네	谿龍之墟
산천이 옹위하여	山川環拱
좋은 기운 뭉쳐 있고	氣淑以儲
풍수도 절승하여	風水之勝
도참과 틀림 없네	協于圖書
	(권근, 『양촌집』1, 進風謠)[50]

태조가 말한 "왕조가 바뀌고 천명을 받은 군주(易姓受命之王)는 반드시 도읍을 옮긴다"는 것은 이 권근의 노래(進風謠) 서문에 등장하는 구절이다. 서문에 이르기를

"엎드려 생각하건대, 주상 전하께서 신무(神武)와 성지(聖智)로 하늘의 큰 명을 받아 전조의 잘못을 없애고 모든 정사를 새롭게 하였으므로 즉위하신 처음에 저희들이 진언하기를 예로부터 '역성(易姓) 수명지왕(受命之王)'은 반드시 그 도읍을 옮기어 한 시대의 정치를 일으키는 것입니다. 전조 말엽에 국운이 쇠퇴한 것은 진실로 왕정의 잘못에 말미암은 것이오나 역시 지덕도 성쇠가 있다고 생각됩니다. 하늘이 유덕한 이를 찾아서 성상(聖上)께 운을 열었으니 마땅히 신도를 건설하여 억만 대 무한한 아름다움을 터 닦아 하늘이 준 유신(維新)의 명에 보답토록 하십시오" 하였습니다.(권근, 『양촌집』1, 進風謠 幷序)

이에 의하면, 천도는 역성 혁명의 주인공이 '수명지왕(受命之王)'의 사실을 모든 이에게 공포하는 상징적 의미를 갖는 것이었다. 따라서 태조는 자신에 의한 '폐군신'의 행위가 천명에 의한 역성혁명의 과정이라는 점을 천도라는 작업을 통하여 완성하고 확인하고자 하였던 것이다. 그리고 이를

---

50) 한글 번역은 신호열 역, 1979, 『양촌집』, 민족문화추진회를 참고함.

위하여 일찍이 신왕조의 창건을 반대하였던 세력중의 한사람이었던 권근을 통하여 설파함으로써 천도의 당위성을 확보하고자 하였던 것이다.[51]

신왕조의 창건에 반대한 대표적 성리학자의 한 사람이었던 권근에게 태조의 신도안에의 천도 추진은 정치 참여의 계기가 되었다. 이후 개국 공신세력에 대응하는 '개국후 참여파'의 대두를 가져옴으로써 선초 정치사의 새로운 국면이 제공된다. 신도안 천도책의 추진과정에서 비개국파의 등장이 이루어지고 있다는 것은 천도문제와 함께 주의되는 정치적 측면이다. 계룡산 신도안을 천도지로 추천했다는 권중화는 고려 말 우현보의 당여(黨與)로 활약했던 인물이며, 태조의 신도안 답사에 동행하였던 성석린은 개국후 반이성계파로 지목되어 본향안치(本鄕安置)의 처벌을 받았던 인물이다.[52] 태조의 계룡산 행행 과정에서의 권근의 합류는 이같은 태조의 정치적 드라이브가 권근에게 신왕조 참여에의 명분과 기대를 제공한 것으로 생각된다. 신도안 천도문제가 아직 진행 중이던 태조 2년 9월의 인사에서 하륜이 경기좌도 관찰출척사, 권중화 영삼사사, 성석린 문하시랑찬성사 등으로 발령되고 있는 사실은[53] 신도안 천도의 추진과정이 정계에 미치는 정치적 영향을 보여주는 것이라 할 수 있다.

신도안 천도지 확정에 있어서 관건 사항은 무엇보다도 대부분 사람들에게 거의 생소하였을 천도지로서의 신도안의 당위성을 확보하는 일이었다. 따라서 천도지로서의 명분을 확정하기 위해서도 신도안이 갖는 풍수적 적합성은 강조될 필요성이 있었다.[54] 계룡산에의 천도 계획을 적극 지지하였던 권근은 계룡산 신도에 대하여 다음과 같이 평가하고 있다.

---

51) 이색의 문인으로 신왕조의 개창에 대항하였던 권근은 충주에서 머물다 계룡산으로 행차하는 이태조의 부름에 응하여 신도안에 동행하였고 이를 계기로 신왕조에 부응하는 정치적 변신을 시작한다.

52) 류주희, 1998, 「조선초 비개국파 유신의 정치적 동향」, 『역사와 현실』 29, 48-50쪽 참조.

53) 『태조실록』 4, 태조 2년 9월 을묘

주상께서는 이를 아름답게 받아들여 대신을 보내어 계룡산 양달에 터를 보게 한 바 지역이 아늑하고 토지가 비옥하며 산천이 우람하고 금포(錦袍)가 완고하여 금성탕지(金城湯池)가 천작(天作)으로 되어 있고 풍수의 절승이라고 예로부터 일컬어왔으니 실로 왕자(王者)의 도읍이 될 만 하였습니다. 점을 쳐보니 아울러 길하므로 주상께 사실을 아뢰었던 것입니다.(권근, 『양촌집』1, 進風謠 幷序)

권근의 신도안 시는 말하자면 태조의 의중을 반영하는 것이라 할 수 있는데, '풍수의 절승'으로 일컬어진 것 이외에는 도읍으로서의 당위성에 대한 묘사는 구체성이 부족하다. 신도안이 교통과 조운 등 현실적인 문제점에도 불구하고 천도지로서 당위성을 가질 수 있기 위하여는 풍수론이 강조될 수 밖에 없었으며, 신도안 천도가 불가능해진 현실 속에서는 이에 대한 새로운 풍수적 해석이 천도계획의 번복 수단으로 다시 등장하게 되는 것이다.[55]

한편 1393년 연말에서의 신도안 천도 포기는 외형상으로는 풍수론에 근거한 하륜의 건의를 수용한 것으로 되어 있다. 하륜은 풍수지리의 관점에서 신도안의 도읍으로서의 부적절성을 다음과 같이 피력하였다.

도읍은 모름지기 나라의 중앙에 있어야 하나 계룡산은 땅이 남쪽에 치우쳐 있고 동서남북이 서로 떨어져 있습니다. 제가 일찍이 선천을 장사지낼 때 풍수의 여러 책을 조사해본 바 있는데, 지금 듣기로 계룡의 땅은, 산은 건(乾, 서북방)에서 오고 수(水)는 손(巽, 동남방)으로 흘러갑니다. 이것은 송대의 풍수가 호순신(胡舜

---

54) 최창조교수는 신도안의 풍수가 개성과 유사한 藏風局이며 이같은 지세와 풍수상의 유사점이 태조로 하여금 신도안에 집착하게 된 이유가 아니었을까 추측한 바 있다.(최창조, 1984, 「계룡산 도읍지의 입지와 풍수적 해석」, 『한국의 풍수사상』, 민음사, 241-242쪽) 그러나 이성계는 적어도 개성에 대해서만은 미련을 가질 이유가 전혀 없었고, 따라서 신도안에의 천도 의지를 개성과 연결할 수 있는 가능성은 없다.
55) 여말선초 일련의 천도논의에 대하여 김창현은 천도론이 "풍수도참을 이유로 내세우는 경우가 많았지만 실제로는 대개 대외관계를 포함한 정치현실의 반영"이라 하였다.(김창현, 2006, 「고려 말 천도론과 한양」, 『고려의 남경, 한양』, 신서원, 231쪽.

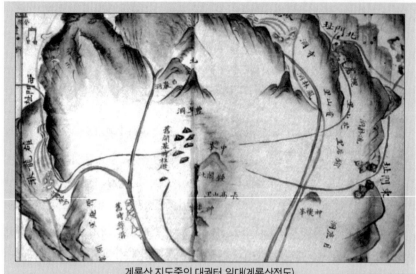

계룡산 지도중의 대궐터 일대(계룡산전도)

臣,申)이 말한 "물이 장생(長生)을 부수는 쇠패의 땅"(水破長生 衰敗立至之地)에
해당하므로 도읍을 세우기에는 적당하지 않은 곳입니다.(『태조실록』 2년 12월
임신)

하륜이 인용한 호순신의 풍수론은 방위를 따져 길흉화복을 논하는
이기론으로서, 땅의 형세에 근거하여 호오(好惡)를 따지는 형세론적 풍수
론이 지배하던 조선에서 거의 생소한 풍수이론이다. 하륜 일파는 '호순
신'을 이용하여 새로운 풍수론을 제기함으로써 신도안 천도를 좌절시키
는데 성공 하였다는 것이다.[56] 김두규에 의하면, 하륜은 실제 호순신의 이

---

56) 이점에서 김기덕 교수는 조선초기의 풍수사상이 이태진 교수가 언급한 '유가적 지리론'
에 의한 결말이 아니라 전통적인 地勢風水에서 중국적 방위풍수로의 '풍수사상 재정립'
으로 파악하고 있다. 이에 대해서는 김기덕, 2006, 「한국 중세사회에 있어 풍수·도참 사
상의 전개 과정」, 『한국중세사연구』21, 167-172쪽 참고.

론을 정확히 인용한 것도 아니어서, 신도안은 호순신에 의하면 '수파장생 (水破長生)'이 아니라 실제로는 '수파양(水破養)'에 해당한다고 하였다.[57] 하륜은 정도전 등 조선왕조 개창의 중심세력과 정치적 노선이 달랐다. 이들은 원래 혁명적 왕조 교체를 반대하는 입장이었지만,[58] 신왕조 성립 이후 비로소 정치에 참여하였으며, 이 때문에 정도전 등의 '개국주도파'에 대하여 '개국후 참여파'로 분류된다. 하륜은 이후 무악 천도설을 주장하는 등 개국주도파와 의견을 대립하며 정치적 위상을 강화하여 갔으며 태조 7년(1398) 정도전 등 개국파를 제거하는 '왕자의 란'에서 결정적 역할을 한 인물이다.

위에서 언급한 것처럼 신도안 건설 공사의 중지는 외형적으로는 풍수설의 부적합성 때문이었지만, 실제 사실에 있어서 풍수적 부적합 판정에서 초래된 결과라고 보는 것은 정확한 관점이 아니라는 생각이다. 신도안 도읍지는 풍수 문제 이전에 상하의 부정적 여론과 함께 천도지로서의 객관성 및 천도의 실현 가능성에 대한 본질적 문제를 이미 안고 있었다. 따라서 신도안 천도책의 포기는 풍수론의 문제 이전에 이같은 본질적 문제가 가장 중요한 요인이었다고 생각된다.[59] 호순신을 인용한 하륜의 이의 제기에 태조가 간단히 천도책의 번복을 수용한 것은, 무엇보다 신도안의 천도지로서의 현실적 적합성에 대한 문제점에 기인한다는 생각이다. 이와 관련, 태조는 이미 하륜의 반대 건의 이전에 신도안 천도에 대한 생

---

57) 김두규, 2007,「계룡산의 풍수지리적 특징」,『계룡산』, 국립공주박물관, 197-198쪽.
58) 이한수, 2000,「조선초 '개국주도파'와 '개국후 참여파'의 정치사상적 갈등」,『청계논총』 2, 124-126쪽.
59) 전설에서는 태조가 신도안을 포기한 것은 태조의 꿈에 한 神人이 나타나서 "신도는 정씨의 도읍이지 당신의 도읍이 아니다"라고 하여, 놀라 공사를 중지한 때문이라고 한다.(충청남도, 1994,『계룡산지』, 966-967쪽) 그러나 이것이 후대에 정감록 참설과 엮여서 만들어진 것임은 말할 필요도 없다.

각이 달라져 있었다는 주장이 주목된다. 그 근거로 하륜의 반대 수 개 월 전인 태조 2년(1393) 8월 1일에 태조가 개경의 성곽을 수축하고 직접 현지 시찰까지 나선 점, 10월 공사가 실제로 총력을 기울인 작업이 아니었다는 점 등을 그 근거로 들면서, 하륜의 신도안 천도 반대는 "태조에 의하여 언질을 받았거나", 최소한 태조의 미온적 의중을 파악한 데서 가능하였다는 것이다.[60] 하륜의 신도안 저지에 태조의 암묵적 동의가 전제되어 있었다는 것은 당시의 현실적 여건을 감안할 때 충분히 수긍할 만한 의견이다.[61]

신도안의 풍수적 관점과 관련하여 호순신의 이른바 '지리신법'이 조선초의 천도지 선정에서 실제 적용된 것이 아니었다는 것도 흥미 있는 의견이다. 신도안의 천도지로서의 부적합성을 뒷받침하는 근거가 되었던 하륜의 호순신 이론은 실제 신도안에 대하여 정확히 적용된 결론이 아니었으며, 한양의 천도지 확정에 있어서도 이것은 사실상 논외의 이론에 불과하였다는 것이다.[62] 태조의 '과욕'에도 불구하고 신도안은 본질적으로 신왕조의 도읍으로서 문제점을 안고 있었던 것이 사실이다. 『신증동국여

---

60) 원영환, 1988, 「한양천도와 수도 건설고」, 『향토서울』45, 16-17쪽.

61) 신도안이 갖는 도읍으로서의 지리적 문제점에 대해서는 이미 이병도 선생이 "계룡산의 지가 일국의 중앙을 벗어나 수륙의 교통까지도 불편한 말하자면 실제의 인문지리상으로 보아 일국의 수도가 될 자격이 없는 것은 당초부터 이미 인식하였을 것"이라 하였다. 그러나 그럼에도 불구하고 이곳이 천도지로 부각된 것은 풍수지리적 길지라는 이유 때문이었다고 단정하고 있다.(이병도, 1947, 『고려시대의 연구』, 400-401쪽) 최창조 교수도 신도안의 편재성, 조운, 용수, 계룡산에 둘러싸인 지형(山谷 盆地狀 地勢) 등으로 국도로서의 입지는 되지 못하는 곳이라 단언하고 있다.(최창조, 1984, 「계룡산 도읍지의 입지와 풍수적 해석」, 『한국의 풍수사상』, 민음사, 241쪽)

62) 호순신의 '지리신법'은 원래 산이 거의 없는 지역에 한하여 적용된다는 이론으로서, 신도안의 경우는 잘못 이론을 적용한 점이 있으며, 한양에의 천도지 확정에 있어서는 이 호순신 이론은 논의조차 된 적이 없다는 것이다. 따라서 하륜은 실제 호순신 이론에 대하여 많은 지식을 갖지 않은 인물이고, 호순신 이론을 거론한 것은 결국 천도 명분의 축적에 중요한 목적이 있었다는 것이다.(김인호, 2008, 「조선 초 천도논의에 관한 고찰」, 『민족문화논총』39, 영남대 빈족문화연구소, 584-600쪽)

지승람』의 기록에서 계룡산 천도가 좌절된 원인을 풍수적 요인이 아닌, "조운의 길이 멀다하여 그만 두었다(漕運路遠而罷之)"[63]고 한 것은 이점에서 매우 시사적이다. 이듬해 태조 3년 한양에의 천도문제를 결단하기 위하여 역시 현장에 출동하여 논란하는 과정에서 한양이 송도보다 못하다는 몇 가지 단점이 언급되자 태조가

> "송경인들 어찌 단점이 없겠는가, 이곳의 형세를 보니 왕도가 될만한 곳이다. 특히 조운하는 배가 통하고 사방의 거리도 고르니 백성들에게도 편리할 것이다"
> (『태조실록』6, 태조 3년 8월 경진)

라고 하여, 국토의 중심적 위치, 조운의 편의성 등 지리적 이점을 들어 한양을 옹호하고 있는 것을 보면 바로 신도안의 경우 이같은 지리적 결점 때문에 천도지로서의 고수가 불가능하였음을 암시하고 있다. 결국 태조의 끈질긴 요구에 의하여 한양이 천도지로 확정되고(3년 8월), 9월 1일 신도 궁궐조성도감을 설치하여 신도 건설을 즉각 시행한 다음 곧 이어 10월 25일 개경을 출발, 28일 한양에 도착함으로써 전격적인 한양 천도를 실현하게 된다.

　　태조 3년의 한양 천도는 여말의 한양 천도론, 그리고 태조 원년의 한양천도 시도와 맥락이 연결되어 있다. 이 때문에 그 사이 태조 2년의 계룡산 신도안 천도 계획은 앞 뒤가 연결되지 않는 매우 돌출적인 해프닝으로 이해되는 경향이 있다. 그러나 만일 1393년의 계룡산 천도 시도가 없었다면 한양에의 천도 또한 상당한 시간을 요구하였을 것이다. 조정 대신들이 근본적으로 조속한 천도를 배제하고 있던 상황에서 '선건설 후천도'라는 원칙론으로 시일을 끌었을 것이기 때문이다. 그러나 계룡산 신도안에의

---

63) 『신증동국여지승람』18, 연산현 산천 계룡산조

천도 포기는 정부 대신들로 하여금 신도안 대신 개경에 가까운 한양에의 천도에 쉽게 동의하게 되는 여건을 제공하게 된 것이 사실이다. 장지연은 태조 3년의 한양 천도 결정이 천도에 부정적이었던 개국공신과 천도책을 지속적으로 추진하였던 태조, '양자간 절충의 산물' 이라 하였다. 그리고 정도전 등 개국 공신세력은 한양에의 천도에 동의함으로써 한양 도성 건설의 실제적 추진 작업을 장악하였다는 것이다.[64] 즉 신도안의 천도 문제와 관련하여 권근, 하륜 등 '개국후 참여파' 의 영향력이 확산되었으며, 이에 의하여 정도전의 개국파가 천도에 적극적 입장으로 전환하는 계기가 조성되었다. 결과적으로 신도안 천도책은 한양 천도의 조기 확정에 지렛대 역할로 작용하였던 것이며, 이 점에 있어서 신도안 천도계획의 역사적 의미가 인정되어야 할 것이다.[65]

신도안에의 천도 추진은 조선초의 정치적 동향에 있어서 개국 공신세력에 대한 '비개국파' 내지 '개국후 참여파' 등장의 틈새를 제공함으로써 이후 정치사에 중대한 계기를 조성하였다. 신도안 문제는 개국 초 태조와 개국공신 세력간 정책에 대한 의견차가 분명히 노정된 사안으로서, 이 때문에 태조는 그 추진과정에서 권근 등 다른 세력을 동원하게 되었고 조선초 비개국파 신료의 등장 여건이 마련되었던 것이다. 이러한 흐름이 이방원에 의해 정도전이 제거되는 왕자의 란까지 연결되는 것은 주지하는

---

64) 장지연, 2003, 「여말선초 천도 논의에 대하여」, 『한국사론』43, 29-30쪽.
65) 태조의 신도안 천도책에 대하여 태조가 처음부터 한양천도를 겨냥하여 신도안 카드를 꺼낸 것이었다는 주장도 있다. 신도안이 갖는 국도로서의 문제점에도 불구하고 개성과 유사한 장풍국이라는 풍수적 이점을 근거로 신도안을 부각시킴으로써 천도에의 의지를 기정화한 다음 원래 의도하였던 한양에의 천도를 실현시켰다는 것이다.(권선정, 2002, 「텍스트로서의 신도안 읽기 - 조선 초 천도과정을 중심으로」, 『문화역사지리』14-3, 26-30쪽) 여기에는 천도지로서의 신도안의 택정과 포기 등 신도안을 둘러싼 태조의 주도적 입장 등에서 공감되는 점이 있다. 그러나 신도안 천도론이 처음부터 한양 천도를 겨냥한 태조에 의한 일련의 작업이었다는 것에 대해서는 동의하기 어렵다. 복잡한 일련의 과정을 결과론적 입장에서 자의적으로 단순화한 결론이라고 생각한다.

바와 같다.

4. 신도안의 건도 관련 유적

이중환(1690-1752)은 『택리지』에서 신도안에 대하여 "계룡산 남쪽마을은 조선 건국 초기에 도읍으로 정하려 하였으나 실행되지 않았다"[66]고 하고, 아울러 계룡산의 산수에 대하여 다음과 같이 평하고 있다.

산모양은 반드시 수려한 돌로 된 봉우리라야 산이 수려하고 물도 또한 맑다. 또 반드시 강이나 바다가 서로 모이는 곳에 터가 되어야 큰 힘이 있다. 이와 같은 곳이 나라 안에 네 곳이 있다. 개성의 오관산, 한양의 삼각산, 진잠의 계룡산, 문화의 구월산이다. 계룡산은 웅장한 것은 오관산보다 못하고 수려한 것은 삼각산보다 못하다. 전면에 또 안수가 적고 다만 금강 한줄기가 산을 둘러 돌았을 뿐이다. 무릇 회룡고조라는 산세는 본디 힘이 적다. 까닭에 중국 금릉을 보더라도 매양 한편의 패자(覇者) 노릇하는 고장으로 되었을 뿐이다. 계룡산 남쪽 골은 한양과 개성에 견주어서 기세가 훨씬 떨어진다. 또 판국 안에 평지가 적고 동남쪽이 널따랗게 튀지 않았다. 그러나 그 줄기가 멀고 골이 깊어 정기를 함축하였다. 판국 안 서북쪽에 있는 용연(龍淵)은 매우 깊고 또 크다. 그 물이 넘쳐서 큰 시내가 되었는데 이것은 개성과 한양에도 없는 것이다.(『택리지』복거총론, 산수)

이에 의하면 계룡산 신도안은 나름대로 좋은 풍수를 갖추고 있는 것은 사실이나, 고려 조선조의 도읍이었던 개성이나 한양에는 미치지 못하는 것으로 평가되고 있다.

지금은 계룡시로 편제된 신도안 지역은 원래 논산군 두마면(지금은 계룡시 남선면)의 석계리, 부남리, 정장리 등 해발 500m 내외의 구릉성 산

---

66) 『택리지』팔도총론, 충청도

계룡산 암용추

지로 동, 서, 북 3면이 둘러싸인 분지이다. 분지의 면적은 동서 약 4km, 남북 약 3km이다. 그중 부남리의 북쪽 마을이 '대궐터'이며, 신도안에서 가장 큰 마을이 형성되어 있던 곳이다. 건도 관련 유적에 대해서는 선초의 기록에 다음과 같이 언급되어 있다.

> 우리 태조가 처음 즉위하였을 때, 이 계룡산 남쪽으로 도읍을 옮기려고 친히 와서 순시하고 길지를 택하여 대략 그 기지를 정하고 역사를 시작하였다가 결국 조운의 길이 멀다하여 이를 파하였다. 지금까지 그곳을 신도라 부르고 있는데 도랑(하수로, 溝渠)와 주춧돌·섬돌(礎砌)만이 남아 있다.(『신증동국여지승람』18, 연산현 산천)

이것은 1293년의 신도 공사를 통하여 부지의 정비, 석재와 목재 등 기본적인 건축재 확보, 수로 개착 등 부분적 토목공사가 진행되었음을 말해준다. 그 가운데 구거(溝渠)와 초체(礎砌) 등의 유구는 대궐터를 중심으로 주변 일대에 걸쳐 있었다.[67] 계룡산록에서 신도안을 질러 남으로 내려가는 물길은 숫용추 계곡, 암용추 계곡, 그리고 밀목재 남쪽 계곡으로부터의 도합 3개로서 신도안의 남쪽에서 하나로 합류하여 내려 간다. 그 가운데 대궐터 부근을 지나는 물길과 마을에는 '개파니' 라는 이름이 붙었다. '하수로를 판 곳(溝渠)' 이라는 의미일 것이다. 대궐터의 대지 조성과 건축 자재 운반과 동시에 인근의 하천의 도랑을 정비하는 토목사업을 진행하였음을 말해준다. 1929년(소화 4)에 제작된 신도안 지도에는 대궐터의 위치와 함께 '시장', '종로' 및 동, 서, 북문 등이 표시되어 있다.[68] 한편 국립중앙박물관 소장의 〈계룡산전도〉에는 동, 서, 북문지 이외에 남문지까지 표시되어 있으며 '구개기시(舊開基時)의 주초(柱礎)' 라 하여 건축용 석재류의 분포가 도시되어 있고 '구시축구(舊時築溝)' 라 하여 1393년 건도 공사시 축석하였다는 도랑을 표시하고 있다.[69] 『신증동국여지승람』에서 말한 '하수로(溝渠)' 에 해당하는 도랑으로서 이것은 계룡대 정비 이전까지 남겨져 있었던 듯하다.[70] 신도안은 계룡대의 건설로 인하여 인문적 조건이 크게 달라지게 되었지만 자연 지형은 대체로 원래의 모습을 유지하고 있

---

67) 1602년(선조 35)부터 6년 간 공주에서 유배생활을 하였던 趙翊(1556-1613)의 일기(『공산일기』)에 1604년 9월 28일 신도안에 유람하였던 내용이 있다. "踰密項峴 入新都 至今 溝渠石砌 猶存 國初 將移都 車駕南巡 卜得基址 肇興工役 此其古迹" 이라 한 것이 그것이다. 조익은 신도안의 천도 불발이 반드시 조운 문제 때문이 아니었다고 하였다. 이에 대해서는 조동길, 2000, 『공산일기 연구』, 국학자료원, 28-30쪽 및 이 책에 수록된 원문 참조.

68) 이 지도는 지도를 그린 圖畵人 崔在珣, 저작 겸 발행인 李乃彦, 인쇄는 서울 소재 鮮光인쇄소, 인쇄인 李根澤 등 발행 관련 사안이 부기되어 있다.(충청남도, 2007, 『계룡산지』 1994의 화보 및 국립공주박물관, 『계룡산』, 15쪽) 동서남북의 '문지' 라 한 것은 실제의 문지라기보다는 아마 출입구적 성격을 갖는 자연지형을 지칭한 것일 것이다.

69) 국립공주박물관, 2007, 『계룡산』, 10쪽. 단 이 책에서는 계룡산전도의 제작시기를 '조선 후기' 라 하였으나, 지도상에 '공주읍' 이라는 표기가 있는 것을 보면 이 지도가 혹 일제시대 제작의 것인지도 모르겠다. 공주읍의 등장은 1931년의 일이기 때문이다.

다. 1393년 공사가 이루어진 하수로의 흔적은 확인되지 않지만 물길만은 크게 변한 것 같지 않다. '구시축구(舊時築溝)' 라 하여 공사가 이루어졌다는 개천은 숫용추에서 내려오는 것으로서, 신도안의 세 줄기 물길 가운데 가장 수량이 풍부한 개천이다. 한편 용동리, 신도안의 동측에는 부역에 참여한 백성들이 짚신에 묻은 흙을 털어 만들었다는 '신털이봉' 이 있다.[71]

대궐터의 바로 아래 남쪽에 중봉(中峰)이라는 144m 높이의 구릉이 있는데 신도안 현지 점검을 하던 이태조가 주변 지세를 보느라고 올랐다는 '높은 언덕(高阜)' 은 바로 이 중봉이었던 것으로 보인다. 대궐터 남동쪽, 중봉 아래 '종로터' 라고 하는 곳은 도성이 이루어지면 종을 달게 되어 있었던 곳이라 한다.[72] 이태조의 현지 답사시 이미 종묘와 궁궐을 비롯한 도성의 시설 배치안이 만들어져 있었던 것을 보면 '대궐터' 라 한 지점이 궁궐의 건축이 예정되어 있었던 중심 지점이었음을 알 수 있다. 대궐터의 석재는 정감록의 참설이 유행하던 한말 대원군 집권시에 고의적으로 파헤쳐지기도 하였다. "공주 계룡산이 정씨의 도읍이 되리라는 이야기가 전하므로 계룡산으로 도읍을 옮겨 이를 압승하고자 역부를 징발하여 터를 열고 땅을 팠더니 석초가 매우 많이 나왔다 한다"[73]는 것이 그것이다. 따라서 이 시기에 부분적인 훼손이 있었던 것임을 알 수 있다. 특히 석재가 있

---

70) "지금에는 그곳에 단지 溝渠의 유적, 礎砌(초체)用의 석재가 무가공하게 남아 있는 것을 보면"이라 한 이병도 선생의 언급에 의하여 석재와 함께 溝渠의 유적이 당시에 확인할 수 있었음을 알 수 있다.(399쪽)

71) 한글학회, 1974, 『한국지명총람』4, 충남(상), 184쪽. 1929년에 제작된 신도안 지도에는 청석동의 '神峰' 으로 표시되어 있다.

72) 한글학회, 1974, 『한국지명총람』4, 충남(상), 논산군 두마면의 지명 참조.

73) 潘南 朴齊炯의 『近世朝鮮政鑑』. 이에 의하면 대원군은 한때 계룡산으로 이도하기 위하여 땅을 굴착하는 등 실제 공사를 개시하였다는 것인데, 대원군이 신도안을 '開基堀地' 한 것은 실제 천도 의사가 있었다기보다는 왕조의 종말에 대한 의구심이 고조되는 당시의 분위기를 제압하고자 하는 의도에서 이루어진 것이었다고 해야 할 것이다. 당시에는 왕조의 종말에 대한 위기의식이 정감록의 참언에 연결되어 심각하게 대두되었기 때문이다.

신도안 대궐터의 잔존 석재(1970년대)

신도안 대궐터의 잔존 석재 현황(2008년)

는 대지를 파헤친 것을 보면, 5백 년이 지난 당시에 석재가 많이 묻힌 상태로 버려져 있었음을 암시한다.

신도안에 잔존한 건축용 석재는 1976년에 충청남도 유형문화재 66호로 지정되었다. 명칭은 '계룡산 신도내 주초석 석재' 수량은 일괄(115점)로 되어 있다. 그러나 유감스럽게도 건축용 석재 등 신도안의 건도 관련 유적에 대해서는 사진을 통한 부분적 소개는 있었으나 지금까지 지표조사 수준의 조사도 제대로 이루어진 바가 없다.[74] 잔존한 석재류(115점)는 1변 1m 내외의 방형 석괴 종류와, 장대석(長臺石) 모양의 긴 석재류로 크게 대별되는데, 후자는 건축시의 장대석, 전자는 초석 등으로 재가공하기 위한 전 단계의 석물이다. 부분적으로는 석재에 절단흔(切斷痕)이 남아 있기도 하고, 후대에 적힌 글자가 새겨져 있기도 하다. 앞에 언급한 『신증동국여지승람』의 기록에서는 이들 건축용 석재를 '초체(礎砌)' 라 칭하였는데, 초(礎)란 주춧돌, 체(砌)란 섬돌을 의미한다. 이점에서 기록상의 '초체(礎砌)' 라 한 것은 신도안 석재의 성격을 정확히 표현한 것이라 할 수 있다. 계룡산은 화강암의 암괴가 발달한 곳이기 때문에 이들 석재들은 계룡산의 비교적 가까운 곳에서 채석하여 옮겨왔을 것으로 생각된다. 1984년 이후 계룡대의 조성에 따라 일정공간에 모아 놓은 상태로 있는데 부분적으로는 이전하여 모은 것이지만, 대체로는 원래의 위치를 유지하고 있는 것이라 한다. 그러나 이들 유적이 모두 계룡대 안에 갇혀 있는 상태라는 점은 언젠가는 해소되어야 할 과제로 남겨져 있다.

---

74) 백제문화개발연구원, 1990, 『충남지역의 문화유적 - 논산군편』 혹은 충청남도, 1999, 『문화유적분포지도 - 논산시』 등에서도, '신도내 주초석' 이라 하여 유적에 대한 항목은 포함되어 있지만, 구체적인 내용에 대해서는 거의 언급되어 있지 않다.

맺는말

　1393년 천도지로 일시 확정되었던 신도안 지구는 근세 사회적 변동기에 도참설의 지리적 중심으로 부각하여 미래의 새시대를 대망하는 각종 신흥종교의 중심공간으로 부각되었다가 1984년 이후 5공 정권하에서 대한민국의 군사적 중추 기능을 담당하는 일종의 군사수도로 개발되어 오늘의 3군 본부가 소재한 계룡시로 변모하였다. 신도안에의 천도는 실현되지 않았지만, 이에 가까운 거리에 인구 150만을 바라보는 대도시가 근대에 형성되었고, 주변의 공주 장기지구, 공주·논산의 상월지구, 그리고 공주·연기의 세종시가 근년 모두 행정수도로 거론되었던 곳이다. 이것은 한강 유역을 대신할만한 새 수도의 입지는 금강과 계룡산을 배경으로 할 수 밖에 없다는 점을 암시하는 것으로, 백제가 공주로 천도하였던 5세기 후반의 사정을 연상시킨다. 1393년 이태조에 의한 신도안 천도 추진은 백제 이후 근대의 행정수도론을 연결하는 사건이기도 하고, 다른 한편으로는 조선 건국 이후 한양에의 천도를 촉진시켰던 과도적 과정이었다는 점에서 일정한 의미가 있다고 생각된다. 이제 본고에서 논의된 내용을 간략히 정리하면 다음과 같다.

　첫째, 1393년 신도안 천도책은 시종일관 태조 이성계의 주도로 추진되었던 사안이다. 처음 신도안의 등장이 왕실의 태실지 탐색 과정에서 제기된 것으로 되어 있으나, 본고에서는 신도안의 천도지로서의 부각 자체가 처음부터 이태조의 검토 지시에 의하여 이루어진 것으로 추정하였다.

　둘째, 신왕조 역성혁명의 구심점이 된 이성계는 왕조의 개창이 천명에 의한 것임을 천도에 의하여 확정하고자 하였고 이러한 천도에 대한 집착이 신도안 등장의 배경이 되었다. 신도안의 천도지로서의 등장과 포기는 모두 풍수적 논의의 결과인 것처럼 되어 있지만, 기실은 풍수적 논의는 부수적인 문제였다는 점을 본고에서는 강조하였다.

셋째, 태조에 의한 1393년의 신도안 천도 사업은 제반 여건과 반대로 인하여 좌절되었지만 이것은 이듬해 1394년 한양 천도의 재확정과 추진에 지렛대 역할을 담당하였다는 점이다. 즉 신도안 신도 공사의 추진에 의하여 천도를 기정사실화 하고, 천도를 둘러싼 정치적 주도권 경쟁을 야기하여 태조 이성계는 한양에의 천도를 보다 조기에 완성할 수 있었다는 것이다.

넷째, 신도안에의 천도 추진은 조선초의 정치적 동향에 있어서 개국공신세력에 대한 '비개국파' 등장의 틈새를 제공함으로써 이후 정치사에 중대한 계기를 조성하였다는 점이다. 태조와 개국공신 세력간 정책에 대한 의견차를 분명히 한 사안으로서, 이 때문에 태조는 그 추진과정에서 권근 등 다른 세력을 동원함으로써 조선초 비개국파 신료의 등장 여건을 마련하였던 것이다.

현재 신도안 지역에는 공사시 운반된 115건의 석재들이 모아져 있지만, 지금까지 이를 체계적으로 조사하거나 자료화하지 못하였다. 그리고 그 사이 부분적으로는 훼손되거나 원래의 위치에서 옮겨지기도 하였다. 따라서 이에 대한 자료 정리를 바탕으로 이 신도안의 역사적 자료들을 활용할 방안을 강구할 필요가 있다고 생각한다. *

---

* 충청문화재연구원, 2008, 『금강고고』 5, 게재논문

충청역사문화연구

2장 내포문화권의 역사와 인물

01 나말여초 홍주의 등장과 운주성주 긍준

머리말

　신라 말 고려 초, 후삼국 쟁패기의 충남 지역은 고려와 후백제의 두 세력이 주도권을 다투는 각축의 장이 되었다. 경기지역과 전북지역에 각각 세력 중심을 설정한 고려(태봉)와 후백제의 각축에서 충남지역은 지리적으로 그 중간지대가 되었기 때문이다. 이점에서 고려의 통일전쟁을 이해하는 데 있어서 충남 지역은 매우 중요한 공간이라고 할 수 있다. 충남 지역의 호족으로서 면천(당진)의 해상세력 박술희와 복지겸이 일찍 주목된 것은 이같은 지역적 특성을 반영하는 것이기도 하다.[1]

　나말여초 충남지역에서의 변화 중 특히 천안과 홍주라는 도시의 새로운 등장은 매우 주목되는 사항이다. 고려 초의 이같은 정세와 밀접한 연관을 가지고 있으며, 천안·홍주의 등장은 공주(웅주) 중심의 지역적 구도에 중요한 변화를 가져오는 계기가 되었다. 근년 천안의 도시적 성장 및

---

1) 나말여초의 호족에 대해서는 그동안 많은 연구 결과가 축적되어 있다. 이에 대한 문헌 소개는 신호철, 2002, 「호족의 종합적 이해」, 『후삼국시대 호족연구』개신, 47-63쪽 참조.

홍성 · 예산 접경에의 총남 도청 이전안 확정, 내포문화권개발의 추진 등 충남 서북지역의 부각은 10세기 이후로부터의 이 지역의 부각에 그 역사적 연원이 소급되는 것이기도 하다. 특히 홍주(운주)는 신라 말 고려 초에 비로소 그 지역 이름이 등장하여, 고려 태조의 제12비, 홍복원부인을 배출한 곳이다. 이같은 홍주의 등장에는 신라말 고려초 호족의 등장이 배경이 되고 있고, 이것은 당시 호족의 등장으로 인한 지방사회의 변화를 단적으로 보여주는 대표적 지역의 하나로 꼽힐만한 사실이다.

　　나말 여초 충남 지역 호족 및 통일전쟁에 대해서는 그동안 일정한 연구가 진행된 바 있다.[2] 홍주의 경우에 대해서는 일찍이 운주 성주 긍준의 역사적 의미를 주목하거나[3] 홍주의 지역세력에 대한 역사적 검토가 이루어진 바 있지만[4] 전체적으로 보아 의외에도 별로 주목되지 못하였다.[5] 그러나 나말여초의 홍주와 호족 세력으로서의 긍준의 등장이 갖는 문제는 나말 여초 호족의 역사적 사례로서 퍽 중요한 의미를 가지고 있음에도 이에 대해서는 아직 체계적으로 논증되었다고는 볼 수 없다.

---

2) 김갑동, 1994, 「고려 태조 왕건과 후백제 신검의 전투」, 『박병국교수 정년기념사학논총』 ; 김갑동, 1999, 「백제유민의 동향과 나말여초의 공주」, 『역사와 역사교육』3 · 4합집 ; 김갑동, 1999, 「백제 이후의 예산과 임존성」, 『백제문화』28 ; 김갑동, 2001, 「나말여초 면천과 복지겸」, 『한국중세사회의 제문제』, 한국중세사학회 ; 김갑동, 2002, 「나말여초 천안부의 성립과 그 동향」, 『한국사연구』117 ; 윤용혁, 2004, 「936년 고려 태조의 통일전쟁과 개태사」, 『한국학보』114 ; 김명진, 2006, 「태조 왕건의 천안부 설치와 관련사적 연구」, 공주대 대학원 석사논문.

3) 윤용혁, 1997, 「지방제도상으로 본 홍주의 역사적 특성」, 『홍주문화』13.

4) 김갑동, 2004, 「고려초기 홍성지역의 동향과 지역세력」, 『사학연구』74.

5) 가령, 정청주는 나말여초 호족을 출신별로 분류하여 낙향귀족 출신, 군진세력 출신, 해상세력 출신, 촌주출신 등으로 분류하였고, 정지영은 태조에 귀부한 호족들의 귀순 양상을 유형화하면서 親附호족, 遣子귀부호족, 견사귀부호족, 투항호족, 입조왕족 등으로 분류하였는데, 이같은 분류에서 홍주성주 긍준에 대해서는 아예 언급조차 되어 있지 않다.(정청주, 1996, 「호족의 대두」, 『신라말 고려초 호족연구』, 일조각 및 정지영(홍승기 편), 1996, 「고려 태조의 호족정책 - 귀부 · 투항세력의 검토를 중심으로」, 『고려태조의 국가경영』, 서울대출판부 참조)

한편 근년 홍성읍내에서 진행된 일련의 고고학적 조사 작업에서는 고려기의 관련 자료가 확인된 바 있으며[6] 특히 홍주읍성 부근에서 신라말 조성의 본래의 홍주성(洪州城, 運州城)이라 할 토성 유구가 확인됨으로써 당시 이 지역 호족세력의 실체에 대한 보다 구체적인 논의가 가능해지게 되었다.[7] 이러한 배경에서 본고는 나말여초 충청지역 유력 호족의 실체를 운주성주 긍준(兢俊)을 중심으로 논의하면서 긍준의 태조 왕건과의 결합에 의하여 홍주가 충청지역의 중요한 중심 거점도시로 등장하는 배경을 정리하고자 한다.[8]

1. 나말여초의 호족, 운주성주 긍준

홍성(홍주)이 내포지역의 중심 거점으로 역사에 부각되는 시기는 대략 고려 초 10세기의 일이다. 그리고 이 시기에 이르러 내포지역의 중심거점으로 등장하는 데에는 신라 말 9세기 이래 이 지역이 특정 호족의 관할 하에 강력한 지역세력을 형성하고 있었던 데 기인한다. 신라 말 고려초의 이 급격한 변동기에 홍주지역 '긍준(兢俊)'이라는 이름의 '성주(城主)'가 그 장본인이다.[9] 그는 신라의 국력이 쇠퇴하고 지방에 대한 통제가 약화되자 점차 그 세력을 키워 독자 세력을 구축하는 데 성공한 것이다.

---

6) 중앙문화재연구원, 2001, 『홍성 월산리 유적』; 충청문화재연구원, 2005, 〈홍성 오관리 유적〉(발굴현장 자문회의 자료집).

7) 백제문화재연구원, 2007, 「홍주성 의병공원 조성부지내 문화유적 발굴조사 지도위원회의 자료」.

8) 운주성주 긍준에 대한 본고의 주요 요지를 필자는 2004, 『홍성군지』에서 언급한 바 있다.

9) '운주 성주 긍준'에 대한 첫 기록은 왕건과의 대결과 관련한 태조 10년(927) 3월 신유(『고려사』세가 1)의 "王入運州 敗其城主兢俊 於城下"라 한 기록이다.

홍주는 고려 이전의 역사를 잘 알 수 없다. 이 때문에 『삼국사기』 지리지에는 홍주지역에 해당하는 지명이 나타나 있지 않고, 『고려사』의 지리지나 『동국여지승람』과 같은 이후의 지리서에서도 홍주의 건치연혁은 '고려 초'의 운주(運州)로부터 시작한다. 『세종실록지리지』에서는 이에 대하여 "백제시 이름은 알 수 없고, '김씨의 지지(地志)'(『삼국사기』 지리지를 말함 : 필자)에도 역시 실려 있지 않다"[10]고 적고 있다. 이것을 기록의 누락에 기인한 것으로 생각할 수 있지만, 홍주의 등장 자체가 신라 말 이후였을 가능성이 적지 않다.

운주라는 지명은 고려가 건국한 서기 918년에 기록에 처음 등장한다.[11] 태조 원년 8월 『고려사』의 기록에 "웅주, 운주 등 10여 주현이 배반하여 견훤의 후백제에 귀부하였다"는 것이 그것이다. 이로써 보면, '운주'라는 이름은 고려 건국 이전부터일 수 있다. 김갑동 교수는 운주의 이름이 태조 10년의 것일 가능성도 배제할 수 없지만, 그것이 고려 건국 이전, 궁예의 통치기에 내려진 것이었을 것으로 보았다. 그 이유는 친궁예 정권적 성격의 운주 지명이 태조 원년부터 사서에 일관되게 등장하고 있고 특히 태조 원년 8월의 기록에 '운주'가 '웅주'와 함께 열거되고 있어 지명의 소급 정리라 볼 수 없다는 점, 궁예 통치기에 나주를 비롯한 승격

---

10) "百濟時稱號 未詳 金氏地志 亦不載"(『세종실록지리지』 충청도 홍주목)
11) '운주'의 지명은 '웅주'에 대항하는, 또 이에 겨루는 의미로 지어진 이름이라고 생각한다. 웅주(공주)는 백제시대 왕도라는 후광을 배경으로 신라 통일기에 도독관이 중앙에서 파견되는 당시의 행정 및 군사 거점이었다. 이는 보수적 세력을 대변하는 것이며 동시에 백제 이래의 전통을 자랑하는 개념이다. 이에 대하여 운주는 신라가 역사에서 퇴장하는 시점에서 새로운 시대를 주도할 신세력의 거점이라는 점에서 웅주에 대한 경쟁의식이 발동하였을 것이라 보는 것이다. '운주'는 '웅주'와 발음이 유사하며, 또한 새로운 時運의 도래를 의미하는 것이기도 하다. 즉 '운주'는 새로운 시운의 도래를 선포하는 것이며, 동시에 웅주를 대체하는 새로운 세력 거점으로서의 의미를 강조하는 것이 아니었을까 추측한다.

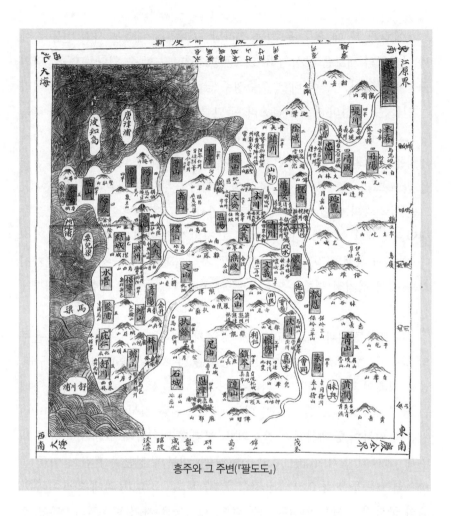

홍주와 그 주변(『팔도도』)

의 사례를 그 근거로 들었다.[12]

---

12) 한편 고려초의 운주가 홍주로 바뀐 것은 현종 9년(1012)으로 추정된다. 이 해 2월 여러 도의 按撫使가 폐지되고 4도호 8목을 두었으며, 그 아래 56知州軍事, 28鎭將, 20縣令이 두어졌다. 동시에 홍주를 主縣으로하는 主屬體制가 확립되는 것도 이 때의 일이었기 때문이다. 김갑동, 앞의 「고려 초기 홍성지역의 동향과 지역세력」, 134-135쪽.

이렇게 볼 때 홍주(운주)는 신라말 고려초의 새로운 사회 변동 속에서 신세력의 새로운 구심지역으로 등장하였다고 할 수 있다. 그 구심점의 중심에 있었던 인물이 바로 운주성주 긍준이며, 이러한 점에서 긍준이라는 인물은 '홍성의 개조(開祖)'라 할 만큼 지역에서는 특별한 의미를 갖는다. 그는 견훤과 궁예, 그리고 견훤과 왕건이 각축하는 후삼국기에 독자세력을 가지고 궁예 혹은 견훤 사이에서 운신하다가, 나중에 왕건의 공격을 받고 그와 정치적 흥정을 통하여 자신의 영향력을 확보해간 인물이다. 그는 왕건과의 대결에서 패한 패장이면서도 고려 초 왕건 치하에서 홍주세력으로서의 일정한 지분을 가지고 정치적 영향력을 행사하였던 것이다. 왕건의 후백제 정토전에 동참하고, 자신의 딸을 태조 왕건에게 출가시키는 등의 정치적 역할은 당시 긍준의 군사력과 정치적 영향력을 짐작케한다.

후백제 견훤과 후고구려(태봉) 궁예가 각축을 벌이던 10세기 초 운주의 성주 긍준은 궁예 쪽에 있었다. 당시 충남 지역은 후백제와 후고구려, 남북 쟁패의 각축장이었다. 이러한 이유로 홍주 등 충남지역 호족의 향배는 당시 정국의 흐름을 좌우할 만큼 매우 예민한 것이었다. 그러나 918년 왕건에 의하여 궁예정권이 전복되자, 상황은 견훤측에 크게 유리하게 되었다. 궁예의 실각이라는 후고구려(태봉) 내부의 정변과 혼란이 이들 변경지역 호족들을 동요시켰던 것이다. 즉 후고구려의 붕괴에 의하여 후백제의 군사적 위협을 염려한 이들 지역 세력들은 자기 보호책의 일환으로 후백제에 집단 귀부하였다. "웅주, 운주 등 10여 주현이 배반하여 백제에 귀부하였다"[13]고 한 것은 긍준으로 대표되는 홍주 세력이 후고구려에서 후백제 쪽으로 돌아선 정국 변화를 설명해준다.

---

13) 『고려사』1, 태조세가 원년 8월 계해.

홍주, 공주 등 충남지역의 대부분이 왕건의 태조 등극과 함께 견훤에게로 돌아선 것은 신흥의 고려에게는 커다란 위기였다. 태조 왕건은 시중을 지낸 김행도(金行濤)를 곧바로 동남도초토사(東南道招討使) 지아주제군사(知牙州諸軍事)로 삼아 이에 대처하였다.[14] 김행도가 '지아주제군사'로 파견된 것으로 보아 고려는 천안, 아산 등 충남에서는 북부지역 일부만을 그 세력권 하에 남기고 있는 정도였다. 그리하여 아주(아산)를 향후 내포지역 회복을 위한 고려의 전진 거점으로 설정하였음을 알 수 있다. 아산을 교두보로 한 내포지역 탈환 작전은 태조 왕건이 혼신의 힘을 기울인 사업의 하나였다.

고려가 건국되고 아산에 시중 김행도를 파견한 왕건은 즉위 이듬해인 919년(태조 2년) 8월, 오산성(烏山城, 烏山縣)을 예산현(禮山縣)으로 이름하고 대상(大相) 애선(哀宣)과 홍유(洪儒)를 보내 이 지역 유민(流民) 5백 여 호를 다시 모아 살게 하였다.[15] 이것이 '예산'이라는 지명의 시작인데, 이는 후백제에 전향하였던 예산현을 고려측이 다시 회복하고 이를 내포지역의 고려 거점지로서 주목하였던 사실을 말해준다. 왕명에 의해 예산에 파견된 홍유는 복지겸 등과 함께 정변을 일으켜 왕건을 즉위케 한 혁명의 1등공신으로 태조의 오른팔에 해당한다. 아산에 김행도를 보낸 이후 이듬해 홍유 등으로 예산민을 수습하게 한 것은 태조 왕건의 내포지역에 대한 집념을 보여주는 대목이다. 태조는 예산을 내포지역 회복의 견인차로 활용하고 싶었던 것이다.

대신라 전선에서 후백제와 여러 차례 부닥친 왕건은 몇 년 후 내포지역으로 다시 전선을 옮겼다. 태조 8년(925) 10월 고려 정서대장군(征西大將軍) 유금필은 후백제의 연산진(충북 문의)을 쳐 장군 길환(吉奐)을 죽이

---

14) 위와 같음.
15) 『고려사절요』1, 태조 2년 8월.

고, 다시 임존군(예산군 대흥)을 공격, 3천 여 명을 죽이거나 사로잡는다. 즉 예산현까지 진출해 있던 고려군은 이때 임존군 공략에 성공한 것이다. 임존군은 7세기 백제 부흥운동군의 중심 거점으로서 유명한 임존성이 소재한다. 이때 임존성은 고려의 남진을 저지하고 삽교천의 내륙수로를 아우를 수 있는 후백제의 교두보로서 고려는 이를 돌파하는데 7년의 세월을 소요한 셈이다. 고려군이 후백제 견훤의 군사 3천을 죽이거나 사로잡았다는 것은 당시 이 전투가 얼마나 크고 치열하였는가를 말해준다. 임존성은 홍주에 근접한 요충이다. 임존성 함락은 사실상 고려가 내포지방에서 주도권을 장악하는데 성공하고, 홍주 또한 고려측의 사정권 하에 들어갔음을 의미한다.[16)]

태조 왕건이 즉위 직후부터 아산(918), 예산(919), 대흥(임존군, 925)에 이르기까지 지속적으로 내포지역을 공략하고 있는 것은 후고구려(태봉)의 지배권 회복이라는 성격을 가지고 있지만, 더 구체적으로 말하면 삽교천 내륙 수로의 확보가 그 목적이었다. 지리적으로 보아 오늘의 충남지역은 후백제(전북)와 고려(경기)의 양 세력이 정면으로 부닥치는 접경지역이거니와 이 지역은 크게 금강유역과 삽교천유역의 두 권역으로 나누어진다. 고려 건국직전까지 태봉국은 서북의 삽교천 유역은 물론 금강유역 일부까지 그 세력권에 넣고 있었다. 공주와 운주가 태봉의 영역에 포함되어 있었던 것이다. 그것이 918년 태봉의 붕괴와 고려 건국이라는 정치적 상황에 직면하면서 공주와 운주 등 10여 주현이 아연 후백제로 돌아섰고 이에 의하여 충남지역에서의 세력 향배는 양측이 역전되었다. 특히 이에 의하여 삽교천 유역 지배권이 불안정하게 된 것은 고려에 큰 위협이었다. 주지하다시피 삽교천은 충남 서부에서 북쪽으로 길게 흘러 아산만 해역에

---

16) 이에 대해서는 김갑동, 1999, 「백제 이후의 예산과 임존성」, 『백제문화』 28, 236-237쪽 참조.

연결되는 극히 유용한 내륙수로로서, 만일 삽교천 유역이 후백제에 의해 장악될 경우 후백제는 아산만을 거점으로 곧바로 개경 연안까지 위협할 수 있게 되기 때문이다. 말하자면 고려의 삽교천 유역 확보는 후백제세력권의 확대를 견제한다는 측면도 있지만 동시에 해로를 통한 개경 연안에 대한 직접 공격의 위협을 약화시키는데 필수적인 것이었다.[17] 이것이 태조 왕건으로 하여금 즉위 이후부터 내포지역의 확보에 지속적인 관심을 갖게 하는 중요한 이유였고 운주에 대한 고려측의 관심도 이 삽교천 문제와 밀접한 연관을 가졌던 것으로 보인다.

고려군이 삽교천 상류의 운주(홍주)에 대하여 군사적 공격을 단행한 것은 임존성 공략 2년 후인 태조 10년(927) 3월의 일이다. 충남지역에서의 고려의 공세에 대하여 925년 임존성 공함에 충격을 받은 견훤은 이듬해 태조 9년(926) 4월 직접 대군을 이끌고 공주에 들어간다. 견훤은 공주를 거점으로 고려의 남진을 차단하고 그 군사적 영향력을 확대하려 하였고 이러한 틈바구니에서 운주의 전략적 중요성은 더욱 증대되었다. 태조 10년(927) 3월의 운주전투에 대해서 『고려사』에는 "신유일에 왕이 운주로 쳐들어가 성주 긍준을 성 부근에서 패배시켰다"[18]고 하였고, 또 『고려사』 지리지에 인용된 고려 태조의 실록에는 이에 대해 "10년 3월에 왕이 운주에 들어갔다"[19]고 하였다. 그리고 다음달 4월(을축) 왕건은 공주까지 위협하였다. 이렇게 보면 바로 이 태조 10년 전투에 의하여 운주는 일단 고려에 귀속되는 것처럼 생각되는데, 그러나 7년 후인 태조 17년(934) 9월

---

17) 후백제의 해군 활동은 고려에게 상당한 위협적 요소였다. 가령 태조 15년(932) 9월 후백제의 해군 일길찬 相貴는 예성강으로 쳐들어가 개경 가까운 연안의 염주·백주·정주 등의 배 1백 척을 불사르고 猪山島 목장의 말 3백 필을 약탈하였으며, 같은 해 10월 해군장군 相哀 등이 고려의 大牛島를 침략한 것이 그 예이다.
18) 『고려사』1, 태조세가 10년 3월 신유.
19) "太祖實錄 十年三月 王入運州 註云卽今洪州"(『고려사』56, 지리지 1, 홍주)

(정사일) 다시 왕건은 "친히 군사를 거느리고 운주를 정벌하였다"고 기록되어 있어[20] 운주의 고려 귀속 시점에 혼동을 주고 있다. 만일 927년(태조 10)의 전투에 의하여 운주가 고려에 지배 되었다면 태조 17년 다시 태조에 의한 운주정벌이 재연된다는 것은 모순이 되기 때문이다.

이러한 문제점을 지적한 김갑동 교수는 태조 10년 고려에 귀속한 운주가 그후 어느 시점에 후백제로 넘어갔고 이 때문에 그 17년 태조에 의한 두 번째 운주정벌이 다시 이루어졌을 것이라고 설명하였다. 그리고 태조 10년에서 17년 사이, 운주가 고려에서 후백제로 넘어간 시점을 견훤의 수군이 고려 연안을 집요하게 공격하던 태조 15년경의 일이 아니었을까 추측하기도 하였다.[21] 만일 이같은 견해를 따른다면 운주는 10세기 초 태봉으로부터 918년 후백제, 927년 고려, 932년 후백제, 그리고 다시 934년에 고려의 순으로 불과 20여 년 사이에 그 지배권이 4, 5차에 걸쳐 바뀌는 셈이 된다. 이것은 불가능한 것은 아니지만 자연스러운 해석이라고 생각되지는 않는다.[22] 이 때문에 필자는 태조 10년의 운주 승전이 반드시 고려의 운주 지배를 의미하는 것은 아니었으리라는 생각을 갖게 된다. 즉 운주에서의 승전에도 불구하고 운주의 고려 귀속은 태조 17년(934)에 이르러서의 일이었고, 왕건이 "운주로 쳐들어가 성주 긍준을 성 부근에서 패배시켰다"는 태조 10년의 기록이 고려에 의한 운주성의 함락 혹은 운주 지배를 의미하는 것은 아니었던 것 같다는 것이다.[23]

1차 운주전투에서 기선을 잡은 고려는 이듬해 태조 11년(928) 운주의

---

20) 『고려사』2, 태조세가 17년 9월.
21) 김갑동, 2004, 「고려초기 홍성지역의 동향과 지역세력」, 『사학연구』74, 146-148쪽.
22) 더욱이 운주성주 긍준은 936년 후백제를 무너뜨리는 마지막 전투에서 大相의 직을 가지고 고려군 중군의 유력한 부장으로 참여하고 있다. 만일 4, 5차에 걸친 지배권의 교체가 사실이라면 그것은 긍준의 빈번한 叛附가 되풀이 되었다는 것이고 그 경우 936년 고려에서의 긍준의 중견적 위치가 과연 가능하였을 것인가 하는 의문이 야기되는 것이다.

옥산(玉山)에 성을 쌓고 군사를 주둔시켰다.[24] 태조 8년(925) 임존성을 교두보로 확보한 데 이어 927년(태조 10) 홍주전의 승세를 배경으로 하여 운주 옥산에 성을 쌓고 고려군을 상주시킨 것이다.[25] 이것은 운주를 견제하는 전략 지점에 새로운 성곽을 조성한 것이라 생각된다. 이때 고려군의 축성이 이루어지는 옥산의 위치는 잘 알 수 없으나 김정호의 『대동지지』에서는 월산성(月山城), 즉 홍성읍내에 소재한 백월산성을 고려군이 구축한 옥산성이었다고 적고 있다.[26] 백월산은 해발 395m, 홍주의 진산으로서 홍주 치소에 있는 군사 요충이다. 나말여초의 운주는 읍치를 보호하는 성 이외에 홍주 방어를 위한 군사적 필요에 의하여 주변 요충에 관방 시설을 구축하고 있었고 백월산은 홍주의 진산으로서 운주에 있어서는 관방 구축의 일차적 입지가 되었을 것이다.

고려군이 구축한 옥산성이 운주를 견제하기 위한 목적에서 조성되었다는 점, 그리고 운주의 중심에 위치한 백월산은 지리적 입지 때문에 태조 11년 이전에 이미 관방 시설이 구축되어 있었으리라는 점에서 백월산성이 고려의 옥산성이 될 가능성은 많지 않다고 생각된다. 뒤에 다시 논의하

23) 1차 운주전투 이후 긍준이 고려에 귀부하였는데도 운주가 계속 고려에 대항하였다는 가설도 있을 수 있지만 당시 지역에 있어서 특정 호족이 갖는 지도적 비중을 생각하면 이것은 실제 가능한 일이라 생각되지 않는다.

24) "城運州玉山 置戍軍"(『고려사』82, 병지 2, 鎭戍)

25) 변경지역에 대한 고려의 축성은 건국 이후 지속적으로 추진되었다. 그러나 건국 이후 통일에 이르는 기간중 이루어진 고려의 축성작업은 북방지역(특히 오늘의 평남 지역)에 시행한 것이 절대 다수이지만 후백제와 각축하던 경상 및 충청지역에서도 간혹 이루어졌다. 918년과 930년의 청주, 928년 운주와 탕정군(아산) 등이 그것인데 운주와 탕정군에의 축성은 비슷한 시기에 이루어졌다는 점에서 상호 연관이 있는 조치였을 것이다. 이에 대해서는 류영철, 2004, 「고창전투 전후의 양국관계」, 『고려의 후삼국 통일과정 연구』, 경인문화사, 130-135쪽 참고.

26) "月山古城 : 高麗太祖十一年 城運州玉山 置戍卒 周九千七百尺 井一"(『大東地志』5, 홍주 성지조)

용봉산 원경

겠지만 필자는 이 운주의 옥산이 홍성의 용봉산을 가리키며 고려군에 의한 옥산성은 용봉산성이 아닐까 생각한다. 용봉산성은 해발 369m의 용봉산에 석축으로 만들어진 규모 있는 성이다.[27] 『고려사』에 '운주 옥산'에 성을 쌓았다고 하여 특별히 산 이름이 명기되고 있는 것을 보면, 옥산은 평범한 지명이 아닌 운주지방의 알려진 산이었으리라 생각된다. 이러한 점에서 고려군이 주둔한 옥산은 홍주의 용봉산, 옥산성은 용봉산성일 가능성이 많다는 생각이다.

---

27) 공주대박물관, 2002, 『문화유적 분포지도 - 홍성군』, 142-143쪽.

2. 긍준의 태조 왕건과의 연합

1차 운주전투 이듬해인 태조 11년(928) 왕건은 대목군(천안시)에 행차하여 목천, 아산 등지의 땅의 일부를 재편, 천안도독부를 설치하였다. 이로써 후백제의 공략을 위한 군사 거점의 필요에 의하여 천안이라는 새로운 행정구역이 만들어진다.[28] 태조 10년(927) 홍주와 공주에서의 결전 이후, 고려와 후백제의 양측이 충남지역의 향배를 놓고 다시 쟁패를 겨룬 것은 태조 17년(934) 9월(정사일) 운주에서의 일이다. "왕(태조)이 친히 군사를 거느리고 운주를 정벌하였다."[29]고 한 것이 그것이다.

제2차 운주전투에 앞서 934년(태조 17) 5월(을사), 왕건은 예산에서 민심을 확실히 장악하기 위한 유명한 대민(對民) 조서를 반포한다. 그것은 백성들의 피폐한 사회적 상황에 깊은 연민을 표시하며 이들에 대한 과도한 조세 징수나 가렴주구를 경계하는 내용으로 태조 왕건이 대민정책의 기조를 공개 천명한 것이라 할 수 있다. 동시에 눈앞에 다가선 후백제와의 주도권 다툼에서 민심을 고려 측으로 유인하는 대민 홍보작전이기도 하였다. 그는 예산진에서 '내가 비바람을 무릅쓰고 여러 지방을 돌아다니며 성책을 수리하는 것은 우리 백성들로 하여금 도적들의 난을 면하게 하려는 것"이라 하여, 조서 공표의 이유를 밝혔다. 조서의 내용 일부를 인용하면 다음과 같다.

> 지난날 신라의 정치가 쇠퇴하여지니 뭇도둑이 다투어 일어나 백성들이 사방으로 흩어져 황야(荒野)에 해골을 드러내게 되었다. 전 임금(궁예)이 분쟁하는 무리를 다스려 나라의 터전을 열더니 말년에 이르러 백성들에게 해독을 끼치고 사직을 뒤엎기에 이르렀다. 짐이 그 위태로운 뒤를 이어 새 나라를 이룩하였으니 상처받

---

28) 김갑동, 2002, 「나말여초 천안부의 성립과 그 동향」, 『한국사연구』 117.
29) 『고려사』 2, 태조세가 17년 9월.

은 백성을 노역(勞役) 시키는 것이 어찌 나의 뜻이겠는가. 다만 나라를 막 창건한 때이므로 부득이한 일이로다. 풍우를 무릅쓰고 지방을 순찰하고 성곽을 수리하여 백성들로 하여금 도적의 화난을 면하게 함이로다. 그리하여 남자들은 모두 전쟁에 나가고 부녀들도 오히려 노역에 종사하게 되니, 수고로움을 참지 못하여 혹은 산 속에 도망쳐 숨고, 혹은 관청에 호소하는 자가 얼마나 되는지 알 수 없도다. … 중략 … 마땅히 그대들 공경장상으로 국록을 먹는 사람들은 내가 백성을 사랑하기를 아들같이 여기고 있는 뜻을 잘 알아서 그대들 녹읍의 백성들을 불쌍히 여겨야 할 것이다. 만약 가신(家臣)으로서 무지한 무리를 녹읍에 보내면 오직 세금 걷기만을 힘쓰고 마음대로 빼앗아간들 그대들이 또한 어찌 이를 알 수 있겠는가. … 중략 … 그대들은 나의 훈계하는 말을 지키고 나의 상벌을 따르도록 하라. 죄가 있는 자는 귀천을 막론하고 벌이 자손에게까지 미칠 것이며, 공이 많고 죄가 적으면 잘 헤아려 상벌을 행하리라. … 중략 … 백성들의 민원이 있어 소환하여도 오지 않는 사람은 반드시 재차 소환하여 먼저 장 10대를 쳐서 명령을 어긴 죄를 다스리고 나서 바야흐로 범한 죄를 논하도록 하라.(『고려사』1, 태조 17년 5월 을사)

요컨대 태조는 견훤과의 결전을 앞두고, 고려정부가 민생을 제일로 하는 '민생정부'임을 천명함으로써 후백제와의 사이에서 갈등하는 민심을 잡으려고 진력하였던 것이다.[30] 태조 17년(934)은 오랜 후삼국의 쟁란이 막바지에 이른 시기이다. 예산에서의 대민 조서 공표도 운주전투를 대비한 사전 포석의 하나였다. 이 전투에서 태조 왕건은 직접 군대를 이끌고 출정하였다. 왕건의 운주 출정에 대처하여 견훤도 정예군(甲士) 5천으로 서둘러 운주로 진입하였다. 운주의 지원을 위한 것이었다. 이로써 운주는 고려와 후백제 양국이 한반도의 지배권을 가름하는 충남지역의 주도권을 놓고 벌이는 일대회전의 결전장이 되었다. 그러나 승패는 비교적 쉽게 결

---

30) 이에 대해서는 이문현, 1996, 「고려 태조의 농민정책」, 『고려 태조의 국가경영』(홍승기 편), 266-269쪽 및 김갑동, 1999, 「백제 이후의 예산과 임존성」, 『백제문화』28, 239-243쪽 참조.

무한천변의 예산산성 원경

판이 났다. "9월 정사일에 왕이 친히 군사를 거느리고 운주를 정벌하였다.
여기에서 견훤과 싸워 크게 격파하였다"는 기록이 그것이다.[31] 견훤이 운
주에 당도하였을 때 이미 고려군은 운주를 장악한 상태였던 것 같다. 상황
이 여의치 않은 것을 감지한 견훤은 고려측에 협상을 제안하였다.

> 왕이 친히 군사를 거느리고 운주를 정벌하니 견훤이 이 소식을 듣고 갑사 5천 명
> 을 뽑아 이르기를 "양편의 군사가 서로 싸우면 형세를 다 보전하지 못하겠소. 무
> 지한 병졸들이 살상을 당할까 염려되니 마땅히 화친을 맺어 각기 국경을 보전 합
> 시다"고 하였다.(『고려사절요』1, 태조 17년 9월)

견훤의 협상 제안은 운주에서의 대결국면에서 견훤이 열세였음을 말

---

31) 『고려사』1, 태조세가 9월 정사.

한다. 따라서 이 제안은 고려측에 의하여 당연히 거부되었다. 고려군은 유금필을 출전시켰으며 이 전투에서 후백제군 3천 여 명이 죽거나 포로로 잡혔다고 한다. 견훤 휘하의 "술사(術士) 종훈(宗訓), 의원(醫員) 훈겸(訓謙), 날랜장수 상달(尙達) · 최필(崔弼) 등이 태조에게 항복하였다"는 것을 보면 이때 견훤이 얼마나 치명적으로 패했나를 짐작할 수 있다.[32] 왕건의 일방적 승리였던 셈이다. 934년 왕건과 견훤이 직접 대결한 제2차 운주전투는 충남지역을 둘러싼 고려와 후백제의 각축전에서 고려의 패권을 확실히 결정짓는 분수령이 되었다. 그 결과 "웅주(공주) 이북 30여 성이 이 소식을 듣고 제풀에 항복하였다"는 것이다.[33] 삽교천 내륙수로를 겨냥한 태조 왕건의 장기적 공략이 드디어 그 효과를 발휘하였던 것이며, 후백제의 붕괴는 이제 눈앞으로 박두하고 있었다.[34]

한편 태조 왕건의 홍주(운주)에서의 전투와는 별도로, 29인의 태조 왕비중에 홍주 출신이 포함되어 있다는 사실은 주목을 끈다. 태조의 제12번째 부인이며, 충남 지역 출신으로서는 유일한 태조의 왕비인 홍복원부인(興福院夫人) 홍씨(洪氏)가 그렇다. 홍복원부인 홍씨에 대해서는 "홍주인으로 삼중대광(三重大匡) 규(規)의 딸이다. 태자 직(稷)과 공주 하나를 낳았다"[35]는 기록이 전부여서 그 이상을 알기 어렵다. 『고려사』의 후비열전에 의하면 왕건은 29명의 부인과 혼인관계를 맺었다. 이들은 각기 혼인의 시기와 출신을 달리하고 있고, 특히 왕건의 후삼국 통일과정에서 각 지

32) 『삼국사기』50, 견훤전 및 『고려사』92, 유금필전.
33) 여기에서 말한 '30여 군현'의 구체적 내용에 대해서 김갑동 교수는 홍주의 속군현 15개, 공주의 속군현 12개, 서산지역의 3개현 등이 포함되는 것으로 보았다. 2004, 「고려초기 홍성지역의 동향과 지역세력」, 『사학연구』74, 149쪽.
34) 왕건과 견훤이 직접 대결한 제2차 운주전투에 대해서는 김갑동, 2004, 「고려초기 홍성지역의 동향과 지역세력」, 『사학연구』74, 146-148쪽 및 류영철, 2004, 「고창 전투 전후의 양국관계」, 『고려의 후삼국 통일과정 연구』, 경인문화사, 178-179쪽 참조.
35) 『고려사』88, 후비열전 1.

역의 유력한 호족세력과 연
대를 형성하기 위한 정략적
결혼도 적지 않게 포함되어
있었다. 가령 29인의 후비중
충청도의 경우 홍주 이외에
충북의 충주(劉兢達의 딸)와
진천 출신(名必의 딸)이 포
함되어 있는데, 이들 또한 지
역의 유력한 호족세력이었
고 태조 왕건이 이들 지방세
력을 끌어들이는 한 방편으
로 혼인을 하였던 것이다.[36]

홍복원부인 홍씨와의
혼인도 바로 홍주세력과의

흥복원부인에 대한 고려사 후비열전 기록

연대를 의도한 태조의 정략이 작용하였을 것이 거의 분명하다. 이 시기 홍
주의 완전한 확보는 후백제에 대한 전략상 매우 중요한 관건이 되었기 때
문이다. 태조 왕건이 홍주 출신 홍규의 딸을 왕비로 맞이한 것에서 생각하
면, 홍규 역시 홍주의 유력한 호족으로서 전략적 중요성이 큰 인물이었을
것은 물론이다. 그렇다면 이 홍주(운주)에는 신라말 고려초 이후 홍규와
긍준이라는 두 명의 유력한 호족이 함께 존재하였던 셈이 된다.[37] 그러나
이에 대한 결론부터 제시하자면, 흥복원부인의 부 홍규와 운주성주 긍준

---

36) 鎭州(충북 진천) 호족 명필의 딸이 태조 제10비 肅穆夫人이거니와, 진주 호족 名必은 태
　조 즉위 직후인 원년 6월의 인사조치에 의하여 徇軍部令에 임명된 林明弼과 동일인으로
　추정된다. 신호철 교수는 鎭州의 지명이 청주세력을 진압한다는 의미에서 鎭州라는 이름
　을 갖게 되었다고 추정하고 있다. 신호철, 2002, 「고려의 건국과 진주호족」, 『후삼국시대
　호족연구』개신, 389-400쪽 참조.

은 이명동인(異名同人)의 같은 인물이었다고 판단된다. 즉 나말여초 홍주의 유력한 지도자였던 운주성주 긍준과 태조의 비부(妃父) 홍규는 동일인이라는 것이 필자의 생각이다.[38]

홍복원부인 홍씨는 홍규의 딸로 되어 있지만 고려초 공신중 중요인물은 나중에 성을 갖고 개명한 경우가 적지 않았다. 가령 왕건을 태조로 옹립한 개국 1등공신 4명 전원이 그러했다. 의성부(義城府)의 홍유(洪儒)는 원래 홍술(弘術)이었고, 경주의 배현경(裵玄慶)은 백옥삼(白玉三)이었다. 곡성현의 신숭겸(申崇謙)은 능산(能山), 면천군의 복지겸(卜知謙)은 사괴(沙瑰 : 혹은 卜沙貴)가 그 본래 이름이었다.[39] 앞의 혁명 4인방 중 홍유의 경우 역시 자신의 딸을 태조의 비(의성부원부인)로 들인 바 있다. 이같은 점에 비추어볼 때 '홍규'와 '긍준'의 이름이 같지 않더라도, 그들이 모두 홍주의 유력한 호족세력이었다는 점에서 동일인일 수 있다는 가능성을 배제할 수 없다.

운주성주였던 홍주지역의 지도자 긍준은 고려 통일 직전 왕건 휘하에서 고려의 부장(部將)으로 활동하였다. 이같은 사실은 태조 19년(936) 후백제에 대한 최후 최대 전투중의 하나인 일리천(경북 선산) 전투에서 확인된다. 견훤의 귀부로 이미 승기를 잡은 왕건은 견훤을 앞세우고 936년

---

37) 긍준과 홍규는 별도로 기록에 등장하기 때문에 2명의 인물로 각각 소개될 수 있다. 정청주, 1996, 「신라말・고려초 서남해안지역 호족의 동향」, 『신라말 고려초 호족연구』, 일조각, 172쪽)에서도 홍주의 호족으로서 홍규와 긍준이 각각 소개된 바 있다.

38) 이에 대해서는 필자가 1997, 「지방제도상으로 본 홍주의 역사적 특성」, 『홍주문화』13, 25-26쪽)에서 언급한 바 있고 그후 김갑동 교수도 이러한 추정에 적극 찬의를 표한 바 있다.(김갑동, 2004, 앞의 「고려초기 홍성지역의 동향과 지역세력」, 152쪽)

39) 홍유・배현경・신숭겸・복지겸 등 태조의 공신에 대해서는 홍승기, 1991, 「고려 태조 왕건의 집권」, 『진단학보』71・72합집 ; 김현정(홍승기 편), 1996, 「고려 개국공신의 정치적 성격」, 『고려태조의 국가경영』 ; 김갑동, 2001, 「나말여초의 면천과 복지겸」, 『한국중세사회의 제문제』 등 참고.

(태조 19) 9월 천안부를 경유하여 경북의 일선군에서 일리천(一利川)을 사이에 두고 신검의 군과 자웅을 결하게 된다. 이때 고려군의 편성은 좌강 2만, 우강 2만, 중군 3만 2천 5백으로 편성되었으며 거기에 1만 5천의 원군이 추가되었다. 결과적으로 고려군의 총 규모는 8만 7천 5백에 이르며 그 절반 이상이 기병으로 되어 있었다. 여기에서 주목을 끄는 것은 운주성주였던 긍준이 대상(大相)의 관등을 띠고 중군(中軍)의 마군(馬軍) 지휘관으로서 등장하고 있다는 사실이다. 다른 마군이 1만 규모인데 비하여, 중군의 마군은 2만이라 하였고, 여기에서 긍준은 명주(강릉)의 호족으로 유명한 대광(大匡) 왕순식(王順式,김순식) 다음에 그 이름이 열거되고 있다. "명주 대광 왕순식이 대상(大相)인 긍준·왕렴·왕예와 원보(元甫)인 인일 등과 함께 마군 2만을 거느렸다"[40]는 것이 그것이다. 즉 운주성주 긍준은 어느 시점에 후백제와의 관계를 청산하고 왕건에게 귀부하여 고려의 권력구조 하에서 일정한 위치를 확보하고 있었던 것이다.[41]

운주성주 긍준이 고려에 귀부 하였다는 것은 분명한 사실이지만, 귀부의 시점은 태조 10년의 1차전투 때였는지 아니면 태조 17년(934) 왕건의 두 번째 운주 출정 때였는지는 분명하지 않다. 그럼에도 불구하고 왕건에 의한 운주 재정(再征)이 이루어졌던 것을 보면 긍준의 귀부는 태조 17년 2차 운주전투에 즈음해서의 일이었을 것으로 생각된다. 기록에 의하면 이때 고려군의 전투는 긍준과의 전투라기보다는 견훤과의 싸움이 되었다.

당시 고려군은 큰 저항 없이 운주를 점거하였고 따라서 2차 운주전투는 운주를 지원하기 위하여 출정한 견훤군과 맞붙었던 전투가 되었던 것

---

40) 『고려사』 2, 태조세가 19년 9월 갑오.
41) 일리천의 전투의 경과 및 고려군의 편성에 대해서는 정경현, 1988, 「고려 태조의 일리천 전역」, 『한국사연구』 68 ; 류영철, 2001, 「일리천 전투와 후백제의 패망」, 『대구사학』 63 및 윤용혁, 2004, 「936년 고려의 통일전쟁과 개태사」, 『한국학보』 114 참조.

홍주읍성의 조선시대 성벽

처럼 보인다. 아마 왕건의 출정에 대하여 긍준은 큰 저항 없이 복속하였던 것이 아닐까 추측하게 된다. 이에 의하여 홍주와 내포지역은 고려의 세력권에 완전히 편입되고 긍준은 왕건의 유력한 부장의 1인으로 활동하며 자기 지위를 확보하였다. 운주성주 긍준, 그리고 홍복원부인 홍씨의 부 홍규를 중심으로 홍주 세력의 추이를 생각하면 긍준과 홍규가 동일인물일 가능성이 매우 높다는 생각을 갖게 된다.[42]

---

42) 홍규는 홍주홍씨의 시조이며, 근년의 자료에 의하면 경기도 강화군과 김포군, 황해도 연백, 벽송 등지에 홍주홍씨 집성촌이 조금 남아 있는 것으로 되어 있다. 편찬위원회, 1977, 『한국인의 족보』, 일신각, 1313쪽.

3. 운주성주 긍준의 거점과 홍주

신라말 고려초 홍주지방의 호족 긍준은 훈련된 군사력을 보유하여 이로써 유력한 호족으로 부각되었다. 그렇다면, 당시 운주성주 긍준의 거점은 어디였을까, 그리고 홍주를 둘러싸고 치러진 몇 차례의 전쟁, 혹은 고려군이 구축한 군사시설의 위치는 구체적으로 홍성의 어느 지점이었을까, 이후 고려시대 홍주의 치소 위치, 도시 형성 문제 등 여러 질문을 낳는다.

1) 백월산성과 용봉산성

이러한 문제와 관련하여 우선 주목되는 곳은 홍주의 진산이며 홍성읍내에서 가장 높은 백월산에 소재한 백월산성(白月山城)이다. '월산성'으로 지칭되는 이에 대한 조선 초기의 기록을 인용하면 다음과 같다.

> 월산석성(月山石城) : 주의 서쪽 3리 지점에 있으며 둘레 775보, 성이 험하고 안
> 에 샘이 하나 있는데 가물면 마른다.(『세종실록 지리지』
> 홍주목)
> 월산성 : 석축으로 되어 있으며 둘레 9,700척, 성 안에 우물이 하나 있는데, 지금
> 은 폐한 상태이다.(『동국여지승람』 충청도 홍주목)

'월산성'은 홍주 치소의 진산에 구축된 성곽이라는 점에서 운주성주 긍준의 군사 거점으로서 기능하였을 가능성이 극히 높다. 고려 태조 10년 (928) 제1차 운주전투 당시 긍준의 패배에도 불구하고 운주는 왕건에 공취되지 않았다. 홍주의 치소의 진산에 위치한 백월산성은 긍준에게 있어서 퍽 중요한 전략적 요충으로 활용되었을 것이다. 이러한 점에서 홍성읍 월산리 소재의 백월산성을 긍준의 군사거점의 일부, 그리고 신라말 고려초 쟁란기의 군사적 요충이라는 분명한 연대관을 가지고 유적을 검토할 필요를 느낀다.

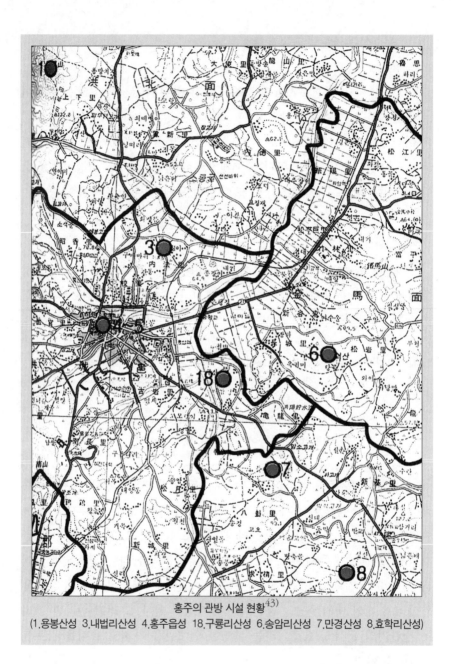

홍주의 관방 시설 현황[43]

(1.용봉산성 3.내법리산성 4.홍주읍성 18.구롱리산성 6.송암리산성 7.만경산성 8.효학리산성)

한 조사에 의하면 백월산성은 홍주읍에서 3km 거리이며, 해발 394.8 m의 백월산 정상부의 남봉과 북봉의 두 봉우리를 마안형(馬鞍形)으로 에 워싼 것이다. 성의 둘레는 약 850m이고 성곽의 축조는 토축과 석축이 혼 재한다. 성내에서는 기와편과 자기편 등이 산포되어 있지만, 북벽과 서벽 의 흔적 이외에 성벽의 대부분은 유실된 상태이다. 그러나 홍주의 진산이 라는 백월산의 지형적 조건으로 보아 군사적으로 일정한 역할이 있었던 시설이었음은 확신할 수 있다.[44] 19세기 김정호의 『대동지지』에서는 백 월산성에 대하여 "월산고성(月山古城) : 고려 태조 11년에 운주의 옥산에 성을 쌓고 수졸(戍卒)을 두었는데 둘레 9,700척, 우물이 하나 있다."고 하 여, 백월산성을 1차 운주전투 이듬해 고려군이 구축한 옥산성에 비정하였 다.[45] 그러나 태조 10년의 운주전투에 의하여 왕건이 긍준을 복속시키지 는 못하였던 것 같기 때문에 고려군이 축성한 옥산은 백월산성이 아니고

43) 공주대 박물관, 2002, 『문화유적분포지도(홍성군)』, 295쪽.
44) 백월산성에 대해서는 이남석·조원찬, 1997, 『홍성의 문화유적』, 홍성문화원, 43-47쪽 및 공주대박물관, 2002, 『문화유적분포지도 - 홍성군』, 충청남도, 111-112쪽 참조. 다만 앞책 은 '월산산성', 뒤의 책은 '백월산성'이라 하여 다른 명칭을 사용하고 있다. 또 국립지리 원 제작의 지도에는 백월산을 일월산으로 표기하고 있다. 어느 것이 틀렸다고는 할 수 없 는데 편의상 본고에서는 '백월산성'으로 정리한다.
45) 김갑동 교수는 고려의 옥산성을 백월산성 또는 驪陽山城으로 비정한 바 있다. 여양산성 은 홍성군 장곡면 石城山城(長谷山城)으로서, 『신증동국여지승람』에 "驪陽山城 : 石築 周六千四十尺 內有二井 今廢"라 하였고 원래 여양현(백제 沙尸良縣)의 치성이었다. 해발 약 240m의 산 정상부 봉우리를 연결한 포곡식으로 둘레 1,352m의 석성이다.(이남석·조 원찬, 1997, 『홍성의 문화유적』, 홍성문화원, 280-288쪽 및 상명여대박물관, 1995, 『홍성 군 장곡면 일대 산성 지표조사보고서』 ; 공주대박물관, 『문화유적분포지도 - 홍성군』, 192-193쪽 참조) 이들 산성은 후삼국의 전란기에 중요한 군사적 요충으로 활용되었을 것 이지만, 그곳이 고려군의 주둔지가 되기 위해서는 태조 10년 이후 운주가 고려의 관리하 에 있어야 한다. 그러나 설령 이때 운주가 고려의 지배하에 들어갔다 하더라도 백월산성 과 여양산성 모두 태조 10년 이전부터 관방 시설이 조성되어 있었던 것으로 보이기 때문 에 태조 11년 고려에 의한 새로운 관방으로서의 축성은 불필요하였다는 점에서 이들 산 성이 고려의 옥산성일 가능성은 매우 적은 것으로 생각된다.

홍성읍 월산리에서 바라 본 백월산

홍성읍내에서 조금 떨어진, 홍주를 견제할 수 있는 위치에 있었다고 생각
된다. 여기에서 주목되는 것이 용봉산성이다.

　용봉산성은 홍성군 홍북면 상하리와 신경리, 용봉사가 위치한 용봉산
에 포곡식(包谷式)으로 축성된 대략 3km 규모의 둘레를 가진 관방유적이
다. 자연지형을 최대한 이용하여 축성하였으며 축성기간 혹은 사용기간
이 비교적 짧은 기간이었다고 추정되고 있다. 성내에서 수습된 유물로는
통일신라까지도 소급할 수 있다고 하였다.[46] 운주에 대한 견제가 가능한
이 용봉산의 산성이 바로 태조 11년 축성의 옥산성에 해당하는 것은 아닐

---

46) 이남석 · 조원찬, 『홍성의 문화유적』, 401-404쪽 및 공주대박물관, 『문화유적분포지도 -
　　홍성군』, 142-143쪽 참조.

용봉산성 석축

까 필자는 생각한다. 앞에서도 잠깐 언급한 바 있지만, 『고려사』에 축성의
지점을 '운주의 옥산' 이라 하여, 산 이름을 명기한 점에서 이곳은 평범한
지명이 아닌 운주에서 유명한 곳이었다는 느낌이 있다. 원래 팔봉산(八峯
山)이라 불리웠던 용봉산은 예로부터 기암절벽의 수려한 경관으로 '소금
강산(小金剛山)' [47]이라 불릴 정도로 이름이 있었거니와 이는 '옥산(玉
山)' 이라는 이름과도 다소 상통한다는 느낌이다. 용봉산은 홍주 읍치의
북쪽 20리 지점으로 서쪽 10리의 백월산, 동쪽 30리의 봉수산(임존성)과
삼각의 요충으로 의각지세(倚角之勢)를 이루고 있으며, 이 때문에 지리적
으로 홍주의 주산 백월산에 대하여 봉수산이 안산(案山), 용봉산은 좌룡

---

47) 李睟光, 『芝峯先生集』13, 「洪陽錄」.

(左龍)으로 인식되어왔다.[48] 운주 읍치와 백월산 및 주변 관방시설을 거점으로 한 긍준에 대하여 임존성을 교두보로 확보하였던 고려는 태조 11년 운주 치소 직북(直北) 20리 지점의 용봉산에 새로운 축성을 하고 고려의 진수군(鎭戍軍)을 배치함으로써 긍준을 견제하였다고 생각된다.

홍주 지경에서 높은 산에 해당하는 용봉산이 후삼국 쟁란기에 구축되고 사용되었으리라는 제언과 관련하여 공주의 경우 계룡산에 같은 시기로 추정하는 산성이 근년 확인된 것은 흥미 있는 일이다. 공주는 이시기 후백제의 대북 거점으로서 중요하였고, 계룡산성은 아마 전략용으로 당시에 구축된 성일 가능성이 제기된 것이다.[49]

2) 운주 읍치의 치성(治城)

읍치 주변의 관방에 대한 검토와 함께 홍주읍치에 조성된 읍성에 대해서도 관심을 기울일 필요가 있다. 읍성에 대한 기록은 조선 초 15, 16세기의 지리지에 다음과 같이 언급되어 있다.

> 읍석성 : 둘레 533보 2척, 안에 샘이 하나 있는데 겨울이나 여름이나 항상 마르는 법이 없다.(『세종실록지리지』 홍주목)
> 읍성 : 석축으로 되어 있으며 둘레 4915척, 높이 15척이며, 안에 샘 3개가 있다.(『신증동국여지승람』 19, 홍주목 성곽)

『세종실록지리지』에 홍주읍성을 '읍석성' 이라 한 것으로 보면, 홍주

---

48) 『충청도읍지』 33, 홍주목 산천조.
49) 계룡산의 정상 천황봉(845m)과 연접한 연천봉, 문필봉, 관음봉 등의 능선을 연결한 계룡산성은 전체 길이가 약 3.5km이고 추정 남문지 부근에 내성을 다시 쌓은 내외 2중성으로 되어 있다. 성내에서 수습된 토기 및 기와 자료에 의하면 이 성은 나말여초에 초축되어 고려시대에 계속 사용된 것으로 보인다. 이에 대해서는 박순발·정원재, 2004, 「공주 계룡산성」, 『백제연구』 40, 충남대 백제연구소 참고.

성은 적어도 조선 초기 세종조에는 이미 석성으로 건축되어 있었다. 또 『문종실록』에 의하면 당시 홍주읍성의 둘레는 4,856척, 높이 11척, 여장 608, 4개의 성문, 우물 3개가 시설되어 있었다.[50] 순조 23년(1823)에 성을 수리하고 이듬해 세운 수성기적비(修城紀蹟碑)에서는 이 읍성이 "언제 쌓은 것인지 알지 못하지만 성을 복원한 것은 거의 수 백년"이라고 하였다.[51] 서해 연안의 여러 읍성들이 고려 말 이후 왜구에 대한 대비책으로 조선초에 이르기까지 주로 축성되었던 사실을 고려하면 홍주읍성도 고려 말 조선초의 축성일 것으로 추측할 수 있다. 그러나 홍주의 경우 서해연안 내포지역의 중심 거점이었음을 상기할 때, 읍성은 상대적으로 이른 시기인 고려조에 이미 축성되었을 것이 거의 확실하다.

　한 조사에서는 홍주읍성의 둘레를 약 1,460m라하고, 그중 현재 남아 있는 것이 700여m라 하였다.[52] 그러나 『세종실록지리지』에서 읍성의 둘레를 533보 2척이라 한 것을 보면, 당시의 홍주읍성은 이보다 규모가 작았다. 읍성을 530여 보라 한 『세종실록지리지』에서는 월산성의 둘레를 755보라 하였고, 월산성의 실측치가 850m이므로, 이를 근거로 할 경우 당시 홍주읍성의 둘레는 약 600m가 되기 때문이다. 아마 이것이 조선 초 이전, 고려시대 홍주읍성의 원래 규모였을 것이다.

　고려시대 홍주읍성과는 아직 직접 연결하기 어렵지만, 홍주 읍성내 '의병공원' 조성 부지에서 신라 말 고려초의 연대관을 보여주는 토성의 유구가 확인된 것은 매우 흥미로운 일이다. 유적은 홍주읍성의 가장 남쪽 부분으로 읍성에서는 가장 높은 35-40m 구릉상의 지대이다. 토성은 50m

---

50) 『문종실록』9, 원년 9월 경자.
51) 鎭將 金啓默, 목사 李憲圭에 의하여 수리되었으며 읍성의 수성기적비문은 『충청도읍지』 33, 홍주목 및 이남석 · 조원찬, 『홍성의 문화유적』, 홍성문화원, 64-66쪽 참조.
52) 이남석 · 조원찬 『홍성의 문화유적』, 39쪽.

홍주읍성내의 나말여초 토성지 유적

정도 잔존상태가 확인되었는데 훼손이 심하여 전체적 구도는 확인하기 어렵지만 복원둘레 400-500m로 추정되었다. 토성의 체성부는 판축 기법으로 축조한 것으로 최하층은 점토를 4-6cm 두께로 반복하여 다지고 중단부에는 약 2cm 가량의 마사토를 섞어 축조한 것이다. 한편 토성의 진행방향과 함께 너비 480-700cm, 깊이 180-220cm 규모의 도랑(溝) 시설이 확인되고 여기에서 신라말 고려초에 걸치는 다량의 기와류, 당송대의 중국자기 및 해무리굽 청자편, 신라기의 유호(油壺) 등 유물이 확인되어 이 유적의 중심 시기가 신라 말 고려 초, 9세기 후반이후 10세기에 해당하는 것임을 입증하고 있다. 그리고 이것은 정확히 운주성주 긍준의 활동기에 해당하는 시기라는 점에서 매우 흥미 있는 자료이다.[53]

문제의 신라 말 고려초의 토성 유구는 심하게 파손된 상태이기는 하지만 무엇보다 신라 말 운주성주 긍준과 연결할 수 있는 고고학적 자료의 확인이라는 점에서 그 의미가 크다. 호족이 갖는 군사적 성격상 운주성주 긍준이 성으로 구축된 특정의 공간을 치소로 삼고 있었을 것은 물론이다. 이 토성 유적은 신라 말 고려 초의 치소가 바로 홍주읍성과 부분적으로 겹치는 읍성의 남측 구릉지라는 사실을 확인해준 셈이다. 이 토성은 나말여초 긍준의 정치적 중심공간이었을 것이고, 전투가 벌어지는 시점에서의 수성 공간은 별도의 좀더 험한 요지의 성곽이었을 가능성이 있다. 또 고려의 정치상황이 안정되고 지방제도가 정리된 시점에서의 홍주 치소는 긍준의 거점보다 더 넓은 성외의 다른 공간으로 이전되었을 것이다. 아마 홍성읍 월산리 일대의 건물지가 안정기의 홍주 관아 관련 시설의 일부였을 가능성이 높다고 생각된다.

2) 고려 건물지

홍성읍내 일원은 충남도청 이전안 확정 등으로 근년에 도시 개발이 더욱 촉진되고 있다. 이와 관련하여 읍내 일원에 대한 발굴작업의 진행에 의하여 고려시대의 관련 자료가 확인되고 있다. 우선 주목되는 곳이 월산리 일대이다. 홍성읍 도심과의 사이에 위치하는 백월산의 동쪽 기슭 일대의 대규모 주택단지 개발 과정에서 고려시대 건물 15동을 비롯한 건물유적이 확인된 것이다.[54] 유적의 잔존상태가 불량하여 충분한 자료의 획득이 어려웠지만 유물의 분포상은 고려 초기로부터 조선초에 걸치는 것이었고 대규모 건물지의 성격에 대해서 조사자는 사찰지의 가능성과 행정 관아의 가능성을 함께 제시하고 있다. 연화문 와당, 당초문 암막새 기와, 납

---

53) 발굴조사는 백제문화재연구원에 의하여 2006.11.27-2007.2.24에 걸쳐 실시 되었다. 유적 및 출토유물에 대한 자료는 백제문화재연구원, 「홍주성 의병공원 조성부지내 문화유적 발굴조사 지도위원회의 자료」, 2007.2를 참조함.

석제의 3층석탑 등이 불교적 요소를 반영하는 반면, '州' '知' '洪' 등의 암막새 문자와, '宦' '官' '正' 등의 명문와의 철촉, 소도(小刀) 등이 군사적 성격을 겸한 지방행정기구로서의 가능성을 암시한다는 것이다.[55] 그리하여 이같은 결과를 "이 유적은 고려 초기에 사찰지가 위치해 있다가 고려 중기에 폐사된 후, 고려 중기 이후 군사적 관아적 성격을 겸한 공공 건물이 조선 초기까지 자리하였던 것으로 판단 된다"[56]고 하였다. 조사된 15동의 건물 내역을 간략히 정리하면 다음과 같다.

홍성 월산리유적의 고려 건물지[57]

건물명	위치	규모	형태 및 구조 특징	유물상	비고
1건물지	외곽 담장의 남서모서리		추정 ㄴ자 형	내부에 화덕 2기와 소토	
2건물지	1건물의 위(북쪽)	잔존부 9.7m	지름 80-90cm 의 적심석이 4.4m 간격 으로 위치. 30cm 크기의 활석으로 1단의 기단 축조		
3건물지	2건물의 동북측	정면 5칸 (장축 17.1m),	기둥의 간격은 정면 3.3m, 측면 3.5m		

---

54) 한국토지공사의 월산리, 오관리, 옥암리 일원 84,000평에 대한 택지개발사업과 관련, 2000년 10월-11월 충남대학교 박물관에 의한 월산리 유적 시굴조사가 실시되었고 그 결과에 의하여 2001.2.28-6.27에 걸치는 4개월의 발굴작업 중앙문화재연구원에 의하여 이루어졌다. 조사결과 건물지 15동, 건물지 하부유구 1기, 담장 13개소, 배수로 3개소, 출입시설 2개소, 우물·집수시설·부뚜막시설·소성유구·불명유구 각 1개소가 확인되었으며, 도기류 26점, 자기류 58점, 기와류 172점, 금석류 32점, 기타 22점 등 310점의 유물이 출토하였다. 이에 대해서는 중앙문화재연구원, 2001, 『홍성 월산리유적』, 한국토지공사 참조.
55) 중앙문화재연구원, 위의 『홍성 월산리유적』, 169-175쪽의 고찰 참조.
56) 위 보고서, 175쪽. 이 고찰 부분은 류형균과 현대환의 두 연구원이 공동 작성한 것으로 되어 있다.(2쪽)
57) 이 표는 중앙문화재연구원, 2001, 『홍성 월산리유적』, 25-54쪽의 조사내용에 근거하여 필자가 작성한 것이다.

4건물지	1, 2건물의 동측	잔존부 정면 3칸 (11.9m), 측면 1칸 (5.7m)의 1차 건물지와 11.9m*8.2m의 2차건물지 중복	기둥간격 정면 3.3m, 측면 3.5m(1차건물지)	길이 2.1m, 너비 1.2m의 화덕(1차건물) / 2.7m*2.1m의 화덕 (2차건물) / 연소실 수혈에서 청자접시
5건물지	4건물의 위	정면 3칸(11.4m), 측면 1칸(6.5m)	측면기둥 간격은 4.0m	화덕시설
6건물지	5건물지 바로 위(북측)	정면 3칸(11.2m), 측면 1칸(3.2m)		적심석 안에서 龍頭片이 와편과 함께 나옴
7건물지	5건물의 바로 동측	잔존부 정면 3칸, 측면 1칸	정면기둥간격 2.55m. 측면 2.25m	
8건물지	외곽담장의 남측 중앙부	정면 3칸(13.1m), 측면 2칸(7.3m)	기둥간격 3.6m(정면), 기단은 2단 축조	
9건물지	8건물의 바로 동측	잔존부 정면 4칸 (15.5m), 측면 1칸 (5.1m)	정면기둥간격 3.7m. 측면 3.1m	화덕시설
10건물지	외곽담장 남서 모서리	잔존부 정면 3칸, 측면 2칸	기둥간격 정면 4.5m, 측면 3.5m. 기단 없음	
11건물지	14건물지의 위쪽(북)	잔존부 정면 6칸 (19.2m), 측면 1칸 (7.2m)	기단부 없음	건물지 북쪽 3.2m 지점에서 경질 도기의 저부(지름 80cm)
12건물지	8건물지의 위쪽(북)	장축 17.1m, 단축 6.9m	20-40cm의 할석으로 기단 조성	
13건물지		잔존부 정면 4칸 (17.5m), 측면 1칸 (5.9m)	2단 기단 조성	
14건물지	12건물의 위쪽	잔존부 정면 4칸, 측면 1칸	기둥간격 정면 3.3m, 측면 2.8m	
15건물지	외곽담장의 바깥(남측)		ㄱ자형의 석렬 확인	외곽 담장 밖

월산리 유적의 조사 결과를 참고할 때 몇 가지 주목되는 점이 있다. 첫째는 이 유적이 고려 초의 건축에서 비롯된다는 점, 둘째는 이 유적의 주요성격을 사찰만으로는 보기 어렵다는 점이다. 특히 이들 건물들의 배치가 정형적이지 않은 점이나 전체 건물 구역이 거대한 담장에 둘러지고 있는 점들은 사찰로서보다는 행정시설의 관점에서 유적을 검토해야할 필요성을 제기하고 있다.[58]

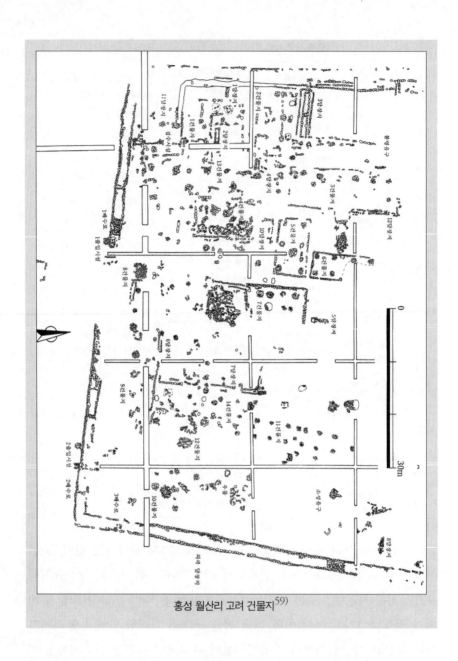

홍성 월산리 고려 건물지[59]

한편 월산리 유적에서 월계천을 사이로 동북쪽 읍내 방면 조금 떨어진 오관리 세광엔리치타워 아파트 건설과정에서 도합 3동의 고려 건물지가 확인된 바 있다. A지구의 2동의 고려 건물은 정면 3칸, 측면 최소 2칸 규모(남북 12m, 동서 6m)의 작은 것과 이보다 훨씬 큰 건물로 보이는 2동의 건물이 확인되었는데 많은 부분이 유실된 상태여서 정형성을 파악하기 어렵다. 주변에서 고려시대 수혈과 소성유구가 확인되었으며, B지구에서는 조선조 건물의 하층에서 고려 건물의 유구가 확인되었으나 역시 유실로 인하여 건물의 성격은 명확하지 않다.[60] 이같은 고려 건물 유구의 확인은 월산리, 오관리, 옥암리 등 홍성읍내 일대에서 고려시대 도시 관련 유구가 광범히 검출될 가능성을 시사해주는 것이다.

4) 절터

홍주 경내에서 고려시대 불교의 중심은 읍내 오관리에 위치한 '광경사(廣景寺)' 였다. 지금은 절이 없어지고 건물이 밀집하여 있고 오직 당간지주(보물 538호)만이 자리를 지키고 있는데 그 위치는 홍성읍성의 바로 동쪽 월계천과 합류하는 홍성천변이다. 현재 홍성여중에 서있는 3층석탑,

---

58) 건물 외곽의 담장은 북쪽을 제외하고 ㄷ자 형으로 구성되어 있는데 규모는 동서 87.7m, 남북 81.4m에 이르고, 담장의 너비도 2.2-4.4m에 이르고 있다. 외곽 담장 이외에도 건물과 건물 사이에 다수의 담장이 있는데 동서방향 一字形 장축의 담장 7개소, 남북방향 일자형 장축의 담장 2개소, 기타 형태 3개소의 담장지가 보고 되고 있다.(위의 『홍성 월산리 유적』, 54-76쪽) 이같은 다수의 구역내 담장은 건물별 기능 분할을 의도하는 것으로 추측되어 사찰건물에서는 생각하기 어렵다. 외곽 담장의 북쪽이 확인되지 않은 이유는 명확하지 않다. 북쪽부분은 10m 정도의 벼랑을 이루면서 월계천이 형성되어 있는데 지형의 유실로 인한 유구의 결실 가능성도 상정할 수 있을 것이다.

59) 중앙문화재연구원, 2001, 『홍성 월산리유적』 도면6을 옮김.

60) 유적에 대한 조사는 2004.12.16-2005.4.4에 걸쳐 이루어졌으며 청동기시대로부터 조선시대에 이르는 각종 유구가 검출되었으며 유적중 조선시대의 목빙고 유적은 이전 복원조치되었다. 충청문화재연구원, 2005.4, 「홍성 오관리 유적 - 발굴현장 자문회의 자료집」 참고.

홍성 '광경사지' 당간지주

그리고 용주사의 석불좌상 등도 이 절에서 옮긴 것이라 한다. 홍주의 중심 부라는 입지상의 조건, 그리고 전체적인 유물의 구도와 사원의 규모에 미루어 이 절은 어쩌면 운주성주 긍준의 창건에서 비롯된 것일 가능성이 있다고 생각된다.[61]

　　1924년(대정 13)에 간행된 『홍성군지』에 의하면 이 광경사 터에서는 위의 유물 이외에 등롱(燈籠), 금불상 2구(높이 8촌), 고려청자 파편 40개 등의 유물이 출토되었음을 알 수 있다. 이로써 광경사는 여러 가지를 고루

---

61) 당간지주, 석불, 석탑 등 관련 유물이 고려초의 시대를 반영하고 있는 것이라고 보기는 어렵지만 긍준의 창건에서 비롯하여 고려조에 홍주의 도시 발전에 따라 사찰로서의 면모를 갖추어갔을 가능성이 많다고 생각된다. 나말여초 홍주에서의 긍준의 지배력을 뒷받침하는 종교적 시설의 구비는 충분히 가능성 있는 일이라 할 것이다.

구비한 고려시대 절터임이 더욱 분명해진다. 이중 석등(등롱)은 당시에 읍내 거주 야마시타(山下利三郎)라는 일인의 집에 옮겨져 있었고, 1918년 (대정 7) 출토하였다는 금불상 2개는 조선총독부에 이관되었다 한다.[62]

광경사와 관련하여 한 가지 주의할 것은 광경사(廣景寺)라는 이름이 옛 문헌에 보이지 않는다는 점이다. 1924년의 군지에서 이 절을 '광경사' 라 한 근거는 잘 모르겠으나, 조선조의 여러 문헌에 광경사 이름이 나오지 않는 것은 이미 조선시대에 들어서는 이 절이 폐사된 상태였기 때문일 것 이다.[63] 그런데 조선초의 지리서에는 홍주의 치소에서 동쪽 1리 지점에 '미륵사'라는 절의 터가 있었던 사실을 전하고 있다. "미륵사(彌勒寺) : 옛 터가 본읍 동쪽 1리 지점에 있는데 돌담(石墙)이 남아 있다"라고 한 것 이 그것이다.[64] 여기에서 '미륵사'의 위치는 '광경사'의 그것에 대체로 부합하는 것 같다. 고려시대 홍주의 중심을 차지하였을 이 미륵사는 15세 기에 이미 그 터만 남겨지고 폐사가 되어 있었는데, 이것이 바로 '광경사' 그것이 아닐까. 만일 그렇다고 한다면 이 절은 이미 15세기 이전, 아마 고 려 말에는 폐사가 된 상태였고, 절의 본래 이름은 '미륵사'였음을 알 수 있다. '미륵사'야말로 새로운 시대에의 소망을 담은 고려 초 운주성주 긍 준의 등장과 연관시킬 수 있는 이름이 아닐까 한다.[65]

---

62) "洪州邑東 約八町畓中有光景寺蹟 約五百年 以水火滅亡 但殘石竿二本 今尙存立 高一丈 七尺 其東南畓中 有石佛立 附近田中發掘 石燈籠 今移在于邑人 山下利三郎家 大正七年 遺址附近地主 墾田作畓之際 金佛二體 發掘於瓦礎石交雜之中 其高八寸(移送于總督府) 又有高麗燒器四十枚破片 於是明其爲古寺跡"(1924, 『홍성군지』5, 古蹟古物) 『홍성군지』 는 1991, 한국인문과학원 영인, 『한국근대읍지』6을 이용함.
63) 위의 『홍성군지』에서도 이 절이 5백년 전에 폐사된 것이라 하였다.
64) 『신증동국여지승람』18, 홍주목 고적조.

맺는말

신라말 고려초의 변동기에 충남지방은 고려(태봉)와 후백제의 양대 세력이 각축하는 지역적 성격을 갖는다. 그리고 이에 따라 천안부의 성립, 혹은 유력한 호족의 등장에 의하여 이 시기의 역사적 성격을 그대로 반영하는 내용을 다수 포함하고 있다.

본고는 신라말 고려초의 변동기 홍주에서의 호족세력 등장과 이에 의한 홍주의 지역적 성장에 대한 문제를 검토하였다. 홍주는 백제 부흥운동의 거점 임존성(예산 대흥)에 가까운 위치로서 신라 이후 지역적 성장을 이루어 특히 신라말 운주성주 긍준의 등장에 의하여 비로소 공주에 대응하는 충남 서부지역의 중심 거점으로 부각될 수 있었던 사정을 본고에서 주목하였다.

운주성주 긍준은 처음 궁예정권에 복속한 상태에서 궁예의 실각과 함께 후백제로 전향하였으며 태조 10년(927)과 17년(934) 왕건의 두 차례에 걸친 공격에 의하여 고려에 귀속하였다. 태조 왕건이 충남 서부 및 운주의 공략에 관심을 기울였던 중요한 이유는 삽교천 유역의 내륙수로 확보의 필요성 때문이었다. 삽교천의 내륙수로는 고려, 후백제 간 각축지로

---

65) 홍성군의 향토사학자 한건택은 최근 '광경사지'에 대한 논문을 통하여, '광경사지'라는 명칭은 이 지역의 자연부락 지명인 '광경동'에서 나온 것이며, 절의 본이름은 기록에 나오는 '미륵사'일 것으로 단정하였다. 아울러 폐사 연대를 조선 태종조로 추정하였으며, 종래 '광경사지 석탑'으로 알려진 홍성여중 소재 석탑은 구항면 내현리 탑골사지에서 옮겨온 것으로 '미륵사'와는 무관한 것이라 하였다. '미륵사'는 태종조에 폐사되어 폐자재를 홍주 관아 조영에 이용하였고, 석재류는 홍주읍성의 축성시에 축석재로 사용하였다는 것이다. 그 증거로 탑재석과 대석 등 다양한 가공 석재가 현재 홍주읍성의 축석에 사용되어 있는 것을 확인하였다.(한건택, 2008, 「홍성 미륵사의 폐사와 홍주성 축성」, 『웅진문화』21, 31-48쪽) 대단히 흥미 있는 문제 제기이며, 이 문제에 대해서는 앞으로 더욱 정밀한 현장 조사를 필요로 한다고 생각된다.

서의 충남지역의 향배에 큰 영향을 미치는 것도 사실이지만, 동시에 삽교천의 수로가 아산만의 연안 해로와 연결되어 있어서 후백제에 의한 고려 왕경 연안이 직접 공격받을 수 있는 배후 기지가 될 수 있는 지역이라는 점에서 전략적으로 중요하였다고 보았다. 종래 운주의 고려 귀속 시점에 대해서는 종종의 해석상의 차이가 있었으나, 태조 10년 긍준의 패전에 관한 『고려사』의 기록에도 불구하고 실제 긍준의 운주가 고려에 귀속한 시점은 태조 17년 왕건의 제2차 원정에 의한 것이었으며 이때 긍준은 왕건에 투항하여 고려에 복속하게 된 것으로 정리하였다. 그 과정에서 태조 11년에 고려측에 의해 새로 축성된 옥산성이 용봉산성일 것으로 추측하였다.

본고에서는 936년(태조 19) 후백제를 무너뜨리는 고려의 마지막 전쟁에서 운주성주였던 긍준이 마군장군으로 왕순식 등과 함께 중군의 마군(馬軍) 2만을 지휘하는 유력한 인물로 부각되어 있다는 점을 주목하고 이러한 제반 맥락에 비추어 성주 긍준을 태조의 제12비(홍복원부인)의 비부(妃父)인 홍주사람 홍규(洪規)와 동일 인물일 것으로 추정하였다. 고려 초 유력 호족이 공신으로 중앙 정계에 편입되는 과정에서 한식(漢式) 성명으로의 개명(改名)이 일반적 현상이었다는 점에서 긍준의 홍규로의 개명이 충분한 개연성을 갖는다고 본 것이다.

한편 근년 홍주성 혹은 그 주변에서 진행된 고고학적 조사작업 결과 확인된 고려시기의 대규모 건물지, 나말여초의 토성 유구 등을 호족세력 등장 및 이에 의한 홍주의 지역적 성장과 관련하여 논의하였다. 그리하여 홍성읍내 2007년도 초 홍주읍성 내에서 확인된 신라말 고려 초의 토성 유구를 당시 운주의 치소, 긍준의 치소성으로 보고, 고려 지방제도 정착에 의한 홍주의 발전에 따라 고려시대 홍주의 관아는 그 서쪽 백월산에 가까운 월산리 일대에 조성된 것이 아닌가 추측하였다. 이점에서 앞으로의 관련 유적에 대한 후속적 조사 및 조사 결과에 대한 고고학적 논의를 앞으로 더욱 주목하게 된다.

본고에서 운주 성주 긍준의 출신에 대해서는 논의를 전개하지 못하였다. 호족적 성격을 분류한다면 그가 왕건과의 대결에서 결국 투항한 인물로 간주된다는 점에서 '투항호족' 으로 분류할 수도 있겠으나, 그 출신에 대해서는 현재로서 전혀 짐작하기 어렵기 때문이다. 낙향의 귀족, 군진세력, 해상세력, 그 어디에도 해당될만한 실마리가 아직 찾아지지 않는다. 그렇다면 혹 촌주출신일 가능성을 상정해 볼 수도 있지만, 긍준이 후백제 공격의 마지막 전투에서 기병을 지휘하는 마군장군(馬軍將軍)으로 참여하는 것을 보면, 그가 숙련된 무인이었을 것 같아서, 촌주라는 것 역시 적합하지 않아 보인다. 긍준의 출신을 비롯한 보다 상세한 문제, 그리고 본고에서 제안한 몇 가지 가설적 결론들에 대해서는 앞으로 보다 깊이 있게 논의될 필요가 있는 것으로 생각된다. 읍내에 조성되었을 '미륵사' 의 존재도 고려시대 홍주의 도시 구조 연구에 중요한 사안이므로 더욱 지속적인 조사 연구를 필요로 한다. *

---

* 한국중세사학회, 2007, 『한국중세사연구』 22, 게재 동일제목의 논문을 약간 보완함.

O2 정인경가의 고려 정착과 서산

머리말

　한국은 민족적 자긍심이 강렬하고 혈연적으로도 단일적 성격이 상대적으로 강한 것을 중요한 특징으로 하고 있다. 그럼에도 불구하고 실제로는 시대에 따라 끊임없이 국제적 교류의 결과 등에 의하여 국외로부터의 이주와 귀화가 이루어져온 것이 사실이다.[1]

　태안반도를 비롯한 충남 서해안 지역은 지리적으로 중국과 근접하여 표착 혹은 망명 등에 의하여 종종 중국으로부터의 귀화 내주(來住)가 진행되어 왔다.[2] 그리고 그중의 일부는 독자적인 성씨와 족단(族團)을 형성하였는데, 사실 관계를 정확히 하기는 어려우나 충남 서해안 지역을 본관 혹

---

1) 고려시대 '귀화' 문제를 다룬 연구서로서는 박옥걸, 1996, 『고려시대의 귀화인 연구』, 국학자료원이 있다. 그러나 본고의 주제가 되는 정신보·정인경에 관해서는 전혀 언급되어 있지 않다.
2) 실상을 확인할 수는 없지만, 한 조사에 의하면 2000년 현재 한국 인구 가운데 선조가 외국에서 유입해온 가계(성씨)라고 밝힌 귀화국민의 비중은 전체 인구의 26%를 차지한다고 한다. 김정호, 2003, 『한국의 귀화 성씨』, 지식산업사, 136-140쪽 참조.

은 주요 근거로 하는 성씨 가운데 중국으로부터의 귀화에 의하여 성씨가 성립되었다고 하는 사례가 많이 있다.[3] 해로에 의하여 중국과의 연결성이 강한 충남 서해안의 지리적 특성상 이같은 표류 망명 등에 의한 귀화의 사례는 이 지역의 한 특성을 이루어왔다고 생각된다. 13세기 남송으로부터 망명하여 서산에 정착하여 13세기 말 고려 최고의 관직에 오른 서산 정인경가의 사례도 이에 해당한다고 할 수 있다.

원래 서산(瑞山)이라는 지명은 '상서로운 땅'이라는 뜻이다. 이 '서산'이라는 이름이 처음 등장한 것은 13세기 후반, 고려 충렬왕 10년(1284) 때의 일이었는데 그것은 전국적인 행정구역명 개정 작업에 의한 것이 아니라, 순전히 정인경(鄭仁卿, 1241-1305)이라는 서산 출신의 한 인물 때문이었다. 그것은 지명의 개정과 동시에 행정구역을 승격시키는 작업이었다. 이러한 점에서 정인경가는 서산의 역사에서 매우 중요한 비중을 가지고 있는데,[4] 다른 한편으로 그가 남송으로부터의 이주 귀화인 집안이었다는 점에서 주목되는 점이 있다.

본고는 서산 정씨가의 성립 계기가 된 정신보(鄭臣保)의 정착에 대한 문제를 검토하여 당해 사실의 실상을 구체적으로 확인하는 한편 정인경 가계가 단기간에 지역사회에 정착하여 중앙 정계 고위 관료에까지 입신하였던 사정을 파악하고자 한다. 『고려사』에 입전된 인물로서 묘지명 자료까지 있음에도 불구하고 정치인으로서의 정인경에 관해서는 그동안 13세기 대몽항전의 사례, 혹은 충렬왕대 국왕 측근의 정치 세력 등과 관련하여 언급되는 정도에 그쳐 심층적인 검토가 이루어지지 않았다. 다만 근년 정

---

3) 당 말 5대의 혼란기에 당진 면천 지역에 정착한 卜學士의 면천 복씨, 임진왜란 때 명군의 일원으로 입국하였다가 정착한 태안의 蘇州 賈씨 등이 그 예이다.

4) 서산 시내 석림동에서 예천동에 이르는 4차선 도로는 2001년 정인경의 시호를 따 '襄烈路'로 명명하였다. 13세기 역사 인물 정인경이 서산에서 차지하는 비중을 단적으로 보여준다.

인경의 관료로서의 이력을 보여주는 「정안(政案)」자료의 확인에 의하여 고려시대 관제사 연구의 자료로서 주목을 받기 시작하였다. 요컨대 정인경에 대한 정치사적 검토가 요구되는 시점이 되었다고 할 수 있는 것이다.

그러나 본고에서 주목하는 것은 정인경에 대한 정치사적 검토라기보다는, 지역과 국가와 세계에 동시적으로 속하였던 독특한 한 인물의 족적에 대한 것이다. 그가 특별히 서산과 고려와 동아시아세계를 동시에 살 수 있었던 것은 한편으로 13세기 후반 원 세계의 확대라는 역사적 환경이 그 배경이 되었다. 이 점에서 그의 독특한 족적은 시대사적 역사성을 동시에 갖는다고 할 수 있다.

1. '서산 중흥조' 로서의 정인경

서산이 위치한 태안반도는 복잡한 리아스식 해안이 남북으로 형성되어 가까운 곳이라도 지역 간의 연결이 원래 원만하지 못하였다. 이같은 지형적 특성으로 인하여 다수의 군현이 독립적으로 설치되었는데, 오늘의 서산 지역은 원래 부성군(서산) 이외에도 지곡현, 정해현, 여미현, 고구현 등이 함께 존치되어 있었다.

여미현(余美縣)은 백제의 여촌현, 신라 때 여읍현이었다. 운산면 소재지에서 북쪽으로 1km 가량 떨어진 여미리의 구 마을회관 일대가 백제시대 여미 현터로 추정되며, 일대에는 고대의 고분군을 비롯한 유적이 집중적으로 분포되어 있다.[5] 정해현(貞海縣)은 고려 초의 통일전쟁에 공을 세운 몽웅역(夢熊驛)의 아전 한씨(韓氏)를 포상하여 그를 대광(大匡)에 임

---

5) 충남발전연구원, 1998, 『문화유적분포지도(서산시)』, 84-86쪽 및 234-238쪽.

명하고 아울러 고구현(高丘縣)의 땅을 나누어 정해현을 설치한 것이라 한
다. 그리고 조선 태종 7년(1407)에 정해현과 여미현을 통합하여 정해 현치
에 치소를 둔 것이 해미현이다.[6] 옛 정해현의 치소, 곧 해미현 치소는 해
미읍성에서 서북으로 조금 떨어진 곳이며, 반양리에 '구해미', 동암리에
는 '역말' '사직단터' 라는 지명이 남아 있다. 동암리의 '역말' 이 원래의
몽웅역이라 한다.[7] 지곡현(地谷縣)은 백제시대 지륙현(知六縣), 신라시대
지육현(地育縣)이며, 신라 때부터 부성군의 속현이 되었다. 고구현(高丘
縣)은 백제시대 우견현(牛見縣)으로 고려 현종 9년부터 홍주의 속현이 되
었는데, 서산 고북면과 홍성 갈산면 일대에 해당하는 지역이다.

　　5개의 군현 이외에도 서산 지역에는 향, 소, 부곡 등이 많이 설치되어
있었다. 그만큼 지역의 세력 분포가 복잡하고 다양하였다는 의미이다.
『세종실록지리지』『동국여지승람』으로부터 이를 표로 만들어 제시하면
다음과 같다.[8]

서산지역의 향 · 소 · 부곡

지역	구분	지명	현재 위치	성씨	비고
서산	향	광지향	안면읍	염	현재 태안군
		복평향	태안읍	류	1445(세종27) 태안에 소속
	소	안면소	안면읍	류	현재 태안군
		화변소	부석면	류, 송	
		위포소	인지면		산동리, 모월리, 애정리
	부곡	인정부곡	인지면	이	둔당리, 야당리, 애정리
		조립부곡	대산읍	나	

6) 『신증동국여지승람』19, 해미현 건치연혁
7) 한글학회, 1974, 『한국지명총람』4, 85쪽.
8) 이해준, 1998, 「조선시대의 서산지역」, 『서산의 역사-서산시지 제2권』, 97쪽의 표를 약간
　수정함. 이 자료는 조선초의 문헌에 기록된 것이지만 내용적으로는 고려시대의 상황을 반
　영한 것이라 할 수 있다.

		성연부곡	성연면	김, 하	
		정소부곡	성연면		일람리, 고남리
	향	몽웅향	해미면		
	소	사곡소	해미면	염, 한	
해미		염솔부곡	당진군 정미면	박, 명, 여	
	부곡	소당부곡	당진군 정미면	박	
		염정부곡	당진군 정미면		

*세종실록지리지 / 신증동국여지승람

서산지역의 군현 분포와 관련하여 한 가지 더 유의할 것은 월경지(越境地)이다. 이에 대하여 『세종실록지리지』에서는 "복평, 광지, 안면이 태안 경내에 들어와 있고 홍주의 운천, 대산이 해미를 넘어서 군의 동, 북촌 가운데 들어와 있다"고 하였다. 즉 북변 일부를 제외한 안면도의 대부분이 서산의 땅이었고, 반면 서산 동쪽 음암, 운산의 일부 지역(운천)과 북쪽의 대산은 홍주 땅이었다는 것이다. 대산의 경우는 아니지만 안면도와 운천의 경우는 19세기까지 이러한 상황이 불변하여 대동여지도에서 월경지의 상황을 확인할 수 있다.

서산의 중심지는 부성군(富城郡)이었다. 부성군은 백제의 기군(基郡)으로 신라 때 부성으로 이름을 바꾸어 고려에 이어졌다. 12세기 고려 인종 때 부성은 현령이 설치되었는데 명종 12년(1182) 민란이 일어나 현령과 현위가 지역민들에 의하여 갇히는 하극상이 일어나자 이에 대한 징계조치로 행정구역이 폐지되기에 이른다.[9] 「양렬공실기」에 의하면 당시 사건의 실상은 현위(縣尉)가 향리 이속들의 비위(非違)를 통제 감독하는 과정에서 향리 이속들이 지역민을 동원하여 현위를 가두고 살해한 것이라 한다. 이 사건으로 서산의 행정구역은 폐지되고 지역적 명예가 실추되었을 뿐 아니라 고통도 심하였다.

---

9) 『신증동국여지승람』19, 서산군 건치연혁.

『호산록』의 정신보·인경 관련 기록

조정에서는 서주(瑞州)를 혁파하여 절반은 청주의 부곡으로, 절반은 공주의 부곡으로 삼았다. 매월 초하루 아침에는 초립(草笠)을 착용하고 청주와 공주 관아를 왕래 하였으며 이 때문에 성은 파괴되고 사람은 흩어져 옛 터가 비게 되었다.(『서산정씨가승』상, 「양렬공실기」)

서산의 행정구역이 폐지된 이같은 처지에 대하여 지역민들이 크게 상심하게 되었음은 물론이다. 이에 정인경은 스스로 '서산'으로 본관을 하사받고, 자신의 노비 50구를 관에 바치는 한편 민란으로 죽음의 피해를 입은 가족들을 찾아내 이를 보상하는 등 행정구역 복원운동을 전개하였다. 이 때문에 당시의 관리와 아전들이 모두 정인경을 잊지 못하고 부모처럼 여겼다는 것이다.[10] 14세기에 서산의 행정체제가 복원되고 승격되는 것은 순전히 이 지역의 대표적 고려 인물인 정인경의 정치적 공 때문이었다고 할 수 있다. 이 때문에 지역민들은 정인경의 관대(冠帶)를 구하여 관아에 보관하며 춘추로 제사를 모시기를 수백 년이었다고 한다. 정인경은 서산의 중흥조로서 추앙되었던 것이다. 조선조 류광서(柳光瑞)라는 한 향리의 증언에 의하면 정인경의 유품은 이미 수백 년을 내려온 것으로 보인다.

내 나이 18세 때 군의 호장 침방(寢房) 동벽 아래에 오랜 목궤(木机)가 있었는데 궤는 많이 파손되었으나 은정대(銀釘帶), 사수포(絲繡袍), 금책(錦幘)이 하나씩 있었다. 매년 여름 장마 때 햇볕을 쪼였다가 다시 넣어두었다. 이르기를 이것은 우리 지역의 옛 재상 정인경의 의대(衣帶)이다.(『서산정씨가승』상,「호산록」)

관대, 관복, 관모 등 정인경의 유품은 서산의 보물로 대대로 전하여 오며 그의 기일(忌日)에 군리(郡吏)와 관노비가 목욕재계하고 관복과 의대, 관모를 풀고 소를 잡아 제사를 올렸는데 대략 20년 전부터 이 제사가 폐해졌다는 것이다.[11]

서산인 정인경(鄭仁卿, 1241-1305)은 남송의 관인 정신보(鄭臣保)의 아들로서, 부 정신보는 고종 24년(1237) 서산에 정착한 인물이다. 인경은 몽고 침략기인 고종 말년에 내침한 몽고군을 아산지역에서 공격, 전공을 세우고 무반으로 입신하여 원 간섭기에 추밀원사, 첨의중찬의 고위직에까지 올랐다. 그는 충렬왕대에 시종1등공신이 되었으며, 이러한 정인경의 공으로 부성현이었던 서산은 충렬왕 10년(1284) '서산군'으로 승격되었다가 같은 왕 때 다시 서주목으로 승격하였다. 즉 현에서 군 혹은 목으로의 승격과 함께 부성이 서산 혹은 서주라는 이름으로 개명된 것이다. 충선왕 2년 서주목이 다시 서령부(瑞寧府), 그후 서주, 조선 태종 13년에 서산군으로 조정 되었다. 정인경은 송 귀화인 2세이면서도 서산에 있어서 중

---

10) 『서산정씨가승』상,「호산록」
11) 『서산정씨가승』상,「호산록」

홍조와 같이 추앙되며 존경받아온 인물이었던 것이다.[12]

2. 남송 관인 정신보의 고려 망명

서산정씨 시조 정신보(鄭臣保)는, 기록에 의하면 중국 절강사람으로
원래 송(남송)의 관인이었다. 송나라 말기에 형부 원외랑을 지냈는데 남
송이 망하자 바다를 건너 서산 간월도에 이르러 정착하였고 나중에 거처
를 서산 시내 대사동으로 옮겼다는 것이다. 문무겸전의 인물로 충렬왕조
에서 첨의중찬의 수상직을 지낸 정인경은 정신보와 '고창현(高昌縣, 지금
의 德山 ?)' 사람 오영로(吳永老)의 딸 사이에서 태어난 것이고, 정인경은
간월도에서 어린 시절을 보냈다 한다.[13]

서산시 부석면에 소재한 간월도는 어리굴젓으로 유명한 관광지이기
도 하고 무학대사의 간월암으로도 유명하다.[14] 조선시대에 서산의 화변
면(禾邊面)에 속하였고, 1895년 이후 일시 태안군 안상면에 속했다가

---

12) 정인경의 출생 연대에 대해서는 1237년(『고려사』, 정인경전, 정인경 묘지명)과 1241년
(「정안」)의 두 가지 기록이 있다. 본고에서는 후자인 1241년 출생설을 취하였다. 「정안」
이 인사 관련의 공식 문서라는 점에서 일단은 기록의 신빙성을 부여할 수 있다. 반면
1237년은 부 정신보가 간월도에 입주한 시기이다. 입주 시기는 아무리 빨라도 봄 이후,
여름쯤이었을 것이라는 점에서 1237년 출생은 일단 불가능한 연대이다. 정인경의 정안
자료를 검토한 남권희 등은 여러 자료의 비교 검토를 통해 1237년 기록이 오류임을 밝힌
바 있다.(남권희 · 여은영, 1995, 「충렬왕대 무신 정인경의 정안과 공신녹권 연구」, 『고문
서연구』7, 13쪽 참조) 그의 묘지석에서 가장 기본적 사실 관계인 출생연도에 대해 오류를
범했다는 점은 잘 이해되지 않지만, 정인경의 묘지는 나이, 관련, 인명 등에 있어서도 오
류가 발견된다.(본고의 주 44 참고)
13) 『호산록』 고금인물 정신보 정인경. 『호산록』은 광해군 11년(1619) 韓汝賢에 의해 편찬된
일종의 서산읍지이다. 본고에서는 서산문화원에서 1992년 간행한 원문 영인 및 번역(李
鍾醇)의 『湖山錄』을 참고 하였으며, 자료의 성격 및 전반적 내용과 관련해서는 홍제연,
2000, 「호산록에 나타난 조선전기 서산의 사회상」, 『역사민속학』11 참조.

정신보의 첫 정착지 간월도와 주변 해안

1914년 서산군 부석면 간월도리가 되었다. 현재는 서산 방조제에 의하여
연륙된 상태이지만 원래는 천수만 가운데 자리 잡은 섬이었다. 천수만은
수심이 얕고 간석지가 넓게 발달하여 각종 어패류의 풍부한 서식지이고,
특히 굴의 채취로 유명하였다. 정인경은 어려서부터 고기잡이에는 관심
이 없고 독서와 수련에 전력하였다고 한다.[15]

---

14) 정신보가 처음 정착하고 정인경이 어린 시절을 보냈다는 간월도에는 간월암이라는 암자
가 있다. 간월암은 고려 말 간월도에서 출생한 무학대사가 득도하여 창건한 것으로 알려
져 있다. 달을 보고 홀연히 도를 깨달았다 하여 '간월'이라 하였다는 것이다. 오래 폐사
되었던 것을 1941년 수덕사 만공스님이 재건하여 오늘에 이른다고 한다. 이해준, 2004,
「역사유적 및 민속자료 조사보고」, 『서산간월도 관광지조성부지 문화재지표조사결과보
고서』, 공주대박물관, 64-68쪽 참조.

그런데 근년 소개된 정인경의 「정안(政案)」 자료는[16] 이에 참고 되는 몇 가지 기록이 있다. 첫째 정신보의 본명은 표(彪)이고, 외조부 오영로(吳永老)의 본 이름은 유연(愈延), 직은 위위승 동정(衛尉丞 同正), 본관이 '고창(高敞)'으로 되어 있다.[17] 한편 정신보의 간월도 상륙 시기는 1237년(고종 24)의 일이었다고 하는데, 고려 망명의 동기는 몽고의 침략으로 남송이 망할 무렵, 충신은 두 임금을 섬길 수 없다는 절의로 고려에 망명하게 되었다 한다.[18] 이에 대하여 『동국신속삼강행실도』의 기록을 인용하면 다음과 같다.

> 정신보는 서산사람이다. 그 조상은 절강에서 살다가 신보가 송나라 말기에 형부 원외랑에 이르렀더니, 원(元)이 혼일(混一)함에 미쳐, 신복(臣僕)이 되지 않고자 바다를 건너 본 고을에 와서 살았다. 고절(孤節)로 종신(終身)하니라.(『동국신속삼강행실도』충신편, 정신보)[19]

---

15) 『호산록』(고금인물, 정인경)에 의하면 9살 때 정인경은 부석사가 있는 도비산에 올라 다음과 같은 시를 읊었다고 한다.
　　시름 속에 높은 산에 올라　　　　　　愁登高頂髮
　　멀리 구름이 북으로 나는 것을 보노라　遙望雲飛北
　　문득 조상들을 생각하니　　　　　　　忽憶先人墓
　　눈물이 봄비 따라 흐른다　　　　　　　淚隨春雨落

16) 남권희 · 여은영, 「충렬왕대 무신 정인경의 정안과 공신녹권 연구」, 『고문서연구』7, 13-23쪽. 정인경의 정안 및 공신녹권은 광해군대 북인의 영수 鄭仁弘의 문중에서 조선 후기 간행한 『瑞山鄭氏家乘』에 실려 있는 것이다.

17) 「정안」 자료의 신빙성에 비추어 볼 때 정인경의 외조부에 해당하는 오영로는 '高昌(덕산)'이 아닌, 전북의 '高敞'으로 보아야 하겠다. '高昌'이 서산 인근의 '덕산'이라는 것도 근거가 없는 것이다.

18) 서산정씨대종회, 2006, 『양렬공 정인경』, 35쪽. 한편 서산 정씨가에서 만든 정인경 약전에 의하면, 정신보는 중국 절강성 金華府 蒲江縣의 이름난 성리학자였는데, 남송 理宗 때 몽고군에 의하여 양양, 회촉이 함락되자 원 태조는 姚樞를 시켜 정신보를 회유하였다는 것이다. 이에 신보는 오랑캐의 신하가 되기 싫다 생각하여 1237년 고려에 망명하게 된 것이라 한다.(『양렬공 정인경』, 38쪽)

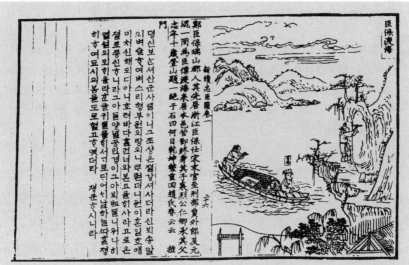

정신보의 서산 입향 광경 (『동국신속삼강행실도』)

비슷한 내용을 담고 있지만 『호산록』에는 이에 대하여 다음과 같이 적고 있다.

고려 정신보는 중국 절강 사람이다. 송나라 말엽에 벼슬하여 형부원외랑이 되었는데, 원 태조가 천하를 통일하자 그에게 신복(臣僕)이 될 수 없다는 뜻으로 (뗏목을) 타고 바다를 건너 본읍 간월도에 살면서 종신토록 절개를 잃지 않았다.(『호산록』 고금인물)

즉 남송 말기 몽고군의 침입으로 사직이 무너지자 충신으로서의 절개를 기키기 위하여 바다를 건너 망명하였다는 것이다. 이같은 정신보의 절

---

19) 『동국신속삼강행실도』의 편찬 연대는 1615년으로, 『호산록』의 편찬(1619년) 보다 몇 년이 빠르다. 이해준, 2007, 「양렬공 정인경의 사후추숭과 관련사적」, 『양렬공 정인경과 서산지역』(세미나자료집), 70-72쪽.

의는 17세기 초 『호산록』의 찬자에 의하여 다음과 같이 높이 칭송되었다.

아, 허형(許衡) · 오징(吳澄) 등 여러 사람은 본래 송의 신하로 도학을 스스로 깨
우쳤으나 하루아침에 절개를 버리고 오랑캐를 신하로 섬기었는데, 정신보는 해
외로 유락(流落)하며 살면서 홀로 신하의 절의를 보전하였으니 뗏목을 타고 바다
를 건너와 신복(臣僕)이 되지 않은 절의는 기자(箕子) 이후 한 사람 뿐이다.(『호
산록』 고금인물)

그러나 널리 알려진 '몽고에 의한 남송 멸망'이라는 정신보의 망명
동기에 대한 설명은 다소 납득하기 어려운 점을 포함하고 있다. 그 이유는
정신보의 망명 시기라는 1237년이 남송의 멸망과는 상당한 시간적 간격
이 있기 때문이다. 즉 원(몽고제국)에 대하여 남송이 항복한 것은 40년 뒤
인 1276년의 일이었으며, 남송에 대한 몽고군의 공격이 본격화된 것은
1250년대 이후의 일이었던 것이다.[20] 1234년 북중국의 금이 몽고군의 공
격으로 멸망하고 이에 따라 남송과의 접전이 현실화하였기 때문에 1230
년대에 남송의 위기감이 높아졌던 것은 사실이다. 그러나 당시로서 '불사
이군(不事二君)'을 표방하며 남송을 떠나 망명을 결행해야할 긴박한 상황
은 아니었던 것으로 보이기 때문이다. 이 때문에 정신보의 망명 동기 및
시기에 대한 문제는 좀더 구체적인 검토를 필요로 한다. 이와 관련하여
「형부원외랑실기」에는 정신보의 고려 망명에 대하여 다음과 같이 보다 구
체적으로 기록되어 있음이 주목된다.

---

20) 1273년 5년간의 장기적 공방전 끝에 양양이 함락된 이후, 1275년 남경(건강), 그리고
1276년 남송의 수도 항주(임안)가 함락되어 송의 황제 恭宗이 원에 항복하였다. 이로써
송조는 사실상 종막을 고한 것이지만 광동으로 도피한 송의 잔여 황실의 존재 때문에 남
송의 공식 멸망은 1279년으로 기록되어 있다. 旗田 巍, 1965, 『元寇』, 中央公論社, 119-121
쪽 참고.

송 가희년(嘉熙年) 이래 몽고가 강대하여 양양(襄陽)과 회촉(淮蜀)이 차례로 함락되고 왕민(王旻), 이백영(李伯英) 등은 그 성곽과 창고를 차례로 불태우고 항복하였다. 이에 앞서 요추(姚樞), 양유중(楊惟中)이 독서궁리지사(讀書窮理之士)를 초치하였는데, 마침 덕안(德安)이 함락되어 조복(趙復)이라는 선비를 얻었으니 그는 유학으로 이름이 있어 그 제자들에게 '강한선생(江漢先生)'으로 불리고 있었다. 태조가 그를 보고 크게 기뻐하고 또 원외랑 정공(정신보)의 이름을 듣고 요추와 함께 반드시 그를 귀부시키고자 하였다. 이에 공이 말하기를 "옛 말에 열녀는 지아비를 바꾸지 않고 충신은 두 임금을 섬기지 않는다고 하지 않았습니까. 차라리 죽을지언정 오랑캐 조정의 신하가 될 수는 없습니다"고 하였다. 요추가 이 말을 태조에 전하자 태조가 그 절개를 아름답게 생각하여 더 이상 강요하지 않았다. 공은 드디어 소항(蘇杭, 절강 지역)에서 뗏목을 타고 바다를 건너 고려 서주 땅 간월도로 망명하게 되었다.(『서산정씨 가승』상, 「형부원외랑실기」정공 묘갈명)

우선 이 자료에는 정신보의 망명 시기를 명시하지는 않았지만 그것이 원 태조, 즉 징기스칸 재위중의 일이며 남송의 양양 등지가 함락된 얼마 뒤의 시기라 하였다. 그런데 같은 『서산정씨 가승』에 실린 다른 자료에는 그 시기가 구체적으로 명시되어 있다.

정신보는 송 이종(理宗)을 섬겨 형부원외랑이 되었다. 단평(端平) 원년(갑오)에 금(金)의 항장(降將) 왕민(王旻) 등이 양양에서 반기를 들어 원에 항복하고 추양, 덕안이 차례로 함락되어 신보는 몽고의 관할에 들어가게 되었다. 이에 앞서 몽고는 한인 사대부가 없었기 때문에 요추(姚樞)를 얻자 크게 기뻐하여 그로 하여금 활단(闊端) 태자를 따라 남쪽을 쳐들어가 유학자들을 불러오게 하였다. 이에 조복(趙復)이 몽고로 왔고 조복은 신보에게도 함께할 것을 요청하였다. 신보가 말하기를 "충신은 두 임금을 섬기지 않는 법인데 어찌 오랑캐에 신복할 수 있겠는가" 하며 죽음을 맹서하였다. 몽고도 이를 의롭게 여겨 더 이상 강요하지 않았다. 다음해 정유년에 (뗏목을) 타고 동쪽으로 건너와 호서지방의 서산군 간월도 옛 마한 땅에 정박하였는데 고려 고종 때에 해당한다.(『서산정씨 가승』상, 「형부원외랑실기」 송상서형부원외랑정공신보 고려종찬양렬공인경합전)

이에 의하면 몽고군의 남송 함락은 단평 원년(1234)의 일이고, 조복이 정신보에게 원에 대한 신복(臣僕)을 종용한 것은 1236년, 그리고 절강을 떠나 고려에 망명한 것이 1237년(정유년, 고종 24)의 일이다. 정신보의 망명을 1237년으로 언급하고 있는 것은 말하자면 위의 자료에 근거한 것이라 할 수 있다. 그런데 이 자료에는 몽고군의 양양 함락이 양양에서의 내부 반란에 의한 것이고, 이로 인하여 추양, 덕안이 차례로 몽고의 지배하에 들어간 것으로 되어 있다. 따라서 금이 멸망한 1234년 이후 수년 간 남송과 몽고군의 군사적 충돌에 대하여 구체적으로 확인할 필요가 있다.

1234년 변경(汴京)의 함락과 금의 멸망 결과 남송은 몽고와 직접 경계를 맞대게 되었다. 특히 금을 공격하는 과정에서 몽고는 남송의 군사적 협조를 부분적으로 받았다. 남송은 오랜 숙적인 금의 멸망을 반기면서 옛 영토의 일부 회복을 기대하였기 때문이다. 그러나 남송 멸망 이후 이 같은 약속은 잘 지켜지지 않았고 이 때문에 남송이 기대하였던 하남지역을 둘러싼 갈등이 양국 간에 야기되었다. 1235년 몽고는 남송 공격을 위한 3군을 조직하였다. 그 제1군은 오고데이 태종의 제2자 활단(闊端)이, 제2군은 제3자 곡출(曲出)이, 그리고 제3군은 황족 구온불화(口溫不花)의 지휘로 사천(四川), 호광(湖廣), 강남(江南)을 각각 공격하는 것으로 되었다. 활단의 제1군은 섬서를 횡단하여 1236년 1월에 섬서 남쪽의 면주(沔州)를 점령하고 10월에는 양평관 부근에서 남송군을 격파한 다음 사천의 촉 지방을 거의 점령하였다. 한편 오고데이의 각별한 사랑을 받았던 제3자 곡출은 제2군을 이끌고 1236년 호광지방을 향하여 남송을 공격하였다. 이에 의하여 1236년 3월 양양부가 항복하고, 곡출의 몽고군은 여세를 몰아 8월에 추양과 덕안부를 점령하였으나 곡출은 11월 진중에서 사망하고 말았다. 이 때문에 남송에 대한 공격은 상당한 차질이 있었고 남송의 반격으로 요충 양양은 1239년 다시 남송에 회복되고 말았다. 나중에 양양이 몽고군에 함락되는 것은 원 세조 쿠빌라이 때인 1273년에서의 일이고 이것은 남

송 멸망(1279)의 결정적 전환점이 되었다.[21]

이제 1230년대 이상과 같은 대륙의 정세와 전황을 배경으로 앞의 정인경 관련 자료를 대비하면 다음과 같은 몇 가지 점이 확인된다. 첫째 정신보의 고려 망명은 몽고 태조(징기스칸) 때의 일이 아니고 2대 오고데이 태종 때의 일이다. 둘째 당시 양양 등지를 점령한 몽고군은 활단의 군이라기보다는 곡출의 몽고군이라고 보아야 한다. 셋째 정신보의 망명이 결행되었다는 1237년은 1236년 이후 몽고군의 대대적인 남송 공격으로 남송 국경 지역의 위기감이 대단히 높았던 시점이었다. 신보가 몽고에의 신복 권유를 받은 이듬해 1237년에 망명하였다는 것은 1236년 곡출에 의한 양양, 추양, 덕안 등지의 점령 이듬해에 해당한다는 점에서 제시된 자료의 연대는 일정한 사실성을 가진 것으로 판단된다.

이상의 검토에 의하여 정신보의 망명 시기(1237)에 대한 연대는 신빙성을 부여할만한 점을 확인하였다. 그러나 망명의 시기를 확정하더라도 관련 자료의 해석에 대해서는 여전히 많은 의문점이 있다. 무엇보다 정신보와 남송과의 관계이다. 정신보의 '형부원외랑'의 직이 송에서의 실 관직이었는가, 중앙의 관직을 가진 그가 왜 도읍에서 멀리 떨어진 국경 지역의 호북에 거주하고 있었는가, 호북지역에 있던 그가 어떻게 멀리 절강의 해안으로 나와 고려에 망명하는가, 아니면 실제 정신보는 양양, 덕안 등 호북지방과는 무관한 인물로서 단순히 몽고란의 정세 설명을 위한 자료 인용이었을까, 이러한 점에서 정신보의 고려 망명에는 몇 가지 의문점이 있다.

양양, 추양 등은 중국의 호북성에 속하는 지역으로 장강에 합류하는 한수(漢水)를 끼고 있는데, 당시 남송의 서울 항주(임안) 혹은 출항지 절강

---

21) 1230년대 몽고와 남송의 충돌에 대해서는 ド─ソン, 1933, 『蒙古史』, 三田史學會, 345-348쪽 참조.

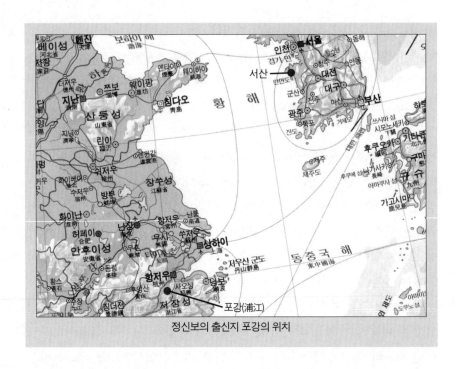
정신보의 출신지 포강의 위치

지역과는 대단히 멀리 떨어진 지역이다. 1237년 정신보의 망명이 몽고군의 양양, 추양 등의 함락과 밀접한 관련이 있다고 한다면 앞에 제기된 의문을 해결하기가 쉽지 않다. 한편 서산 정씨가에서 만든 정인경 약전에 의하면 정신보는 절강성 금화부(金華府) 포강현(蒲江縣)의 이름난 성리학자라고 하였다.[22] 금화는 주자의 사위인 황간(黃幹), 임욱(林煜)의 활동지로서 주자학이 발전했던 곳이라 하며[23] 절강성의 포강은 항주에 연결되는 포양강(浦陽江) 상류에 위치한다. 만일 정신보가 서울인 항주에서 관직에

---

22) 서산정씨대종회, 2006, 『양렬공 정인경』, 38쪽.
23) 황의동, 2007, 「정신보 정인경 부자의 행적과 충남 서부지역의 유학」, 『양렬공 정인경과 서산지역』세미나자료집, 54쪽.

'강남제일가'로 전해져온 정씨가의 시조봉사축제(절강성 포강시, 이해준 사진)

재임하고 있었거나 혹 일시 향리에 거주하고 있었다고 한다면 절강성에서의 망명 출항은 지리적으로는 자연스러운 일이라 할 수 있다. 현재로서 그에 대한 자료는 그가 절강사람이며 절강지역에서 고려를 향했던 것으로 되어 있지만, 1230년대 양양 등지에서의 몽고와의 군사적 충돌과의 관련성은 명확하지 않다. 따라서 양양 등지에서의 몽고군과의 충돌 및 요추의 회유 등에 대해서는 어느 정도의 신빙성을 부여해야 할지 주저되는 것이 사실이다. 조복, 요추 등은 원의 성리학 정착에 크게 기여한 인물들이다. 요추는 하남 사람으로서 원 태종 오고데이와 가까운 양유중의 도움으로 원조에 봉사하게 되고, 조복을 설득하여 원에 봉사하게 하였던 인물이다.[24] 그는 원세조의 친유학 정책에 크게 영향력을 행사하였던 인물로서, 생각컨대 몽고전란과 요추 등의 요청에 대한 자료는 남송 말, 원초(元初)의 일반적인 사실을 정신보와 연결하여 자료를 정리한 결과가 아닌가 생각된다.

위에서 언급한 바와 같이 망명 당시 정신보의 지역적 연고에 대해서 혼선이 있는 점 이외에, 남송이 건재한 시점인 1237년의 고려 망명 사실도 여전히 의문점으로 남겨져 있다. 지금까지의 여러 자료들은 정신보의 망명을 남송의 멸망과 연결시키는 것이었다. 그러나 남송의 멸망은 실제 망명으로부터 40여 년 뒤인 1279년의 일이기 때문이다. 이 문제와 관련하여 「양렬공실기」의 자료는 앞의 것과 조금 다른 내용을 담고 있다.

> 그 선대는 절강에 거주하고 있었는데 부 형부원외랑 신보는 송나라 말에 입사하여 원 세조(태조의 잘못인 듯 - 원문의 주) 때 천하가 어지러울 때 해외 만리에 유배되었다. 고려국 마한 서주(瑞州), 남쪽 거월도(去月島)는 그 적소(謫所)이다. (『서산정씨 가승』상, 「양렬공실기」양렬공행장)

여기에서 주목되는 것은 남송의 형부원외랑 정신보가 고려에 유배되었으며, 유배된 곳이 서산의 간월도(거월도)였다는 것이다. 그 시기는 원 세조 혹은 태조라 하였으나, 앞에서 언급한 바와 같이 이것은 태종 때의 일이기 때문에 정확하지 않은 기록이다. 또 간월도를 유배지라 하였으나 당시 여송관계는 고려의 도서를 남송의 유배처로 사용 할 수 있는 상황이 아니었다. 이러한 점에서 이 자료를 그대로 인정하기도 어려운 일이다. 다만 남송대의 문란한 정치적 상황에서 정신보의 고려 망명이 정치적 망명의 성격을 띤 것이었을 가능성을 암시한다고 해석할 수는 있다. 「양렬공실기」에서 정인경의 처에 대하여 "처 진씨는 당(唐)의 복주인(福州人)으

---

24) 요추에 의하여 원도에 입경하게 된 조복 문하에서 원의 거유라 할 許衡 등이 배출되고 이에 의하여 비로소 원의 유학이 기초를 다지게 되었다는 점에서 조복의 입원은 성리학사에 있어서 매우 중요한 사건이었다. 원초 요추 · 조복 등에 대해서는 김충렬, 1987, 『고려유학사』, 고려대출판부, 152쪽 참조.

로 위위윤 치사 진수(陳琇)의 딸이다. 이 역시 송조(宋朝) 폄적(貶謫)한 사람이다"고 한 것이 주목된다.[25] 그러나 이 역시 사실 관계를 단언할 수 있는 것은 아니어서 현재로서는 "송나라가 완전히 패망하기 전에 나라꼴이 망해가는 것을 보고 미리 망명한 것"이라는 해석을 취할 수밖에 없을 것 같다.[26] 앞서 「정안」의 언급에 의하면 정신보는 본명이 표(彪)라는 이름이었다는데, '신보(臣保)'가 개명한 것이라 한다면 그것은 '신하로서의 충절을 지켰다'는 의미에서 고려에서의 새로운 이름이었던 것으로 생각된다.

3. 해안 교통로와 정씨가의 서산 정착

서산이 위치한 태안반도는 지리적으로 서해의 연안 해로에 위치하고 중국과도 가까운 지역이어서 일찍부터 교통상의 중요성이 인정되어온 지역이다. 이같은 교통상의 특징은 경제적 혹은 문화적 측면에서의 서산의 발전에 일정한 영향을 미쳤다.

서산의 지리적 조건과 관련하여 우선 서해 연안해로와의 관계이다. 백제시대의 서산과 태안반도는 고구려에 대항하는 백제의 해양 전진 거점이었고, 신라시대에는 당과 연결하는 국제 교통이 이루어졌다.[27] 고려에

---

25) 『서산정씨 가승』상, 「양렬공실기」 참조. 한편 「정신보 정인경 합전」에서는 윤수를 "역시 송나라에서 옮겨온 사람(亦宋之遷人)"이라 하였다.
26) 이은우, 2007, 「서산 정씨의 입향과 관련유적」, 『양렬공 정인경과 서산지역』(세미나 자료집), 28쪽.
27) 백제시대 서산 일대의 해안은 군사전략상에 있어서 매우 중요한 기능을 가지고 있었다. 이러한 해양관계상의 의미에 대해서는 윤명철, 2005, 「동아시아 속의 서산과 그 해양문화적 의미」, 『백제문화』34, 34-37쪽 참조.

서 조선에 이르는 1천 년 간은 개경 또는 한양에 이르는 국가의 가장 중요한 경제적 운송로의 중간에 서산이 위치하게 되었다. 고려시대 13조창의 하나인 영풍조창(永豊漕倉) 혹은 천수만과 가로림만을 연결하는 태안반도에서의 운하 개착의 시도 등이 이같은 지역 여건에 의하여 등장하는 것이다.[28] 서산 정씨가의 등장도 서산의 지리적 여건과 관련을 가지고 있다.

정신보의 망명 동기에 대한 의문은 별도로 하고, 그는 어떤 경로를 경유하여 서산에 당도하였을까 하는, 서산까지의 정착 루트에 대한 문제를 검토하고자 한다. 남송의 수도 임안은 지금 절강성의 항주이고, 그의 출신지 금화(金華) 포강현(蒲江縣) 역시 같은 절강성 지역이었다. 한편 절강성 해안의 영파(寧波 ; 명주, 경원)는 고려시대에 남중국과 연결되는 가장 대표적인 항구였다.[29] 이같은 사정을 감안하면 정신보는 당연히 영파항에서 출항하여 서산에 이르렀다고 보아야 한다. 그의 도해(渡海)에 대해서 "공은 드디어 소항(蘇杭 ; 절강 지역)에서 뗏목을 타고 바다를 건너 고려 서주 땅 간월도로 망명하게 되었다"[30]고 하여 그가 절강의 해안에서 고려를 향하였으며 '뗏목을 타고' 바다를 건넜다고 하였다. '뗏목' 은 자료에 따라서는 '조각 배(片舟)' [31]라고 표현되어 있고, 그가 간월도에 정착한 후 오영로의 딸을 취하여 혼인한 것을 보면 그의 망명은 긴급한 상태에서 가족을 동반하지 않은 단신 망명이었음을 알 수 있다.

---

28) 윤용혁, 1991, 「서산·태안지역의 조운관련 유적과 고려 영풍조창」, 『백제연구』22.
29) 영파는 송대의 명주, 원대의 경원이며, 1323년 전남 신안 앞바다에서 침몰한 '신안선' 의 출항지가 영파항이었다. 현재 영파시 鎭明路에는 고려사관의 터가 남아 있고 건물을 복원하여 진열실로서 공개하고 있다. 이에 대해서는 祁慶富(조영록 편), 1997, 「10-11세기 한중교통로」, 『한중문화교류와 남방해로』, 국학자료원, 172-181쪽 및 윤용혁, 2006, 「14세기 초 동아시아 교역의 제문제 - 신안선의 역사적 배경」, 『신안선과 동아시아 도자교역 - 신안선 발굴 30주년기념 특별전』, 국립해양유물전시관 참고.
30) 『서산정씨 가승』상, 「형부원외랑실기」 정공묘갈명.
31) 『서산정씨 가승』상, 「형부원외랑실기」 군수 김대덕의 제영 및 정신보 정인경합전.

정해현(定海縣) 부근의 항구

송나라 사신 서긍이 1123년(인종 원년) 고려에 입국할 때, 절강 지역
(영파)을 경유하여 개경에 당도하였으므로, 이에 대한 참고자료로서 당시
서긍의 고려항로를 간추려 정리하면 다음과 같다.[32]

1123년 5월 16일 명주(영파) 출발 → 5월 19일 정해현 → 5월 24일 초보산 → 5월
29일 백수양 / 황수양 / 흑수양 → 6월 3일 흑산도 → 6월 4일 죽도(위도) → 6월 6
일 군산도(선유도) → 6월 8일 홍주산 / 마도(안흥 객관) → 6월 9일 대청서 / 소
청서 / 자연도(영종도) → 6월 10일 급수문(강화도) → 6월 13일 개경

32) 서긍, 『선화봉사고려도경』 34-39, 해도 1-6. 한편 서긍 해로에 대한 정리는 祁慶富(조영록
편), 1997, 「10-11세기 한중교통로」, 『한중문화교류와 남방해로』, 국학자료원, 181-193쪽
이 참고 된다.

서긍이 5월에 절강성의 영파 항에서 고려로 출발한 것은 계절풍을 이용하기 위한 것이었다. 고려에 온 송나라 상인들의 내항 사례 126회를 분석하면 6월이 9회, 7월 22회, 8월 38회로서 주로 7, 8월에 내항한 것으로 되어 있다.[33] 단언하기는 어렵지만, 정신보의 경우도 5-7월에 출항하여 서산 해안에의 도착이 6-8월 경(음력)이었을 가능성이 높다고 생각된다.

남송의 절강 지역에 거주하던 정신보의 망명이 서산 간월도에 연결될 수 있었던 것은 서해 연안해로에 근접한 서산의 지리적 위치와 관련이 깊다. 서긍이 군산도(선유도) 앞바다를 지날 때 순시선 10여 척이 깃발을 꽂고 영접하였다. 안흥은 태안반도의 안흥으로서, 당시 안흥이 서해 연안해로상의 정박처였음을 말해주고 있다. 『고려사』에는 안흥에 설치된 객관에 대하여 다음과 같이 언급되어 있었다.

> (고려 문종 31년, 1077) 나주도제고사(羅州道祭告使) 대부소경(大府少卿) 이당감(李唐鑑)이 아뢰기를 "중국 조정의 사신들을 영송(迎送)함에 있어 고만도(高巒島)의 정(亭)은 수로가 점점 떨어져 선박의 정박이 불편합니다. 청컨대 홍주 관하 정해현 땅에 정자를 창건하여 맞이하고 보내는 장소로 삼도록 하소서"하니 제서(制書)를 내려 그 말에 따랐으며 정의 이름은 '안흥'이라 하였다.(『고려사』9, 문종 31년 8월 신묘)

여기에서 말하는 정(亭)은 단순한 정자 건물이 아니라 숙박이 가능한 객관 시설이다.[34] 연안을 통과하는 사신 혹은 관원들이 물때를 기다리거나 폭풍을 피하거나 식량이나 식수의 조달 등을 위하여 중간의 객관 시설을 필요로 하였을 것이다. 이에 의하면 종래에 이 시설이 고만도(高巒島)

---

33) 김상기, 1948, 「여송무역 소고」, 『동방문화교류사논고』, 을유문화사, 58-66쪽 참조.
34) 고려 안흥정의 성격에 대하여 『대명일통지』에 "옛날에 객관이 있었는데 안흥정이라 일컬었다"고하여 안흥정이 객관이었음을 밝히고 있다.(『신증동국여지승람』해미현 산천조) 문수진, 1998, 「통일신라-고려시대의 서산」, 『서산의 역사(서산시지 2)』, 61-63쪽 참조.

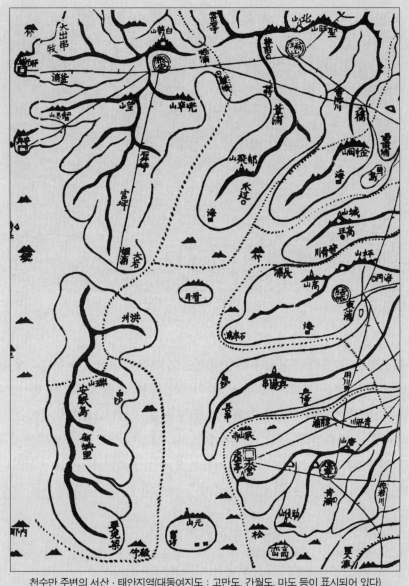

천수만 주변의 서산 · 태안지역(대동여지도 : 고만도, 간월도, 마도 등이 표시되어 있다)

서산 해미의 안흥정 터

에 있었는데, 토사 퇴적이나 해류 변경으로 인하여 고만도가 불편하게 됨에 따라 새로운 객관 시설을 서산 지역(정해현)에 설치하도록 한 것이다.[35] 위의 기록에 의하면 안흥정의 조영은 문종 31년(1077)의 일이었고, 그 위치는 정해현 즉 서산 해미지역이었다. 1123년 서긍의 고려 방문시에도 안흥정과 관련하여 "객관의 이름은 안흥정"[36]이라는 언급이 등장한다. 따라서 12세기 이후 대략 14세기 경까지 안흥정은 해로를 통한 대중

---

35) 고만도는 보령시 주교면의 송도로 추정된다. 고란도에 대해서는 "孤瀾島 : 在縣西海中二十二里 古兵戍處 有民居", 송도에 대해서는 "松島 : 在縣西 二十二里 周十二里 潮退則與高欛連"(『신증동국여지승람』20, 보령현 산천조)이라 하였는데 현재 송도는 상·하 송도가 연립하여 하나의 섬으로 되어 있다. 〈대동여지도〉에는 송도의 아래쪽에 고만도가 표시되어 있어서 하송도가 고만도에 해당되는 지역임을 짐작할 수 있다.
36) 서긍, 『고려도경』37, 해도 4.

(對中) 교통 루트에서 중요한 의미를 가졌다고 할 수 있다.

다만 이 안흥정의 위치에 대해서는 서로 다른 두 가지 기록이 있다. 서산 해미에 대하여 객관 안흥정의 위치가 태안의 마도(馬島)라는 것이 그 것이다. 안흥정에 대하여 위의 『고려사』 기록을 언급한 『신증동국여지승 람』에서는 안흥정의 구체적 위치를 "(해미현의) 동쪽 11리" 지점이라 하였다.[37] 현재 해미면 산수리 한서대 부근에 해당하는데, 해발 200m 신선 봉 능선의 거의 정상부에 안흥정으로 알려진 건물터가 지금도 남아 있다.[38] 이에 대하여 『고려도경』에서는 서긍이 방문한 안흥정이 태안 반도 서단의 마도(馬島)라는 섬에 위치한 것으로 되어 있기 때문이다.[39] 이같 은 기록상의 상이는 안흥정의 이전에 따른 시기적 차이를 반영하는 것일 수도 있으므로[40] 앞으로 심층적인 검토를 요하는 문제이다. 여하튼 서산 안흥정의 기능은 아마 고려 말에는 상실되고 사원으로 그 기능이 전환된

---

37) 『신증동국여지승람』 해미현 고적조.

38) 한글학회, 1974, 『한국지명총람』 4, 86쪽 '산수리'에 안흥정에 대한 설명이 있고, 5천분의 1지도에도 '안흥정'이라는 지명이 현재 한서대 캠퍼스 부근에 표시되어 있다. 지표조사 에 의하면 현지에는 2단의 축대, 500평 정도의 평탄대지에 초석과 와편 등이 산포되어 있 는 것으로 되어 있다.(충남발전연구원, 1998, 『문화유적분포지도(서산시)』, 256쪽) 필자 가 답사한 바에 의하면 고려시대 와류와 청자편, 토기편 이외에 조선시대 백자편이나 조 선 말기의 와류도 다수 확인되는 것으로 보아 안흥정은 본래의 기능 상실 후에도 다른 용 도로 계속 건물이 유지되어온 것으로 보인다. 다만 안흥정의 위치가 해안으로부터 약간 떨어진 산의 정상부에 위치하여 있어 그 이유가 무엇인지는 검토할 필요가 있다.

39) 윤용혁, 2008, 「고려시대 서해 연안해로의 객관과 안흥정」, 『제1회 태안 역사문화 학술발 표회』 발표자료집, 36-44쪽. 태안반도 서단의 마도 이외에 서산 양릉포 해변에도 '馬島'라 는 같은 이름의 섬이 있었다. 서산출신 향토사학자 김기석은 〈대동여지도〉에도 표시되 어 있는 이 양릉포의 '마도'를 근거로 문제의 안흥정 위치를 해미읍 산수리 소재의 건물 지에 해당하는 것으로 보았다.(김기석, 「양릉포와 안흥정」, 미발표원고) 역시 서산의 이 강렬도 안흥정이 해미에 소재하였음을 문헌과 현장조사에 의하여 정리하였다.(이강렬, 2008, 「안흥정에 대한 고찰」, 『서산문화』 20)

40) 이 때문에 안흥정의 위치를 해미로 기록한 자료는 잘못된 것이며, 안흥정은 태안의 마도 라고 단정하는 견해가 최근에 제출된 바 있다. 森平雅彦, 2008, 「高麗における宋使船の寄 港地 '馬島'の位置をめぐって」, 『朝鮮學報』 207, 26-38쪽 참조.

것으로 보인다.[41]

　이상 서해 연안에 접해 있는 서산지역은 고려시대 대중국 교통상에 있어서 일정한 기능을 가지고 있었고, 서산 정씨가의 시조 정신보의 서산 간월도 정착도 이같은 서산의 역사지리적 여건 속에서 이루어졌을 것임을 짐작할 수 있다.

　1237년(고종 24) 간월도에 정착한 정신보는 고창현 사람 위위승 동정 오영로의 딸을 취하여 혼인하고 섬에 정착한지 5년째인 1241년(고종 28) 8월 양렬공 정인경이 태어났다. 그후 1251년(고종 38) 2월 섬에서 나와 서산 시내 대사동으로 거처를 옮겼다.[42] 양렬공의 나이 11세 되던 해이다. 정신보가 15년 만에 간월도에서 나와 서산의 읍치로 거주를 옮겼다는 것은 이제 지역에서 나름대로의 일정한 기반을 조성하였다는 것을 의미한다.

4. 몽고전란기의 전공과 무반 입사

　정인경(1241-1305)은 고려 원종, 충렬왕조에 정계에 나아가 추밀원사, 첨의중찬(종1품, 문하시중에 해당) 등 고려 정부의 수반(首班)에까지 오르고 공신으로 책봉되기까지 한 인물이다. 그가 자신의 향리를 현으로부터 군으로, 그리고 다시 일약 목으로까지 승격시키는 것은 당시 그의 정

---

41) 해로를 통한 고려의 대중 교류는 14세기 이후 침체하였다. 15세기의 『동국여지승람』에서는 해미현 가야산 기슭에 '안흥사' 라는 절이 소재한 것으로 되어 있는데, 안흥정지에 다수의 조선시대 와류, 자기편 등이 산포되어 있는 것과 함께 고려하면 안흥정의 기능이 상실되면서 사원으로 전환 유지되었을 것임을 짐작할 수 있다.

42) 『서산정씨 가승』상, 「양렬공실기」양렬공행장에 의함. 서산 시내 대사동의 거주지는 현재 서산여고 자리에 해당한다고 한다.(이은우, 2007, 「서산 정씨의 입향과 관련유적」, 『양렬공 정인경과 서산지역』세미나 자료집, 31쪽)

치적 영향력을 실증하는 자료이다.

　정인경의 입신과 관련, 우리는 다음과 같은 의문을 갖게 된다. 서산에서 태어났다고는 하지만 본래 국외의 귀화인 2세로서 지역 기반이 거의 없는 상황에서 그것도 벽촌의 출신이 어떻게 단기간에 중앙의 관료, 그것도 최고위직에까지 진출할 수 있었는가 하는 점이다. 상식적으로는 이해하기 어려운 것이지만 그러나 이것이 사실이었다는 것도 부정할 수 없는 일이다. 여기에는 정인경이 처했던 13세기 후반의 시대적 상황, 그리고 이 시대에 치열한 노력으로 불가능의 꿈에 도전한 정인경 나름대로의 각별한 노력이 있었을 것이다.

　13세기 후반은 고려에 있어서 몽고와의 전란, 그리고 원 지배하의 체제가 새롭게 구축된 전환기적인 동요의 시기이다. 13세기는 문자 그대로 몽고제국에 의한 전란과 동요의 시대였다. 징기스칸의 등장이 1206년, 이후 1231년(고종 18) 몽고군의 고려 침략이 개시되었고, 이같은 고려에서의 전쟁은 휴식기를 포함하면서 1259년(고종 46)까지 지속하였다. 정인경이 역사의 기록에 등장하는 것은 바로 이 전란의 시기였다.

> 정인경은 서주(서산) 사람인데 고종 말년 몽병이 내침, 직산·신창에 주둔하자 인경이 종군, 밤을 타 진지를 쳐 공이 있었으므로 제교(諸校)에 임명하였다.(『고려사』107, 정인경전)

고 한 것이 그것이다. 묘지명[43]에 의하면 정인경은 바로 고종 43년(1256) 몽고군이 내침하자 '응모 종군' 하여 전공을 세웠고 이에 의하여 대정(隊正)에 임명 되었다고 한다.[44] 이에 대하여 정인경의 정안(政案)에서는

---

43) 정인경 묘지명은 국립중앙박물관에 소장되어 있으며(No. 신 5850), 『조선금석총람』, 『한국금석전문』 등에 수록되어 있으나, 필자는 김용선 편저의 위 책(425-429쪽)과 김용선, 2001, 『역주 고려묘지명집성(하)』, 한림대아시아문화연구소, 694-698쪽을 참고하였음.

병진년(고종 43, 1256) 7월 … 정인경은, 신·온수·직 등의 3개 군(郡)에서 송길 대왕(松吉大王)[45]이 주둔하거늘 야간전투에 마별초로 먼저 들어가' 보좌한 공으 로 등재됨[46](「政案」)

이라 하였는데, 신창·온양·직산 지역에 내둔한 몽고군은 송길대왕의 군 이었고, 이때 정인경이 '마별초' 군으로서 전투에 투입되어 전공을 세우 게 된 것이었다.[47]

　　여기에서 우선 주목되는 것은 당시 정인경의 '응모종군'이 '마별초' 군에의 종군이었다는 점이다. 즉 고종 43년(1256) 정인경은 마별초에 소 속되어 아산만 연안 지역의 전투에 투입되었던 것이다. 주지하다시피 마 별초는 최씨 무인정권의 주요 사병으로서 특히 기병 의장대적 성격을 갖 는 것으로 알려져 있다.[48] 그런데 이제현의 『역옹패설』에서는 삼별초를 신의군, 마별초, 야별초의 합칭이라 하여 마별초를 삼별초의 한 부대라고

----

44) 「정인경묘지명」에서는 당시 정인경의 나이를 '19세', 직급을 '孝溫下隊正'이라 하였는 데, 「양녕공실기」 「정안」 등 여타 자료와의 대조에 의하면 이는 '16세'의 잘못이고, '효온 하대정'은 「양녕공실기」에 의하면 '李溫下隊正(이온 휘하의 대정)'의 착오이다.(남권 회·여은영, 1995, 「충렬왕대 무신 정인경의 정안과 공신녹권 연구」, 『고문서연구』7, 13 쪽 참조) 정인경의 인사기록 카드에 해당하는 「정안」 자료에 의하면 李溫은 고종 43년 (1256) 당시 判興威衛 保勝將軍의 직에 있던 인물이다.

45) 「정안」에는 '松古大王'이라 하였으나, 『고려사』에는 '松吉' 혹은 '散吉大王'으로 기재 되어 있다.

46) "丙辰七月十七日 … (중략)… 鄭仁卿 新溫水穫等叱 三郡良中 松古大王 屯亦排宿爲去乙 夜戰次 馬別抄 以先入輔佐功以點"

47) 정인경이 참전한 아산 일대에서의 전투에 대해 일찍이 필자는 고종44년(1257)의 사건으 로 파악하고, 정인경이 그 전년에도 몽고와의 전투에서 공을 세웠던 것으로 정리한 바 있 다.(윤용혁, 1991, 『고려대몽항쟁사연구』, 326쪽) 본고를 통하여 이 사건이 고종 43년 (1256)의 일이었음을 확인하게 된다. 차제에 정정하는 바이다.

48) 사병인 마별초가 몽고군과의 對戰에 투입된 기록이 없는 마당에, 이것이 과연 '마별초' 인지 아니면 '야별초'를 가리키는 것인지 다소 혼란되는 점이 있다. 본고에서는 일단 기 록된 문자를 존중하여 '마별초'로 간주하고자 하지만, 실제로는 야별초를 지칭하는 것일 가능성이 있다고 본다.

기록하고 있다.[49] 그리고 김윤곤 교수에 의하면 최우가 처음 야별초를 조직할 때 마별초의 일부 조직을 분리하여 조직하였을 가능성이 있기 때문에 『역옹패설』에서 마별초를 삼별초의 하나로 간주한 기록이 잘못된 것으로만 간주하기 어렵다는 것이다.[50] 이것은 마별초가 실제 삼별초 혹은 야별초와 혼동되는 경우가 있을 수 있음을 암시한다고 생각된다. 「양렬공실기」[51]에서는 "연십사 중제삼인급제(年十四 中第三人及第)"[52]라 하여 정인경이 14세(1254)에 과거 급제하고 15세(1255)에는 '중부 상성화일리(中部 上星化一里)'에 '유저(留邸)'하고 16세에 처음으로 대정에 보임되었다고 한다. 여기에서 14세에 '중제삼인급제(中第三人及第)'라 한 것은 얼른 보면 과거에의 급제를 의미하는 것처럼 보이지만, 뒤의 '마별초'와의 연관을 생각하면 과거 합격이 아니라 바로 마별초에의 입격(入格)을 의미한다고 생각된다. 그리고 이듬해 '중부 상성화일리(中部 上星化一里)'에의 '유저(留邸)'는 강도에서의 마별초 근무를 지칭하는 것이 아닌가 해석된다. 「정안」자료에서는 정인경이 마별초로서 아산만 연안(아산, 신창) 전투에 투입된 것이 16세 되던 1256년(고종 43)의 일이었다. 그의 '급제' 시기는 마별초 편입과 연결되는 시점일 것이기 때문에 1254년(고종 41) 14세의 인경은 부 신보의 작업에 의하여 일단 최항정권의 마별초로서 강도로 진출하였고, 2년 후인 1256년(고종 43) 신창, 아산 등지의 아산만 전투에 투입되었다는 정리가 가능해진다. 요컨대 정인경의 아산만전투 참전은

---

49) "權臣 募驍勇之士 養以自衛 曰神義軍 曰馬別抄 曰夜別抄 所謂三別抄"(이제현, 『역옹패설』前集 2)
50) 김윤곤, 1981, 「삼별초의 대몽항전과 지방군현민」, 『동양문화』20·21합집, 영남대 동양문화연구소, 149-151쪽 및 김윤곤, 1993, 「별초군의 조직」, 『한국사』18, 국사편찬위원회, 180-181쪽 참조.
51) 『서산정씨 가승』상, 「양렬공실기」.
52) 『서산정씨 가승』상, 「정신보 정인경 합전」에서는 "高宗 甲寅年十四 中及第第三人"이라 하였다.

『고려사』정인경전

마별초(혹은 야별초)의 참전이었고, 정인경은 고종 41년 마별초(야별초)에 편입됨으로써 중앙에 정치적으로 진출할 수 있는 계기를 마련한 것이었다는 것이다.

정인경이 고종 43년(1256) 마별초(야별초)군으로 투입된 아산만 지역과 관련, 이 무렵 아산만의 몽고군을 막기 위하여 강도정부에서 중앙군을 내려 보낸 것이 주목된다.

> (고종 43년, 1256) 6월 1일 장군 이천(李阡)을 시켜 수군 2백 여 명을 거느리고 남도(南道)에 가서 몽고군을 막게 하였다.
> 임오일(6월 23일)에 장군 이천이 온수현에서 몽고군과 싸워 적 수 십명의 목을 베고 납치되어간 남녀 백 여 명을 탈환하였다. 최항이 은 6근으로 이천의 군에게 상을 내렸다.(『고려사』24, 고종 43년 6월)

당시 아산만 연안에서는 4월에도 충주도순문사 한취(韓就)의 군이 몽고군과 접전한 바 있는데 무엇보다 강도정부가 중앙군을 현지에 직접 내려 보낸 사실이 주목된다. 아산만에서의 몽고군 출몰에 대한 강도정부의 예민한 반응은 이 무렵 차라대의 몽고군이 서해 연안 해도에 적극적 공세 작전에 대한 대응의 일환이었다. 비슷한 시기 전라도 목포 인근의 압해도에서의 공방전이 그 예이거니와, 아산만의 경우 강도의 입구에 해당한다는 점에서 민감한 반응을 보인 것으로 생각된다.[53] 정인경이 '신창·온양·직산'에 주둔한 송길대왕 몽고군과 7월(고종 43년) 17일에 접전하였다는 것은 이것이 아산만 일대에서의 일련의 전투의 일환이었음을 알 수 있다. 당시 강도의 최항 정권은 이천(李阡)의 수군 이외에도 중앙으로부터 마별초(야별초)군을 별도 파견하여 이에 대처하였음을 짐작할 수 있는데, 이러한 과정에서 마별초(야별초)의 일원이었던 정인경은 몽고군에 대한 전공을 기록하게 되었고 이후 고종 46년(1259) 무반(대정, 종9품)으로 진입하는 계기를 조성한 것이라 하겠다.

5. 13세기 고려사회와 양렬공 정인경

「정안」은 관리를 선발하는 인사행정의 기본 자료라는 점에서 정인경 정안의 자료적 가치는 적지 않다.[54] 이제 정안의 자료에 근거하여 정인경

---

53) 고종 43년 아산만 연안에서의 전투에 대해서는 윤용혁, 1991, 『고려대몽항쟁사연구』, 일지사, 324-326쪽 참조. 이 책에서는 '고종 말년'(『고려사』정인경전) 정인경의 참전을 고종 44년의 사실로 파악하였으나, 「정안」의 기록에 의거하여 고종 43년의 사건으로 정정한다.
54) '정인경 정안'은 그의 사후인 충숙왕 복위 원년(1332) 후손이 필요에 의하여 발급받은 것으로, 고려시대 정안 자료는 '이자수(李子脩) 정안(1366)'과 함께 단 2건에 불과하다. 이에 대해서는 박재우, 2006, 「고려 정안의 양식과 기초자료」, 『고문서연구』28, 27-28쪽 참조.

이 무반의 대정 직으로부터 어떤 관력(官歷)을 거쳐 정부의 수반직에 올랐는가를 정리하면 다음과 같다.

1259년	7월 17일(고종 46 : 19세)	차대정	
	11월 15일	대정(종9품)	
1268년	8월 20일(원종 9 : 28세)	섭교위	
1270년	2월 15일(원종 11, 30세)	산원(정8품)	(좌우위 보승)
1270년	4월 10일	섭별장	(신호위 보승)
	6월 14일	어견룡행수	(황제의 명에 의함)
	12월 20일	별장(정7품)	
1271년	6월(원종 12 : 31세)	낭장(정6품)	
1272년	9월(원종 13 : 32세)	중군 신기도령	
	12월 29일	중랑장(정5품)	(흥위위 정용 차장군)
1273년	6월 1일(원종 14 : 33세)	내시에 속하게 함	
1274년	9월 6일(원종 15 : 34세)	섭장군	(금오위 정용)
1278년	2월 24일(충렬 4 : 38세)	장군(정4품)	(좌우위 정용)
1279년	12월 18일(충렬 5 : 39세)	법전총랑	
1280년	7월 13일(충렬 6 : 40세)	판도총랑	
1281년	3월 5일(충렬 7 : 41세)	용호군 장군	
1282년	12월 21일(충렬 8 : 42세)	섭대호군(감문위) /조봉대부	
1283년	12월 22일(충렬 9 : 43세)	지전법사사 / 천우위 대호군(종3품)	
1286년	12월 23일(충렬 12 : 46세)	감문위 섭상장군 / 정헌대부	
1287년	8월 7일(충렬 13 : 47세)	흥위위 상장군(정3품)	
	8월 15일	신룡위 상장군	
	12월 27일	응양군 상장군 / 군부판서 / 判典牧使	
1289년	6월 26일(충렬 15 : 49세)	삼사사 / 상장군 / 봉익대부	
1290년	3월 18일(충렬 16 : 50세)	부지밀직사사 / 전법판사(나머지는 전과 같음)	
1291년	12월 21일(충렬 17 : 51세)	세자원빈	
1292년	윤6월 22일(충렬 18 : 52세)	지밀직사사(나머지는 전과 같음)	

1292년	7월 4일	우상시(정3품)(나머지는 전과 같음)
1299년	3월(충렬 25 : 59세)	판삼사 / 상장군/ 광정대부
	7월 11일	지도첨의사사 전리판서(나머지는 전과 같음)
	21일	도첨의참리(종2품)
	12월 29일	도첨의찬성사(정2품)
1301년	9월 29일(충렬 27 : 61세)	도첨의시랑 찬성사 / 상호군 / 판전리사 사로 치사
1306년	2월(충렬 32 : 67세)	양렬공 시호

위의 「정안」에 나타난 경력사항을 정인경의 묘지명 기록과 대조 할 때 약간의 다른 점이 있기는 하지만,[55] 전체적으로 거의 일치하고 있다.[56] 위의 정안 자료에서는 선으로 표시한 바와 같이, 1259년 대정 임명으로부터 1268년까지 약 10년, 1274년부터 1278년까지 4년, 그리고 충렬왕 시기인 1292년부터 1299년까지 7년 여의 공백이 있다. 묘지명에서는 1274년부터 4년의 공백에 대해서 충렬왕의 즉위로 '의심을 받아' 4년 간 물러나 있었다고 하고, 1292년부터 10년의 공백에 대해서는 "그때 내환(內宦, 내시)으로 권세 있고 임금의 총애를 받는 자가 통혼하기를 청하였으나 공이 의로써 거절하였는데 이로 말미암아 원한을 가지고 임금에게 호소하여 해직하게 된 것"이라 하였다. 한편 『고려사』에서는, 당시 양가

---

55) 묘지명 자료와의 대조에서는 1272년(원종 13) 장군 제수, 내시에 소속된 것, 1278년(충렬 4) 장군 겸 전법총랑 임명, 1282년(충렬 8) 대장군 승진 등의 부분이다. 또 『고려사』 107, 정인경전에서는 충렬왕 16년(1290) 부지밀직사사인 그를 서북면도지휘사에 임명하였다고 하고, 합단 침입시(충렬왕 16, 17년) 그가 서경유수에 재임하고 있었다는 사실을 언급하고 있다.

56) 다만 묘지명에서는 정인경의 최종 관직을 "벽상삼한삼중대광 추성정책안사공신 광정대부 도첨의중찬 상호군 판전리사"라 하였다. 이것은 『고려사』에서도 확인된다.

(良家)의 자녀를 뽑기 위해 국가에서 혼인을 금하였는데 정인경이 이를 어겼기 때문에 섬으로 유배된 것이라 하였다. 이에 의하여 당시 집권세력과의 정치적 갈등이 야기되었던 것임을 짐작할 수 있다.

대정에 임명된 후 처음 10년의 공백 이유에 대해서는 원종 2년(1260) 이후 연이어 상(喪)이 있어 여묘(廬墓) 하였다고 한다. 그리고 이 시기의 자세한 행적은 잘 알지 못하지만 망운대(望雲臺)를 중축(重築)하는 등 집안일을 돌보았다고 한다.[57] 전공에 의하여 대정 직은 받았지만 별로 주목받지 못한 채 친상을 계기로 거의 10년을 낙향하여 있었던 것이다. 어쩌면 그는 한때의 전공으로 그저 평범한 하급 장교로서 묻혀버렸을 가능성도 있다.

정인경을 필요로 하였던 시대적 요청은 여원관계의 신국면이었다. 원종 재위기간 그는 뒤에 충렬왕이 되는 태자 심을 수행하여 두 차례에 걸쳐 원에 입조하였다. 첫 번째는 원종 2년(1261) 쿠빌라이의 황제위 즉위에 대한 축하사절의 일행으로서였고, 원종 10년(1269)에는 태자의 호위무관 겸 통역관으로 시종하여 원의 대도에 들어갔다. 두 번째 태자 심과의 입원(入元)은 충렬왕의 절대적 신임을 얻게 되는 결정적 계기가 되었다. 그 계기는 1269년(원종 10) 태자 심(뒤의 충렬왕)이 원에 입조할 때 섭교위로 호종한 일이었다. 이에 대해 묘지명은 정인경이 "양국의 언어를 훤하게 익혔다"고 말하고 있다. 아마 간월도 어린 시절에 그는 부 신보로부터 중

---

57) 『서산정씨 가승』상, 「정신보 정인경 합전」 참조. 이에 대해 「양렬공실기」에서는 1261년 (원종 2) 상고(喪故)로 귀향한 후 산에서 여묘하며 집에 들어오지 않았다고 하여 지극한 효성으로 여묘 하였던 사실을 전한다. 아울러 1266년(원종 7) 망운대를 건축하고 연못을 만드는 등 가업에 전념한 사실을 기록하였다. 망운대는 서산시내 석림동 서산중학교 부근에 위치하며, 원래 바다가 바라보이는 봉우리에 누대를 조성하여 '매양 선대의 松楸를 생각하여 고국을 바라다보고 흰구름이 지날 적마다 항상 비통한 심회가 생겼다"(『호산록』)는 것이다.

양렬로(襄烈路)에서 바라본 서산 망운대

국어를 배웠을 것이다. 이후 13세기 후반의 전환기를 내다보고 정인경은
몽고말을 익혔고, 대정으로 임명된 지 10년 만에 그는 통역으로 발탁되어
태자를 원에 호종한 것이다.[58] 이후 정인경을 정부의 주요 요직으로 끌어
올리는 중요한 계기는 여원관계의 신국면 조성에 있어서 그의 외교적 활
동이었다. 충렬왕은 즉위 직후인 1274년 9월에 왕을 따라 원에 들어간 시
종 신료들에게 모두 상을 내리고 관품에 제한을 받는 자는 한도를 넘어 승

---

58) 정인경이 몽고어를 익히게 되는 중요한 계기는 원종 2년(1260)의 태자 심을 호종한 1차
입원이 아니었을까 생각된다. 1260년 4월에 태자 심이 원에 입조하게 된 것은 쿠빌라이
가 제위 계승전쟁에서의 승리를 축하하는 것이었다. 이에 의하여 새로운 권력 질서가 분
명하게 정리된 국제관계의 새로운 전개를 정인경은 깊이 인식하게 되었을 것이다. 1260
년에서 이후 2차 태자의 입원에 통역관으로 수행하게 되는 1269년까지 10년 간의 향리생
활에서 그는 집중적으로 몽고어를 익히면서 새로운 시대에 대비하였을 것으로 생각된다.

진하도록 한 한품허통(限品許通)을 명함으로써 이들에 대한 각별한 배려를 아끼지 않았다. 1282년(충렬왕 8년) 원 입조시의 유공자를 공신으로 책봉하였는데, 정인경은 장군 정오부·차득규·이지저, 대부윤 김응문, 낭장 김의광 등과 함께 1등공신을 받게 된다. 이때 그는 이미 대장군으로 승진되어 있었다. 그가 충렬왕으로부터 각별한 총애를 받게 된 데에는 뒤에 언급하는 바와 같이 입원 호종 당시 태자의 위기를 모면하게 하는데 중요한 역할을 하였다는 것이 계기가 되었다고 할 수 있다. 이러한 계기에 의하여 정인경은 무인정권이 붕괴하고 원 간섭기로의 전환기, 새로운 권력지도가 만들어지는 시기에 국왕의 측근 세력으로 부상하였고 이후 대원 외교관계의 일선에서의 역할을 견지하면서 실세 관료로서의 입지를 확보하여갔던 것이다. 충렬왕대에는 여원관계의 새로운 진전에 의하여 역관의 역할이 크게 부각되었고 이 때문에 역관 출신의 출세가 두드러진다. 이익주 교수에 의하면 충렬왕대 역관 출신 관료는 기록상 11인에 이르며 이들의 대부분이 즉위 이전 시종 경력이 있다.[59] 정인경도 이러한 역관 출신 고위관료의 한 사람이지만, 그러나 역관이라는 것만으로 고위 관료가 될 수 있었던 것은 아니다.[60]

『고려사』 정인경전에서는 그의 성품에 대하여 '근엄하고 정직한(謹直)' 인물이라 하였고, 묘지명에서는 '공정한' 성품, "스스로 공손하고 분수를 지키면서 구차하게 행동하려 하지 않았으며, 거의 화내는 모습도 보이지 않았다"고 적고 있다. 한마디로 신중한 인품에 근면과 성실의 전형

---

59) 충렬왕대 측근세력의 형성에 대한 전반적 사정은 이익주, 1996, 「'世祖舊制' 하 정치체제의 변화」, 『고려·원관계의 구조와 고려 후기의 정치체제』, 서울대대학원 박사학위논문, 72-99쪽 참조.

60) 이점에 대해 이익주 교수는 충렬왕대 역관 출신의 출세에 대해서는 "여원관계의 진전에 따라 몽고어 역관이 필요했기 때문이기도 하였지만, 더욱 직접적 계기는 충렬왕을 시종함으로써 국왕 측근이 되었던 것"이라 하였다. 이익주, 위 논문, 77쪽 참조.

이었던 것 같다. 그러나 일단 맡은 일에 대하여서는 남다른 책임감으로 임무를 완수하였던 듯하다. 다음과 같은 묘지명의 찬문(贊文)이 이를 잘 표현하고 있다.[61]

> 지혜롭고 뛰어나도다, 정공(鄭公)이여, 사람중의 용(龍)으로
> 성품은 너그럽고 담대하며 기색은 온화하고 태도는 공손하도다
> 직책을 맡아 부지런하고 오직 옳은 것만을 받들었으며
> 명령에 따라 사방을 바삐 다니며 한결같은 절조로 자신을 돌보지 않았도다

"이르는 곳마다에서 명성과 치적이 있었다"[62]는 평가가 결코 과장이 아니었던 것 같다. 한편 1269년(원종 10) 태자 심(諶 ; 뒤의 충렬왕)을 모시고 원도(元都)에 다녀오는 과정에서 일어난 작은 사건은 정인경의 치밀한 면모를 짐작케 한다. 7월 압록강을 건너오기 직전, 권신 임연(林衍)에 의한 원종의 폐위 사건과 아울러 압록강을 넘어오는 즉시 야별초를 보내 태자를 체포할 것이라는 정보가 입수 되었다. 많은 고위직 문무관이 태자를 호위하고 있었지만 정보를 둘러싼 의견이 분분하여 진퇴를 결정하지 못하였다. 당시 인경의 아버지 정신보가 국경 지방 인주의 수령으로 재임하고 있었는데, 정인경은 살짝 강을 건너와 신보를 통하여 사태의 심각성을 파악하였다. 그리하여 태자 일행이 다시 원으로 되돌아가도록 적극 귀국을 만류하였다. 당시 20여 세의 약관에 직급도 최하급 무반에 불과하였지만 사태를 방관하거나 즉흥적으로 대응하지 않고, 명확한 사실 파악을 근거로 적절한 의견을 적극 개진하여 위기를 모면하게 하였던 셈이다.[63]

---

61) 번역은 김용선, 2001, 『역주 고려묘지명집성(하)』, 한림대 아시아문화연구소, 697쪽에 의함.
62) 『고려사』 107, 정인경전.
63) 충렬왕 8년의 공신책봉 당시 책봉의 명분이 "기사년에 내가 원나라에서 귀국하던 도중 婆娑府에 이르러 국내에 변이 났다는 소식을 듣고 元朝에 돌아갈 때 시종하고 보좌"(『고려사』 29, 충렬왕세가 8년 5월 경신)하였다는 것이었다는 점에서 이를 짐작할 수 있다.

정인경 가의 묘소(서산시 성연면 오사리)

　　충렬왕대 그는 여러 차례 원에 사신으로 파견되어 고려와 원 사이의
주요문제를 조절하는 역할을 담당하였다. 1279년(충렬왕 5년) 일본원정
준비에 홍다구가 간섭하지 못하도록 한 것,[64] 1282년(충렬왕 8년) 요동 심
양에 가서 유민들을 되돌려 온 것,[65] 1283년(충렬왕 9년) 요양과 북경에서
다시 고려 유민을 추쇄하여 온 것[66] 등이 그것이다. 이러한 과정을 통하여
그의 정치적 영향력이 확인되고 강화되었던 것이다. 『고려사』정인경전에
서는 그의 대표적 공헌의 하나로 충렬왕 16년(1290) 동녕부의 폐지에 의
한 영토 환부를 들고 있다. 동녕부는 원종 11년(1170) 서북면 병마사 최탄
등이 고려정부에 반기를 들고 서북면(평안도) 지역을 들어 몽고에 항복함

---

64) 『고려사』29, 충렬왕 5년 7월 경오.
65) 『고려사』29, 충렬왕 8년 9월 을해.
66) 『고려사』29, 충렬왕 9년 3월 정사.

으로써 고려의 영토에서 제외된 지역이다. 따라서 동녕부의 환부는 고려의 오랜 숙원이었던 것이다. 고려의 지속적 노력으로 동녕부는 충렬왕 16년(1290) 3월 폐지되고 고려에 환부되었다. 동녕부의 환부를 요구할 때 정인경이 이 영토 문제에 대해 "아주 구체적으로 말을 하였기 때문에 황제가 승인하였다"는 것이다.[67] 동녕부의 환부가 왜 필요한 것인지 설득력 있는 논거를 적극적으로 제시하여 황제의 공감을 확보함으로써 정책 변경을 끌어냈다는 이야기이다.

맺는말

서산인 정인경(1241-1305)은 송나라의 관인 정신보의 아들로서, 몽고 침략기인 고종 43년(1256)에 내침한 몽고군을 아산지역에서 공격, 전공을 세우고 무반으로 입신하여 원 간섭기에 추밀원사, 첨의중찬의 최고위직에 오른 인물이다. 충렬왕 10년(1284) 부성현이었던 서산이 '서산군'으로 승격되고 같은 왕 때 다시 서주목으로 승격할 수 있었던 것도 정인경의 정치적 공헌에 의하여 가능한 것이었다. 그는 남송 귀화인의 후예이면서도 서산에 있어서 중흥조와 같이 추앙되며 존경받아온 인물이었다.

충남 서해안 지역은 지리적으로 중국과 근접하여 표착 혹은 망명 등에 의하여 종종 중국으로부터의 내주(來住)가 진행되어 왔다. 해로에 의하여 중국과의 연결성이 강한 충남 서해안의 지리적 특성상 이같은 표류 망명 등에 의한 귀화의 사례는 이 지역의 한 특성을 이루어왔고 서산지역의 대표적 지역 성씨의 하나인 서산 정씨가의 경우도 이에 해당한다.

---

67) 『고려사』107, 정인경전.

본고는 정인경가의 고려 귀화 동기와 시기, 그리고 입국 루트 등에 대하여 여러 자료를 검토하였다. 그 결과 부 정신보가 고종 24년(1237) 남송 절강 지역으로 서산에 정착한 것을 확인하였으며 그 루트는 대략 영파로부터 당시 고려 남송간의 교역 루트가 이용됨으로써 간월도에의 정착이 이루어진 것으로 파악하였다. 그러나 정신보의 망명 동기와 관련한, 흔히 알려진 바와 같이 몽고에의 신복을 거부하여 고려로 탈출한 것이라는 식의 설명은 당시 정세와 부합되지 않은 점이 있다는 것을 밝혔다. 몽고의 공격으로 남송이 멸망하는 것은 실제 망명으로부터 40 여 년 뒤인 1279년의 일이기 때문이다. 다소의 의문점이 남겨져 있기는 하지만 필자는 일단 정신보의 고려 망명을 긴급 상황에서의 단신(單身)의 정치적 망명으로 추정하였다.

13세기 서산사람 정인경은 전란 속의 어려운 시대를 맞아 군사적 외교적 동량으로서의 역할을 통하여 고려사회를 발전시켰다. 그가 무반의 말직으로부터 중앙정부의 수반으로 성장하고, 개경과 대도(북경)를 오가며 고려의 중요한 정치적 외교적 역량을 발휘할 수 있게 된 데에는 기본적으로 13세기 후반의 전환기적 대외 관계의 상황이 주요 배경이 된다. 고종 41년(1254) 최항정권 하 마별초에의 편입, 43년(1256) 아산 지역에서의 대몽고 전투를 거침으로써 그는 일단 무반 진출의 기회를 마련할 수 있게 되었다. 고종 46년(1259) 대정직으로 무반에 편입하고 원종 2년(1261)과 10년(1269) 통역원으로 태자를 호종한 원에의 입조는 그를 대원관계를 배경으로 한 전환기의 거물정치인으로서 입신할 수 있는 계기를 조성하였다. 귀화인 2세로서의 여건에 힘입어 집중적으로 익힌 몽고어는 대원관계의 새로운 요구에 일치하는 것이었다. 그의 '근직' 한 성품은 충렬왕과의 인연을 계기로 측근 정치세력의 핵심 인물로 성장하는 데 기여하였을 것이다.

그러나 본고에서 특별히 주목한 것은 국왕의 측근으로서 개경과 원의 대도를 왕래하면서도 그가 출신지의 지역에 끼친 공으로 지역 인물로서 크게 추앙받는 인물이었다는 점, 그리고 그가 실제로는 남송으로부터의 귀화인 가문이었다는 출신 성분의 국제적 측면이다. 이점에서 정인경은 13세기라는 역사적 환경 속에서 지역과 국가와 세계를 연결하는 독특한 활동과 속성을 보여준 인물이라 할 수 있다. 지역과 국가와 세계에 동시적으로 속해 있는 오늘의 우리 세대에게, 서산과 고려와 동아시아 세계에 동시에 속하였던 13세기 정인경의 인생 행보는 중세 역사에서는 보기 드문 사례가 되는 것이다.

한편 서산정씨가의 시조 정신보가 남송의 성리학자였으며, 따라서 그가 망명하여 서산에 정착함에 따라 13세기 후반 성리학이 고려에 전파되었다고 하는 주장이 최근에 제기되고 있다.[68] 13세기 후반의 성리학 전래라고 하면, 안향을 시조로 삼는 원으로부터의 성리학 전래와는 계통을 달리하는 것이고, 그 시기도 50년 이상 빠른 것이어서 13세기 서산 정씨가에 의한 성리학 전래설도 매우 흥미로운 제안이라 하지 않을 수 없다. *

---

68) 황의동, 2007, 「정신보 정인경 부자의 행적과 충남 서부지역의 유학」, 『양렬공 정인경과 서산지역』(세미나자료집), 49-56쪽.
* 『호서사학』 48, 2007에 게재한 동일제목의 논문을 부분 수정함.

■ 충청 역사 문화 연구

03 대흥호장 이성만 형제의 효행과 우애

머리말

예산 이성만 형제는 고려말 조선초 예산 대흥 출신의 유명한 효자이다. 이들 형제가 특별히 오늘 우리의 시대에 관심을 끄는 것은, 이들의 부모에 대한 지극한 효성과 함께 각별하였던 형제 우애의 사실이 기록과 구전의 형태로 오늘에까지 전하기 때문이다. 한밤중에 볏단을 서로 지고 나르던 초등학교 교과서에서의 감동적인 이야기가 바로 이 이성만 형제의 우애라고 하는 사실은 지역에서는 잘 알려져 있는 일이다.

이성만 형제의 효성과 우애에 대해서는 『신증동국여지승람』을 비롯하여 조선조의 각종 자료와 읍지 등에 기록되어 있다. 그리고 이들의 효행과 우애를 기리는 비석이 지금도 대흥면 동서리 대흥현 관아의 앞에 위치하고 있다. 「예산 이성만 형제 효제비」라는 이름으로 충청남도 유형문화재 제102호로 지정되어 있는 비석이 그것이다.[1] 이성만 형제의 우애는 금석문 자료에 의해서도 입증되고 있어서, 지역에 있어서 대단히 큰 자긍심을 가질만한 자료라 하지 않을 수 없다.

그러나 이성만 형제비의 중요성에 비하여 이에 대한 치밀한 연구와 고증은 극히 미흡하였다. 이 때문에 비석에 새겨진 문자의 정확한 판독은 말할 것도 없고, 판독된 석문 자료의 경우도 미흡한 점이 적지 않다. 최근 지역민들의 이에 대한 관심이 높아지고, 이에 따라 조형물의 조성, 혹은 '효도와 우애의 공원'과 같은 시설물 조영이 이루어지고 있다. 그러나 이 같은 사업에 앞서서, 우선 이성만 형제의 효행이나 그 성격 등을 정확히 파악하는 기초적인 작업이 매우 중요하다는 점은 아무리 강조해도 지나치지 않을 것이다. 이에 본고에서는 이성만 형제의 효행과 우애의 내용을 문헌과 비석문 및 구전에 의하여 종합 정리하고, 아울러 우애비의 가치 등을 정리하고자 한다.[2]

1. 이성만 형제의 인물

이성만 형제의 이름과 행적이 오늘까지 기록으로 전할 수 있었던 것은 무엇보다도 이들 형제의 특별한 효행 때문이다. 이들 형제의 효행이 어떤 것이었나를 먼저 정리해야 할 것이다. 그런데 이성만 형제의 효행에 대

---

1) 이성만 형제비에 대하여 '孝悌碑'라는 명칭을 사용하고 있는데, 이는 정확한 것이기는 하지만 매우 어려운 용어이다. 이 때문에 필자는 이 비석의 명칭을 '효제비'보다는 일반인이 쉽게 이해할 수 있는 '우애비'라는 이름으로 사용하는 것이 어떨까 생각하고 있다. 한편 양승률은 '이성만 · 이순의 紀事碑'라는 명칭을 사용하고 있다.(양승률, 2003, 「의좋은 형제 '이성만 · 이순'의 紀事碑攷」, 『호서지방사연구-최근묵교수정년기념논총』, 경인문화사) 본고에서는 편의상 '이성만형제 우애비' 혹은 '우애비'라는 이름으로 칭하고자 한다.

2) 본고는 원래 2002년 충남발전연구원의 「예산의 효행사례 연구를 통한 지역이미지 제고 및 관광상품화 방안」 연구에 참여하여 처음 작성된 것이다. 필자의 연구 결과는 동 연구원 부설 충남역사문화연구소에서 『예산군의 효행과 우애』(2002)라는 보고서에 게재되었다. 그 후 이성만 형제 우애비의 비문을 면밀히 검토한 양승률 선생의 논문이 발표되어 필자의 부족했던 부분을 상당히 보완할 수 있게 되었다. 본고는 필자의 기왕의 글을 좀더 논문의 구조에 맞게 재정리하는 한편, 비문에 대한 부분을 수정 혹은 보완한 것이다.

| 이성만 형제 우애비 | 대흥동헌 앞 비각 원경 |

한 정리에 앞서 먼저 언급해야할 것은 이들 형제의 정확한 이름이다. 즉 이성만의 동생에 대해서는 그 이름이 여러 가지 표기상의 차이가 노정되고 있기 때문이다.

　우선 형인 이성만에 대해서는, 한자 표기가 '李成萬' '李成万'의 두 가지가 있다. 조선조의 각종 기록에는 '李成萬'으로 되어 있으나, 우애비에는 '李成万'으로 새겨져 있는 것이다. 그러나 '万'이 '萬'의 속자(俗字)라는 점에서, 이를 '李成萬'으로 통일하는 데는 별 문제가 없을 것이다.[3] 그런데 문제는 이성만의 동생이다. 이성만의 동생의 이름에 대해서는 『신증동국여지승람』『동국삼강행실도(東國三綱行實圖)』 등에 '李淳(이순)'

---

3) 양승률은 앞의 논문에서 '李成万'의 표기를 채택하고 있다.

이라 하였지만, 정작 이성만형제 우애비에는 '李順(이순)'으로 되어 있다. 그런가 하면 이 우애비를 탁본과 함께 본격적으로 석문(釋文)한 책에서는 이성만의 동생명을 '李順木(이순목)'으로 판독하였다.[4] 이 때문에 지금까지 간행된 여러 안내문과 책에서는 동생의 이름이 각양으로 표시되고 있어서 문제점을 보여주었다. 그 단적인 예로 근년 간행된『예산군지』에서는 같은 책 안에서도 '이순' 혹은 '이순목' 등으로 다르게 기록하고 있다.[5] 최근에 우애비 앞에 세운 안내판에는 동생의 이름을 '이순만(李順萬)'이라는 전혀 새로운 이름으로 작명하고 있다. 따라서 동생의 이름에 대해서 이들 상이한 자료를 종합 검토하여, 차제에 이를 '결정'하고 통일함으로써 불필요한 혼란을 예방할 필요가 있다고 본다.

우선 위에서 언급한 이성만의 동생 이름 3종 중 이성만 우애비에서의 '이순목(李順木)'은 '李順 等(이순 등)'의 착오이다. 즉 우애비에 새겨진 이성만 동생의 이름은 '이순목'이 아닌 '이순(李順)'이라는 것이다.[6] 따라서 우애비에 나오는 '李順(이순)'과『동국여지승람』이나『동국삼강행실도』의 '李淳(이순)' 중 어느 쪽을 취하는 것이 적절한 것인가를 결정하지 않으면 안된다. 그런데 이와 관련『세종실록』의 관련 기록중 '이순'의 한자명이 '李順'으로 등장하고 있음이 주목된다. "大興戶長 李成萬 與其

---

4) 충청남도『문화유적총람(금석문편)』, 231-233쪽. 이 금석문편의 정리는 충남지역 금석문 자료에 대한 본격적인 정리이며 탁본과 판독 및 번역을 동시에 수록하고 있어서 대단히 유익한 자료집이다. 본고 작성시에도 이 책에 수록된 이성만형제 우애비의 탁본을 활용하였는데, 모호한 글자의 판독을 위하여 이 비석에 대한 탁본을 다시 떠보았으나 근년 마모가 더 진행되어 여기에 제시한 탁본자료보다 선명하지 않았다.

5) 금석문편에서는 '이순목'으로, 인물편에서는 '이순'으로 기재하고 있다.(예산군, 2000,『예산군지』) 이성만 동생의 이름 표기에 대한 이같은 문제점에 대해서는 지역신문인「무한신문」에서도 지적된 바 있다.

6) 이성만 우애비의 판독은 기본적으로『예산군지』(1987)와 충청남도『문화유적총람』(1993) 의 것을 참고하면서, 차제에 이를 재검토하여 약간 수정된 것을 본고에 수록한다.

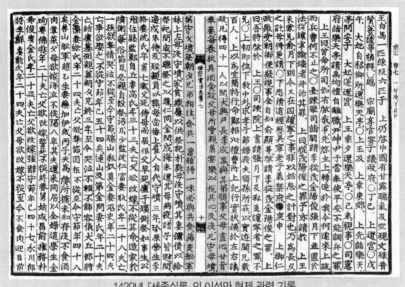
1420년 『세종실록』의 이성만 형제 관련 기록

弟順" 혹은 "李成萬 李順"이라 한 기록이 그것이다.[7]

　이성만의 동생을 '李順(이순)'이라 한 『세종실록』의 기록은, 문헌자료상 가장 오랜, 최초의 기록에 해당한다. 그리고 이것은 대흥 현지에서 세운 우애비에서의 기록과도 일치한다. 따라서 이성만의 동생 이순의 한 자명은 '李順(이순)'으로 표기하는 것이 적절하다고 해야 할 것이다.

　다음으로 문제가 되는 것은 이성만 형제가 어느 시대에 대흥에서 살았던 인물이었는가 하는 점이다. 이에 대하여 『동국여지승람』을 비롯한 각종 읍지류의 기록에는 모두 '고려'의 인물로 되어 있다. 이 때문에 이성만 형제 우애비의 문화재 안내문에는 이들 형제를 '고려 초 효자'로 소개

7) 『세종실록』7, 세종 2년 정월 경신.

하고 있다. 그러나 과연 그가 고려시대의 인물인지에 대해서는 얼른 확정할 수가 없다.

우선 대흥 소재 이성만 형제 우애비의 건립 시기는 '홍치(弘治) 10년 2월', 즉 연산군 3년(1497) 때의 일이다. 그리고 비문에 의하면 그들의 효행이 조정에 알려진 것은 영락 16년 11월 즉 세종 즉위년(1418) 지신사(知申事) 하연(河演)의 보고에 의한 것이었다. 그리고 이들 형제에 대한 세종의 포상은 세종 2년(1420) 정월에 이루어졌다. 세종 즉위 직후 전국에 교서를 내려 효자·절부(節婦)·순손(順孫)을 찾아 보고하도록 하였고, 그 결과 수 백 명이 보고 되었는데, 그중 왕과 좌, 우의정이 함께한 서류 심사를 통하여 41인이 선발되었던 것이다.[8] 효자 등에 대한 포상은 조선의 건국 초기부터 조치되었으나, 세종 대에는 특히 많은 인물이 여러 차례 선발되어 포상되었다.[9] 1418년 8월 세종이 즉위한 직후인 11월 5일, 지신사 하연이 1차 포상 대상자를 보고한 것을 보면, 당시의 포창(褒彰)은 세종의 즉위를 기념하여 민심의 수습책으로 이루어졌던 것 같다.

이성만 형제에 대한 당시의 포상이 그의 생존시에 이루어진 것이었다고 한다면, 이성만 형제는 고려 말에 태어나 조선 초에 살았던 인물이 된다. 이성만 형제의 생존 여부와 관련하여 세종 초 그와 함께 포상되었던 인물들을 검토해 볼 필요가 있다. 세종 2년 이성만 형제와 함께 포상된 인물은 도합 41인으로서 대체로 정문(旌門) 건립 및 요역 면제의 포창이고, 드물게 관직 제수에 의한 포상도 있다. 그중에는 당시의 나이를 기재한 경

---

8) 『세종실록』7, 세종 2년 정월 경신.
9) 『조선왕조실록』에 의하면, 효자 열녀 등에 대한 포창은 태조 원년(1392) 7월 공식 천명된 이후 태조대 19명, 정종대 2명, 태종대 39명이었으나, 세종대 이르러 240명이 포창되었으며 그중 145명이 효자였다. 朴珠에 의하면 실록에 나타난 태조-숙종년간 포창자의 총 수는 2,597명에 이른다. 박주, 1990, 「중앙집권체제의 강화와 정표정책」, 『조선시대의 정표정책』, 일조각, 15-29쪽 참조.

우도 있는데, 요역의 면제 및 관직 제수의 포상에서 볼 때 이는 모두 생존 인물에 대한 포상으로 보인다. 따라서 이성만 형제 역시 포상 당시 생존해 있었다고 보아야 할 것 같다. 이성만 형제 우애비의 비문 중에는 "효자 대흥호장 이성만과 이순 등을 왕이 불러들였다(孝子 大興戶長 李成万 李順等 王 召內)"고 새겨져 있다. 『세종실록』에는 이러한 기록이 보이지 않지만, 세종 초 대흥호장 이성만 형제는 생존해 있었던 것이다.

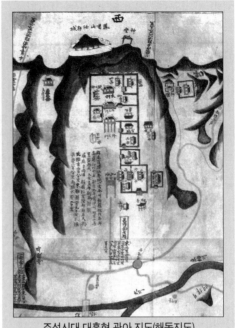

조선시대 대흥현 관아 지도(해동지도)

대흥호장 이성만 형제가 세종 초 생존인물이라는 점은 확실한 것으로 보이지만, 그러나 이 문제와 관련하여 몇가지 유의되는 점이 있다. 첫째는 대흥 이성만 형제의 효행에 대한 포상은 마을에 정문이 건립되고 집안의 요역을 면제받는 경우였다는 점이다. 정문 건립과 요역 면제는 당시 거의 여성의 경우였고, 남성의 경우 이성만 형제와 제주의 문방귀를 제외한 전원이 관직 제수를 받는 케이스였다. 따라서 대흥 이성만 형제와 제주 문방귀만이 관직 제수 대신 정문건립 요역면제의 포상을 받았던 이유가 무엇일까 궁금해진다. 둘째는 다른 인물들이 거의 '학생'이나 '유학' 혹은 관직명 등을 칭하고 있는데도 불구하고 이성만 형제만이 '호장'이라는 명칭이 칭해지고 있음도 주목된다. 셋째는 41인의 등장 인물중 이성만 형제가 가장 먼저 언급되고 있는 점이다.

이성만이 '대흥호장' 으로 언급된 '호장' 은 아무래도 고려조 이래 그가 가지고 있었던 직책이었다고 보아진다. 그가 세종조 포상에서 가장 먼저 언급되고 그 행적이 장황하게 설명되는데도 다른 남성 포상자와는 달리 관직 제수에서 제외되고 여성과 함께 정문건립과 요역면제의 포상이 이루어진 것은 이성만 형제가 다른 이보다 훨씬 연로한 상태에 있었음을 의미하는 것이 아닌가 한다. 이러한 점에서 일단 이성만 형제의 생존 시기를 고려말 조선 초, 14세기 후반에서 15세기 초까지로 보는 것이 합리적이라 필자는 생각한다. 주관적인 억측을 더한다면 대략 고려 공민왕대에 출생하여 조선 세종조까지 생존한 인물이었을 것으로 필자는 추측한다.[10]

이성만 형제의 인물과 관련하여 이들이 어떤 신분, 어떤 처지에 있었던 인물이었을까에 대하여 마지막으로 생각해보고자 한다. 14, 5세기에 지방의 농촌에 거주한 인물이라고 하면 일단은 평범한 양인 신분의 농민을 생각해 볼 수 있다. 그러나 이성만 형제에 대해서는 기록에 '대흥 호장' 이라는 신분이 명시되어 있다. 『세종실록지리지』 충청도 대흥현조에서도 "토성(土姓)이 셋인데, 이(李), 한(韓), 백(白)씨이다"라 하여 조선 초까지 이씨가 한씨, 백씨와 더불어 대흥의 가장 대표적인 토착 성씨였음을 알 수 있다.[11] 여기에서의 이씨가 바로 이성만의 집안인 것이다. 현재로

---

10) 만일 이성만이 70수를 하였고, 포상이 행해진 세종 2년으로부터 3년을 더 살았다고 가정한다면(세종 5년) 그의 생몰년은 1364-1423이 된다. 이러한 가정에 의한 그의 생년 1364년은 고려 공민왕 13년이고, 조선왕조의 건국(1392)시 그의 나이는 29세가 된다. 대략 이같은 계산이라면 이성만 형제를 고려조의 인물로 포함시키더라도 큰 무리가 없다.

11) '土姓' 은 고려 이래 성씨 관계의 '舊籍' 에 기재되어 있는 성씨로서, 현지에 토착하면서 지배적인 위치에 있던 유력한 씨족을 말한다. 그 기원은 고려 태조 23년 경의 군현별 토성의 分定에서 비롯되었으며, 각 읍마다 성씨록이 작성 비치되어 내려온 것으로 보인다. 이에 대해서는 이수건, 1984, 「토성의 형성과 내부구조」, 『한국중세사회사연구』, 일조각, 34-35쪽 참조.

이성만 우애비가 옮겨져 있는 대흥동헌 건물

서 이성만의 본관이나 족보상의 계보 등은 확인되고 있지 않는데, 아마도 대흥을 본관으로 하는 이씨였던 것이 아닌가 생각된다.[12)]

'대흥호장'이라고 한다면, 당시 이성만 형제가 대흥현에서 비교적 유력한 지주층의 인물이었을 가능성이 있다. 호장은 고려 초기 호족에서부터 출발한다. 신라 말 고려 초에 각 지방은 유력한 재지 세력이 등장하여 지배권을 행사하였다. 대흥의 경우 역시 백제 임존성의 전통을 이은 지역으로서, 또 고려 초의 통일전쟁에서 대규모의 전쟁이 야기된 지역이라는 점에서 대흥에 상당한 세력의 재지 호족세력이 존재하였으리라는 것은 의심의 여지가 없다. 이들 재지 호족은 고려의 통일과 중앙집권화 정책의 진

---

12) 토성의 경우 현지의 군현을 본관으로 하는 예도 많았다. 가령 이씨와 함께 대흥의 유력한 토성으로 기재된 한씨 역시 대흥을 본관으로 하고 있었으며, 고려초부터 중앙 관직에 진출, 12세기에는 韓維忠(평장사), 韓文俊(평장사)과 같은 고위 관직자를 배출하고 있다.

전에 의하여 중앙권력에 편입되고 유력한 이들은 중앙으로부터 향직을 제수 받아 세습하게 된다. 그 향직 중 가장 높은 최고위직이 바로 '호장'이다. 따라서 이성만 형제가 대흥의 호장이었다는 사실은 그 선대가 대흥지역의 유력한 인물이었으며 고려조 대대로 대흥의 행정 등에 간여하면서 상당한 영향력을 행사하였던 집안이라는 사실을 말해준다. 고려 말 조선초에 이르면 물론 이같은 지방사회에서의 호장의 권력과 지위가 많이 약화되는 것이 사실이지만, 그러나 대흥지방에서 이성만 형제는 여전히 유력한 집안의 하나로 인정받고 있었다고 보아야 한다. 15세기 태조-성종년간에 포창된 효자녀 300명중 향리급 이하의 군인, 평민, 노비가 도합 12%(20명)에 불과하다는 점도 당시 정부의 포창이 일정 이상의 신분층에 집중되어 있었던 사정을 전하고 있다.[13] 이점에서 이성만 형제가 평범한 농촌의 평민 신분이 아니었음을 유의할 필요가 있다.

이성만 형제가 대흥의 유력한 호장이었다는 사실과 함께 그의 경제적 사정이 어떠하였을까에 대해서도 생각해 볼 필요가 있다. 이성만 형제 선대의 경우 대흥의 유력한 재지세력으로서 일정한 지방사회에서의 정치적 사회적 영향력과 함께 상당한 재력을 두루 갖추었다고 보는 것이 자연스러운 해석일 것이다. 정치적 사회적 영향력의 후퇴와 함께 고려말 조선초 이성만 형제의 경제적 형편도 이에 따라 훨씬 후퇴된 상태였다고 보아야 하겠지만, 그러나 여전히 토지와 노비와 어느 정도의 부를 갖춘, 상대적 기준에서 여유 있는 집안이었다고 보아야 하지 않을까 한다. 이성만의 효행과 관련하여 『세종실록』 등에서는 이들 형제가 맛있는 음식으로 부모를 봉양하였을 뿐만 아니라 "매양 봄 가을에는 주식(酒食)을 갖추어 부모

---

13) 박주, 앞의 『조선시대의 정표정책』, 59-65쪽. 이에 의하면 300명의 효자녀 포상자중 문무반이 46%(89명), 생원 · 진사 등 예비관료층이 32%(62명) 등으로 상위신분이 거의 대부분을 점유하고 있다. 호장을 포함하는 향리층 등은 10%(20명)의 비중이다.

대흥에서 개최되는 '의좋은 형제' 축제(장선애 사진)

의 사랑하는 친구를 맞아 잔치를 베풂으로써 그 마음을 즐겁게 하였다"[14]
고 한다. 당시의 농촌 실정에서 봄 가을로 부모의 친지들을 모아 잔치를
베푼다는 것은, 효성이 아무리 지극하더라도 웬만한 경제적 여유 없이는
불가능한 일이었다. 대부분의 '효자'가 병든 부모를 정성으로 치병하는
사례, 혹은 부모를 위해 목숨을 바치는 등의 사례인데 비하여, 이성만 형
제의 효행은 경제적인 뒷받침 없이는 불가능한 매우 드문 효행사례라는
점을 주목해야 할 것이다.

---

14) 『세종실록』7, 세종 2년 정월 경신.

2. 이성만 형제의 행적

이성만과 이순 형제가 역사에 남게 된 것은 그들의 우애 때문이라기보다는, 효행 때문이었다. 이 점에서 우선 이성만 형제의 효행에 대하여 먼저 검토하지 않을 수 없다. 이성만 형제의 효행에 대한 옛 문헌에서의 기록을 인용하면 다음과 같다.

대흥 호장 이성만은 그 아우 순(順)과 더불어 부모를 잘 섬겨 마음을 다하여 맛있는 음식으로 봉양하고, 매양 봄 가을에는 술과 음식을 갖추어 부모의 아끼는 친구들을 모시고 잔치를 베풀어 그 마음을 기쁘게 하였다. 돌아가신 뒤에는 형은 어머니의 무덤을 지키고, 아우는 아버지의 무덤을 지켰다.(大興戶長 李成萬 與其弟順 事父母盡心 甘旨奉養 每春秋 具酒食 致父母所愛親舊宴樂 以悅其心 及 沒兄守母墳 弟守父墳) (『세종실록』 세종2년 정월 경신)

충청도 대흥호장 이성만과 이순(李順) 등은 부모가 살아계실 때는 맛있는 음식으로 봉양하고 봄가을에는 맛있는 음식으로 부모님이 아끼는 친척으로 함께하여 그 마음을 기쁘시게 해드렸다. 돌아가신 뒤에는 형은 어머니의 무덤을 지키고, 아우는 아버지의 무덤을 지켰다.(忠淸道 大興戶長 李成万李順等 父母生時 甘旨 奉養 春秋酒饌 父母所愛親戚 以悅其心 及沒兄守母墳 弟守父墳) (예산 이성만 형제 우애비, 1497)

이성만과 동생 순(淳)은 모두 효성이 지극하였다. 부모가 돌아가시자 성만은 어머니의 무덤을 지키고 순(淳)은 아버지의 무덤을 지켜 각기 애통과 경근(敬謹) 하기를 다하여 3년의 상기(喪期)를 마쳤다.(『신증동국여지승람』20, 충청도 대흥현 인물)

위의 기록에는 이성만 형제의 효행이 두 가지로 크게 정리되어 있다. 즉 부모님 생전에는 부모의 친지를 초청하여 정기적으로 잔치를 베풀어 부모의 마음을 기쁘게 해드렸다는 것이고, 부모님이 돌아가신 뒤에는 '수분(守墳)' 즉 부모의 산소를 지키는 여묘(廬墓)를 행했다는 것이다. 부모

형제간의 우애로 이름 높았던 이성만 형제(『동국삼강행실도』)

부모 묘소를 모시고 있는 이성만 형제(『동국삼강행실도』)

사후 부모의 묘소를 지키는 여묘는 조선시대라면 효자의 '필수과목' 이라할만큼 일반화된 행위이다. 여묘는 묘소 옆에 초막을 짓고 일정기간(보통 3년의 喪期)을 슬퍼하며 지내는 것인데 그 기간동안 사회생활을 중단하는 것이어서 쉬운 일은 아니었다. 이성만 형제의 수분(守墳)은 『동국여지승람』에 의하면 3년의 상기(喪期)동안 행해진 전형적인 여묘(廬墓)의 사례였다. 『동국삼강행실도』는 전통윤리의 대표적 사례를 모아 그림으로 정리한 조선시대의 자료인데, 여기에 이성만 형제의 행적이 그림으로 표현되어 있다. 비록 당대의 것이 아니고 다분히 도식적인 것이기는 하지만, 이성만 형제의 인물과 행적을 그림으로 표현한 것이라는 점에서 매우 흥미 있는 자료라 할 수 있다. 이 그림에는 이성만 이순 두 형제의 모습이 그림으로 묘사되어 있고, 이들이 3년상 기간중 부모묘소에서 정성 들여 여묘하는 모습이 그려져 있다.

그런데 앞에 언급한 부모 친지에 대한 잔치는 효행의 사례로서는 거의 보기 어려운 이례적인 사례이다. 고려 조선조에 있어서의 일반적인 효행의 유형은 여묘 이외에 부모 간병(看病)이 있다. 간병의 방법으로 허벅지 살을 베어 봉양하거나, 손가락을 자르거나, 환자 상태의 진단을 위하여 대변의 맛을 보거나, 난치병을 기도로 치유하는 사례들이다. 간병 이외에는 전란시에 부모를 지키기 위해 목숨을 던진 사례, 부모 원수에 대한 복수 등이 있다.[15] 이러한 유형에 비추어 볼 때 대흥 이성만 형제의 효행은 고려 혹은 조선시대 다른 이의 효행사례와는 그 유형이 크게 다르다는 점을 우선 주목하게 된다. 대흥호장 이성만 형제는 그 효행으로 인하여 세종

---

15) 이희덕, 1984, 「유교정치 이념의 성립과 효사상의 전개」 및 「유교의 실천윤리」, 『고려 유교정치사상의 연구』, 일조각.
윤용혁, 1997, 「공주지방의 효행사례에 대한 역사적 고찰」, 『효의 사상과 예술』, 한국예총 공주지부.

이성만 형제 기념 동상

기념동상의 형과 아우

임금으로부터 포상을 받게 된다. 그 내용은 "마을에 정문(旌門)을 세워 포창하고, 그 집의 요역을 면제"케 하는 것이었다.[16]

　이성만 형제의 효행은 오늘 우리들에게도 많은 시사를 주고 지금도 일반화하거나 적용 가능한 드문 효행사례라는 점에서 우리의 관심을 끈다. 그러나 이성만 형제의 행적중 보다 중요한 것은 이성만과 이순 두 형제간의 우애이다. 전통적인 우리의 가정윤리에서는 효(孝)와 열(烈) 등 상하관계에서의 윤리가 강조된 반면, 형제간의 우애와 같은 상대적으로 수평적인 관계에서의 윤리는 덜 중요시되었다. 이는 수직적 윤리가 잡히면 이에 따라 자연히 수평관계에서의 윤리도 함께 안정된다는 생각에서였을 것이다. 이 때문에 우리나라에서는 충, 효, 열의 무수한 사례에도 불구하고 형제 우애에 대한 사례는 별로 기록에 남지 않게 되었다. 이성만 형제의 우애도 따지고 보면, 그의 효행 때문에 남게 된 것이라고 할 수 있다. 즉 그의 효행에 대한 언급에 형제간의 우애 이야기가 덧붙여 전해지게 된 것이다.

문헌기록에는 나타나지 않지만 이성만 형제의 우애에 대해서는 밤중에 볏가리를 서로 몰래 가져다 놓는 유명한 이야기가 구전으로 전한다.

"옛날이 여기 그 참 우애좋은 성제(형제), 이성만 성제가 살았다는 겨. 근디 서루(서로)를 생각해 보니 아무래두 자기보다는 성이 부족할 거 같구, 또 성은 동생이 부족할 거 같구 허니, 서로 볏가리를 갖다가 날랐다는 겨. 그리 서루 그러니께, 하루는 내 벼를 갖다가 성의게 됐으니게 내가 즉을(적을)텐데, 되려 많어지구, 형은 또 내가 아우게 갖다 줬는디 또 자기 벼가 많어지구 이상하거든. 서루 바꿔치기를 했단 말여. 그런 짓을 반복되게 했다 이거여. 그러니까 인저 그런 짓을 몇번 서루 반복되다가 서루 만났어. 볏가리를 짊어지구, 볏짐을 짊어지구 서루 만났어. 달밤이 만나니, 이렇기 보니께, 한 사람은 형이요, 한사람은 아우라 이거여. 그 때서 그 두 성제가 말이지, 우애 짚은(깊은) 성제덜이 마주 붙잡구, 지게를 짊어진 채 서루 붙잡구 눈물을 흘리면서, 정다운 우애지심을 갖다 베풀었다는 얘기여." (1999.6.29. 대흥면 동서리 거주 79세 윤호영 구술)[17]

---

16) 『세종실록』7, 세종 2년 정월 경신.
17) 예산군, 2000, 『예산군지』하, 1477-1478쪽.

달밤에 서로 맞딱뜨린 '의좋은 형제' (2차교육과정 초등 『국어』2-2, 삽화)

다음은 이 같은 이성만 형제의 우애에 대한 구전을 정리한 한 예이다.

옛날(고려 말) 대흥현의 마을에 형제간에 우애가 매우 좋고 부모에게는 효성이
지극한 형제가 살고 있었는데, 형은 후일에 대흥 촌장이 되었던 이성만이요 동생
은 순이다. 형은 윗들거리 마을(현 대흥면 상중리)에 살고 동생은 오리골마을(현
광시면 월송리)에 살고 있었다.

동생 순이 마침내 분가해서 따로 살고 농사도 따로 짓게 되었다. 형은 아우가
새살림을 냈으니 소용되는 것이 많을 것이라 하여 농사 지은 벼를 주어야겠다고
생각하고 동생은 형이 조상의 제사를 받들고 있으니 벼라도 더 가져다주어야겠
다고 생각하였다. 동생은 형이 안 받을 것이라고 생각해서 밤에 몰래 벼 한 섬을
형의 집에 갖다놓고 온다. 형도 역시 동생에게 볏섬을 준다해도 안 받을 것이라
고 생각하고 밤에 아우네 집에 살며시 갖다놓고 오고, 이들 형제는 이상도 하다
고 생각하게 된다. 난데없는 볏섬을 잠만 자고 나면 누가 가져다 놓는 것이다.
서로가 이렇게 밤마다 두 형제가 큰 집 작은 집을 왕래하자면 개방이다리(佳芳

橋)를 건너야 된다. 어느날 어두운 밤길에 마침내 이 개방이다리에서 형제가 서로 마주치게 되었다. 그제야 서로 볏섬이 밤마다 느는 까닭을 알게 되었다.[18]

이성만 형제의 우애에 대한 이 에피소드는 전국적으로 널리 알려져 있다. 그 이유는 이 이야기가 초등학교의 국어 교과서에 실려 있었기 때문이다. 다만 이 이야기가 옛날에 실제 있었던 실화라는 것, 그리고 그 이야기가 대흥 이성만 형제 이야기라는 사실이 알려져 있지 않을 뿐이다. 1964년 이후 초등학교 2학년 2학기 국어 교과서에 실린 이성만 형제 이야기는 〈의좋은 형제〉라는 제목으로, 어린이들 수준에 맞추어 각색되어 교육 자료로서 활용되었다.[19]

이성만 형제의 우애에 대한 이야기가 어떻게 초등학교 교과서에 실리게 되었는지는 무척 궁금한 부분이며, 이점에 대해서는 앞으로 좀더 조사 확인을 필요로 한다.

3. 이성만 형제 우애의 현장

연산군 3년(1497)에 세워진 이성만 형제 우애비는 현재 예산군 대흥면 동서리, 대흥관아 바로 앞에 세워진 비각 안에 안치되어 있다. 1978년 현재의 위치[20]로 옮겨진 것이라 하며, 1983년 9월 29일자로 '예산 이성만

---

18) 이항복, 1999, 『예산 - 예산의 문화유적탐방기』, 내포문화연구원, 196쪽.
19) 필자가 확인한 교과서는 1964년에 첫 판을 찍은 1971년과 1972년의 초등 2-2 국어 교과서이다. 공주시 우성면 소재 웅진교육박물관과 대전시의 한밭교육박물관 소장본을 참고하였다.
20) 동서리 우애비의 바로 입구 노변에 거주하고 있는 이수 여사의 증언에 의하면, 이 우애비는 원래 상중리, 옷밥골(옥밖골?) 예당저수지변에 세워져 있었다고 한다.

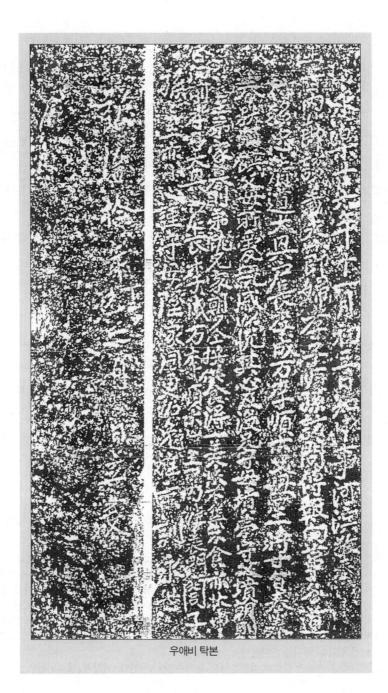

우애비 탁본

형제 효제비' 라는 명칭으로 충남도유형문화재 102호로 지정되었다.

비석의 실측치는 전체 높이 145cm, 비의 몸돌 110cm, 이수 35cm로 보고되어 있으나 정확하지 않아 보고자마다 차이를 보이고 있다.[21] 그 이유는 비석의 형태가 일반적으로 보는 비석처럼 정연하게 다듬은 것이 아니고, 전체적으로 다소 부정형하기 때문이다. 특히 비문을 새긴 앞면이 전체적으로 배가 불러 있는 상태로 되어 있는 반면 글씨를 새기지 않은 뒷면은 오히려 두부 모를 자른 것처럼 깨끗하게 평판형(平板形)으로 치석(治石)되어 있다. 일반적인 상식과는 달리 깨끗이 치석된 면에 글자를 새기는 대신, 부정형하고 거칠게 치석한 반대면을 이용하고 있는 이유가 무엇인지는 얼른 판단되지 않는다. 우애비의 석재를 기왕에 절터나 관아에서 사용하다 유출된 돌을 재활용한 탓이 아닐까 추측해 본다.

우애비의 석질은 화강석재이며 비신과 이수의 구분은 있으나 이를 별석(別石)으로 만든 것은 아니다. 이수의 윗쪽에 복발 형태의 부조를 하였고 마모로 인하여 잘 보이지는 않으나 원래는 이수에 복련(伏蓮)의 무늬를 조각하였다. 이러한 형태는 대흥 동헌 안에 옮겨져 있는 옹주 태실비 (영조 29년, 1753 건립)와 비슷한 유형이다.[22] 비석의 면이 거칠고 다소 부정형하며 후면 측면 일부(向右側)는 균열로 인하여 아래쪽 일부가 떨어져나가고 위쪽으로는 세로로 금이 내려가 있는 등 석재가 손상되어 있다.

이제 비문의 전문을 옮기면 다음과 같다. 비문의 판독은 그 동안 책에

---

21) 백제문화개발연구원, 1995, 『충남지역의 문화유적』9, 예산군편, 329쪽. 한편 『예산의 맥』에서는 높이 203cm, 폭 43.5cm, 두께 25cm라 하였고, 가장 최근의 자료인 『문화유적지도 - 예산군』(2001, 충남발전연구원, 210-211쪽)에서는 전체 높이 145cm, 비신 높이 119.6cm, 폭 51.2cm, 두께 15cm, 이수 35cm이라 하여 책마다 차이가 있다. 최근에 세운 우애비의 안내판에서는 '높이 142cm, 폭 43.5cm, 두께 25cm'라고 적고 있어서 앞의 실측치와도 차이가 있다. 이같은 차이는 기본적으로는 비석의 부정형함 때문으로, 수작업에 의한 실측의 한계를 말해준다.

22) 옹주 태실은 광시면 월송리 태봉산에서 옮겨온 것이라 한다.(이항복, 앞의 『예산』, 192쪽)

따라 약간씩 차이가 있는데,[23) 여기에서는 양승률님의 판독에 의거하였다.

⟨전면⟩
永樂十六年十一月初三日知申事河演敬奉
王旨內節該義夫節婦孝子順孫訪問傳報向事各道
行移忠淸道大興戶長李成万李順等父母生時甘旨奉養
春秋酒饌父母所愛親戚以悅其心及沒兄守母墳弟守父墳朝則
兄至弟家暮則弟就兄家朝夕同拱食得一美味不集不食亦狀申
啓向前孝子大興戶長李成万李順等乙王召內㫌表門閭子子
孫孫至亦小心謹守母墜家風更加勉㫌垂訓永世

⟨좌측면⟩
弘治拾年丁巳二月　日立表

  종래 비석의 판독에 있어서는 글자수가 도합 173자라 하였으나, 양승
률은 부호까지 포함하여 171자로 파악하였다. 비문의 판독에 다소 모호한
부분이 있으나, 이의 번역은 다음과 같다.

⟨전면⟩
  영락 16년(1418, 세종 즉위년) 11월 3일, 지신사 하연(河演)이 삼가 받든 왕지
(王旨)내 절해(節該)에, '의리가 있는 남자와 절개가 있는 여자, 효성스런 아들과
손자를 찾아보고 보고할 일'로 각도에 공문서를 보낸 일이 있다.
  충청도 대흥호장 이성만·이순 등은 부모가 살아 계실적에 맛있는 음식을 장만
하여 봉양하고, 봄과 가을로 맛있는 반찬으로 부모가 사랑하는 (친구와) 친척들
에게 술과 안주를 대접해서 부모의 마음을 기쁘게 하였다.
  부모가 돌아간 뒤에는, 형은 어머니의 무덤을 지키고 동생은 아버지의 무덤을
지키면서, 아침에는 형이 아우의 집에 이르고, 저녁에는 아우가 형의 집에 나아
가되 아침과 저녁으로 서로 맞잡고 같이 밥을 먹었고, 한 가지 맛난 것 얻으면 모

---

23) 예산군, 1987, 『예산군지』 ; 충청남도, 1993, 『문화유적총람』 금석문편(하), 223쪽.

이지 않고서는 먹지 않았다고 임금께 장신(狀申)을 올려 보고 드렸다.

앞서 효자 대홍호장 이성만·이순 등을 임금께서 궐내로 불러 정문문려(旌表門閭)하시고, 자자손손에 이르기까지 조심하고 삼가고 지켜서 가풍(家風)을 떨어뜨리지 말고 더욱 더 힘쓰라 하시고, 영세(永世)에 전하는 교훈이 되게 하셨다.

홍치 10년()1497, 연산 3) 정사 2월 일에 세우고 표(表)하다.[24]

한편 이 비석의 건립은 세종 2년(1420) 이성만 형제의 포상으로부터 거의 80년이 지난 연산군 3년(1497)에야 이루어졌다. 비석의 건립자, 글쓴이, 지은이 등의 기록도 없이 건립 연대만 표시되어 있고, 글씨체는 형식에 덜 구애되어 자유롭게 사실을 기술하고 있다. 글자의 크기가 고르지 않으며 글자체도 정자 대신 간자(약자)가 여러 곳에서 사용되고(興, 万, 仝, 淂), 이두식 표기도 보이고 있다. 대흥의 마을사람들이 과거 이성만 형제의 효행을 기려 이를 기념하고 동시에 효가리로서의 자부심을 확인하고 후손들을 교훈하기 위하여 건립한 것으로 생각된다.

이성만 형제 우애비와 관련하여 가장 알고 싶은 문제의 하나는 이성만 형제가 과연 대흥의 어디에 거주하고 있었을까하는 문제이다. 이에 대해서는, "형은 윗들거리 마을(현 대흥면 상중리)에 살고 동생은 오리골마을(현 광시면 월송리)에 살고 있었다"하고, 가방교(佳芳橋, 개방이다리)를 사이로 하여 떨어져 있었다고 한다.[25]

우선 이성만이 윗들거리(대흥면 상중리)에 살고 있었다고 하지만, 그에 대한 구체적인 근거가 있는 것은 아니다. 필자는 이성만이 살던 마을은 원래 비석이 있었던 곳이 아닐까 생각한다. 연산군대 우애비의 비석을 세

---

24) 비문의 번역은 양승률, 앞의 「의좋은 형제 이성만 이순의 기사비고」, 160-161쪽에서 그대로 옮김.
25) 이항복, 1999, 『예산 - 예산의 문화유적탐방기』, 196쪽.

이성만 형제가 거주하였던 대흥면 상중리 마을(배후의 산이 백제부흥운동의 거점 임존산)

예당저수지(상중리 앞의 하천인 내천과 넓은 들이 지금은 수몰된 상태이다)

울 때, 비를 이성만의 마을 앞에 세웠다고 보는 것이 자연스럽기 때문이다. 또 형제의 집이 가방교를 사이로 떨어져 있었다는 것과도 부합한다. 증언에 의하면 우애비는 원래 현재 위치에서 수 백m 떨어진 저수지의 물가에 서있었으며, 한동안 물가에 넘어진 채 버려져 있다가 현재 위치로 옮겨진 것이라 한다.[26] 그 원 위치는 원래, 없어진 간선도로 변이었으며 지금은 저수지에 잠겨버린 가방교에서 가까운 지점, 옷밥(옥밖)거리라고 하는 마을이다. 그렇다고 한다면 대흥 호장 이성만의 집은 바로 가방교 근처, 지금은 마을이 소멸된 예당저수지 변이었을 것으로 추정할 수 있다.

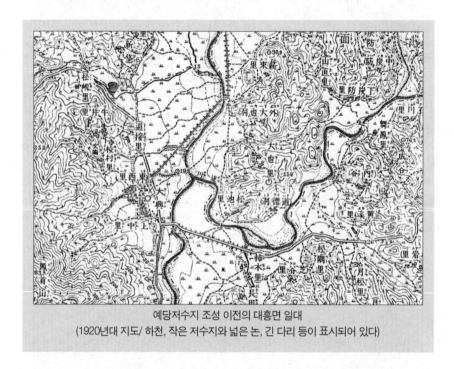

예당저수지 조성 이전의 대흥면 일대
(1920년대 지도/ 하천, 작은 저수지와 넓은 논, 긴 다리 등이 표시되어 있다)

---

26) 대흥면 상중리 거주 이수여사의 증언.

다음으로 동생 순의 집은 광시면의 월송리 '오리골 마을' 이라는 언급이 있다.[27] 이성만 형제는 아침 저녁 서로 집을 왔다갔다하며 식사를 함께 하였다. 이점을 생각하면, 두 집의 거리는 아침 저녁을 오가며 식사가 가능한 거리였다는 이야기이다. 이 정도 거리라면 지금으로 계산한다면 가령 2km 내외의 거리를 생각해 볼 수 있다. 한번 다녀오는데 1시간 이내의 거리가 되기 때문이다. 광시면 월송리는 지금은 예당저수지의 건너편이 되어 있어, 동산교 다리를 건너 우회하여 들어가야만 한다. 예당저수지가 조성되기 전의 상태를 보여주는 1920년대의 지도에 의하면, 광시 쪽에서 북류하는 내천(奈川)과 신양에서 서류하는 달천(達川)이 동서리 마을의 동쪽 건너편에서 합류하여 예산읍 쪽으로 북류하는 무한천이 되고 있다. 가방교는 상중리 앞의 내천(奈川)에 놓인 다리이며, 다리를 건너면 월송리의 신양 방면 국도로 연결되는 도로가 만들어져 있어 상중리와 월송리는 거의 동서(東西)의 직선 도로상에 위치하여 있음을 알 수 있다. 상중리는 월송리의 오리골 마을에서 대략 3km 거리이다. 식사를 같이 할 수 없는 거리인 것은 아니지만, 다소 먼 느낌이 있고, 지형적으로도 후미진 곳이어서 동의하기에는 주저되는 감이 있다. 필자는 상중리를 중심으로 한 대흥 일대의 제반조건, 근접성, 상징성, 경관 등의 측면에서 보아 예당저수지 건너 장전리 일대를 동생 이순의 거주지로 상정하고 싶다. 한편 이성만 형제가 극진히 여묘하였던 부모의 묘소는 광시면의 마사리 혹은 그 주변 정도가 될 것이라고 추측해 본다.[28]

---

27) 이항복, 1999, 『예산 - 예산의 문화유적 탐방기』, 196쪽.
28) 충남발전연구원, 2001, 『문화유적 분포지도』(예산군)에 의하면 대흥 인근에서는 마사리 고분(광시면 마사리 산수골), 구례리 절골고분(광시면 은사리 절골), 분도골고분(광시면 은사리 분도골) 등이 있다.

4. 이성만 형제 우애비의 가치

대흥에 이성만 형제의 우애비가 남아 있다는 것은 매우 중요하다. 이 비석이 바로 그들의 효행과 우애의 상징과 증거이기 때문이다. 유교적 가치관과 사회도덕을 중요시하였던 우리나라에서 효행과 우애의 이야기는 일일이 예를 들기 어려울 정도로 많다. 이성만 형제의 효행과 우애 또한 그 많은 사례중의 하나이다. 그러나 이성만 형제의 행적과 그 비석은 몇 가지 점에서 다른 많은 사례들과 구별되고 있다. 이 우애비의 가치를 논의하기 위하여 먼저 우리나라의 효행 관련 문화재 지정현황을 검토해 보고자 한다.[29)]

우리나라의 효행 관련 유적 지정 현황

지역별	지정사항	문화재 명칭	소재지	지정연월일
충남	도 유형문화재 99호	공주 효자 향덕비	공주시 소학동	1981.12. 31
	도 유형문화재 102호	예산 이성만형제 효제비	예산군 대흥면 상중리	1983. 9. 29
	도 유형문화재 108호	효교비	연기군 서면 신대리	1984. 7. 26
	도 문화재자료 339호	卜僩 효자비	홍성군 금마면 신곡리	1995. 10. 7
경북	도 유형문화재 38호	김자수 효자비	안동시 안기동	1973. 8. 31
	도 기념물 115호	경주 孫順 유허	경주시 현곡면 소현리	1996. 12. 5
	도 문화재자료 112호	成豊世 효자비	고령군 다산면 나정리	1985. 8. 5
경남	도 유형문화재 148호	효자리 비	양산시 중부동	1976. 12. 20
	도 문화재자료 52호	三憂堂 효자비	산청군 단성면 사월리	1983. 7. 20
	도 문화재자료 183호	烈孝辛氏之閭 비석	창녕군 도천면 도천리	1991. 12. 23
전북	도 유형문화재 144호	효자 정려비 및 旌板	임실군 임실읍 정월리	1993. 8. 31
	도 기념물 43호	孝感泉	고창군 신림면 외화리	1980. 3. 8

위의 표는 지정문화재 목록을 검토하면서 필자가 직접 작성한 것이기 때문에 혹 누락된 것이 있을 수 있다. 그러나 위에서 보는 것처럼, 많은

29) 문화재청, 『지정문화재목록』 통계에 의함.

효 관련 문화재중 지정문화재는 의외로 많지 않다는 점을 확인하게 된다. 이점에서 이성만 형제비는 지정문화재중에서는 연대가 확실하게 밝혀져 있는 가장 오랜 효 관련 비석이라는 점을 지적하고 싶다. 효행 관련 사적으로는 신라효자로서 공주에 향덕 관련 유적, 그리고 경주에 손순 관련 유허가 있지만, 손순 유허는 단순히 관련 공간을 기념으로 지정한 것이고, 공주의 향덕비는 18세기에 제작된 비석이다. 안동의 김자수(金自粹, 1351-1413)는 고려말 조선초의 인물로서 '고려 도관찰사' 운운의 비가 있지만, 건립시기가 불분명하고 또 비석이라기보다는 마을의 표석으로서의 성격이 강하다. 고창의 효감천(孝感泉)은 조선초의 인물 오준(1444-1494)과 관련이 있지만, 샘에 관련된 설화일 뿐, 실제 샘의 조성 시기는 분명하지 않다. 이러한 점에서 이성만 형제비는 건립 시기가 분명하고 우리나라에서 현전하는 효행비로서는 가장 오래된 문화재로 생각된다.

이성만 형제비는 형제 우애와 관련한 우애비로서는 유일한 문화재이다. 효행 관련 사적은 많지만, 우애비 혹은 형제 우애에 관한 구체적 자료는 많지 않다. 더욱이 형제 우애를 칭송하는 우애비로서는 현존하는 우리나라 유일의 문화재라는 점에서 그 의미가 적지 않다. 더욱이 이성만 형제의 우애 이야기가 오랜 동안 교과서에 실리면서, 이것이 전 국민의 국민교육의 교재가 되어왔다는 점에서도 그 의의는 특별한 것이다.

맺는말

본고에서는 고려 효자 혹은 형제 우애의 이야기로 널리 알려진 이성만 형제와 예산군 대흥면 상중리 소재 우애비에 대하여 검토, 정리하였다. 이에 의하여 얻어진 결론을 간략히 요약하면 다음과 같다.

1) 이성만 형제의 이름 가운데 종래 동생의 이름이 책에 따라 다르게

되어 있으나, 이순이 맞는 이름이다. 동생 이순의 한자명은 '李淳'(동국여지승람, 동국삼강행실도)과 '李順'(우애비, 세종실록) 가운데 후자로 통일하는 것이 적절하다.

2) 이성만 형제의 생존 시기는 고려 말 조선 초, 14-15세기에 걸치는 시기이다. 주관적인 억측을 허락 한다면 대략 고려 공민왕대에 출생하여 조선 세종조까지 생존한 인물이었을 것으로 필자는 추측한다.

3) 이성만 형제의 신분은 고려 호장 출신으로서, 일반 농민과는 구별되는 일종의 대흥지역 '유지'의 신분이었다. 경제적 형편도 상대적으로 다소 여유 있는 쪽이었을 것으로 보인다.이성만 형제 선대의 경우 대흥의 유력한 재지세력으로서 일정한 정치적 사회적 영향력과 함께 상당한 재력을 두루 갖추었으나 15세기 당대에 이르러 사회적 경제적 형편은 전대에 비하여 다소 약화된 듯하다.

4) 이성만 형제의 효행은 부모님 생전에는 부모의 친지를 초청하여 정기적으로 잔치를 베풀어 부모의 마음을 기쁘게 해드렸다는 것이고, 부모님이 돌아가신 뒤에는 '수분(守墳)' 즉 부모의 산소를 지키는 여묘(廬墓)를 행했다는 것이다. 이들 형제간의 우애에 대한 이야기는 아침 저녁으로 형제간에 집을 찾았고, 식사를 거의 같이 할 만큼 친밀하였다는 것이다. 문헌기록에는 나타나지 않지만 이성만 형제의 우애에 대해서는 밤중에 볏가리를 서로 몰래 가져다 놓는 유명한 이야기가 구전으로 전한다. 이 이야기는 오랫동안 초등학교 교과서에 실려, 지금에도 대단히 유명한 이야기이다.

5) 이성만의 거주지는 대흥면 상중리가 틀림이 없다고 생각된다. 동생은 가방교의 건너편 마을, 아마도 현재 광시면의 장전리(월송리)에 살고 있었을 가능성이 많다고 생각된다.

6) 비석의 건립은 1497년(연산 3년)의 일인데, 대흥의 마을사람들이 과거 이성만 형제의 효행을 기려 이를 기념하고 동시에, 효가리로서의 자

부심을 확인하고 후손들을 교훈하기 위하여 건립한 것으로 생각된다.

   7) 이성만 형제 우애비는 연대가 확실한 것중 우리나라에서 가장 오래된 효행비로서, 효향으로서의 예산의 역사적 당위성을 입증하는 근거자료이다. 동시에 형제 우애를 칭송하는 우애비로서는 우리나라 유일의 문화재이다. *

---

*웅진사학회, 『역사와 역사교육』 11, 2005 게재 논문.

3장 전란기의 중세 충남

01 고려의 통일전쟁과 논산 개태사

머리말

고려 태조 왕건의 후삼국 통일은 근년 그 역사적 의미가 새롭게 조명되고 있다. 단순한 민족의 재통일이라는 의미 이상의, 오늘 우리 시대가 안고 있는 과제와 연결되어 그 의미가 부각되고 있으며, 대중적 관심도 높아졌다. 이러한 분위기 속에서 고려 건국기의 역사에 대한 실증적 논문이 늘어난 것도 자연스러운 결과라 할 수 있다.

고려의 통일에 대한 논의에 있어서 기초적으로 정리되어야 할 내용의 하나는 통일에 이르기까지의 이른바 통일전쟁의 상세한 과정이다. 『고려사』 등의 기록을 통하여 그 내용이 정리되지 않은 바는 아니며, 또 최근에는 정밀한 연구의 결과물이 나오고 있는 것이 사실이다. 그러나 지금까지 상세한 정리가 완성되지 못한 것은 이에 대한 연구가 책상 위의 작업만으로는 상당한 한계가 있기 때문이라고도 할 수 있다. 이것은 단순한 문헌기록만이 아니라 현지의 지리적 조건, 혹은 구전, 유적 등의 자료까지 포괄하는 좀더 큰 테두리에서 내용이 정리됨으로써 사서의 기록의 한계를 넘어설 필요가 있기 때문이다. 이를 위해서는 전투지역 현지에 대한 이해와 현장 자료를 필수적으로 요구한다.

이러한 이유에서 고려 초 왕건의 통일전쟁에 대해서는 지역별로 이를 나누어 고찰해야 할 필요성이 있다. 본고는 왕건 통일전쟁의 마지막 해인 936년(태조 18), 천안에서 선산을 거쳐 연산에 이르는 고려군의 족적을 더듬어 그 경과를 재구성하려는 것이다. 이와 관련하여서는 기왕에 몇 편의 논문이 있었던 것이 사실이지만, 기왕의 연구에 토대하면서도 약간의 다른 의견을 제시하거나 아니면 기왕의 논의에 편승하면서 나름의 일정한 결론들을 추출하려 하였다.

1. 936년 태조 왕건의 출정

고려의 통일은 고려군이 황산군(논산)에서 신검의 후백제군을 굴복시킨 태조 19년(936) 9월이 그 기점이 된다. 후백제에 대한 정벌 계획이 결정된 것은 같은 해 936년 6월의 일이었다. 이에 따라 왕건은 태자 무와 박술희로 하여금 보기(步騎) 1만으로 우선 천안에 이르게 하였다. 이어 왕건이 3군을 거느리고 천안에 이르는 것이 9월의 일이었다. 태조 왕건의 남진 교두보로 건설된 천안은 이 통일전쟁에 있어서 중간 집결지로서 그 군사적 기능을 다하고 있음을 알 수 있다.

천안에 집결한 왕건 휘하의 고려군은 곧바로 후백제의 중심부로 진입해 들어간 것이 아니었다. 다소 의외의 일이지만, 천안의 고려군은 전라도가 아닌 경상도 지경으로 들어가, 후백제군과의 대대적 전투는 일선군(경북 선산)에서 일어난다. 그리고 9월 14일 경[1]에 선산에서의 전승을 바

---

1) 『고려사』에서는 일리천을 사이에 두고 고려, 후백제 양군이 진을 치고 사열하는 것이 9월 갑오(14일)조에 실려 있고, 이에 뒤이어 전투 조직 및 전투과정이 정리되고 있다.

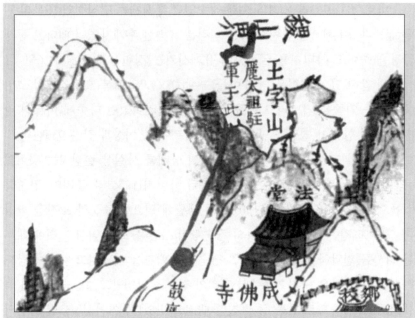

『해동지도』의 태조산(왕자산)("고려 태조가 이곳에 주둔하였다"는 설명이 붙어 있다)

탕으로 후백제군을 추격하며 논산지역으로 진입하게 되었던 것이다. 이러한 점에서 그 무대가 경상도지역이기는 하지만 일리천 전투는 후백제에 결정타를 가하고 오랜 전쟁의 승패를 최종적으로 결정한 것이었다고 할 수 있다.[2]

---

[2] 일리천 전투의 현장에 대해서는 옛 기록에 선산부의 동쪽 10리(『동사강목』), 11리(『동국여지지』), 5리(『신증동국여지승람』) 등으로 약간 씩 차이가 있는데, 선산군 해평면 낙산동 원촌마을에서 선산으로 건너는 여지나루(餘次尼津)라고 한다. 여지나루 동쪽 2리의 冷山 봉우리를 '태조봉'이라하는데, 여기에 崇善山城이 있어 태조 왕건의 設陣處로 추측된다. 주변에는 당시의 전투와 관련한 다양한 구전이 전하고 있다. 이에 대해서는 류영철, 2004, 「일리천 전투와 고려의 통일」, 『고려의 후삼국 통일과정 연구』, 경인문화사, 208-210쪽 및 김호동, 2007, 「고려시대 일선(선주)권역의 변천과 지역사회의 동향」, 『한국중세사연구』 22, 181-184쪽 참고.

바로 전년 935년 고려의 오랜 적수였던 후백제는 결정적인 내분의 길을 걷는다. 이 해 3월 견훤의 아들 신검은 유력한 후계자였던 배다른 동생 금강을 죽이고 아버지를 금산사에 유폐시키는 정변을 일으켰다. 6월, 금산사에 갇혀 있던 견훤은 막내 아들 능예(能乂), 딸 애복(哀福), 애첩 고비(姑比) 등 일족을 거느리고 탈출, 고려의 세력권이었던 나주에 이르러 왕건이 보낸 함대의 영접을 받아 개경에 이르렀다. 이상과 같은 935년의 정변과 견훤의 고려 귀부는 후삼국 전쟁의 향배를 사실상 결정짓는 것이었다. 고려에 귀부한 견훤은 왕건으로부터 아버지[尙父]라 불리며, 양주를 식읍으로 받고 노비 40명, 말 10필 등 생활에 필요한 충분한 보장을 받았다. 그리고 같은 해 10월, 신라의 경순왕이 사람을 보내 역시 고려에 내부할 의사를 전달하였다. 이어 11월 경순왕은 백관을 거느리고 개경에 당도하였다. 경순왕은 왕건으로부터 고려의 정승을 임명받고, 1년 녹봉 1천 석에 경주를 식읍으로 받는 등 극진한 대접을 받았다. 이처럼 935년 견훤의 고려 귀부를 계기로 후삼국의 정세는 급격히 고려 중심으로 재편 되었던 것이다.

936년 9월의 출전은 고려가 마침내 통일전쟁에 종지부를 찍고자 했던 최후의 대회전이었다. 그런 만큼 고려군의 경우도 매우 치밀한 전력과 조직으로 임하였다. 『고려사』에 의하면 이때 고려군은 보군 2만 3천, 마군 4만, 기병 9천 8백, 원병 1만 4천 7백으로 도합 8만 7천 5백에 이르고 이름이 기록된 지휘관만 38명에 이르고 있다. 이때 고려군의 편제 및 지휘관 등은 다음의 표와 같다.

936년 일리천 전투에서의 고려군의 편제[3)]

군단	지휘관		구성병력	비고
	이름	관직		
상급지휘	甄萱		馬軍 1만	
	堅權	大相		
	述希	대상		

		皇甫金山	대상		
좌강		康柔英	元尹		
	하급지휘	能達	원윤	步軍 1만	支天軍大將軍
		奇言	원윤		
		韓順明	원윤		
		昕岳	원윤		
		英直	正朝		
		廣世	정조		
우강	상급지휘	金鐵	대상	馬軍 1만	
		洪儒	대상		
		朴守卿	대상		
		連珠	元甫		
		萱良	원윤		
	하급지휘	三順	원윤	步軍 1만	補天軍大將軍
		俊良	원윤		
		永有	정조		
		吉康忠	정조		
		昕繼	정조		
중군	상급지휘	王順式	溟州大匡	馬軍 2만	
		兢俊	대상		
		王廉	대상		
		王乂	대상		
		仁一	원보		
		庾黔弼	대상	黑水, 達姑, 鐵勒 등 外族의 정예기병 9천5백	
		官茂	원윤		
		官憲	원윤		
	하급지휘	貞順	원윤	보병 1천	祐天軍大將軍
		哀珍	정조		
		宗熙	원윤	보병 1천	天武軍大將軍
		見萱	정조		
		金克宗		보병 1천	杆天軍大將軍
		助杆	원보		
원군		公萱	대상	기병 3백, 他地 원병 1만 4천 7백	
		能弼	원윤		
		王含允	장군		

---

3) 류영철, 2004, 『고려의 후삼국 통일과정 연구』, 경인문화사, 211-212쪽의 표를 옮김.

이에 대하여 정경현 교수는 8만 7천 5백이라는 고려군의 규모가 기록에 지나치게 과장되었다고 보고, 당시 고려군의 규모는 후백제와 비슷한 1만 5천 정도였을 것이라고 추측하였다. 후백제군 1만 5천이란, 전투 결과 후백제군의 포로 3천 2백, 전사한 자의 수 5천 7백으로 이를 합산한 8천 9백을 기준으로 대략 추정한 것이다.[4] 그러나 이에 대하여 류영철 교수는 고려군의 병력 수가 기록상의 8만 7천 5백에 상당히 근접한 규모였을 것이라고 보았다. 그 이유는 군의 규모에 대한 기록이 상당히 구체성을 가지고 있으며, 병력 수가 상세히 분류되어 제시되고 있는 점, 그리고 전투 초기 이미 고려의 군세에 압도된 후백제군의 내투(來投)가 개시되었음을 그

태조 왕건의 청동상(부분)[6]

근거로 들었다.[5] 필자는 류영철 교수의 의견에 적극 동의한다. 그것은 936년의 고려군이 전쟁의 마지막 승부를 결정짓고자하는 출정이었다는 점에서, 고려 최대의 병력동원과 치밀한 계획이 수반되었다고 보기 때문이다. 그리고 후백제군 규모의 산정이나『고려사』의 수치를 전면 부인하는 정경현 교수 견해의 중요한 근거가 되는 왕건군의 출정 일자에 대한 계산에도 문제가 있다고 본다.

4) 정경현, 1990, 「고려 태조의 일리천 戰役」, 『한국사연구』68, 17-24쪽.
5) 류영철, 2004, 「일리천 전투와 고려의 통일」, 『고려의 후삼국 통일과정 연구』, 212-214쪽.

정경현 교수는 왕건의 군대가 개경을 출발한 것이 9월이었고, 일리천에서 후백제군과 접전한 날이 9월 8일(갑오)이었다는 점을 중요한 기준으로 삼고 있다. 그리하여 당시 고려군의 개경으로부터 일리천까지 이동하는데 최대로 잡아 7일 이상이 될 수 없다는 점을 지적하고, 이렇게 볼 때 이동시간이 지나치게 짧다는 점과 이같은 대규모 병력의 이동시 행군대열은 적어도 123km 이상 뻗치게 되어, 전 병력이 일리천에 도착하는 것은 빨라야 9월 10일이라는 것이다. 이 같은 여러 가지 모순을 토대로 볼 때 당시 왕건군의 실병력은 기록에 훨씬 미치지 못하는 1만 5천 정도였을 것이라는 주장이다.[7] 왕건군의 규모가 실제 기록상의 8만 7천 5백에 미치지 못하였을 가능성은 있겠지만 그러나 이것이 '터무니없이 과장된 숫자' 라는 것 또한 지나친 논리적 비약이다. 무엇보다 위의 논문에서 고려군의 이동기간을 9월 1일부터 대략 9월 7일까지의 7일간으로 설정한 것 자체가 매우 불안한 전제이다. 이를 검토하기 위하여 『고려사』의 기록에 나타난 전후의 줄거리를 정리하면 대략 다음과 같다.

(태조 19년) 6월,   태자 무와 장군 희술을 보기 1만으로 천안부에 파견
          9월,   태조가 3군을 거느리고 천안부에 가서 병력을 합세하여 일
                 선군으로 향함
          9월,   일리천을 사이에 두고 양군이 대결함(8일, 갑오)
                 고려군이 후백제군을 격파하고 추격하여 황산군에까지 이름
                 신검이 양검, 용검 및 문무 관료를 대동하고 항복함
                 포로를 고향으로 돌려보내고, 신검에게는 벼슬을, 양검과
                 용검은 귀양을 보냄.
                 견훤이 황산의 절에서 죽음
                 태조가 전주를 위무함

---

6) 2006년 6월 〈북녘의 문화유산〉 국립중앙박물관 특별전의 포스터.
7) 정경현, 앞의 논문, 20-23쪽.

태조가 개경으로 귀환하여 백성의 축하를 받음

12월,　배현경이 죽음

이에 의하면, 후백제 정토전에서 날짜가 명기된 것은 9월 갑오(8일)에 불과하다. 그나마 9월 갑오조에는 일리천 싸움으로부터 왕건이 황산군에서 후백제의 항복을 받고 이어 일련의 전후처리를 비롯하여 개경으로의 귀환까지, 그리고 견훤의 죽음에 이르기까지 연결하여 기록하고 있다. 그리고 9월을 전후한 수개월은 기록이 공백으로 처리되어 있다. 다시 말해서 이 시기의 날짜 추이는 전체적으로 명확하지 않다는 것이다. 태조가 삼군을 이끌고 출정을 하였다는 '9월'도, 그 시점이 개경인지 아니면 군을 합세한 천안인지도 분명하지 않다. 한편 『삼국유사』에서는 견훤의 죽음을 9월 8일의 일로 명기하고 있는데,[8] 자료 성립의 전후 관계를 생각하면, 『고려사』 태조 19년 조에서 유독 9월 갑오(8일)일만이 날짜가 명기된 것도 유의할 필요가 있다. 9월 8일이 일리천 싸움의 시점이 아닐 수 있음을 시사하는 대목이기 때문이다. 요컨대 이 시기의 날짜를 따져서 군 병력의 규모를 산정하는 것은 퍽 위험한 접근임을 알 수 있다. 『고려사』에서 당시 고려군의 조직과 병원(兵員) 수가 상세히 열거되고 있는 점에서, 왕건 고려군의 기록상의 합산치 8만 7천 5백은 존중될 필요가 있는 수치라 생각되는 것이다.

2. 일리천에서 황산벌까지

고려 태조 왕건은 한마디로 매우 용의주도한 인물이었다. 후백제와

---

8) 『삼국유사』 2, 후백제 견훤.

의 최후 전투에서 견훤을 앞세운 것도 왕건 전략의 치밀성을 입증한다. 원래 이 최후 출정은 견훤의 요청에 의한 것으로 『고려사』에 기록되어 있다. 즉 견훤이 왕건에게 자신의 "못된 자식을 처단해 줄 것"을 요구하였다는 것이고, 이에 왕건은 "처음에는 때를 기다려서 군사행동을 취하려 했으나 견훤의 간절한 요청을 가련히 여겨 그의 청을 따랐다"는 것이다.[9] 936년의 후백제 정벌이 후백제 건국의 장본인인 견훤의 선도에 의하여 추진되었다는 이같은 이야기를 문자 그대로 믿기는 어려운 일이다. 936년의 후백제 정벌전은 철저히 왕건이 주체가 되고, 왕건에 의하여 치밀하게 이루어진 것이라고 보아야 한다. 이 점에서 견훤은 왕건의 전략에 부응하는 역할을 수행하였을 뿐인 것이다.[10]

9월 견훤을 앞세운 선산 일리천에서의 전투는 이미 승패가 결정된 전투였다. 고려군이 군사를 정비하여 북을 울리면서 전진하자 "갑자기 창칼

---

9) 『고려사』 2, 태조세가 19년 6월.
10) 이에 대하여 김갑동 교수도 이 기록이 "왕건의 신검 토벌에 대한 정당성과 합리화를 위한 『고려사』 찬자의 의도적 기술도 포함 되었다고 본다."라고 하였다.(김갑동, 1994, 「고려 태조 왕건과 후백제 신검의 전투」, 『박병국교수 정년기념논총』, 264쪽) 그러나 김교수는 "왕건이 견훤의 청에 의하여 신검을 토벌했다는 것은 어느 정도 사실이었다"고 보고 있어, 필자와는 다소 차이가 있음을 알 수 있다. 이후의 논문에서 김교수는 "아들에게 유폐되었다가 적장에게 귀순해온 견훤의 심정은 처참했을 것이다. 그런 상황 속에서 견훤은 하루 빨리 신검을 토벌하여 자신을 배반한 죄를 묻고 싶었을 것이다"고하여, 936년의 후백제 정벌을 위한 출정이 견훤의 요청에 의한 것임을 좀더 강조하였다.(김갑동, 2002, 「후백제의 멸망과 견훤」, 『한국사학보』 12, 77-78쪽) 류영철 교수 역시 936년 고려군의 출정에는 견훤의 선도적 역할이 있었음을 인정하고 있다. 일리천 전투에서 그가 좌군의 최고 지휘관을 맡아 출진하였던 점, 후백제 멸망 직후 왕건이 신검을 치죄하지 않은 것에 불만하여 "황산의 암자에서 곧 생을 마감한 데서" 이를 감지할 수 있다고 하였다.(류영철, 1997, 『고려와 후백제의 쟁패과정 연구』, 영남대 박사학위 논문, 136쪽) 이점에 있어서는 정경현 교수도 다르지 않다.(정경현, 1990, 「고려 태조의 일리천 전역」, 『한국사연구』 68, 3쪽) 견훤의 요청 자체는 사실일 수 있지만, 그것은 견훤의 본의에 의한 것이 아니라 대세를 거스를 수 없었던 견훤이 태조의 의도에 부응한 것이었을 뿐이었다는 점에서, 필자는 이것이 모두 견훤의 자의가 아닌, 태조의 전략에 의하여 이루어진 것이라고 생각한다.

같은 모양의 흰구름이 고려군의 상공에 나타나 적진 쪽으로 떠갔다"는 것도 이같은 전투의 전체적 상황을 암시한다. 전투가 개시되기도 전에 후백제군의 투항 사태가 야기되었다. 후백제의 장군 효봉(孝奉)·덕술(德述)·애술(哀述)·명길(明吉) 등은 고려의 "군세가 크게 떨치고 있는 것을 보자, 투구를 벗고 창을 던진 채 견훤의 말 앞에 엎드려 항복하였다"는 것이다. 상황이 이렇게 되자 후백제군의 사기는 크게 저상되어 감히 움직이지를 못하였다고 한다.[11] 전투가 시작되기도 전에 승패가 결정되어 있는 느낌을 받거니와, 그것은 '고려의 군세' 때문이라기보다는 견훤의 존재 때문이라고 해야 할 것이다.

왕건은 투항한 후백제 장군으로부터 군 내부 정보를 충분히 확보할 수 있었다. 특히 신검군의 위치 등에 대한 정보는 군사 전략상 매우 결정적인 것이었다. 이에 대해 효봉(孝奉) 등 후백제 장군들은 "신검이 중군에 있으므로 좌우에서 들이치면 반드시 격파할 수 있을 것이다"라고 방법을 제시하였고, 이에 왕건은 자신이 지휘하는 3군과 함께 대장군 공훤(公萱)에게 후백제 중군을 집중 공격토록 하였다. 이 싸움에서 후백제는 대패하였고, 전투결과 고려는 후백제군 5천 7백을 사살하고, 3천 2백을 포로로 하였다.[12] 이 일리천 전투는 사실상 고려, 후백제의 최후 결전이었고, 결과는 고려의 일방적 승리로 낙착되었던 것이다. 이같은 고려 완승의 배경으로 군사 규모 혹은 조직의 우월성 등을 들 수 있겠으나, 견훤을 동원한 왕건의 전략이야말로 가장 중요한 핵심이었다고 할 수 있을 것이다. 이 일리천 전투에서 "적은 창끝을 돌려 자기들끼리 서로 공격하였다"고 한 것이 그것이다.[13] 견훤이 앞장서게 됨으로써, 후백제는 고려군 앞에서 자중

11) 『고려사』2, 태조세가 19년 9월.
12) 위와 같음.
13) 위와 같음.

선산 일리천 원경(김명진 사진)

지란을 일으키고 말았던 것이다. 일리천 전투에서 패한 후백제군을 뒤쫓아 고려군은 황산에 이르게 된다.

　이상 일리천 전투의 경과에 대하여 간략히 정리하였지만, 이와 관련하여 당시 고려군이 전라도로 직격하지 않고 그 방향을 경상도 깊숙한 데로 향하였던 이유는 과연 무엇이었을까하는 것이 수수께끼의 하나이다. 여기에는 반드시 그럴 수밖에 없었던 이유가 있어야 한다. 이에 대해서는 몇 가지 상이한 의견이 있다. 신검의 의표를 찌른 공격이었다는 것이 그중의 하나이다.[14) 또 신검에 비하여 충분히 우세하지 못한 왕건의 고려군이 낙동강을 이용하여 병력과 물자를 보강하기 위한 것이었다는 주장도 있

---

14) 池內 宏, 1937,「高麗太祖의 經略」,『滿鮮史硏究』中世篇 2, 63쪽.

다.[15] 앞의 이케우치(池內)의 견해에 대하여, 김갑동 교수는 기만전술의 하나로도 볼 수 있겠지만, "아무리 그렇다하더라도 우회방향이 선산까지 내려갔다면 그것은 지나친 것"이라 하여 기만설에 대해서는 일축하였다.[16] 또 왕건의 고려군이 후백제군에 비하여 꼭 우세한 것만은 아니었기 때문에 이를 보강하기 위하여 경상도 방면으로 우회하게 되었다는 정경현 교수의 의견에 대해서는 류영철 교수가 이를 전면 부정한 바 있다. 고려가 930년의 고창(안동)전투 이후 전반적 우세로 반전하였으며, 일리천에서도 고려군의 군세가 이미 후백제군을 압도하고 있었다는 것이다. 김갑동 교수도 고려군이 경상도에 들어가 군세를 보강하였다는 증거가 없다는 것을 이유로 이같은 견해를 부정한 바 있다.

그러면 고려와 후백제, 왕건과 신검의 최후 결전이 선산 지역을 무대로 하게 된 이유는 무엇일까. 이에 대하여 김갑동 교수는 신라정부가 통제력을 상실한 경상도 지역을 신검이 선점할 것을 염려한 때문이라고 보았다. 즉 경상도 지역에 대한 신검의 공격 조짐을 "눈치 챘거나 미리 예방하기 위한 것"이었다. "신검의 동남방 진출을 저지하고 왕순식이나 박영규와의 합동작전을 위하여" 선산의 일리천으로 출동하였다는 것이다.[17] 경상도 선산으로의 진출을 김갑동 교수가 고려 측의 전략으로 보는 것에 대하여, 류영철 교수는 후백제의 의도에 의한 것으로 풀이하는 점에서 차이가 있다. 즉 류교수는 고려군의 총공세에 대항하는 전략상의 선택이 후백제를 경상도로 나가게 했다는 것이다. 다시 말해서 고려의 공세에 맞서는 후백제가 "자국의 피해를 최소화하고, 적을 방어하기에 유리한 위치를 점

---

15) 정경현, 1990, 「고려 태조의 일리천 전역」, 『한국사연구』68, 14쪽.
16) 김갑동, 1994, 「고려 태조 왕건과 후백제 신검의 전투」, 『박병국교수 정년기념논총』, 266-267쪽.
17) 김갑동, 앞의 「고려 태조 왕건과 후백제 신검의 전투」, 271쪽 및 276쪽.

하기 위해" 자국의 중심부로부터 접경지대로 진출하여 고려 주력군과 대치하게 되었을 것이라는 주장이다.[18]

　필자로서는, 고려군의 총공세에 대항하는 방편으로서 신검군이 경상도 방면으로 나갔다는 류교수의 의견에는 동의하기 어렵다. 원래 국가의 방어 체계는 도성을 중심으로 한 방어전략이 가장 핵심이다. 도성을 중심으로 방어를 위한 체계를 마련하고, 각종의 지형의 활용면이나 인력, 군수 등을 여기에 집중하게 되어 있는 것이다. 이점에서 도성과 본거지를 떠나서 전혀 생소한 외지로 나가 운명을 가르는 대회전(大會戰)을 벌인다는 것은 아무래도 무리하기 짝이 없는 전략이다. 한편 고려군이 군사력 보강을 위하여 경상도로 나갔다는 것도 신빙성이 적어 보인다. 이러한 점에서 김갑동 교수가 말한 신라 해체 이후 경상도에 대한 주도권 문제라는 의견이 주목된다. 경상도에 대한 지배권이 고려와 후백제의 대결 구도에서 사실상 판세를 좌우한다는 점에서, 후백제로서는 고려의 의도를 우려했을 수 있기 때문이다. 그러나 당시 왕건 고려군의 전략이 매우 치밀하게 준비되었다는 점을 생각할 때, 이것이야말로 후백제군의 의표를 찌른 왕건의 고도의 전략이었다고 풀이된다. 즉 신라 해체 이후 경상도에 대한 고려의 지배권 장악을 우려하는 점을 이용하여 후백제를 경상도로 끌어냄으로써, 고려는 주전선(主戰線)을 의도적으로 전환시켰다는 것이다. 이는 후백제군의 대고려 방어 체계를 붕괴시키는 효과를 가져왔으며, 낯선 땅 선산에서 견훤을 앞장세운 심리전으로 손쉽게 신검군을 격파하였다는 것이다. 고려의 전면 공격에 대비하고 있었을 후백제군의 방어 체계를 직접 돌파하는 대신, 전선을 제3의 지역에 고의적으로 형성시킨 것은 여하튼 고려의 일방적 승리에 큰 기여를 했다고 판단된다. 그리고 이것이야말로 당시

---

18) 류영철, 2004, 『고려의 후삼국 통일과정 연구』, 경인문화사, 207-208쪽.

의 정세를 교묘히 이용한 왕건의 전략이었다는 것이 필자의 의견이다.[19]

3. 후백제 최후의 현장, 황산벌

선산 동쪽 일리천에서의 양군의 전투는 고려군의 완승으로 결말 되었다. 이후 무대는 논산의 황산벌로 옮겨진다. 패주한 후백제군이 전주 북쪽에 위치한 논산지역으로 후퇴하였기 때문이다. 당연히 고려군도 이를 추격하여 함께 이르게 된다. 이에 대하여『고려사』에서는 "아군(고려군)이 적(후백제)을 추격하여 황산군에 이르렀는데 탄령(炭嶺)을 넘어 마성(馬城)에 진을 쳤다."고 하였다. '황산벌의 결전' 이라 할만한 것인데, 그러나 여기에서는 큰 전투가 이루어진 것 같지는 않다. 사서의 기록에 전투에 대한 언급이 없기 때문이다. 다만 신검이 "동생인 청주성주(菁州 城主) 양검(良劍), 광주(光州) 성주 용검(龍劍)과 문무 관료들을 데리고 와 항복하였다"[20]고하여 이곳에서 신검의 후백제군이 마침내 고려 왕건에게 무릎을 꿇었다는 사실을 전하고 있을 뿐이다. 이에 대하여 왕건은 백제군 포로 3천 2백을 모두 귀향시키고, 흔강(昕康), 부달(富達), 우봉(又奉), 견달(見達) 등 40명은 가족을 대동시켜 서울로 데려왔다는 것이다. 날짜는 잘알 수 없으나, 어떻든 936년 9월 천안에서 출전한 왕건은 선산의 일리천에서 신검군을 격파하고, 뒤를 쫓아 황산군에 이르러 후백제의 항복을 받아냈던 것이다. 실로 918년 궁예를 내쫓고 철원에서 즉위한 왕건이 18년 만에 후삼국의 전란을 종식시키고 통일에의 위업을 완수한 것이다. 이러한

---

19) 일리천 전투에 대해서는 최근 김명진, 「태조 왕건의 일리천전투와 諸蕃勁騎」(2008, 『한국중세사연구』25)의 논문이 발표되었다.
20) 『고려사』2, 태조세가 19년 9월.

개태사 청동북(부분)(국립부여박물관 소장)

점에서 황산군은 고려 통일과업의 결정적 현장이라 할 수 있을 것이다. 이에 대하여 왕건은 「개태사화엄법회소(開泰寺華嚴法會疏)」에서 다음과 같이 회고하고 있다.

위로 불력을 힘입고 아래로 현위(玄威)에 의지하여 20년 간의 수격(水擊)과 화공(火攻)으로 몸은 시석(矢石)을 무릅쓰고 천리의 남정(南征)과 동토(東討)로 몸소 간과(干戈)를 베게 삼았습니다. 지난 병신년(936) 가을 9월, 숭선산변(崇善山邊)에서 백제병과 교진(交陣)함에 한번 소리친즉 광흉(狂兇)의 무리가 무너지고, 다시 북을 치매 역당(逆黨)들이 얼음 녹듯 소멸되어 개선의 노래가 하늘에 뜨고 환호의 소리는 땅을 뒤흔들었습니다.(『東人之文四六』8, 「神聖王親製 開泰寺華嚴法會疏」)

"숭선산변에서 한번 소리친즉 광흉의 무리가 무너지고, 다시 북을 치매 역당들이 얼음 녹듯 소멸되었다"는 것은 일리천에서의 전투를 가리킨다.[21] 그리고 황산에 이르러서는 진실로 운제(雲梯)의 공격이 아니고 우격(羽檄)의 논초(論招)가 없이 원문(轅門)에 단좌(團坐)하고 채하(寨下)에 편히 누워도 백제 위왕(百濟僞王)이 무리를 이끌고 여친(輿親)하여 항복을 청해오고 여러 도의 호족들이 양을 끌고 복속을 청해왔다.(위와 같음)

고 한 것을 보면, 황산군에서의 전투는 대규모로 접전을 벌인 것은 아니었음을 짐작할 수 있다. 한편 황산에서의 왕건과 신검군의 대결에 대해서는 다음과 같은 구전이 전해왔다.

고려 태조가 후백제 정벌로 본읍(황산군)에 거둥하였을 때 홀연히 서까래 세 개를 짊어지고 큰 솥을 머리에 이고 물 속으로 들어가는 꿈을 꾸었다. 들으니 점을 잘 치는 한 노파가 있다는 이야기를 듣고 직접 가서 묻고자 하였다. 아직 도착하기 전에 노파가 일 때문에 나가면서 딸에게 경계하기를 "오늘밤 귀한 분이 오실 것이니 너는 마땅히 내가 돌아오기를 기다리고 말을 많이 하지 말라"고 하였다.
얼마 안 되어 과연 고려 태조가 이르러 꿈 이야기를 물어보는 것이었다. 이에 딸이 불길한 꿈이라고 말하자 태조는 곧 가버렸다. 잠시 후 노파가 돌아와 물으니 딸이 그 일을 모두 다 말하였다. 노파가 놀라 이르기를 "몇 리나 갔겠느냐", "멀리 가지 않았을 것입니다" 하였다. 딸을 보내 다시 돌아오도록 하여 다시 점을 치니 그 징조가 "크게 길하다"는 것이었다. "서까래 3개를 짊어졌으니, 이는 임금 王字가 되는 것이요, 큰 솥을 머리에 이었다는 것은 면류관을 쓴다는 것이다. 또 깊은 못에 들어간 것은 용왕을 보러 간 것이다." 이에 태조가 크게 기뻐하며 말하기를 "과연 너의 말과 같으니, 내가 너를 잊을 수 없을 것이라."
며칠 후 과연 크게 이기니 고려 태조는 노파의 말을 기억하고 노파를 '부인'으로 봉하였다. 또 그 사는 곳 주변을 내려 식읍으로 삼게 했다. 노파가 죽자 마을 사람들이 사당을 짓고 제사를 지냈다.(『여지도서』, 충청도 연산현 고적조)

이에 의하면 왕건이 꿈을 꾼 것은 황산군에 이르러서의 일이고, 연산

---

21) 태조 왕건이 지은 「개태사화엄법회소」에 대해서는 양은용, 1992, 「개태사화엄법회소의 연구」, 『한국불교사상사』 및 김갑동, 1992, 「고려시대 불교와 개태사」, 『개태사지』 참고.

(황산)에서 후백제군을 굴복시킨 것은 황산에 도착한 '며칠 후'의 일로 되어 있다. 그리고 그것이 왕건의 '대첩'이었다고 적고 있음이 주목되는데, 이것은 황산벌에서 고려군과 후백제군간에 일단은 접전이 있었음을 암시한다.[22] 한편 황산군 치소에서 서쪽으로 17리 지점인 탑정촌(塔亭村)은 당시 왕건의 주둔처로 알려져 있다.

> 어린사(魚鱗寺) : 현 서 17리 탑정촌(塔亭村)에 있다. 전하기를 고려 태조가 남쪽 후백제군을 칠 때 이곳에서 군대를 주둔시켰으며, 이 때문에 절을 지었다고 한다. 옛 성이 둘러싸고 있으나 지금은 모두 퇴락하였다.(위와 같음)

이에 의하면 태조 왕건은 황산군의 치소 서쪽 탑정촌의 한 산성 내에 주둔하였고 그 곳에는 뒤에 어린사라는 절이 들어섰다는 이야기이다.

황산군(黃山郡)은 본래 백제의 황등야산군(黃等也山郡), 신라 경덕왕 때 황산군으로 하였다가 고려초에 연산군으로 개명되었다. 따라서 후백제 복속과 최후 결전의 현장 황산군은 지금 논산시의 연산면 일대 지역이었다고 할 수 있을 것이다. 그런데 앞에서 인용한 바와 같이 황산군에 이른 고려군은 탄령(炭嶺)을 넘어와 마성(馬城)에 주둔하였다. 따라서 역사의 현장을 좀더 구체화하기 위해서는 문제의 마성과 탄령을 확인하지 않으면 안된다.

여기에서 우선 문제가 되는 것은 마성(馬城)이다. 이에 대해서는 일찍이 전북 익산의 미륵산성(기준성),[23] 혹은 충남 연산의 북산성(北山

---

22) 노파를 위해 마을사람들이 지었다는 사당(부인당)은 현재 부적면 부인리에 위치한다. 또 구전에 의하면, 왕건이 노파의 해몽에 힘입어 하늘에 기도하고 부처님께 빌었는데, 그때 어디에서 나타났는지 병사들이 함께 싸우니 왕건이 승리하게 되었다는 것이다. '황산'을 '천호산'이라는 이름으로 고친 것도 이 때문이라 한다. 이해준, 2008, 「연산 개태사의 지역문화사적 성격」, 『역사민속학』26, 60-61쪽 참조.

23) 池內 宏, 1937, 「高麗太祖の經略」, 『滿鮮史研究』中世篇 2, 63쪽.

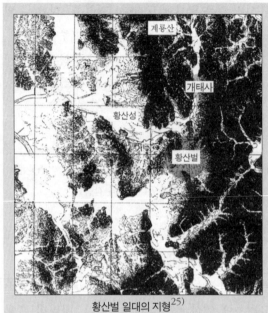

城)[24]으로 비정된 바 있다. 이에 대하여 류영철 교수는 김정호가 『대동지지』에서 "마성(馬城) : 고산현(高山縣) 용계고성(龍溪古城)이다"라 한 기록을 들어, 전북 완주군의 고산현 소재 용계산성에 찬동하였다.[26] 이같은 의견 차는 기본적으로 앞의 『고려사』의 기록 "我師追至黃山郡

황산벌 일대의 지형[25]

蹸炭嶺 駐營馬城"에 대한 해석과 관련이 있다. 즉 이케우치(池內)는 이를 "고려군이 황산에 추지(追至)하여 탄령을 넘어 마성에 주둔하였다"고 하여, 고려군의 진로를 황산 → 탄령 → 마성으로 해석한 바 있다. 이에 대하여 이병도 선생은 '황산군으로 추지(追至)할 새'로 해석하고, 이에 따라 '유탄령(蹸炭嶺)'은 "동군(황산군)의 경계인 탄현을 넘었다는 것, '주영마성(駐營馬城)'은 황산의 마성에 주영(駐營)하였다는 것으로 보아야 할 것"이라고 정리한 것이다.[27] 요컨대 사료의 해석에 따라 마성은 황산군에

---

24) 이병도, 1961, 『한국사(중세편)』, 을유문화사, 55쪽의 주1.
25) 이해준, 2008, 「연산 개태사의 지역문화사적 성격」, 『역사민속학』 26, 45쪽.
26) 류영철, 「일리천 전투와 고려의 통일」, 『고려의 후삼국 통일과정 연구』, 221-222쪽.
27) 이병도, 앞의 『한국사(중세편)』, 55쪽.

있는 것일 수도 있고, 황산군을 지나 탄령의 너머에 위치할 수도 있는 것이다. 이케우치와 류영철이 후자라면, 이병도 선생의 해석은 황산군내에서 그 위치를 찾는다는 점에서 차이가 있다.

후백제가 고려에 최후 복속한 현장이었을 마성의 위치에 대해서는 이상과 같은 견해차가 있는데, 이에 대하여 김갑동 교수는 또 다른 해석을 제기하고 있다. 즉 마성은 황산군 내에서 찾아야하며, 보다 구체적으로는 개태사지가 바로 마성이라고 보는 것이다. 그 근거는 왕건이 친히 지은 「개태사 화엄법회소」의 발원문의 한 구절이다. 여기에서 왕건은 황산에서의 상황을 "황산에 말을 묶고, 이곳에 둔영하니(繫馬黃山 屯營此地)"라고 묘사하고 있는데, 이에 의하면 왕건의 둔영지 마성은 '이곳(此地)' 즉 개태사라는 것이다. 아울러 이 개태사의 지역을 왜 '마성'이라 했는지는 잘 알 수 없지만 현재 논산시내 일대를 '마고평(馬皐坪)'이라 했다는 것과 연관이 있을지 모른다는 의견을 피력하였다.[28]

왕건의 최후 주둔지 마성에 대한 추론에서 김갑동 교수가 「개태사 화엄법회소」로부터 관련 자료를 끌어낸 것은 매우 주목할만하다. 왕건이 "황산에 말을 묶고, 이곳에 둔영 하였다"는 것은 문제의 마성이 황산군내의 지점이라는 것, 그리고 개태사 인근 지역이라는 점을 분명히 하고 있기 때문이다. 이러한 점에서 필자는 마성의 위치를 황산군내에서 찾고, 개태사지 인근으로 보는 김교수의 의견에 적극 동의한다. 그러나 '이곳(此地)'의 위치를 너무 좁은 범위에서 해석할 필요는 없다는 생각이다. 김갑동 교수는 '마성'에서 '마(馬)'의 글자에 신경을 쓰고 있는데, 필자는 그보다 마성의 '성(城)'이 중요한 글자라고 생각한다. 다시 말해서 왕건군이 주둔한 마성은 평야지대가 아니라 산성을 중심으로 한 지대였던 것이다. 이는 후

---

28) 김갑동, 앞의 「고려 태조 왕건과 후백제 신검의 전투」, 274쪽.

백제의 반격 내지 이들과의 재결전 가능성 때문이었을 것이다. 따라서 '마성'의 위치는 개태사지에서 가까운 산성에서 찾지 않으면 안 된다.

『신증동국여지승람』 연산현의 성곽조에는 연산지역의 산성으로 유일하게 북산성을 언급하고 있다. "현의 북쪽 3리 지점에 있는데 석축으로 둘레가 1,740자, 높이 12자, 성 안에 우물 하나와 군창이 있다. 지형이 험하다."고 한 것이 그것이다.[29] 개태사지가 소재한 황산(천호산)의 위치가 연산현의 '동쪽 5리'로 되어 있어, 북쪽 3리 북산성과 방향은 다소 차이가 있으나 매우 가까운 위치임을 알 수 있다. 이 정도의 거리라면 태조 왕건이 개태사의 창건과 관련하여 '이곳(此地)'에 주둔하였다고 표현하더라도 과장은 아니라고 생각된다.[30] 그런가하면 앞에서 인용한 바 『여지도서』의 기록에서와 같이, 왕건의 주둔처로 치소의 서쪽 17리 지점 '탑정촌'의 산성을 들고 있는 점도 흥미롭다. 현재의 조사 결과로 이곳에 가장 가까운 성은 부적면 외성리의 외성리산성이다. 이 산성은 해발 118미터에 400미터 길이의 작은 토축성이다. 크기 등에서 위의 구전에 근거한 기록을 얼마나 신빙할 것인지 주저되는 것이 사실이지만, 여러 가능성을 검토할 필요는 있다. 또 개태사에서 약간 남쪽인 가야곡면 병암리에 '갈마산성(渴馬山城)'이라는 이름의 토축산성이 새로 보고된 사실도 흥미를 끈다. 충남대 백제연구소에 의하여 새로 보고된 이 산성은 모촌리 산성의 서쪽, 해발 156미터의 산정에 위치하며 둘레는 250미터 정도이다.[31] 이를 왕건이 주둔하였던 '마성'이라고 주장할 생각은 없지만, 개태사 주변 일대에 잔존하여 있는 여러 성지를 면밀히 검토함으로써 관련 지역을 좀더

---

29) 북산성은 『세종실록지리지』에는 '성황산 석성'으로 되어 있다. 즉 "城隍山石城 : 在縣北 三里 周回四百九十三步 險阻 內有泉一 冬夏不渴 有軍倉"(『세종실록』149, 지리지, 연산현)
30) 『세종실록지리지』에서는 개태사의 위치를 '현의 북쪽에 있다"고 하여, 북산성(성황산성)과 가까운 위치임을 짐작할 수 있다.
31) 충남대 백제연구소, 2000, 『논산황산벌 전적지』, 106쪽.

개태사지의 토축 유구[32]

구체화할 필요성을 느끼게 된다.

최근 개태사지에 대한 현지 조사에 의하면 사지의 주변에서 토성의 흔적이 확인되었다. 토성 흔적이 발견되지 않은 서쪽 구역을 제외할 경우 토축의 복원 길이는 2.7km 정도라고 한다. 전체 길이가 대충 4km 정도의 토축이었다는 이야기이다. 토축의 성격과 기능을 쉽게 결론 내릴 수는 없겠지만, 조사단은 고려 말 왜구와의 전투시 마련된 토성이 아닌가하는 추론을 조심스럽게 제기하고 있다.[33] 이러한 조사 결과는 후백제가 최후를 맞이한 현장인 마성이 다름 아닌 개태사지였다는, 앞서의 김갑동 교수 의

---

32) 공주대박물관, 2002, 『개태사지』, 129쪽.
33) 공주대 박물관, 2002, 『개태사지』, 125-131쪽.

견을 뒷받침하는 것으로 해석될 여지도 있다.

여하튼 고려와 후백제는 바로 황산벌을 사이에 두고 양쪽의 군사 거점을 중심으로 대치상태에 있었을 것이다. 이 때 수 만 규모에 달하는 고려군은 이 지역의 산성을 중심 거점으로 하여 주변 일대에 분산, 포진하였을 것이고, 그렇다고 볼 때 이들이 개태사에 주둔하였다는 표현은 개태사 일대에 포진한 상황을 표현한 것이라 할 수 있다. 필자는 마성의 위치를 확정하는 것은 아직 시기상조라고 생각하며, 따라서 황산군 치소를 중심으로 한 여러 가능성을 좀더 면밀히 검토할 필요가 있다는 점을 강조하고자 한다. 그러나 마성의 정확한 위치 여부와 관계없이 그것이 개태사 인근

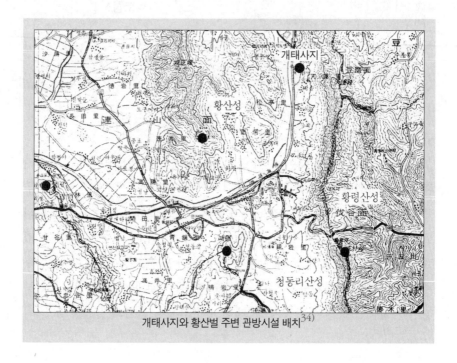

개태사지와 황산벌 주변 관방시설 배치[34]

34) 공주대 박물관, 2002, 『개태사지』, 78쪽에서 옮김.

이었음은 의심의 여지가 없다고 하겠다.

다음으로, 황산에서의 고려군의 동향과 관련하여 마성과 함께 논의의 초점이 되었던 것이 '탄령'이다. 이것은 일찍이 백제 말 계백 장군에 의한 최후의 결전이 되었던 황산벌 전투에서의 '탄현'과 비슷한 이름이다. 당시 신라군이 경상도 방면에서 백제로 진출하였던 것처럼, 고려와 후백제 군 역시 경상도로부터 넘어 들어온 것이었기 때문에 탄령과 탄현은 동일 현장일 가능성이 많다. 이 때문에 김갑동 교수도 왕건의 '탄령'과 계백의 '탄현'이 동일한 곳이라는 전제에서, 탄령에 대한 논의를 전개하고 있다.[35]

왕건이 넘어온 탄령에 대해서 김갑동 교수는 『동국여지승람』에서 그 이름이 나오는 부여와 공주의 경계지점(부여군 석성면)의 탄현, 전주 북쪽의 완주군 소재의 고산의 두 곳을 비교하여 그중 후자의 고산현 소재 탄현을 지목하였다. 그리하여 이 고산현의 탄현은 "길이 좁기는 하지만, 이미 삼국시대부터 영남에서 호남으로 넘어오는 주요 통로였기에" 신검군이나 왕건군이 이를 경유하였다는 것이다. 즉 왕건의 군은 선산에서 개령-금릉-황간-영동-금산을 거쳐 탄현을 넘고 용계-양촌을 거쳐 연산의 개태사지에 진을 쳤다는 것이다.[36] 마성의 위치를 고산의 용계산성으로 비정한 류영철 교수는 탄령의 위치가 같은 고산에 위치한 탄현이라고 밝혔다.

김, 류 두 교수의 탄령의 위치에 대한 비정은 이점에서 일치하고 있다고 할 수 있다. 그러나 김갑동 교수가 탄령을 북상과정에서 경유하였다고

---

35) 황산벌의 정확한 위치에 대한 최근의 견해로서는 연산면 신양리 일대라는 의견(충남대 백제연구소, 2001, 『황산벌 전적지』)과, 그보다 더 위쪽인 연산면의 천호리, 송정리, 연산리 일대라는 의견의 차이가 있다.(서정석, 2002, 「탄현에 대한 소고」, 『중원문화논총』7, 충북대 중원문화연구소, 98-102쪽) 후자의 견해는 백제와 후백제의 최후 전투 현장이 상호 일치하고 있다는 것이다.
36) 김갑동, 앞의 「고려 태조 왕건과 후백제 신검의 전투」, 272-274쪽.

보는 것에 대하여, 류영철 교수는 왕건군이 전주방면으로 남하하는 과정에서 이 고산의 탄령을 넘었다고 보기 때문에 의견이 반드시 서로 같다고 보기도 어렵다. 다만 왕건의 고려군이 후백제 군을 추격하여 탄령을 넘었다고 볼 때 전주방면으로 남하하였다는 것은 얼른 이해가 되지만, 반대로 후백제군을 추격하여 전주에서 볼 때 북상하는 방향이었다는 것은 얼른 이해되지 않는다. 이 때문에 김교수는 신검군이 왜 전주 쪽으로 내려가지 않고 도리어 북쪽의 연산 방면으로 북상하게 되었는가를 해명해야만 하였다. 그리하여 연산지역이 천안에서 전주 방면으로 직행하는 경우의 주요 통로라는 점에 착안하여 이를 해명하고 있다. 즉 일리천 전투 당시 태자 무(武)가 거느리는 고려군의 일부는 천안에 체류하고 있었고, 신검군의 일부가 이를 대비하여 연산지역에 진을 치고 있었으리라는 것이다. 따라서 일리천에서 밀려 퇴각한 신검의 군은 연산에 머물고 있던 부대와 합류하기 위한 목적으로 전주 방면이 아닌 연산으로 북상을 하게 되었다는 것이다.

후백제군의 북상 이유에 대하여, 김교수의 추측대로 고려군은 천안에 군사 일부를 잔류시킨 채 남하하였을 가능성은 많다고 생각된다. 또 고려군의 예상 남진로상에 위치한 연산지역에 후백제군 일부가 주둔하고 있었을 가능성도 충분히 있다고 생각된다.[37] 그럼에도 불구하고 이것만으로는 신검군의 북상 이유가 선명하게 이해되지 않는다. 다시 말해서 가능성이 있는 것은 사실이지만 동의하기에는 주저된다는 것이다. 김교수의 이같은 논리 전개는 결국 탄령의 전북 고산설에 무리하게 집착한 결과 때문이 아닐까 한다. '탄현', 숯고개라는 지명은 연산에서 비교적 가까운 지역

---

37) 후백제에 있어서 연산지역의 중요성에 대해서는 박순발 교수에 의해서도 "연산은 후백제의 최전방 要險地로서 이곳을 통과하면 그 이남은 일망무제의 평야지대여서 후백제의 도읍인 전주가 금방 눈에 들어오게 된다"라고 지적된 바 있다.(박순발, 2000, 「견훤왕릉고」, 『후백제와 견훤』, 178쪽)

에 『동국여지승람』에서만 2건(석성, 고산)이 나타나고 있다. 『동국여지승람』의 기록의 소략성에 입각해 볼 때 이것은 '탄현'이라는 지명 자체가 매우 일반적인 지명임을 의미한다. 이 때문에 그동안 백제의 탄현에 대해서도 충남북 경계의 마도령(馬道嶺)설, 이병도·지헌영·이기백의 대전 동쪽 식장산설, 홍사준·전영래·정영호의 전북 완주군 운주면 삼거리(고산현) 탄현(炭峴)설, 성주탁의 금산군 진산면 교촌리 탄치(炭峙)설 등 제설이 교차하였던 것이다.[38] 이와 관련, 김교수는 탄현의 마도령설이나 식장산설에 대해서는 "명확한 근거에 의하여 비정한 것이 아니므로 문제가 있다"고 보고, 아예 논의에서 제외하였다.[39] 이같은 의견은 『동국여지승람』이나 혹은 여타 지리지에서의 지명의 게재 여부를 그 근거로 삼고 있는 것인데, '탄현' 혹은 '숯고개' 등의 지명이 갖는 보편성에 비추어 오히려 위험성이 많다고 생각된다. 사실 『동국여지승람』만 하더라도 15세기의 자료여서 계백으로부터 8세기, 왕건으로부터 무려 5세기의 상거가 있다.

　왕건이 후백제군을 추격하여 넘어온 '탄령'에 대해서는, 우선 이를 백제의 탄현과 동일한 지점이라는 김갑동 교수의 전제에 대하여 필자는 적극 동의한다. 660년과 936년의 두 전투 모두 공격군이 경상도방면에서 충남지역으로 넘어와 동일한 '황산벌'에서 전개되었다는 사실이 '탄현'과 '탄령'이 같은 지점임을 강하게 암시하고 있기 때문이다. 그러나 이 탄령 혹은 탄현의 위치가 전북의 완주 혹은 금산의 진산과 같은 아래쪽이라는 것에 대해서는 동의하기 어렵다. 충북의 옥천 방면에서 대전으로 진입하였다는 이병도, 이기백, 이기동 등의 주장과 같이 대전 동쪽에서 구하는

---

38) 백제 탄현에 대한 제설의 요약은 김갑동, 「고려 태조 왕건과 후백제 신검의 전투」, 272쪽에 의함. 서정석, 2002, 「탄현에 대한 소고」, 『중원문화논총』7, 92-96쪽에는 탄현에 대한 기왕의 논의가 보다 상세히 소개되고 있다.
39) 김갑동, 위 논문, 273쪽.

개태사와 주변의 지형(공주대 박물관 사진)

것이 타당하다는 의견이며, 따라서 936년의 왕건군 역시 같은 코스로 탄령을 넘어 한밭벌(대전)을 거쳐 연산으로 남하하는 과정을 거쳤다는 생각이다. 전북 혹은 금산 방면으로부터 고려군(백제군)이 황산벌에 이르렀다면, 이들의 코스가 최종 목표지와 방향이 어긋나기 때문에 무리하게 그 이유를 설명해야만 하는 부담이 따르기 때문이다.

　　논의를 정리하자면, 왕건이 신검을 쫓아 넘었던 탄령은 옥천방면에서 넘어오는 대전의 동쪽이며, 이는 660년의 백제 탄현과 동일한 지점이다. 이들은 한밭벌, 대전(송정동, 흑석동)을 거쳐, 논산의 개태사 골짜기로 진입하여 황산벌에 이르렀다.[40)]

4. 개태사, 그리고 견훤과 왕건

고려 태조 왕건에 의한 개태사의 창건은 새 시대의 개막을 선포하는 상징적 의미를 가지고 있다. 이에 대해서는 『고려사』 태조세가 19년조에 "이 해에 광흥사(廣興寺), 현성사(現聖寺), 미륵사(彌勒寺), 사천왕사(四天王寺) 등을 창건하고, 또 개태사를 연산에 세웠다"고 하였다. 월차에 대해서는 밝혀져 있지 않으나, 개태사의 경우는 9월부터

개태사지 출토 '개태' 명와

12월 사이가 된다. 앞의 네 절은 개경 혹은 그 인근에 입지한 것 같고, 아마도 개태사만이 개경에서 멀리 떨어진 연산에 위치한 것같다. 개태사가 완공된 것은 그 후 태조 23년(940) 12월의 일이었다. 즉 개태사 건립 공사에는 햇수로 5년의 세월이 소요된 것이다.

태조 왕건의 개태사 창건은 대단히 상징성 있는 사업이었다. 그것은 무엇보다도 태조 왕건이 이룬 위업을, 불력의 가호라는 종교적 표현에 의

---

40) 서정석, 「탄현에 대한 소고」(2002, 『중원문화논총』7, 충북대 중원문화연구소)는 백제 탄현의 위치에 대한 가장 근년의 논문이다. 백제 성곽이 전문인 그는 〈신라군의 출발지 - 황산벌 - 부여〉라는 당시 신라군의 진로를 전제로 할 때 탄현은 옥천과 대전 사이의 지점이 되어야 한다는 주장을 적극 강조하고 있다. 백제, 고려 2회에 걸친 황산벌에서의 대회전은 이같은 진로를 전제로 할 때 이해될 수 있다는 것이다.

하여 선포한 것이었다. 즉 고려의 건국에 의하여 후삼국의 쟁란기를 종식시킨 공업(功業), 분열의 시대에서 통일의 시대로, 전란의 소용돌이를 잠재우고 마침내 평화와 번영의 새 시대를 열어간 역사적 과업의 상징물이었던 것이다. 여기에는 물론 옛 후백제민에 대한 견제 내지 진호(鎭護)의 의미가 고상한 명분으로 포장되어 있으리라는 것도 부인하기 어렵다. 그러나 개태사 창건 동기에 대하여 견훤 내지 구후백제 세력에 대한 견제를 지나치게 강조하는 것도[41] 다소 문제의 핵심에서 벗어나는 것이라고 생각된다.

이같은 상징성은 '개태(開泰)'라는 절의 이름에서부터 분명히 표현되고 있다. '태평의 시대를 연다'라는 '개태'의 이름은 반 세기 가까운 전환기의 혼란과 고통을 종식시키고 모두가 희구하는 평화와 번영의 꿈을 심어주는 상징어였다. 개태사가 소재한 '천호산' 역시 이같은 상징성에 동참하고 있다. 천호산의 본래 이름은 '황산'이었다고 한다.[42] 이를 '천호산(天護山)'이라는 이름으로 고친 것은 왕건의 위업이 실은 불력의 도움, 하늘의 도움이었다는 왕건의 믿음을 반영하는 것이며 동시에 고려의 평화와 번영도 궁극적으로는 불력과 하늘의 도움에 의하여 가능한 것이라는 고려왕조의 미래에 대한 희망적 메시지를 담고 있다. '고려 초'에 행정구역으로서의 황산은 '연산'으로 바뀌었다. 고려 초 지명의 개명이 워낙

---

41) 가령 김갑동 교수는 개태사의 개창 동기에 대하여, 이곳이 견훤의 최후를 맞이한 장소라는 점에서 "후백제 잔존세력의 정신적 중심지가 될 것을 염려한 때문"이 아닐까 추측하였다. 개태사의 개창에 의하여 '후백제와 견훤의 자취'를 제거하려는 것이었다는 것이다.(2002, 「후백제의 멸망과 견훤」, 『한국사학보』 12, 83-91쪽) 나아가 개태사 삼존불의 무사적 분위기도 이와 관련이 있는 것처럼 해석하였다. 그러나 견훤의 종신처가 후백제민의 반고려적 거점이 될만한 상황은 아니었다. 견훤은 이미 후백제를 배반하고 후백제의 멸망에 앞장세워진 장본인으로서, "후백제의 수도에 갈 수 없었던"(김갑동, 위 논문, 91쪽), 따라서 '반고려'의 구심으로서는 영향력 없는 존재였기 때문이다.
42) 『신증동국여지승람』 18, 연산현 산천조.

일반적인 것이기는 하였으나, 황산을 연산으로 바꾸는 것도 황산군의 중심 산이었던 황산이 천호산으로 바뀌었다는 데 한 이유가 있었는지 모른다.

개태사는 그것이 갖는 역사적 상징성 이외에 태조 왕건의 원찰의 성격을 가지고 있었다는 점도 퍽 중요한 점이다. 이 때문에 개태사에는 태조의 어진(御眞)을 안치한 '진전(眞殿)'이 건축되어 있었다. 그리고 이 진전은 적어도 고려 말까지는 유지되면서 왕조의 사직을 보호하는 특별한 종교적 권위를 함께 갖게 되었다. 홍건적의 난으로 위기에 처해 있던 공민왕 때에 천도와 환도의 길흉을 이 태조 진전에 묻고 있는 점이나,[43] 고려 멸망 직전인 공양왕 3년(1391) 정부에서 이첨(李詹)을 개태사에 보내 태조 진전에 제사를 지내고 옷과 옥대를 바치고 있는 사실[44]에서 이를 알 수 있다. 『동국여지승람』에서는 여전히 진전(眞殿)이 당시(조선 초)에까지 건재하고 있는 것처럼 언급하고 있지만,[45] 아마 이 시기 태조의 진전에는 태조의 어진을 대신하여 불상을 안치함으로써 불전의 하나로 개수되지 않았을까 추측한다.

936년 태조 왕건은 후백제를 복속시키고 통일의 위업을 이룬 기념으로 바로 개태사 창건에 착수하였다. 그런데 이와 관련하여 관심을 끄는 대목이 있다. 다름 아닌 견훤의 죽음에 대한 기록이다. 견훤의 죽음은 왕건이 후백제 신검군을 격파하고 통일을 이룩한 직후의 일이었다. 바로 같은 9월 그가 왕건의 고려군에 편성되어 전선의 선두에 파견되었던 것을 생각하면, 그의 죽음은 퍽 돌연한 일처럼 생각된다. 이 때문에 견훤의 죽음에 대한 기록에서도 그의 죽음이 '며칠만'의 일이었다는 표현을 하고 있다. 936년 통일전쟁의 종료 직후, 견훤을 죽음에 이르도록 그의 목숨을 재촉

---

43) 『고려사』 40, 공민왕세가 11년 8월 경술 및 12년 1월 임인.
44) 『고려사』 46, 공양왕세가 3년 5월 신묘.
45) "開泰寺 : 在天護山 有高麗太祖眞殿"(『신증동국여지승람』 18, 연산현 불우조)

논산 개태사 삼존불(신용희 사진)

하였던 것은 과연 무엇이었을까, 궁금한 일이 아닐 수 없다. 이에 대하여 『고려사』에서는 다음과 같은 간단한 언급을 보이고 있다.

이에 견훤은 근심과 번민(憂懣)으로 등창이 났고, 며칠만에 황산의 불사(佛舍)에서 숨을 거두고 말았다.(『고려사』2, 태조 19년 9월)

'근심과 번민'으로 며칠 만에 숨을 거두고 말았다는 이 기록은, 한 시대를 풍미하며 날아가는 새도 떨어뜨릴 듯한 위세를 자랑하였던 한 역사적 영웅의 죽음 치고서는, 맹랑하다고 할 정도의 종말이다. 그런데 위의 기록에는 견훤에게 죽음에 이를 정도의 근심과 번민(憂懣)을 가져다 준 것은, 후백제 복속 이후 왕건이 신검에 대하여 사죄 조치를 취한 것 때문으로 묘사하였다. 아버지를 반역한 세 아들, 신검·양검·용검 형제중 양검과 용검은 진주(眞州 ; 미상)로 귀양 보냈다가 곧 처단하였다. 그러나 유독 가장 책임이 크다고 해야 할 신검에 대해서만은 온정적이었다.

신검은 그가 아버지의 자리를 참람 되게 차지한 것이 남의 위협에 의한 것으로,

죄가 동생들에 비하여 가벼울 뿐 아니라 귀순하여 왔다고 하여 특별히 죽이지 않고 벼슬을 주었다. (위와 같음)

는 것이다. 견훤의 불만은 바로 이러한 왕건의 '불공평한' 처사에 대한 홧병 때문이었다는 것이 그 줄거리이다. 같은 이야기는 『삼국유사』에서도 "죄가 동생들보다 가볍다"고 한 것 대신, 그가 왕이 된 것이 "본심이 아니었다"는 것만 바꾸어 그대로 실려 있다. 이같은 신검에 대한 조치에 대하여 류영철 교수는 이것이 후백제의 민심 수습을 고려한 왕건의 책략에 기인하는 것으로 해석하면서

그의 근심과 번민은 후백제가 멸망한 후, 과거에 대한 회한이 작용하기도 했을 것이나, 후백제를 공격하자고 주장하였던 심정을 고려한다면, 신검을 사면하여 관직을 주고 또 양검과 용검도 죽이지 않고 유배 보내었던 결정에 대한 불만이 더 크게 작용한 것이 아닌가 한다.[46]

고 하였다. 즉 견훤의 홧병은 역시 신검에 대한 사면과 우대 때문이었다는 것이다. 그리고 이같은 논지는 김갑동 혹은 이도학 교수에 있어서도 별로 다르지 않다.[47]

그러나 후백제 복속 이후의 정리 과정에서 신검에 대한 온정적 처리에 불만하여 견훤이 홧병을 얻고 곧 죽음에 이르렀다는 이야기는 아무래도 자연스럽지 못하다. 그것은 후백제에 대한 마지막 군사 작전이 견훤의

---

46) 류영철, 2004, 「일리천 전투와 고려의 통일」, 『고려의 후삼국 통일과정 연구』, 223쪽.
47) 논문은 아니지만, 김갑동 교수는 『태조 왕건』(2000, 일빛)에서 "이를 보고 있던 견훤이 소리를 지르며, 태조에게 몸을 돌려 신검을 죽여달라고 애원했다.… 견훤은 신검을 죽이지 못한 것이 한스러웠다. 밤마다 잠을 이루지 못한 데다가 이제는 늙어 몸이 약해질 대로 약해졌다.… 마침내 견훤은 등창으로 생을 마감했다"(354쪽), 이도학 교수는 "진훤은 왕건이 신검을 죽이지 않은 것을 분하게 여겨 번민하였다."(2000, 『궁예 진훤 왕건과 열정의 시대』, 김영사, 291쪽)고 묘사하였다.

청원에 의하여 이루어졌다는 이야기와 맥이 닿고 있다. 앞에서 언급한 바와 같이 후백제 정복을 위한 최후 출정은 견훤의 요청에 의한 것이라고 『고려사』에 기록되어 있다. 즉 견훤이 왕건에게 자신의 "못된 자식을 처단해 줄 것"을 요구하였다는 것이고, 이에 왕건은 "처음에는 때를 기다려서 군사행동을 취하려 했으나 견훤의 간절한 요청을 가련히 여겨 그의 청을 따랐다"는 것인데,[48] 필자로서는 이같은 이야기를 문자 그대로 믿을 수는 없다고 본다. 아무리 배은망덕한 자식이라 하더라도, 그 자식에게 복수하기 위하여 안달하는 모습, 그리고 이를 이루지 못해서 홧병으로 죽었다는 것은 아무리 생각해도 상식적이지 않기 때문이다.

　　견훤의 복속 이후 후백제를 공략할 수 있는 고려의 가장 큰 무기는 역시 견훤이었다. 이같은 상식을 왕건이 염두에 두지 않았을 리 없다. 왕건은 후백제 정벌전에서 철저히 이 견훤 카드를 활용함으로써 기대한 성과를 얻을 수 있었다. 그러나 신검군이 왕건에게 무릎을 꿇는 순간, 견훤 카드는 용도를 다하게 된다. 후백제와의 최후 전투에서의 가장 참담한 패자는 아무래도 견훤이라고 하지 않을 수 없다. 후백제의 패배는 결국 견훤이 필생을 다하여 이룩하려했던 대망을 물거품으로 만든 것이기 때문이다. 견훤은 자신이 이룩하려 했던 꿈을 스스로 짓밟아야만 하는 모순된 역할을 담당하였다. 후백제 패망 이후 견훤을 가장 괴롭힌 것은 아들의 문제가 아니라 바로 자신의 문제였을 것이다. 역사 속에서 자신이 담당해야 했던 모순적 역할, 자기 포부와는 달리 뒤죽박죽으로 엉뚱하게 막을 내려버린 자기 인생에 대한 연민이야말로 견훤을 좌절시킨 가장 큰 문제이지 않았을까. 이렇게 볼 때 '아들 신검에 대한 울분'이라는 것은, 견훤의 죽음을 사적인 감정의 굴레에 매여 있는 한 필부의 죽음으로 단정 지음으로써 왕

---

48) 『고려사』2, 태조세가 19년 6월.

건의 책임부담을 덜어주는 승자 입장의 합리화라고 생각된다. 요컨대 견훤의 죽음은 자식의 문제 때문이 아니라 후백제 멸망, 고려의 통일과정에서 자신이 수행해야 했던 모순된 역할에서 오는 자기 운명에의 연민이 가장 중요한 요인이었을 것이라고 보는 것이다.

견훤의 죽음을 이상과 같이 역사적 존재로서의 '자기운명에 대한 좌절'이라는 관점에서 접근해 나가게 되면, 앞서 인용된 사료의 문자도 다시 해석되는 바가 있다. 앞에서 인용한 『고려사』의 견훤의 최후에 대한 기록에서 견훤이 "근심과 번민(憂懣)으로 등창이 났고, 며칠만에 황산의 불사(佛舍)에서 숨을 거두고 말았다"는 것은, 사실은 『삼국사기』의 기록을 그대로 옮겨놓은 것에 불과하다.[49] 그런데 『삼국사기』의 기록과 한 가지 다른 점이 확인된다. 『삼국사기』는 신검에 대한 왕건의 조치에 대하여 언급한 다음, 그에 이어서 견훤의 죽음에 대하여 부기하였는데, 그 문면(文面)으로는 견훤의 죽음이 신검에 대한 왕건의 온정적 조치 때문이라는 것을 반드시 의미하는 것은 아니다. 신검의 사면과 견훤의 죽음이 상호 관련성 없는 각각의 사실일 수도 있다. 그런데 이를 『고려사』에서 옮겨오면서 중간에 '이에(於是)'라는 단어를 끼워 넣어 신검의 사면과 견훤의 죽음을 인과 관계로 연결시킴으로써 신검의 사면이 견훤의 근심과 번민을 야기하였다고 결론지은 것이다. 이 기록의 원전이 되는 『삼국사기』에서 신검의 사면과 견훤의 죽음을 인과론적으로 연결시키고 있지 않다는 사실은 매우 중요하다. 견훤이 아들 때문에 죽었다는 식의 해석은, 말하자면 『고려사』 찬자의 '자의적 해석'일 뿐인 것이다.

한편 신검에 대한 사면에 대해서는 이 사실을 부정하고, "신검도 결국 동생들과 함께 죽임을 당하였다"는 주장도 있다. 『삼국사기』(견훤전)에서

---

49) "甄萱 憂懣發疽 數日 卒於黃山佛舍"(『삼국사기』50, 견훤전)

견훤의 무덤(논산시 연무읍 소재)

신검에 대한 사죄에 이어 "혹은 3형제가 모두 죽임을 당했다(一云 三兄弟
皆伏誅)"고 주기(註記)한 기록을 근거로 하는 것이다.[50] 그러나 이는 두
형제의 죽음으로 인한 와전이라 생각되며, 따라서 특별히 신빙성을 두기
어렵다고 본다.

　　신검에 대한 사죄를 후백제민에 대한 민심 수습의 차원으로 보는 견
해에 대해서는 필자도 동의한다. 그러나 여기에는 왕건의 치밀한 계산이
내포되어 있음을 간과해서는 안될 것이다. 신검이 무릎을 꿇기 전까지 신
검은 왕건이 격파시켜야 할 주적(主敵)이었고, 견훤은 이를 위한 가장 유

---

50) 이도학 교수는 "신검은 양검과 용검이 먼저 처형된 후 따로 죽임을 당한 것으로 보인다"
　　고 하여(『궁예 진훤 왕건과 열정의 시대』, 291쪽) 『삼국사기』에서 註로 소개한 異說을 채
　　택하였다.

효한 카드였다.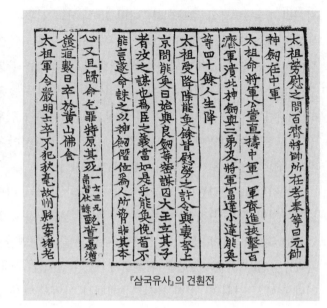
그러나 936년 신
검군이 황산에
서 드디어 무릎
을 꿇는 순간, 카
드는 뒤바뀌게
된다. 향후 후백
제 지역에 대한
왕건의 지배력
확대에 가장 걸
림돌은 이제 신
검이 아니라 견
훤이라는 점이

『삼국유사』의 견훤전

고, 이를 견제할 수 있는 카드가 신검인 것이다. 이러한 점에서 신검을 죄
가 가볍다는 명분으로, 또 '귀순' 하였다는 명분으로 사면하고 도리어 향
후의 상황에 활용하고자 한 것은 왕건의 치밀한 계산방법을 잘 보여준다.
이 같은 왕건의 전술에 의하여 견훤은 철저히 이용되었던 것이며, 견훤 좌
절의 가장 큰 요인은 바로 이같은 점에서 찾아야 하지 않을까 하는 것이다.

견훤은 황산에서의 신검군의 복속 이후 바로 '황산의 불사(佛舍)' 에
서 숨을 거두었다고 한다. 그의 나이 칠십, 『삼국유사』에 의하면 그의 죽
음은 9월 8일이라고 날짜가 명기되어 있다.[51] 『고려사』에 의거할 때, 선산
에서 후백제군이 격파된 것이 9월 8일 경이었음을 생각하면 여기에는 모
순이 있는 것이 사실이지만, 어떻든 견훤의 죽음이 후백제의 멸망과 같은

---

51) 『삼국유사』2, 후백제 견훤.

시기라고 보는 점이 주목된다. 이미 70 나이의 견훤은 아마 건강이 좋지 못한 상태에 있었고, 왕건에 의하여 무리하게 동원되었으며, 일리천과 연산에서의 후백제가 궤멸되는 현장 경험이 더욱 그를 충격에 몰아넣은 것으로 보는 것이 합리적이다. 이러한 점에서 견훤의 죽음은 신검에 대한 처리 문제가 아니라 일리천 전투와 황산에서의 최후가 견훤에게 가한 충격과 훨씬 관련이 깊었다고 보아야 한다. 그러지 않고서야 견훤이 그렇게 갑자기 사망하는 이유가 설명되지 않기 때문이다.

마지막으로, 견훤이 목숨을 거둔 황산의 불사는 어디인가. 15세기의 사정이지만 천호산(황산)에는 개태사 이외에도 고운사(孤雲寺)라는 절이 있었던 것으로 되어 있고, 그 밖에도 계룡산 줄기의 연산지역에 불암사(佛菴寺), 상암사(上菴寺), 만운사(萬雲寺) 등의 절이 기록에 실려 있다.[52] 이러한 점에서 견훤의 '황산 불사'는 개태사 이외의 다른 절일 가능성이 전혀 없는 것은 아니다. 그러나 김정호의 『대동지지』에서와 같이,[53] 견훤의 죽음은 아무래도 개태사에서였다고 보는 것이 자연스럽다. 『동사강목』에서 견훤의 '황산 불사'가 "연산 동쪽 5리 지점"이라 한 것도, '황산불사'가 개태사일 것이라는 추정과 상통한다.

견훤의 죽음은 후백제 멸망 직후의 일이다. 반면 개태사의 건립에는 후백제가 멸망한 그해 연말쯤부터 시작되어 5년이라는 세월이 소요된다. 이로써 생각하면 견훤의 '황산 불사'는 개태사의 전신이 되는 절이었을 것이다.[54] 이 점에 있어서 태조의 개태사 발원문 속에서 개태사의 창건을 '일신보찰(一新寶刹)', 즉 '보찰을 일신하였다'는 표현에 주목, 개태사 이

---

52) 『신증동국여지승람』18, 연산현 불우조.
53) 『대동지지』연산군 산천조.
54) 박순발 교수는 견훤의 '황산불사'를 개태사로 확정하지는 않았지만, 개태사지에서 "개태사 이전의 前身 사찰이 발견될 가능성"을 배제하지 않았다. 박순발, 2000, 「견훤왕릉고」, 『후백제와 견훤』, 서경문화사, 177-178쪽 참고.

전에 이미 절이 있었고 이 절이 견훤의 최후와 관련한 '황산의 불사'라고 정리한 김갑동 교수의 의견이 주목된다.[55] 요컨대 견훤이 종신한 '황산 불사'는, 왕건에 의하여 '천호산 개태사'로서 변신하였던 것이다. 이러한 점에서 개태사는 견훤의 공적과 죽음을 토대로 하여 통일왕국을 이룩해갔 던 왕건의 '대망'을 가장 상징적으로 보여주는 역사의 현장이라고 할 수 있을 것이다.

맺는말

936년 태조 왕건에 의한 고려 통일은 민족사의 수준을 한 단계 끌어 올린 중요한 역사적 분수령이었다. 그것은 후백제와의 최후의 군사적 대 결을 전제로 한 것이었다. 이러한 점에서 전쟁의 구체적 경과에 대한 진지 한 검토가 반드시 필요하다고 할 수 있다. 이 문제에 대한 논고가 전혀 없 었던 것은 아니지만 여기에는 여전히 많은 의문점들이 산재하여 있다. 이 점에서 본고는 당시 전쟁의 구체적 경과를 추적하여 검토하는 데 중점을 두었다.

본고에서 논의된 내용중 중요하다고 생각되는 것을 간략히 정리하면 다음과 같다.

첫째, 연산에 이르기 직전, 936년 고려 최후의 통일전쟁이었던 경북 선산의 일리천 전투에서 고려군은 8만 7천 5백의 대군을 동원하였다. 이 군 규모 수치는 비교적 실제 사실에 근접하는 수치로 생각된다. 양군이 경 상도 선산에서 맞딱뜨린 것은 후백제의 경상도지역 선점에 대한 경쟁 때

---

55) 김갑동, 2002, 「후백제의 멸망과 견훤」, 『한국사학보』 12, 86쪽.

문이었던 것 같다.

　둘째, 양군의 연산에 이르는 경로에 대해서는 전북 완주를 거쳐 북상 중이었다는 의견과, 전주쪽으로 남하중이었다는 것으로 갈려 있는데, 필자는 대전을 경유하여 남하중이었다는 후자 쪽이 사실에 부합하는 것으로 보았다. 이를 '북상'으로 보는 의견은 '탄령' 등의 지명 비정에 지나치게 의존한 결과 때문이다. 지명 비정보다는 상식적인 대세론으로 파악하는 것이 중요하다는 생각이다.

　셋째, 936년 후백제 정벌전이 견훤의 청원에 의한 것이었다는 『고려사』의 기록, 혹은 후백제 멸망 이후 견훤의 돌연한 죽음을 신검에 대한 태조 왕건의 관용에 대한 울분으로 단정한 기록 등은 사실과는 상당한 거리가 있다고 생각된다. 연산에서의 견훤의 돌연한 죽음은 자식에 대한 울분이라기보다는, 견훤 자신의 '좌절'과 후백제 몰락에 따른 정신적 충격 때문이었을 것이다.

　개태사는 오랜 전란을 종식시키고 고려 통일시대의 개막을 알리는, 이른바 '개태(開泰)'의 역사현장이다. 동시에 후백제 견훤의 종신처이기도 하다. 이같은 역사적 의미에 비추어 보더라도 개태사에 대한 보다 본격적인 연구는 절터의 발굴조사와 함께 반드시 이루어져야 할 과업이다. 동시에 개태사 주변에서의 고려 후백제 양국군의 최후 대결에 대해서도 그 구체적 경과와 현장이 좀더 사실적으로 확인되어야 한다. 더욱이 936년 통일전쟁의 마지막 현장이 660년 백제 계백의 전쟁, 신라에 의한 통일전쟁의 현장과 같은 공간이라는 점은 특별한 흥미를 불러일으킨다. 이러한 점에서 문헌과 현장을 실증적으로 연결하여 사실을 구체화하는 작업이 앞으로 지속적으로 이루어져야 할 것이다. *

---

* 『한국학보』114, 2004, 「936년 고려의 통일전쟁과 개태사」, 일지사 게재 논문.

02 몽고전란기의 아산·천안

- 아산만지역의 전투와 피란입보 -

머리말

충남의 북부 지역인 천안·아산은 아산만의 해로와 내륙수로에 의하여 외부와 소통되고 경기도와 연접한 곳이어서 다른 충남의 지역과는 다소 구분되는 지역적 성격을 가지고 있다. 근년 천안·아산 지역의 급격한 인구집중과 도시화도 이같은 지역적 특성과 관련이 있다.

서해바다를 끼고 내륙수로가 발달한 아산만 지역의 지리적 여건은 특히 청동기시대 또는 초기 국가시대 중요한 세력 형성의 거점을 조성하였다. 이후 고려 초 태조 왕건의 통일전쟁을 계기로 천안부의 설치 등 이 지역의 군사적 정치적 중요성이 크게 부각되었다.

본고는 13세기 몽고전란기 아산·천안지역의 사정을 검토하려는 것이다. 이 시기 아산은 몽고군과의 치열한 접전지가 되기도 하였고, 인근 지역 피란민의 입보처로서도 이용되었다. 구체적으로는 평택민들이 아산 영인산성에, 그리고 천안민들이 아산 선장도에 입보하였던 기록이 보인다. 전자의 경우는 산성에의 입보이며 후자는 해도 입보의 사례인데 양자 모두 관외(管外)의 타군(他郡) 지역으로 피란 입보 하였던 점에서는 일치하고 있다.

몽고전란기 농민들의 입장에서 침략군의 칼날에 죽임을 당하거나 포로로 고초를 겪어야 하는 상황에서 신변의 안전을 도모하기 위한 피란 입보는 꽤 자연스러운 것이었다. 이같은 사정에서 대몽항쟁기 고려 지방민들의 피란 입보는 몽고군의 침입이 있을 때마다 광범하게 이루어졌다.[1] 피란 입보의 형태는 입보처에 따라 산성 입보와 해도 입보의 두 가지 형태로 대별할 수 있다. 산성에의 입보는 내륙지역에서, 그리고 연안 지역에 있어서는 해도에의 입보가 일반적으로 행하여졌을 것이지만 그것도 현지의 지리적 여건에 따라 반드시 일정한 형태로 고정 되었던 것은 아니었다.

본고에서는 몽고전란기에 있어서 전투와 피란에 대한 실상을 아산지역을 통하여 구체적으로 검토해 보고자 한다.

1. 아산만 지역의 역사성

아산만 연안이라고 하면 대체로 오늘날 충남 북부지역 및 이에 연접한 경기도의 서남부지역으로서 내륙으로 깊이 만입(灣入)된 아산만을 중요한 교통로로 활용하고 있는 지역을 가리킨다. 이 지역은 선사, 고대 이래 일정한 문화적 축적이 있었던 곳이며 삼국, 후삼국의 쟁란기에는 상대 세력 간의 각축장으로서 전략적 중요성이 부각 되었던 곳이기도 하다.

이중환의 『택리지』에서는 이 지역을 다음과 같이 묘사하고 있다.

> 목천 마일령(磨日嶺) 서쪽의 내포 동쪽과 차령 이북의 천안 · 직산 · 평택 · 아

---

[1] 대몽항쟁기 해도입보를 중심으로한 고려의 입보전략에 대해서는 윤용혁, 1982, 「고려의 海島 입보책과 몽고의 전략 변화」, 『역사교육』32 참조.

산 · 신창 · 온양 · 예산 등 일곱고을은 풍속이 비슷하다. 남쪽은 산골인데 산골 가까운 곳은 땅이 기름져 오곡과 목화 가꾸기에 알맞고, 북쪽은 포구와 섬인데 포구와 섬에 가까운 곳은 거친 땅과 기름진 땅이 반반이다. 생선과 소금, 뱃길의 편리함은 있으나 목화 가꾸기에는 알맞지 않다.(이중환 『택리지』 팔도총론, 충청도)[2]

아산 신창면 남성리 출토 청동기(사슴이 새겨져 있음)

아산만 일대에서는 신석기 혹은 청동기시대의 유적이 풍부하게 확인된다. 백제 이전에 이미 해로와 수로를 통하여 취락이 밀집되어 있었던 것이다. 오래 전에 출토한 남성리 석관묘의 청동기 유물,[3] 혹은 근년 아산 천안지역의 도시 개발에 의하여 광범히 이루어지고 있는 관련 유적의 검출이 이를 입증하고 있다. 선사 이래의 이같은 지역적 특성은 초기 국가의 성립을 가능하게 하여, 마한의 중심국이었던 목지국의 치소로서 주목되고 있다. 백제의 마한 병합은 아산만 유역의 정치세력을 병합하는 내용을 포

---

2) 번역은 이익성 역, 1993, 『택리지』, 을유문화사 참고.
3) 신창면 남성리 석관묘에서는 세형동검 3점을 포함한 각종의 청동기, 구슬류, 토기 등이 다수 출토되었다. 이들 유물중 사슴이 새겨진 검파형동기와 방패형동기 등 특수한 의기는 매우 주목되는 청동기유물이다. 여기에서는 그밖에도 2점의 구리거울, 곡옥, 관옥 등 구슬류와 토기들이 출토된 바 있다. 이에 대해서는 한병삼 · 이건무, 1977, 『남성리 석관묘』, 참조. 한편 아산지역 청동기 유적의 현황은 이한상, 1993, 「아산지역의 청동기문화」, 『아산의 문화유적』, 공주대박물관이 참고 된다.

함하고 있는 것이다. 그리고 그 시기는 늦어도 4세기 전반 이전이 된다.[4]

조선시대의 아산은 온양, 아산, 신창 등 3개의 군현으로 구성되어 있었는데, 그 기원은 백제로 소급된다. 백제시대에는 탕정군(湯井郡), 아술현(牙述縣), 굴직현(屈直縣) 등이 있었는데, 탕정은 온양, 아술은 아산, 굴직은 신창의 전신이라고 대략 구분할 수 있을 것이다. 백제시대의 탕정은 고려 초에 온수군으로 개칭되었고, 조선시대에는 온양이라는 이름이 일반화되었다. 백제의 아술은 신라시대에 음봉, 그리고 고려 초에 인주(仁州)라는 이름이 되었다. 인주가 아주(牙州)로 개칭된 것은 고려후기, 아마 명종 2년(1172)의 일이었던 것 같다. 아주가 아산현으로 개칭된 것은 조선 태종 13년(1413)의 일이었다. 백제의 굴직현은 신라시대 기량현(祈梁縣)이 되고 고려 초부터는 신창이라는 이름이 되었다. 따라서 약간의 변동은 있었지만 아산, 온양, 신창의 3개 군현 체제는 백제이래 조선조까지 대략 1천 5백년의 전통을 이어온 것이라 할 수 있다.[5]

아산에 비할 때 천안의 경우는 백제 이후 좀더 복잡한 변화를 경험한다. 아마도 마한 목지국의 중심이었을 이 지역이 백제에 병합된 후에는 직산, 목천 등의 군현으로 편제되었다.

천안의 북쪽에 위치한 직산은 예로부터 백제 온조왕의 치소, 위례성으로 전해지는 지역으로서, 조선시대 객관 부근의 누정을 '제원루(濟源樓)'라 이름한 것도 '백제의 근원'이라는 이같은 지역 정서를 반영하는 것이다. 신라시대 사산현(蛇山縣)을 거쳐 고려 초에 직산이라는 이름을 갖게 되었다. 동측에 위치한 목천은 백제 때 대목악군(大木岳郡)이며, 신

---

4) 아산·천안 등 아산만 일대에서의 초기 역사와 백제의 병합에 대해서는 박찬규, 2007, 「백제의 성장과 마한 병합」, 『백제의 기원과 건국』, 충청남도역사문화연구원, 354-361쪽 참조.
5) 아산지역의 역사성에 대해서는 윤용혁, 1993, 「아산의 연혁」, 『아산의 역사와 문화』, 공주대박물관 및 윤용혁, 1994, 「아산 금석자료의 역사적 배경」, 『아산금석기문』, 공주대박물관 참고.

라시대 대록군(大麓郡)을 거쳐 고려 때 목주라는 이름을 갖게 되고, 조선 태종 13년 목천이라 이름 하게 된 것이다. '천안군'의 출발은 고려 초, 태조 13년 (930)부터이며 태조 왕건이 후백제 공략을 위한 군사적 거점도시로서 천안도독부를 설치한 것이 그 기원이 된다. 이 때 탕정(온양)·대목악(목천)·사산(직산) 등 주변 지역의 땅을 각각 분할하여 천안

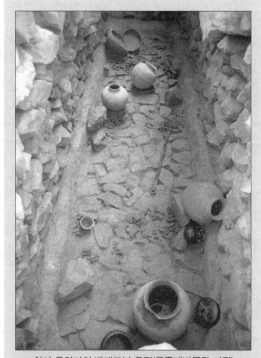

천안 용원리의 백제고분 유적(공주대박물관 사진)

이라는 새 행정구역을 만든 것으로 생각된다.[6] 이후 한때 환주(歡州)·영주(寧州)·영산(寧山) 등의 이름을 거쳐 조선 태종 16년에 천안이라는 이름을 회복한 것으로 되어 있다.

경기지역에 인접한 아산만과 곡교천의 내륙수로는 고려 12조창의 하나인 하양창, 조선조 공진창과 같은 조운 거점의 입지가 되었고 1894년에는 청일전쟁의 발발지가 되기도 하였다.[7] 아산 현지에 남아 있는 유일한 청일전쟁 관련 유적으로 일제 때 만든 '鎭淸岩(진청암)'이라는 석각(염치

---

6) "按李詹集 王氏始祖 聽倪方言 乃分湯井大木蛇山之地 置天安府 疑是"(『신증동국여지승람』15, 천안군 건치연혁)

청일전쟁 '전승' 을 기념한 일제의
'진청암' 석각 탁본

읍 강청리 소재)이 주목되는데, 청일전
쟁 때 청일 양국군이 아산만을 통하여
진주한 것은 몽고 전란기에 있어서 아
산만 연안에서 전개된 일련의 전투와
도 연관하여 고찰하는 것이 가능하다.

2. 몽고전란기 아산지역에서의 공방전

몽고의 침입군이 충남지역 북부의
아산만 연안에 침략을 해온 것은 3차
침략 때부터의 일이다. 몽고의 3차 침
입은 고종 22년(1235)에 개시되었는데
이듬해 고종 23년 몽고군은 이 아산만
연안 일대를 횡행하면서 이 지역을 장
악하고자 하였다. 『고려사』세가의 기
록에

8월 23일 몽고군 100여 명이 온수군(溫水郡, 온양)으로부터 차현현(車懸峴)으
로 남하하였다. 24일, 몽고군이 남경 · 평택 · 아주(牙州), 하양창(河陽倉) 등처에
나누어 주둔 하였다.

라고 한 것이 그것이다. 그리고 이어 9월 3일자에는 온수(온양)군을 중심

---

7) 당시 청일 양국군은 아산만 입구의 풍도를 거쳐 백석포 일대를 통하여 상륙하였다. 아산지
역의 청일전쟁에 대해서는 최덕수, 1993, 「청일전쟁과 아산」, 『아산의 역사와 문화』, 공주
대박물관, 126-135쪽 참고.

으로 한 공방전이 다음과 같이 소개 되어 있다.

몽고병이 온수군을 포위하므로 군리(郡吏) 현려(玄呂) 등이 문을 열고 나가 싸워 크게 이겼다.(이 싸움에서) 2급을 참수 하였고 시석(矢石)에 맞아 죽은 자가 200여 인이었으며 노획한 무기도 심히 많았다.[8]

온수군이 몽고병에 포위되었고, 이에 온수의 향리 현려(玄呂)가 군을 이끌고 나가 적을 격파하였다는 내용이다. 시석에 맞아 죽은 적이 2백 여명이라 한 것은 당시 성을 둘러싼 치열한 공방전이 전개되었음을 말해준다. 몽고군을 격파한 온수군의 군이 어떤 성격의 군인지 밝혀져 있지 않으나, 향리의 지휘를 받은 것에서 생각하면 다수의 군민이 전투에 가담되어 있었음을 짐작할 수 있다. 전투의 현장이 평지의 읍성인지 읍치 주변의 산성인지 역시 밝혀져 있지 않다. 몽고군이 '온수군을 포위' 하였다는 것으로 보아서는 평지의 읍성일 것처럼 생각되지만, 읍성에서 몽고군의 포위 공격을 공격적으로 방어할 수 있었을까 하는 의문이 제기된다.

온양의 구읍치는 현 아산시가에서 산 넘어 남쪽으로 떨어진 읍내동으로서, 아직 관아가 남겨져 있다. 고려시대에도 관아의 위치는 크게 다르지 않았을 것으로 생각되는데, 아산지역 지표 조사 자료에 의하면 읍치 주변에 2개의 성이 확인된다. 읍내동에 소재한 읍내동산성과 역시 같은 읍내동 소재 성안말산성이 그것이다. 읍내동산성은 '온주아문' 이 있는 읍치의 진산인 연산(燕山) 봉우리에 퇴뫼식으로 조성된 970m 길이의 석성으로, 남 · 동 · 북문과 우물지가 확인되었으며 특히 남문지와 동문지 부근에 건물터가 밀집되어 있다. 관아에서 읍내동산성과 거의 같은 거리이지만 동측 방향에 위치한 성안말산성은 구릉을 에워싼 포곡식의 토축성이

---

8) 『고려사』 23, 고종세가 23년 9월.

조선시대 온양 읍치의 관아문(윤건혁 사진)

온양의 구관아와 읍내동 산성이 있는 연산(燕山) (뒤)

다. 평지와 좀 낮은 산지를 둘러싸고 있어서 위치가 덜 험하지만 나말여초 전란기에 배방산성의 견훤과 맞선 왕건의 고려군이 주둔하였다는 전설이 있다.[9) 성의 규모는 '성안말' 이라는 지명이 암시하듯 보다 넓은 지대를 점유하고 있다. 그리고 이들 지역에서 온양천을 경계로 남동쪽에 험고하고 큰 규모의 배방산성(排方山城)이 위치한다. 석축으로 1.5km 규모인 배방산성은 백제시대 초축으로 전해지는 온양지역의 대표적 관방이다.[10)

이상의 읍치 주변 관방 시설의 조건에서 생각하면, 당시 온양읍치의 관리와 주민들은 이들 몇 성으로 분산되어 있었던 것으로 보인다. 아마도 군리 현려는 온수군의 수령과는 별도의 성에 주민들을 이끌고 입보하여 있었던 것으로 보이며, 이 점에서 읍내동 소재 성안말산성이 기록상의 전투지로서 가장 유력한 것으로 생각된다.

고종 23년 9월 온수군에서의 전투에 이어 12월 20일자 기록에는 대흥(예산군)의 수령으로부터 접수된, 몽고군의 포위 공격을 분쇄하고 다수의 무기류까지 노획 하였다는 대흥전투 보고가 실려 있다.[11) 이상과 같은 기록을 종합 정리해 볼 때 1236년(고종 23) 몽고군은 대략 8월부터 그해의 연말까지 아산만 연안 지역에 대한 장악을 시도하였음을 알 수 있다.

그후 아산만 연안에 대한 몽고군의 공세가 다시 강화되었던 것은 고종 43년(1256)의 일이었다. 『고려사』세가 고종 43년 4월 29일(경인)자에 "충주도순문사 한취(韓就)가 아주(牙州)의 해도에 있으면서 선박 9척으로 몽병이 역습하자 모두 죽였다"고 한 것이 그것이다. 아산만 연안은 평야지대에 교통이 발달한 세수(稅收)의 중심인데다 강도(江都)와 근접한 곳

---

9) 충남발전연구원, 2003, 『문화유적분포지도(아산시)』, 161쪽.
10) 온양 읍치 주변의 관방 유적에 대해서는 충남발전연구원, 2003, 『문화유적분포지도(아산시)』, 161-162쪽, 275-276쪽 참조.
11) 『고려사』24, 고종세가 23년 12월.

이기 때문에 강도의 고려 정부는 이 지역에 대하여 각별한 관심을 가지고 있었다. 그리하여 같은 해 6월 1일 정부는 장군 이천(李阡)을 아산지역으로 급파, 수군 2백 병력으로 몽고군을 막게 하였다. 이천의 군은 해로를 통하여 아산만으로 진입한 이후 온양에서 적을 크게 무찔렀다. 『고려사』 고종세가 43년 6월 23일(임오) 기록에 "장군 이천이 몽병과 온수현에서 싸워 수십 급을 베고 포로된 남녀 백여 인을 빼앗았다."고 한 것이 그것이다. 당시 집정자 최항은 아산지역에서 적을 공파한 이천의 공을 높게 평가하고 "은 6근으로 사졸들을 포상"하는 조치를 취하고 있다.[12] 한편 서산 정씨가의 정인경(鄭仁卿) 관련자료 (「政案」)에 의하면 "병진년 7월 17일 신(新)·온수(溫水)·직(稷) 등 3개 군에 송고대왕(松古大王)이 주둔하거늘 (정인경이) 야간전투에 마별초로 먼저 들어가 보좌한 공으로 등재" 되었다고 기록되어 있다. 「정안(政案)」은 정부의 인사기록 카드에 해당하는 매우 신빙성 있는 자료이거니와 여기에 고종 43년(1256, 병진년) 송고대왕(『고려사』의 松吉大王)이 몽고의 대부대를 이끌고 아산지역 일대를 제압하고 있었음을 알려주고 있는 것이다.[13]

일단 철수 하였던 몽고군은 이듬해 고종 44년(1257) 아산만 연안에 대한 공격을 재차 가해왔다. 6월 12일 몽고군은 직산(천안시)에 내도하였는데[14] 이들은 직산으로부터 아산 지역으로 진입, 공격을 가하였다. 이상, 『고려사』의 기록을 통하여 볼 때 몽고군이 아산만 연안 지역을 적극 공략하고자 했던 것은 고종 23년(1236), 고종 43년(1256), 고종 44년(1257) 등

---

12) 윤용혁, 1991, 『고려대몽항쟁사연구』, 일지사, 324~325쪽 참고. 1994년에 진수한 한국 최초의 국산 잠수함 '이천함'은 바로 1256년 온양에서 적을 격파한 이천 장군의 이름을 취한 것이다.
13) 정인경의 아산지역 전투 참전에 대해서는 본서에 실린 「정인경가의 고려 정착과 서산」 논문을 참조.
14) 『고려사』 24, 고종세가 44년 6월.

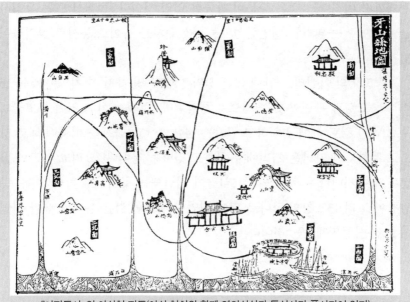

『여지도서』의 아산현 지도(아산 현치와 함께 영인산성과 동심사가 표시되어 있다)

도합 3회 이상에 걸쳐 시도되었던 것이다. 1274년(지원 11, 원종 15)에 작성된 서울 안암동 개운사(開運寺) 소장 불상(목조아미타불좌상)의 조성발원문에는 아주(아산)의 '옛 절이 훼손되어(古寺毀)' 새로 불상을 조성하여 봉안하게 되었음이 언급되어 있다. 최성은 교수는 여기서 '동심접(東深接)'으로 언급된 절을 아산현 '동쪽 5리 지점'의 동심산 또는 동심사[15]로 추정하고, 이것은 몽고 전란기에 이 절이 훼손되었음을 의미하는 것이라 파악하였다.[16] 아산의 지리적 위치로 인하여 전란의 피해가 이 지역의

---

15) 『신증동국여지승람』 20, 아산현 산천.
16) 최성은, 2008, 「13세기 고려 목조아미타불상과 복장묵서명」, 『한국사학보』 30, 119-124쪽 참고.

절에까지 미쳤다는 것은 충분히 가능한 일일 것이다. 동심산 또는 동심사는 본고에서 논의하는 영인산성과는 아산현치를 사이로 동서로 상거하여 멀지 않는 위치이기도 하다.

몽고군의 아산만 연안에 대한 침입은 대략 몇 가지 이 지역이 갖는 전략적 중요성과 관련이 있는 것으로 생각된다. 첫째는 이 지역이 몽고군의 주요 남진 경로 상에 위치하고 있다는 점에서이고, 둘째는 이곳이 해로 상으로 강화도가 가까운 거리에 위치하고 있다는 점이다. 그리고 인근의 발달된 평야지대로부터의 풍부한 식량이 집산되는 곳이기도 하다. 아주 하양창이 고려 13조창의 하나로 되어 있었던 것도 이같은 아산만 연안 지역의 조건을 설명해주는 것이다.[17]

3. 몽고전란과 아산 영인산성

천안 혹은 직산 등과 경계를 이루고 있는 평택현은 아산만의 만입부 연안에 위치한 소읍으로서 고려시대에는 주로 천안부의 속현이었던 같다. 고려 이전에는 하팔현(河八縣)으로 불리었다는데 이는 아산만으로 유입되는 하천의 발달로 인하여 붙여진 이름인 것 같다. 이 지방의 지형은 저평한 평야지대로서 물이 풍부한 전형적인 수전 농업지대이다. '평택(平澤)'이라는 지명도 따지고 보면 이같은 지형적 특성을 그대로 묘사한 이름이다.

평택은 지명의 뜻대로 산지가 거의 없는 저평한 평야지대이다. 박서생(朴瑞生)의 시에 평택에 대하여 "물 천천히 흐르고 산은 낮으며 기름진

---

17) 아주 하양창은 조선시대의 慶陽縣이며 현재는 경기도 평택시에 속해 있다.

들은 평평한데 주민들은 곳곳마다 밭갈이를 일삼는다"고 하였고, 노숙동 (盧叔同)의 시에는 "기름진 들 멀리 손바닥처럼 편편한데 농부들은 도롱 이 삿갓 쓴 채 구름 헤치며 밭을 간다"라 하였다. 또 서거정(徐居正)의 시 에서는 "이 지역 본래 바다와 가까워서 생선과 게가 풍부하고 들엔 이미 가을 깊어 벼농사로 가득 찼다"고 하였는데 이같은 평택에 대한 묘사는 그 지리적 특성을 잘 설명해 주고 있는 것이다.[18]

평택은 평야가 발달한 반면 산이 없다. "본 현에는 사방에 산이 없고 오직 이(객관 북쪽) 언덕이 약간 높아서 조망할만 하다"[19]는 정도이다. 바 다를 끼고 있기는 하지만 연안은 섬을 수반하고 있지 못하다. 이같은 형편 에서 몽고군의 침략을 당하게 되면 평택민들은 속수무책일 수밖에 없다. 조직된 정예의 군사력을 보유하지 않고서는 깊은 산곡(山谷)의 성보(城 堡) 혹은 해수(海水)에 의해 차단된 섬이야말로 적의 예봉을 임시 피하기 위한 가장 유효한 방호처가 되기 때문이다.

이같은 사정에서 평택민들은 몽고군을 피하여 남쪽으로 인접한 타군 지역인 아주(아산) 소재의 산성으로 입보 하였다. 이에 대하여는 『신증동 국여지승람』(아산군 고적조)에 "신성산성(薪城山城) : … 옛날에 평택사 람들이 난리를 피하여 우거(寓居)한 사실이 있어 평택성이라 이름 했다" 는 것이다. 여기에서는 평택민의 신성산성 입보 사실이 어떠한 난리사건 때문에 야기된 것인지에 대해서는 밝혀져 있지 않은 채 막연히 과거 시제 만을 제시하였다.

평택민의 아주(牙州) 신성산성 입보는 이 지역에 대한 외침의 사건을 전제하고 '평택성'이란 지명을 고려할 때 고려시대의 사건임은 의심의 여

---

18) 이들 평택에 대한 일련의 시는 『신증동국여지승람』19, 평택현 題詠條에 실려 있다.
19) 『신증동국여지승람』19, 평택현 누정조.

아산현의 진산 영인산 원경

지가 없다. 더우기 타군인 아주 소재의 산성을 '평택성'이라고까지 불렀다는 것은 이들의 교우(僑寓)가 일시적이 아닌 비교적 장기간 혹은 되풀이된 것이었음을 의미한다. 이같은 점을 종합적으로 검토할 때 평택인의 아주 신성산성 입보는 다름아닌 몽고 병란기의 사건이었던 것이다.

몽고군의 침입시 평택인들이 집단적으로 피란하였던 신성산성에 대해서는 "신성산 석성 : 아산현의 남쪽 5리 지점에 있으며 둘레 4,323보 2척, 험조(險阻)하다. 안에 우물이 하나인데 겨울이나 여름이나 마르지 않는다"[20]고 하였고, 또

---

20) 『세종실록지리지』 충청도 아산현.

그 산(신성산) 마루에 옛 성 두개를 연해서 쌓은 것이 있는데, 북쪽성은 석축으로 주위가 480척에 높이 10척이며 안에 우물이 있고 날이 가물면 이곳에서 비를 빈다. 남쪽성은 토축으로 주위가 480척에 높이 4척인데 옛날 평택사람이 난리를 피하여 우거한 사실이 있어 평택성이라 이름 했다.[21]

는 것이다. 이에 의하면 신성산성은 그 연원을 달리하는 석성과 토성의 2개 성으로 되어 있고 문의상(文意上) 명확하지는 않으나, 평택민들은 남쪽의 토성을 주로 사용 하였던 것 같다.

신성산의 위치에 대해서는 "본(아산)현 서쪽 5리 지점"[22]에 있다 하였는데, 다시 "일명 영인산(寧仁山)이며 현의 서 3리에 있다"[23]고 하여 그것이 아산 현치(縣治)에 소재한 오늘날의 영인산(靈仁山)을 지칭하는 것임을 알 수 있다.

몽고침입기 평택민들이 입보하여 피란하였던 영인산성(신성산성 : 평택성)은 아산군 영인면 아산리 표고 364미터의 영인산에 축조되어 그 잔적이 남아 있다. 그중 석축산성의 경우를 보면 자연 지형을 최대한 활용, 편축(片築)으로 축조한 것이며 남문지, 서문지 등의 흔적, 그리고 우물 등을 확인할 수 있다. 삽교천 및 아산만 일대의 주변, 심지어는 평택까지도 일목요연하게 전망되는 아산군내 최대의 산성이다.[24] 영인산성에 대한 조사자의 간단한 보고를 부분적으로 간추려 인용하면 다음과 같다.

동벽은 지세가 비교적 완만한 곳으로, 성벽이 심하게 붕괴되어 있으나 2.5m 높이로 편축식으로 축성하였다. 지형적으로 볼 때 이곳은 성내에서 지대가 가장 낮

21) 『신증동국여지승람』20, 아산군 고적조.
22) 『신증동국여지승람』20, 아산군 산천조.
23) 『여지도서』충청도 아산현 산천조.
24) 백제개발연구원, 1991, 『충남지역의 문화유적 -온양시.아산군편-』, 173-174쪽 및 충남발전연구원, 2003, 『문화유적분포지도(아산시편)』, 208-209쪽 참조.

영인산성 석축

은 지역으로 성내의 물이 모두 이곳으로 모이게 되어 있다.

남벽은 성벽의 원형을 잘 간직하고 있다. 성벽은 세로 10cm 내외, 가로 40cm, 석재 뿌리 20-30cm 되는 납작한 돌들을 이용하여 4.7m 높이의 바른층 쌓기로 축성하고 있다.

서벽은 동벽보다 지세가 더 험준하다. 세 개의 봉우리가 연접하면서 형성한 두 개의 골짜기 부분에는 성벽의 흔적을 확인할 수 없다.

건물지는 성내 남반부에 위치했을 것으로 추정되나, 현재는 탑이 들어서 있어 모두 훼손되어 주변에 기와편 만이 남아 있다. 서문지 근처에 우물과 저수지도 발견되고 있다.[25]

---

25) 충남발전연구원, 2003, 『문화유적분포지도(아산시편)』, 209쪽 참조.

백석포 일대의 풍경(지금은 넓은 간척지가 조성되어 있다)

영인산성의 형태적 특성은 폭이 없이 길이만 길게 축성되어 포축(包築) 형태가 가는 초승달 모양처럼 되어 있다는 점이다. 3백m가 넘는 산봉우리 세 개를 연결하여 축성하면서 길이만 길고 폭이 확보되지 않은 특이한 형태이다. 이것은 기본적으로는 지형 때문이기도 하지만, 다른 한편으로 남북으로 2개 성을 연축(連築)한 것이라는 읍지류의 기록을 방증하는 것으로 생각된다. 즉 성벽의 연축은 불가피한 필요에 의하여 성곽을 확장한 결과라고 볼 수 있다. 현재 영인산성에서 이같은 연축의 흔적이 구체적으로 확인된 바는 없지만, 초승달 같은 포축의 형태를 주목할 필요가 있다. 그 가운데 북측의 경우가 보다 넓은 폭이 확보되어 있는 점도 유의되는 점이다.

아산의 영인산은 지금은 해안에서 다소 거리가 있지만 원래는 동북쪽으로 해안의 만입부에 근접해 있던 지형이며, 청일전쟁 때 청일군이 상륙하였던 백석포와는 10여 리의 가까운 위치이다. 즉 평택민은 유사시에 해로를 이용하여 백석포를 경유하여 영인산 밑 아산치소에까지 이르고, 여기에서 산을 올라 산성의 동문을 이용하여 진입하였던 것이다. 평택현의 치소에서 현민들이 입보하였던 아산의 영인산성까지는 당시의 계산으로 대략 55리의 거리였다.[26] 그리고 평택민이 입보한 영인산성은 아산현의 치소에 가까이 위치하는 아산의 중심적인 입보처였다. 아마도 전란시 아산 사람들도 부분적이더라도 이 산성을 입보처로 이용 하였을 것이다. 그렇다고 보면 평택민의 장기적인 영인산성 입보는 아주관아의 일정한 양해 없이는 가능하지 않은 것이었다.

생각컨대 당시의 아주와 평택은 모두 천안부에 영속(領屬)된 군현들로서 평택민의 아주지역 산성에의 입보는 천안부에서의 사전 조절이 있었던 것 같다. 또한 당시 천안에는 아산만 연안지역민의 조직적 입보를 위하여 중앙으로부터 순찰사 등의 지휘관이 파견되어 오기도 하였다. 그리하여 산성중 남측의 토축성을 주로 평택민들이, 그리고 북측의 석축성을 아산민들이 사용한 것이 아니었을까 추측하여 본다. 평택민들은 마땅한 입보처가 없는 자기 지역의 사정으로 인하여 인근의 아주 관내 산성으로 유사시마다 입보하여 난을 피하였다가 적이 물러나면 다시 귀향, 농삿일에 복귀 하였던 것이라 하겠다.

---

26) 평택에서 영인산성까지의 거리가 당시 개념으로 55리라는 계산은 『신증동국여지승람』의, 평택에서 아산현계까지 8리, 아산읍치에서 평택현계까지 42리, 아산읍치에서 산성까지 5리라는 것에 의거한 것이다.

4. 천안 사람들의 아산 선장도 입보

　　평택민들이 아산의 영인산성에 입보하여 몽고군의 침입을 피하였던데 대해 당시 천안민들은 선장도(仙藏島)라는 섬으로 입보 하였다. 이에대해서는 『고려사』56, 지리지 천안부조에 "고종 43년 병란을 피하여 선장도에 들어갔으며 후에 출륙 하였다"고하여, 간단하지만 명확한 기록이 남겨져 있다. 여기에서 천안민들이 선장도에 입보 하였다는 고종 43년(1256)이란 이미 앞에서 언급한 바 있는 충주도순문사 한취(韓就)에 의한아주 연안 전투와 동일한 시기이다.

　　충주도 순문사 한취는 고종 43년 4월 29일자, "아주의 해도(海島)에있으면서 선박 9척으로" 당시 인근을 점거하고 있던 몽병을 공격 하였다. 한 달 후인 6월 강도에서 직접 파견된 이 이천(李阡)의 부대는 온수현(온양)에서 적 수십을 목베고 포로로 잡혀가던 남녀 1백을 빼앗는 전공을 올리게 된다. 이천의 군은 은 60근으로 무인 집정자 최항의 포상을 받았다.[27] 이렇게 아산 연안 지역에서 이 지역이 갖는 전략상의 중요성으로 피아간에 긴박한 상황이 전개될 당시, 천안민들은 바로 선장도라는 섬으로피란 입보하여 있었던 것이다.

　　고종 43년(1256) 천안민이 입보하여 있던 선장도는 이들의 근거지에서 가까운 아산만 연안의 도서라고 보아야할 것이지만, 이 지역에는 특별히 입보처가 될만한 섬이 눈에 뜨이지 않는다. 이 때문에 필자는 이 선장도가 천안에서 북쪽바다로 좀 떨어진 남양반도 연안의 선감도(仙甘島 ; 옹진군 大阜面)가 아닐까, 막연히 추측해 보기도 하였다.[28] 그런데 천안민

---

27) 『고려사』24, 고종세가 43년 4월, 6월.
28) 윤용혁, 1991, 『고려대몽항쟁사연구』, 115쪽.

들이 몽고의 병란을 피하여 입보 하였던 문제의 선장도는 지금 아산시 선장면(仙掌面), 좀더 구체적으로는 궁평리(宮坪里)를 중심으로 주변 군덕리(君德里), 대흥리(大興里), 선창리(仙倉里) 등에 걸치는 지역이다. 이곳은 도고온천에서 약간 북쪽, 삽교천의 하구, 갯가에 위치한 연륙(連陸) 지역이다. 이곳에는 지금도 '선장' '선장포구' '선장마을' '큰선장' 등 과거 원지명의 흔적이 남아 있다. 그중에서도 특히 궁평리에 속한 신궁마을(오가물)의 지명 유래는 이 지역이 1256년 천안민이 입보 하였던 선장도임을 확인 시켜준다.

> 신궁리(新宮里, 오가물): 오룡동 남쪽에 있는 마을. 고려 제23대 고종 43년(1256)에 몽고 난리를 피하여 섬과 같이 된 이곳에 피란터로 새 궁을 지어두고 또 천안부 사람들을 이곳으로 옮겨 피란하다가 그후 고종 46년(1259) 3월에 피란을 마치고 돌아갔으므로 천안 땅이 되었음.[29]

현지민의 구전에 근거한 이같은 지명 유래는 선장도의 소재를 확인하는 매우 결정적인 자료가 되고 있다. 여기에서 "이곳에 피란터로 새 궁을 지었다"는 것은 다름 아닌 천안부 관아의 이치(移置)를 의미 한다고 해석된다.

신궁마을의 바로 북쪽에 있는 오룡동이란 궁평리의 중심 마을도 "오룡쟁주형(五龍爭珠形)의 명당이 있다"는 데서 유래 했다고 한다.[30] 원래 고려건국 초인 태조 13년 천안부가 처음 설치될 때 천안의 지리적 형승이 바로 '오룡쟁주형' 이었다.

> 술사(術師)인 예방(倪方)이 태조에게 아뢰기를 (이곳은) "삼국의 중심으로서 5

---

29) 한글학회, 1974, 『한국지명총람』4,(충남편, 하), 165쪽.
30) 한글학회, 1974, 『한국지명총람』4,(충남편, 하), 165쪽.

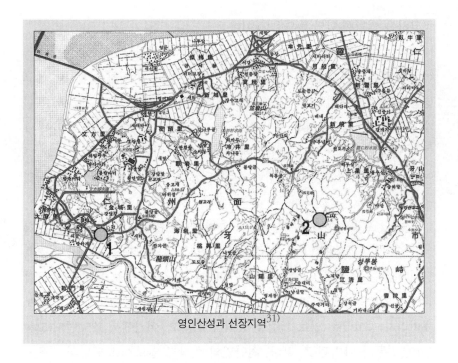

영인산성과 선장지역[31]

룡이 구슬을 다투는 형세입니다. 그러므로 3천 호의 고을을 설치하여 군사를 조련하게 되면 백제가 저절로 항복하게 될 것입니다"하므로 태조가 산에 올라 두루 살펴보고 비로소 천안부(天安府)를 설치하였다.[32]

　이같은 점에서 볼 때 오룡동의 지명도 천안인의 집주(集住)에 의하여 발생된 것이었다고 해야 할 것이다. 신궁마을의 바로 옆에는 또 '모새절' (또는 모자절)이라는 마을이 있는데 여기에는 고려시대의 절이 있었다고 전하여 온다. 아마도 그 절은 피란기의 천안민들에게 정신적인 안정감을

---

31) 선장면과 인접한 인주면 도흥리의 '섬말' 이라는 마을도 원래는 바다에 둘려 섬처럼 되어 있었는데 현재는 연륙되어 있다.
32) 『동국여지승람』 15, 천안군 형승.

공급하는 역할을 담당 하였을 것이다.

이상과 같은 내용을 참고할 때 고려시대의 선장도는 지금 아산시의 선장면 일대이며 그중 특히 궁평리 쪽에는 천안의 피란 치소가 있어 몽고병을 피하여 입보한 천안민을 관할하였던 것임을 알 수 있다. 선장면은 현재 육지와 연륙된 저평한 평야지이지만, 삽교천·학성천 등의 하천이 바다와 만나는 지점으로서 13세기에는 엄연한 섬이었던 것이다.[33] 그리하여 이 선장도는 천안민들을 병란으로부터 보호해주는 천연적인 피란처였던 것이다.

앞서, 고종 43년 충주도 순문사 한취가 "아주의 섬에 있으면서" 선박 9척으로 몽병과 싸웠다는 '아주의 섬' 역시 이 선장도였다고 생각된다. 당시 한취는 선장도를 거점으로 천안 및 인근 군현의 입보 등의 조치를 담당하고 있었는데 아산만 연안 지역의 지방민 다수가 선장도 등으로 입보해버리자 몽고군은 입보 거점을 공격하게 되고, 여기에서 1256년도(고종 43)의 전투가 야기된 것 같다. 천안민의 선장도 입보가 1256년의 경우만은 아닐텐데 유독 고종 43년(1256)이란 연대가 기록에 남게 된 것은 이것이 아주연안의 전투와 관련하여 기록이 남겨졌기 때문인 것 같다. 따라서 고종 43년 4월 몽고군과 선박 9척으로 접전을 벌여 적을 격파했던 한취(韓就)의 휘하 병력은 천안을 비롯, 이곳에 입보하여 있던 지방민들이었다고 보아야 할 것이다. 말하자면 충주도 순문사 한취는 충청도 지역민의 입보 등의 감독을 위하여 강도 정부로부터 파견된 인물로서 이때 천안과 주변 아산만 연안지역의 입보를 지휘 하면서 이들 입보민과 함께 선장도를 중심으로 몽고군의 공격에 대항 하였던 것이다.

강도정부에서 파견된 순문사(巡問使)가 당시 침략군에 대응한 입보

---

33) 충남발전연구원, 2003, 『문화유적 분포지도(아산시)』, 288쪽.

책을 추진하고 있었던 사실에 대해서는

　　몽병이 압록강을 건넜다고 북계병마사가 보고하므로 즉시 5도의 안찰사와 3도
　　순문사로 하여금 거민을 독령(督領), 산성과 해도에 입보케 하였다.(『고려사』24,
　　고종세가 40년 7월 갑신)

고 한 데서도 확인된다. 여기의 3도순문사 중에 충주도순문사가 포함되어
있었던 것이며, 충주도(忠州道)란 충주지방이 아니라 충청도를 가리킨다
고 보아야할 것이다.

　　천안민들이 선장도로 피란하게 되는 것은 이곳이 피란 입보처로 적합
한 때문이었겠지만, 이들의 집단적 이주 이후 이 지역은 병란이 끝난 이후
에도 천안과 깊은 연관을 갖게 된 것 같다. 각종 조선조의 지리지 혹은 읍
지의 기록에 의하면 천안에는 덕흥(德興), 모산(毛山), 신종(新宗)의 3개
부곡과 돈의향(頓義鄕)이 있었다. 이들 4개 특수지역은 모두 지리적으로
천안의 본군(本郡)과 이격되어 아산, 신창 등의 타읍을 건너 뛰어 월경지
(越境地)의 형태로 존치되고 있음이 특징이다. 그리고 이들 지역은 거의
삽교천의 연안 주변에 형성, 수로교통에 의해 연결되도록 되어 있는데 대
몽항쟁기 천안민의 입보처였던 선장도와는 아주 가깝게 연접된 지역이다.
　　『세종실록지리지』에 의하면 앞에서 든 천안부의 3개 부곡중 신종부
곡의 경우는 원래 예산 관할로 되어 있었다.[34] 그것이 어느 때 어떤 연유
로 천안에 이속 되었는지 알 수 없지만 그 계기는 혹 대몽항쟁기 이 지역
에 대한 천안민의 잦은 이주에 의하여 마련된 것이 아니었을까 추측한다.
이들 4개의 향, 부곡은 조선조 후기에 본래의 지역 구조를 그대로 유지하
면서 면으로 개편 되어 본군과 떨어졌음에도 말기까지 천안 관할로 되어

---

34) 신종부곡은 현재 예산군 新巖面 新宗里를 중심으로 한 일대 지역으로 생각된다.

있었다.[35)]

　앞에서 언급한 바와 같이 천안은 고려 태조 13년 후백제와의 쟁패과정에서 대후백제 전진거점으로 신설된 행정구역이다. 주변의 아산, 목천, 직산 지역 일부를 각각 분할, 아산만 지역에서는 가장 중심적인 행정구역으로 등장하게 되었다. 천안 설치의 이같은 배경에서 생각할 때 삽교천 하류 주변의 향·부곡을 천안이 관장하게 된 계기로서는 고려 초의 군사적 필요성이라는 측면과 대몽항쟁기 천안 관내 군현민의 집단적 이주 등 두가지의 역사적 계기를 상정해 볼 수 있을 것 같다. 이들 향·부곡의 천안 이속의 계기 문제는 별도로 하더라도, 선장도 주변 지역은 두 가지 점에서 천안에는 중요했던 것 같다. 첫째는 병란과 같은 유사시의 피란처로서의 기능, 그리고 또 하나는 이 지역이 해로교통을 천안에 직접 연결시키는 관문으로서의 기능 등이다. 이같은 필요성 때문에 이 지역은 지리적 거리에도 불구하고 조선조 말까지 천안 관내의 면리(面里)로 계속 남게 되었던 것으로 보인다.

　끝으로,『동국여지승람』에 실려 있는 천안에 대한 계명숙(季明叔)의 시에 대하여 언급하고자 한다.

말에 올라 저물녘 천안에 이르러	征鞍迫暮來天安
성문으로 들어가 말에서 내려 한가하게 서성이네	入門下馬閑盤桓
빈 뜰 고요하여 세상이 쥐죽은 듯한데	空庭門靜萬賴息
낙엽만이 쓸쓸히 난간(欄干)을 울리네	落葉瑟瑟鳴欄干
푸른 하늘엔 구름한점 없어 썻은 듯 맑고	碧天無雲瑩如洗
밤빛에는 맺힌 이슬 반짝이는데	夜光露氣淸溥溥
호상(胡床)에 홀로 앉아 잠 못 이루니	胡床獨坐久不寐

---

35) 18세기『여지도서』에 의하면 이들은 毛山面 , 頓義面, 德興面, 新宗面 등으로 관내에 3, 4개의 里를 갖는 (모산은 8개리) 소규모의 면으로 천안에 속해 있다.

세월은 날아가고 바람은 차갑구나 　　　　　　孤白飛下天風寒

　　　　　　　　　　　（『동국여지승람』15, 천안군 題詠條）

　　시의 작자 계명숙에 대해서는 원(元)의 절동인(浙東人)이라 하였다. 또 시의 첫 구절에 '정안(征鞍)' 운운한 것에 근거한 것인지, 어떤 이는 이 시가 "전쟁의 허무함과 인생의 서글픔"을 노래한 것이며 대몽항쟁기 천안 민의 선장도 입보 당시 "아무 저항 없이 피난길을 떠나 전 고을이 공동(空洞) 상태가 된" 상황이 묘사 되었다고 보았다.[36] 계명숙이란 사람이 어떤 사람인지 그가 어떤 연유로 천안을 들르게 되었는지, 작시(作詩)의 배경을 전혀 알 수 없기 때문에 이것이 선장도 등으로의 천안민의 피란 입보 당시 공동화(空洞化)된 천안의 모습인지는 반드시 확언하기 어렵다. 그러나 성 안의 쥐죽은 듯한 적막, 오직 "낙엽만이 쓸쓸히 난간을 울리는" 차가운 고 요는 피란입보로 인하여 비워져버린 적막한 천안의 분위기를 충분히 상상 할 수 있게 한다.

맺는말

　　13세기에 있어서 30년에 걸치는 몽고군의 침략은 고려의 농민들에게 감내하기 어려운 환난이었다. 농민들은 침략군을 피하여 인근의 산성이 나 아니면 몽고군이 접근하기 어려운 섬으로 입보하여 들어가 생존을 유 지하였고 저들의 포위 공격에는 적극적으로 맞서 싸웠다.

　　아산지역은 고종 23년(1236), 고종 43년(1256), 고종 44년(1257) 등 3 회 이상 몽고군의 침입을 받았다. 이로 인한 피해가 있었지만, 한편으로 적극적인 반격으로 적의 침입을 물리쳤다. 그 가운데 고종 23년에는 온수 군의 아전 현려 등이 지역민을 이끌고 적을 공격하여 200여 명을 사살하는 큰 전과를 올렸는데, 읍내동산성, 성안말산성 등 읍치 주변의 산성은 이 시기에 중요한 거점으로 활용되었던 것 같다.

본고에서는 특히 아산만 연안 지역, 평택·천안 등지를 중심으로 몽고전란기에 지역에서 전개된 전투상황과 함께 이들이 각기 현지 여건에 따라 타군현 지역으로 입보하는 사례를 검토 하여 보았다. 평택의 경우는 인접한 아주(아산)의 영인산성(신성산성)에 입보, 피란하였는데 이들의 집단적 이주로 이 성을 아예 평택성이라 부르기까지 하였다. 천안의 경우는 아주의 서쪽, 삽교천 하구에 형성된 섬, 선장도에 입보 하였다. 특히 고종 43년에는 선장도에 입보한 천안민들이 이 지역의 입보책 추진을 담당한 충주도 순찰사 한취의 지휘 하에 선박을 동원, 몽병을 역격(逆擊), 섬멸하기도 하였다.

아울러 본고에서는 천안민의 입보지 선장도가 현재는 육지로 연륙된 아산시 선장면(조선시대에는 신창현 대서면)의 궁평리를 중심으로 주변의 선창리·대흥리·군덕리 등에 걸치는 지역임을 확인 하였다. 이 지역이 자연적인 지형변화에 의하여 연륙된 것은 비교적 오래전의 일인것 같다.

대몽항쟁기에 있어서 지방민들의 항전, 생활 실태 등에 대해서는 기록이 극히 제한적이고 단편적인 것에 불과하기 때문에 이러한 자료를 좀 더 구체적으로 천착하는 노력이 필요하다. 문헌의 자료를 현장에 적용하여 대입하는 것도 이같은 자료의 제한성을 극복하는 시도의 하나가 아닌가 생각한다. *

---

36) 천안시, 1990, 『역사의 현장』, 65쪽.
* 공주대 백제문화연구소, 1992, 『백제문화』22에 실린 논문 「고려 대몽항쟁기 지방민의 피란 입보 사례」에 내용 일부를 추가하여 재작성한 것임.

O3 원 카단(합단)적의 고려침입과 연기 대첩

머리말

한국 역사에 있어서 이민족의 침입, 그리고 이에 대한 항쟁은 각 시기마다 점철된 주요한 역사적 내용들이다. 고려시대의 경우는 유독 북방 여러 민족들로부터 되풀이 침입을 받으면서 고려사회는 때로 이를 발전적으로 극복하기도하고 때로는 끈질긴 노력에도 불구하고 그 무력 앞에 굴복하기도 하였다.

본고에서 다루고자하는 원(元) 카단적(哈丹賊)의 고려 침입은 몽고와의 전쟁이 종식된 지 얼마 되지 않은 충렬왕(忠烈王) 16년(1290)부터 다음해 17년(1291)에 걸치는 사건이다. 이들은 강원도 동부지역으로 침입해 들어와 원주, 충주 등을 거쳐 연기(燕岐)에까지 이르렀다가, 연기군 남면 원수산 일대에서 여원 연합군의 공격을 받아 대파 되었던 것이다.

원의 카단(합단)은 징기스칸의 동생 카쥰(합준)의 4대 손으로, 쿠빌라이의 황제권에 반발한 나이얀(내안)의 반원 봉기에 합세하여 난을 일으켰다가 원의 진압군에 밀려 고려에 진입해 들어온 것이다. 이 카단의 몽고군이 여원 연합군에 의하여 분쇄된 최후 현장이 바로 원수산, 전월산의 금강변 오늘의 행정수도 예정지이다. 연기지역에서 여원연합군과 카단군의 전투는 1290년 5월, 처음 조치원읍 부근인 서면의 정좌산에서 벌어졌다. 그리고 패퇴한 적을 추격하여 금강변에까지 추격, 분쇄한 것이다. 세종실록지리지에서는 이 전투를 연기에서의 '대첩'으로 기록하였고,[1] 이 사건을 기념하여 연기군에서는 고복저수지에 연기대첩기념비를 건립한 바 있다.

본고에서는 이상의 카단적 침입사건에 대하여 그 경과를 정리하되 특히 이를 연기현에서의 전투사건에 초점을 맞추어 고찰하고자 한다. 이 사건은 이민족의 침략에 대한 고려 대외항쟁의 한 사례로서 대외항쟁사의 내용을 보강하는 것이며, 동시에 새로 건설되는 행복도시의 중요 역사를 정리하는 의미를 가지고 있다.

1. 충렬왕대의 정세와 원 카단적

13세기의 고려는 고종조를 몽고에 대한 항전기, 원종조를 화전(和戰)의 기로에 있던 갈등기라 한다면 13세기 말 충렬왕대는 원 간섭기라는 새로운 상황에 적응하는 시기였다.[2]

충렬왕대는 40년에 걸친 오랜 대몽 전란이 종식된 이후의 시기이기는 하지만 대외관계의 상황은 여전히 부담이 지속되고 있는 시기이다. 그 것은 무엇보다도 여몽전쟁 종식 이후 몽고가 곧바로 고려의 군사력, 경제력을 동원하는 대규모 일본 정벌전을 추진하였기 때문이다. 따라서 원종

---

1) "與哈丹賊 戰于燕岐縣南 正左山下 大捷"(『세종실록지리지』, 충청도 연기현)
2) 김광철, 1985, 「고려 충렬왕대 정치세력의 동향 -충렬왕 초기 정치세력의 변화를 중심으로-」, 『창원대논문집』7-1 ; 이익주, 1988, 「고려 충렬왕대의 정치상황과 정치세력의 성격」, 『한국사론』18.

말 충렬왕 초기는 일본 침입을 위한 전략물자의 확보에 항몽전쟁기 이상으로 심한 출혈을 감수해야만 하였다. 제1차 일본 정벌전은 충렬왕 즉위년(1274)에 시도 되었으나 많은 희생만을 내고 실패하였다.[3] 충렬왕 7년(1281)에 재차 시도된 제2차 정벌전에서 몽고군은 남송 지배하에 있던 중국 강남군까지 대규모의 병력을 동원 하였으나 일본의 강력한 저항에 태풍까지 만나 완전 실패하였다. 2차에 걸친 일본 정벌전의 실패에도 불구하고 원 세조는 한동안 이에 대한 미련을 버리지 못하였는데, 원 카단(哈丹)의 고려 침구는 여원군의 2차 일본 정벌전으로부터 10년 후에 일어나게 된다. 말하자면 충렬왕대의 고려는 여몽전란의 종식에도 불구하고 여전히 새로운 전란의 소용돌이와 그 경제적 부담에 시달려야 했던 것이다 .

한편 카단(哈丹)의 봉기와 관련한 원의 사정에 대해서도 소개할 필요가 있다. 징기스칸(1206-1227)의 등장으로 세계적인 대제국으로 발진(發進)하였던 몽고제국은 이후 태종(太宗) 오고데이(窩闊台)(1229-1241), 정종(定宗) 구육(貴由)(1246-1248), 헌종(憲宗) 몽케(蒙哥)(1251-1259)의 시대를 거치면서 유우라시아의 대부분을 석권하는 미증유의 대제국으로 확장되었다. 그러나 제위(帝位)의 계승과정에 자주 혼선이 야기 되었고 이는 제국 분열의 한 요인으로 작용하게 되었다.

징기스칸 사후 몽고제국의 제위는 아들 오고데이에게 넘겨져 구육까지 이어졌으나, 4대째에 톨루이(拖雷)(오고데이의 동생)의 아들 몽케에게 넘겨지면서 이후 톨루이계에 의한 세습이 이루어지게 되었다. 그리하여 몽케(헌종) 사후 오고데이계와 톨루이계의 갈등, 그리고 톨루이계 내부의 제위 계승 경쟁이 겹치면서 제위 계승을 둘러싼 치열한 정쟁(政爭)이 야기

---

3) 근년 필자는 여원군의 일본침입에 대한 다음 2편의 논고를 발표하였다. 윤용혁, 2005, 「여원군의 일본침입을 둘러싼 몇 문제 - 1274년 1차침입을 중심으로」, 『도서문화』25 ; 윤용혁, 2008, 「여원연합군의 일본침입과 고려 군선」, 『군사』69.

되었던 것이다.

1259년 헌종(몽케)이 사망하자 동생들인 쿠빌라이(忽必烈)와 아릭부게(阿里不哥)는 서로 자기세력 중심의 쿠릴타이를 소집하였다. 수도 카라코름(和林)에 머물고 있던 아릭부게는 헌종 사후 즉시 쿠릴타이를 열어 대칸에 선출되었다. 여기에는 헌종의 황후 및 오고데이계 세력들의 지원이 있었으며 특히 카이두(海都)가 이에 동조하였다. 이에 대해 남송 정벌전에 참여하고 있던 쿠빌라이는 전투를 중지하고 북상, 이듬해 1260년 개평(開平)에서 쿠릴타이를 열고 별도의 제위계승을 선언 하였다. 이로써 오고데이계의 지원을 받는 막북(漠北)의 아릭부게와 연도(燕都 :北京)를 거점으로 한 쿠빌라이의 무력 대결은 불가피하게 된다.

1264년까지 지속된 제위 계승전쟁은 쿠빌라이의 승리로 종식되었다. 아릭부게의 사망으로 쿠빌라이의 황제권은 일단 확고해졌지만 그러나 이로써 반대세력이 일소된 것은 아니었다. 그 대표적 인물이 오고데이의 손자 카이두(海都)였다. 수도를 중원의 북경으로 옮기고 중국 한족(漢族)의 정치 문화를 수용하는 구빌라이의 정책에 대하여, 카이두는 유목국가로서의 몽고족의 전통을 유지 계승하려는 것이었다. 그는 1269년 탈라스(Talas)강 연안에서 쿠릴타이를 열어 툴루이가(家) 타도를 목표로 한 연합전선을 결성 하였다. 이는 이후 30여 년을 지속한 내란의 출발이 되었는데, 이 카이두의 반원 봉기에 대하여 호응한 것이 나이얀(乃顔)과 카단(哈丹) 등의 제왕(諸王)들이었다. 이들은 모두 징기스칸 동생들의 후손들이었다.

카이두(海都)에 대한 쿠빌라이의 대응은 우회적인 것이었다. 즉 무력에 의한 직접적 공략보다는 경제적 제제에 의하여 그 힘을 약화시키는 것이 주된 전략이었기 때문에 치열한 전투는 2회 정도에 불과 하였고, 그 대립은 쿠빌라이가 죽은 지 7년이 지난 1301년까지 지속되었다. 1287년 나이얀(乃顔)과의 싸움은 카이두 반원세력에 대한 원(元)의 가장 큰 전투에

쿠빌라이(원 세조)와 『동방견문록』의 마르코폴로(우)

해당하는 것이었다. 나이얀은 요동(遼東) 방면 여진(女眞)의 옛 땅을 점유
하고 있었는데 같은 해 7월, 요하(遼河) 부근에서 4만의 군으로 쿠빌라이
의 정토(征討)에 맞섰지만 중과부적으로 패하고, 포로로 잡힌 나이얀은 처
형 되었다.[4] 당시 양군의 치열한 전투에 대해서는 마르코 폴로(Marco
Polo)의 『동방견문록』에 다음과 같이 묘사되어 있다.[5]

　　황제(쿠빌라이)는 군대를 셋으로 나누어 좌우 양편의 부대로 펴서 나이얀 군의
　　양측을 포위하는 형태를 취하였다. 각 기병집단의 전면(前面)에는 짧은 창과 칼
　　을 가진 5백의 보병이 있다. … 이어서 양군이 전투대열로 정렬하면 여러 종류의

---

4) 쿠빌라이 시대를 전후한 몽고제국의 계승분쟁에 대한 내용은 다음의 책들을 참고하였다.
　　田中萃一郎 譯補, 1933, 『ト-ソン蒙古史』, 三田史學會.
　　Luc Kwanten, Imperial Nomads, 1978(宋基中 역, 1984, 『遊牧民族帝國史』, 민음사)
　　韓儒林 主編, 1986, 『元朝史』上册, 人民出版社.

악기가 울리고 전군(全軍)이 군가를 부르는데 이것은 타타르군이 싸움에 나갈 때 하는 버릇이다. 우선 신호로 심발즈와 북이 울리면 사방에서 같은 악기의 소리가 울리고 또 군가를 부르는데 그 소리는 세상에서 다시 들을 수 없을 정도로 요란하고 기이하다. … 어둡도록 많은 화살이 푸른 하늘을 덮으며 적진으로 날고 수다한 인마가 쓰러지는 것이 보인다. 그리고 처참한 함성이 일어난다. 사람과 말의 부르짖음, 칼이 부딪치는 소리를 듣는 사람들은 몸서리를 치게 된다. 활을 다 쏘아 버리면 창·칼·갈고리가 달린 철퇴 등으로 접전한다. 이때 쌍방이 모두 많은 살상자를 내는데 시체 특히 말의 시체가 싸움터에 산과 같이 쌓여 앞으로 나갈 수 없을 정도까지 된다.[6]

비교적 상세히 묘사되어 있는 쿠빌라이군과 나이얀 군의 이같은 전투상황과 방식은 고려에 있어서 몽고군과의 전투, 그리고 카단군 침입시의 전투상황을 연상하는데도 참고가 된다.

징기스칸의 동생 카쥰(哈準)의 4대손인 카단(카단, 哈丹) 역시 나이얀의 반원봉기에 합세하여 1288년(충렬왕 14) 초 반기를 들었다. 카단이 봉기하자 원 세조(世祖) 쿠빌라이는 손자 티무르(帖木兒: 뒤의 成宗)에게 정토(征討)를 명하여 각처를 평정하였다. 그리고 이듬해 1289년 6월, 다시 카단은 나이만타이(乃蠻歹)에 의해 토오로(托朶兒)강 부근에서 격파 되었다. 이로써 동북지역에서 그 세력이 위축된 카단(哈丹)은 두만강 쪽으로 나아오게 되었고, 충렬왕 16년(1290) 초 고려의 동북 변경으로 넘어들어왔던 것이다.

---

5) 마르코폴로(1254-1324)는 1274년부터 1290년, 혹은 1291년까지 약 17년 간 원에 체류하였다. 이 견문록에서는 고려에 대해서도 '카울리(Cauli)'라는 이름으로 언급하기도 하고, 쿠빌라이의 풍모에 대해서도 다음과 같이 전하고 있다. "군주들중의 대군주인 쿠블라이 카안은 이렇게 생겼다. 그는 크지도 작지도 않은 중간의 알맞은 체격이고, 아주 보기 좋게 살이 올라 있으며 신체 모든 부분이 균형이 잘 잡혀 있다. 그의 얼굴은 마치 장미처럼 희고 붉으며, 눈동자는 까맣고 아름다우며, 코는 잘 생긴 모습으로 자리 잡고 있다."(김호동 역주, 2000, 『마르코폴로의 동방견문록』, 사계절, 231쪽)
6) 『동방견문록』제2편 1부 4장. 번역문은 정운용 역, 1983, 을유문화사 편을 참고하였음.

2. 원 카단적의 고려 침입

쿠빌라이의 제위권(帝位權)에 도전하는 오고데이 가문 카이두(海都) 세력이 만주지역에서 봉기하자 원 세조는 고려에 대해서도 이들을 정토하기 위한 원군을 보내도록 요구하였는데 이는 형식상 고려측의 참전 의사 표시에 의하여 추진된 것으로 되어 있다.[7] 충렬왕 13년(1287) 5월 왕은 장군 류비(柳庇)를 보내 이같은 의사를 전달하고, 다음달 6월 출정군을 편성하여 7월에 왕이 직접 군대를 거느리고 개경을 출발하였다. 그러나 이 무렵 카이두 세력의 나이얀(乃顔)군은 쿠빌라이에 의하여 진압되었기 때문에 고려의 원정군은 실제 전투에 투입되지는 않았다. 이듬해 충렬왕 14년에 원정군의 출정요구가 다시 있었으나 고려는 동북경의 방비를 이유로 이에 응하지 않았다. 다만 전란을 겪은 요동지방에 공급하는 군량을 고려측에서 부담, 이듬해 충렬왕 15년(1289) 3월, 483척의 배에 1,314명의 선군(船軍)이 동원되어 쌀 64,000석을 개주(盖州)로 수송토록 하였다. 정부는 소요 군량을 충당하기 위하여 지밀직사사(知密直司事) 나유(羅裕)를 충청도에, 판삼사사(判三司事) 박지량(朴之亮)을 경상·전라도에 각각 도순문사(都巡問使)로 파견하여 작업을 독려하였으며 5월 나유의 책임하에 군량을 개주로 운송하였다. 나유는 그해 10월, 고려에 돌아왔는데 작업의 결과를 다음과 같이 보고하고 있다.[8]

---

7) 『고려사』123, 印候 傳에 의하면 당시 재추의 대신들은 원의 요청이 있을 때까지 출정군 편성 문제를 일단 보류할 것을 주장하였으나 인후의 강력한 주장에 의해 이에 대한 의사 표시를 먼저 하기로 결정하게 된다. 印候는 몽고인으로서 충렬왕비인 원 齊國公主의 怯怜口(私屬人)로 들어와 고려 관직을 받은 인물이다.

8) 『고려사』30, 충렬왕세가 15년 10월 을축.

조선(漕船)	파괴된 것	44척
	바람에 침몰	9척
쌀	침몰된 것	5,305석
	식량부족으로 먹은 것	908석 4두
선군(船軍)	익사자	119명
	병사자	4명
	도망자	67
	명행불자(行不者)	87명

　　이처럼 충렬왕 15년 고려는 동북변경의 방비를 이유로 원에 대한 군량지원만으로 문제를 정리하려 하였으나, 이와 별도로 원은 재차 고려의 출병을 요구한다. 『고려사』권 30, 충렬왕세가 15년 7월 계묘(26일)에 "카이두(海都)의 군사들이 변경을 쳐들어오므로 제(帝)가 친정(親征)을 하기 위하여 아단불화(阿旦不花)를 파견하여 출병을 요구하였다"는 것이 그것이다. 여기에서 쿠빌라이의 조군(助軍) 요청이 "카이두(海都)의 군사"를 치기 위한 것으로 되어 있으나, 그 시기로 보아 카단(哈丹)에 대한 작전에 투입하기 위한 것이었음은 분명하다.

　　원의 출병 요청에 따라 고려정부는 이에 충당할 병력 확보에 부심하게 된다. 『고려사』세가에서 이에 대한 자료를 뽑아보면 다음과 같다.

　　(충렬왕 15년) 8월 무신, 홍자번(洪子藩) 조인규(趙仁規) 등에 명하여 봉은사(奉恩寺)에 모여 군사들을 모아 선발하게 했으며 또 제도(諸道)에서 군사들을 징발하게 하였다.
　　을묘, 인후(印候) 김흔(金忻) 등에게 명하여 중심가에서 군대를 점검 사열케 하였다.
　　정사, 왕이 친히 외원(外院)에서 소재도량(消災道場)을 베풀었다.
　　임술, 만호 김흔(萬戶 金忻)으로 조정군(助征軍)을 거느리고 요양행성(遼陽行省)으로 가게 하였다.

이에 의하면 정부는 충렬왕 15년(1289)7월 26일 카단(哈丹) 정벌을 위한 조군(助軍) 요청을 공식 접수한 이후 작업에 착수한지 한 달 안에 조정군(助征軍)의 편성을 완료 하였다. 만호 김흔으로 하여금 요양행성으로 나가도록한 명령이 8월 16일(임술)자로 떨어진 것에서 저간의 사정을 짐작할 수 있다. 그런데 이후의 경과에 대해서는 아무런 언급이 없다가 두 달이 지난 10월 14일(경신)자에 원제(元帝)로부터 "조정군(助征軍)의 파견을 중지하라"는 명령이 내려오고 있다. 이것만으로는 김흔이 이끈 고려의 조정군(助征軍)이 이후 과연 원의 대카단전(對哈丹戰)에 투입되었던 것인지 여부를 알기 어렵다. 그러나 아마도 김흔의 고려 출정군은 실제 카단과의 전투에 투입되지는 않았던 것으로 보인다. 카단(哈丹)군은 6월 원의 나이만타이(乃蠻歹)에 의해 격파된 후였으며 이후 카단이 원군과의 충돌을 피하여 물러나 버렸기 때문에 실제 더 이상의 전투는 야기되지 않았던 것이다. 따라서 고려의 출정군은 일단 만주지역까지 들어갔으나 싸움을 치르지 않은 채 다시 고려에 돌아왔던 것이라 하겠다. 요컨대 충렬왕 13년과 15년 두 차례에 걸쳐 고려는 원의 요청에 의해 카이두(海都)세력 나이얀(乃顔)과 카단(哈丹)의 봉기를 진압하기 위한 원군(援軍)을 파견하였으나 두 차례 모두 실제 전투에는 참여하지 않고 귀환하였던 셈이다.

나이얀, 카단 등 카이두에 호응한 세력들이 원의 진압군에 의하여 패배하면서 세력 기반이 위축된 이들은 거점을 더욱 후방으로 이동하게 되었고, 그 결과 카단(哈丹) 군의 고려 침입이 야기 된다. 카단에 대한 고려의 원정군이 만주지역에 출정했던 이듬해인 충렬왕 16년(1290), 카단군은 고려에 밀려 들어왔고 이로써 고려는 다시금 커다란 전쟁을 겪지 않으면 안되었다.

고려에의 전운(戰雲)은 고려 원정군이 원에서 귀환한 이후, 카단 세력의 움직임에 의하여 이미 예측되고 있었다. 충렬왕 15년 12월 15일(경인)의 기록에[9] "지밀직사사(知密直司事) 김흔(金忻), 동지밀직사사 나유(羅

裕)를 파견하여 동계(東界)의 방수군(防戍軍)을 징발하도록 하였다"는 것은 동년 말 카단군의 고려 침입이 이미 예상되고 있었음을 전하고 있는 것이다. 김흔, 나유는 바로 원정군을 지휘하여 원에 파견되었던 이들이며 이들은 예상되는 동북면 지역에서의 적변(賊變)에 다시 투입되었던 것이다.

이 무렵 카단의 고려침략은 원에 들어갔다가 돌아온 장군 오인영(吳仁永)에 의해서도 보고 되었다. 충렬왕 16년(1290) 정월, 오인영은 "나이얀의 잔당 카단(哈丹)의 역적들이 장차 우리의 동쪽 변경으로 침입하게 될 것 같다"고 보고 하였다. 이같은 상황 추이에 따라 고려정부는 대응책 마련에 부심하였다. 첨의찬성사(僉議贊成事) 홍자번(洪子藩), 판밀직사(判密直事) 정가신(鄭可臣) 등이 병부(兵部)에서 방어군을 모집 정비하는 한편, 안전(安戩)을 경상도 도지휘사, 김지숙(金之淑)을 전라도 도지휘사에, 그리고 첨리참리(僉議參理) 송분(宋玢)을 충청도 도지휘사에 각각 임명하였다. 이는 전쟁을 대비한 후방지원 지휘체계의 확립을 위한 것이었다고 하겠다.

삼남지방에 대한 지휘체계 확보 작업과 함께 2월 1일자에는 예상되는 적 침입로에 대한 작전계획이 공표되었다. 이에 따른 방어군의 편성과 배치는 다음과 같다.[10]

정수기(鄭守琪 ; 中軍萬戶) … 금기산동(禁忌山洞)
박지량(朴之亮 ; 左軍萬戶) … 이천(伊川)
한희유(韓希裕) … 쌍령(雙嶺)[11]
김흔(金忻 ; 右軍萬戶) … 환가(豢猳) (高城郡)
나유(羅裕) … 통천(通川)

---

9) 원전 자료의 이용에 있어서 특별한 典據가 밝혀져 있지 않은 것은 모두 『고려사』 30, 충렬왕 세가에 근거하는 것이다. 이하 같음.
10) 『고려사』 30, 충렬왕세가 16년 2월 을해.

카단적 침입에 관한 『고려사절요』 기록

여기에서 보면 방어군은 중군, 좌군, 우군의 3군으로 편성하여 적침이 예상되는 동북변경의 요지에 나누어 배치하였다. 중군의 주둔처 금기산동의 위치는 미상이지만,[12] 좌군과 우군은 침략군의 침입노선을 예상

---

11) 한희유의 주둔처는 『고려사』에 '雙成'이라 하였고, 『東國兵鑑』의 주에서 이를 '今永興府'라 하였다. 그러나 國防部 戰史編纂委員會에서 번역 간행한 『동국병감』(1984)의 補註에서는 쌍성이 '雙嶺'의 착오일 것이라 하였다. 당시 雙嶺 이북의 쌍성(영흥)은 이미 원의 직할지가 되어 있어 고려의 병력 투입이 불가능 하였던데 비해, 강원도 淮陽에 소재하는 쌍령은 철령과 더불어 동북면의 대표적인 국방요충이라는 것이다.(국방부 전사편찬위원회, 위의 책, 361쪽 참조) '쌍령'에 대해서는 『동국여지승람』47, 회양도호부 산천 조에 "在嵐谷縣三十里 距府五十里"라하여 회양 서쪽 50리 지점에 위치한 것으로 되어 있는데, 회양 북쪽 39리 지점의 철령 이후 개경 등 내륙 쪽으로의 진입을 막을 수 있는 요지임을 짐작할 수 있다. 한희유의 주둔처로 되어 있는 '쌍성'을 '쌍령'의 착오로 보는 견해는 옳다고 믿어진다.

한 배치였다. 즉 좌군은 적이 침입 방향을 서쪽으로 돌려 개경으로 향할 경우에 대비한 것이며, 우군은 동해 해안을 따라 남진해오는 것을 대비한 것이다.

이 무렵 충렬왕은 왕후(원 공주) 및 세자와 함께 원도(元都)에 들어가 있다가 3월에야 귀국 하였다. 그리고 카단(哈丹)의 군사는 5월에 들어 고려의 동북 국경 이북에 비로소 출현하였다. "김흔, 나유, 정수기 등이, 카단(哈丹)이 해양(海陽 ; 吉州지방)에 침입하였음을 급보하였다"는 것이 그것이다. 이에 따라 정부는 군대를 점검하는 한편 장군 김연수(金延壽)를 원에 파견, 적침의 사실을 알렸다. 6월에 대장군 한신(韓愼)을 서경으로부터 동계로 이동, 방어작전에 합류하도록 하고, 송분(宋玢)등에게 중앙군을 점검하도록 하였다. 그리고 다시 8월에는 대장군 류비(柳庇)를 원에 파견하여 원병을 요청하는 한편 전쟁이 개시되면 왕이 강화도로 피란할 것임을 통보하였다. 그러나 동북 변경에 들어온 카단적의 본격적 고려 입구(入寇)는 이들의 완만한 이동으로 예상보다 지연되고 있었다. 이는 적의 침입을 예상한 고려가 변경지역에 대한 방비를 강화시켰기 때문인 듯하다.

10월에 적은 다시 함경도 지역에 출현하여 남으로 이동하였다. 이에 따라 개경에서는 아녀자와 노약자들, 궁인(宮人)과 태조상(太祖像), 그리고 고려의 국사(國史) 및 보문각(寶文閣), 비서시(秘書寺)의 귀중한 서책들을 피란지 강화도로 옮기는 한편 지방 주군(州郡)들에 대해서도 산성 및 해도(海島)에 입보하도록 하였다. 강화도에의 피란과 지방에서의 산성 및

---

12) 금기산동의 위치에 대해서는 전게 전사편찬위원회 『동국병감』, 360쪽의 주에서 "뒤에 정수기 부대의 행동과 쌍성총관부의 남방한계선으로 미루어 보아 安邊-鐵嶺 사이의 어느 지점이거나, 또는 철령 이남 지역인 듯" 하다고 하였다. 『고려사절요』21, 충렬왕 17년 정월의 기록에 의거할 때, 鄭守琪의 중군은 남진의 要路인 철령에서 적을 저지하는 것이 주임무였으며 이들의 작전범위는 철령 이북을 포함하고 있었다. 따라서 금기산동의 위치도 '철령이북'의 지점으로 보아야 할 것이다.

해도(海島) 입보(入保)는 몽고와의 30년 전쟁에서 일반적으로 사용되던 전략이었다.

3. 고려 여러 지역에서의 항전

충렬왕 16년(1290)에서 이듬해에 걸친 카단(哈丹)군의 고려 침략은 몽고군의 침략과 상통하는 점이 있다. 우선 침략군이 몽고족의 군사들이라는 점이다. 특히 이들은 쿠빌라이의 제위 계승을 부정하면서 유목문화의 전통에 집착하는 세력들이다. 몽고군의 고려에 대한 군사적 침략이 종식된 것도 불과 20년 정도의 시간 차이다. 따라서 이들 카단군과의 싸움은 다분히 몽고군과의 전투를 방불케 한다. 북방 국경선으로부터의 침략, 산성과 해도(海島)에의 입보(入保)를 통한 항전, 그리고 고려정부의 강화도 이거(移居) 등이 그것이다. 그러면서도 이 전쟁이 이제는 원의 후원에 의하여 치러진다는 점에서 20년 전의 정치적 상황과는 조건을 달리하고 있는 셈이다.

카단(哈丹)군의 침략이 본격적으로 개시된 것은 충렬왕 16년(1290) 12월에 들어서의 일이다. 『고려사』충렬왕세가의 기록에 "카단(哈丹)군 수만이 화주(和州), 등주(登州) 등을 함락 시키고 사람을 죽여 양식으로 하였으며 부녀자들을 윤간한 다음 포(脯)를 떴다"는 것이 그것이다. 이에 의하면 침략군의 규모는 수 만, 그리고 이들은 쌍성지역을 거쳐 고려의 동북경 요충인 등주, 화주 등지를 점거함으로써 일단 고려에 대한 남진(南進)의 교두보를 확보한 것이다. 그리고 무엇보다도 이들의 야만적 잔인성이 기록에 강조되었다.

카단군의 대대적 침입이 개시되면서 12월, 고려정부는 이에 대한 방어를 위하여 만호(萬戶) 인후(印候)를 현지로 내보내는 한편 국왕은 병란을 피하여 강화도로 들어갔다. 카단군의 침입에 대한 대책으로써 국왕의 강화도 이거문제는 이미 7월에 정식 제기된 바 있었으나 충렬왕의 신중론에 따라 시행이 보류 되었었다. 강화도 피란론이 인후에 의하여 제기되자 왕은 "백성은 나라의 근본인데 내가 어찌 먼저 피하여 민심을 동요케 할 수 있겠는가" 하고 강한 의지를 표명하면서 피란론을 거부하였다는 것이다.[13] 이 때문에 11월에야 궁인 등 일부 궁중의 인물, 시설에 대한 이사 조치를 취하게 되고, 12월 침략군이 대병(大兵)으로 고려 동북경의 요지를 점거하고서야 국왕은 앞서 인후(印候)의 대책에 따라 강화도로 옮기게 되었던 것이다.

강화도는 대몽항쟁기 40년 동안 고려의 전시수도였고, 궁궐과 관아를 비롯한 제반 시설이 갖추어져 있었다.[14] 그러나 고려의 개경환도 직후인 원종 11년(1270) 8월 몽장 두련가(頭輦哥)군에 의하여 도시가 전소(全燒)되었기 때문에[15] 이때는 국왕의 거처가 마땅치 않은 실정이었다. 충렬왕은 강화읍의 남쪽에 위치한 옛 최씨정권의 원찰(願刹) 선원사(禪源寺)에 처소를 마련하였다. 카단적의 침구에 따른 형세는 여몽전쟁시의 상황을 방불케 하는 것이었다. 왕도 개경에 대해서는 지도첨의사사(知都僉議司事) 송분(宋玢)에게 유수(留守)의 책임을 맡겼으나, 적의 활동이 강화되자 개경의 송분, 서경의 정인경(鄭仁卿) 모두 강화도로 합류하고 말았다.

충렬왕 17년(1291) 정월 카단(哈丹)의 침략군은 고려의 중부 내륙지역에 진출하였다.

(충렬왕) 17년 봄 정월 기미, 카단(哈丹)이 철령(鐵嶺)을 넘어 교주도(交州道:강

13)『고려사절요』21, 충렬왕 16년 7월.
14) 윤용혁, 1991,「강도의 경영과 방비」,『고려 대몽항쟁사 연구』, 일지사, 163~170쪽.
15)『고려사』26, 원종 11년 8월 무인.

임시 궁궐로 사용된 강화도 선원사의 터

원도)에 침입하였고, 양근성(楊根城 : 경기 양평군)을 공격하여 함락시켰다.

갑인, 카단(哈丹)이 원주(原州)에 주둔하고 있는 것을 별초(別抄) 향공진사(鄕貢進士) 원충갑(元沖甲)이 적을 공격하여 패주시켰다.(『고려사』30, 충렬왕세가)

전년(1290) 말 등주, 화주 등 동북 변경을 점거하였던 적은 충렬왕 17년(1291) 정월 요충 철령(鐵嶺)을 넘어 남진을 개시하였다. 철령은 동북변경에서 내려오는 적을 막을 수 있는 천연의 요충이었다. 따라서 고려의 방어군 중 만호(萬戶) 정수기(鄭守琪)의 중군이 이미 배치되어 있었다. 그러나 카단(哈丹)군이 박두해오자 고려군은 자연지세를 효과적으로 이용하지 못하였다. 아마 적의 규모 때문에 심리적으로 크게 위축되었기 때문인 것 같다.[16]

철령 방어선이 무너지자 카단군은 내륙으로 들어와 양근성(楊根城)

을 함락하였다. 양근(양평)에서의 전투 양상에 대해서는 잘 알 수 없지만 당시 양근의 입보민들은 카단군을 맞아 일단 저항을 시도 하였고 이 때문에 카단군은 성이 함락되지 않은 상태에서 이미 원주에까지 내려가 있었다.[17] 경기도 양평군 소재의 양근성은 함공성(咸公城)을 말하는데,[18] 이곳에서 적은 방향을 동남쪽으로 바꾸어 원주로 향하였던 것이다. 카단군이 양근에서 경기지역으로 직접 진입하지 않고 원주방면으로 방향을 돌린 것은 한강의 장애 때문이었을 것이다.[19]

카단군의 침입과정에서의 가장 큰 싸움은 원주전투와 연기전투였다고 할 수 있다. 전자는 중도에서 적에게 큰 타격을 주었던 사건이며, 후자 연기전투는 최종적으로 적을 붕괴시켰던 싸움이었다고 할 수 있다.

위에서 언급한 것처럼 원주전투는 충렬왕 17년(1291) 정월의 일이다. 이무렵 원주에는 지역방어를 위하여 중앙으로부터 방호별감(防護別監) 복규(卜奎)가 파견되어 있었다. 방호별감은 고려의 항몽전쟁기 지방민의 입보와 항전을 독려하기 위하여 필요에 따라 파견되었던 무반의 관원으로 전투시 인근지역의 수령을 통할하면서 입보 및 항전의 임무를 수행하였던 것인데,[20] 카단군의 침입에 대한 대책으로 재파견 되었던 것이다. 복규 휘

---

16) 『고려사절요』21, 충렬왕 17년.
17) 『고려사』와 『고려사절요』 등의 기록에 의하면 양근성의 함락이 정월 20일(기미)인데 카단군은 이미 15일(갑인)에 원주에 진출하여 전투가 벌어진다. 이는 양근성이 함락되지 않은 상태에서 적이 부대를 나누어 원주로 내려갔음을 의미하는 것이다.
18) 咸公城에 대해서는 『동국여지승람』8, 양근군 고적조에 "咸公城 : 在 郡東三十里石築 周二萬九千五十八尺 高麗史 邑人 避蒙古兵于此"라 하였는데 몽고군 침입시에도 이곳이 내륙의 주요 입보처였으며 고종 40년(1253) 적에게 함락된 바 있다. '咸公' 이란 이름은 양근의 호족으로 고려 태조때의 공신 咸規(王規)와 관련이 있는 것 같다.
19) 경기도 양평으로부터 경기지역 진입이 포기되고 원주 쪽으로 방향이 돌려진 이같은 진로는 고종 40년(1253) 몽고의 5차 침입시와 일치한다. 양평지역은 남한강, 북한강에 의하여 近畿지역과 구분되어지고 있다.
20) 윤용혁, 1991, 『고려대몽항쟁사연구』, 187-189쪽 참조.

하 원주의 병민(兵民)들은 치악산에 있는 치악성(雉岳城)에 입보하여 있었다.[21] 방어군의 편성은 2원조직으로 되어 있었던 것 같은데 우선 관할 수령을 포함한 정규군 조직과 성에 입보하여 있던 원주민들 중에서 임시 모집 편성한 별초군(別抄軍)이 그것이다. 그리고 이 별초군은 원주지방의 선비인 향공진사(鄕貢進士) 원충갑(元沖甲)이 지휘하였다.

정월 15일(갑인) 카단군의 정찰 선봉부대라 할 기병 50기가 원주 치악산 부근에 출현하였다. 카단의 기병은 민가에 있는 소말 등 가축을 약탈하여 갔다. 뒤이어 19일(무오) 카단군의 도라도(都剌闍), 독어내(禿於乃), 발란(孛蘭)의 군 4백이 성 부근에 나타나 운반 중이던 원주의 녹봉미(祿俸米)를 다시 약탈해갔다. 적이 소부대의 기병으로 출몰하자 성중에 있던 원충갑(元沖甲)이 이를 분쇄하였다. 처음 가축을 약탈하는 적에 대하여는 보졸(步卒) 6명을 데리고 이를 추격, 적의 말 8필을 뺏어 돌아왔으며 다시 적이 녹봉미를 약탈하자 중산(仲山) 등 7명의 결사대를 이끌고 적을 기습하였다.

충갑(沖甲)이 결사대 중산(仲山) 등 7명과 함께 나가 이를 엿 보고 있다가 중산이 먼저 적 속에 뛰어들어 한사람의 목을 베고 이어서 성문 밖까지 추격하니 적은 모두 말을 버리고 달아났으므로 말 25필을 얻어 돌아왔다.(『고려사』104, 원충갑전)

아마도 그는 방호별감 복규로부터 자원 출전의 허락을 얻어 현지 지

---

[21] 치악산에는 金臺城과 鴒原城이 근접하여 내·외성의 관계로 축성되어 있는데 이때의 치악성이란 이 두 성이 모두 포괄되었을 것으로 보인다. 그러나 『동국여지승람』46, 원주목 고적조에, 鴒原城에 대하여 "在雉岳山南脊 石築 周三千七百四十九尺 內有一井五泉"이라 한 다음 이곳이 후삼국시대 이른바 '北原賊' 梁吉의 所據之地였고 "그 후 元沖甲이 여기서 오랑캐를 쳐부셨다고 전한다"고 한 것을 고려하면 일단 여기에서의 치악성이 영원성을 가리키는 것으로 보아두는 것이 좋겠다.

형에 대한 지식을 활용, 소수인의 매복 기습으로 적을 혼란 시켰던 것이라 하겠다.

이 사이 카단의 후속군이 속속 이르고 공격 진열이 정비 되면서 카단 군은 치악성 원주민의 자진 항복을 유도하였다. 1월 20일 적은 깃발과 북을 앞세워 기세를 올리며 성 앞에 나타나 편지를 보내왔다. 항복을 종용하는 편지일텐데 원충갑은 편지를 가져온 자를 목베고 편지를 목에 달아 성 밖으로 던져 버림으로써 항전의 결의를 과시하였다. 다음날 적은 다시 나타나 양근성에서 잡아온 고려의 여인 2명을 보내 성안 원주민들에 대한 심리적 압박을 유도하고자 하였다. 원충갑이 이를 다시 목베어버리자 이를 신호로 대대적인 공성전(攻城戰)이 쌍방 간에 시작되었다.

원충갑이 또 이들의 목을 베니 적은 북을 치고 함성을 지르며 전진, 온갖 계략으로 성을 공격하니 화살은 빗발같이 쏟아지고 성은 거의 함락 직전이었다. 홍원창(興元倉)의 판관 조신(曺愼)이 성밖으로 나가 싸우는데 충갑이 재빨리 동쪽봉우리로 올라가 적 1명을 베니 적이 흔들리기 시작했다. 별장(別將) 강백송(康伯松) 등 30여 명이 이를 돕고 주리(州吏) 원현(元玄), 부행란(傅行蘭), 원종수(元鐘秀)와 국학생(國學生) 안수정(安守貞) 등 백 여 명은 서쪽봉우리로 내려가 협공하였다. 조신은 북채를 잡고 북을 치다가 오른팔에 화살을 맞았으나 북소리가 여전 하였다. 적의 앞 대열이 조금 물러나니 뒤에 있던 자들이 놀라고 흔들려 저희 끼리 서로 짓밟는 것이었다. 이에 주병(州兵)이 함께 공격하매 함성은 산악을 진동 하였다. 도라도 등 68명을 베고 사살한 자가 거의 반이나 되었다.(『고려사』 104, 원충갑전)

여기에서 보면 치악산성에는 지역의 여러 관속(官屬)과 정규의 군사들, 그리고 원주민들이 함께 입보하여 있었다. 원충갑은 무엇보다도 이들의 사기진작에 크게 공헌, 전투를 승리로 이끄는데 중요한 역할을 담당하였던 것이다.

고려는 오랜 여몽전쟁의 경험에도 불구하고 전쟁 종식후 경제적 사정이 더욱 열악해지고 대외적 상황에 독자적으로 대처할만한 군사적 조직은 급격히 해체되었다. 거기에 원의 정치적 간섭이라는 새로운 상황 속에서 대외 항전의 의지력은 급격히 약화된 상태였다. 이 때문에 카단의 침입에 대해서도 고려정부는 당황을 금하지 못했고 사태의 해결을 원에 의존하려는 태도가 분명하였다. 이러한 고려의 심약한 태도에 대해서는 원 세조조차 의아하게 생각할 정도였다. 그리하여 충렬왕 17년 2월 장군 오인영(吳仁永)에 대하여 세조는 "고려는 당태종이 친정(親征) 하였으되 오히려 이기지 못한 나라요, 또 원조(몽고) 창건 초기에 귀순하지 않아 우리가 정벌했으나 역시 쉽게 이기지 못하였는데 지금 이 작은 도적을 왜 그렇게 무서워하는가"고 반문 하였다는 것이다. 이에 대하여 오인영은 "옛날과 지금이 다르며 나라의 성쇠가 같지 않습니다"고 대답하고 있는데[22] 이는 고려측의 대외관계 역량이 특별히 약화되어 있던 저간의 사정을 잘 표현하고 있는 것이다.

원주 치악성의 승전은 무엇보다도 군사적 대처 능력의 약화로 무기력해 있던 고려의 항전 의지를 크게 고취시키고 전쟁의 승기를 잡을 수 있도록 국면을 전환시켰다는 점에서 큰 의의가 있다. 이 때문에 『고려사』에서도 이 치악성 전투에 대해 "이로부터 적의 예기(銳氣)가 꺾여 감히 함부로 공략하지 못했고, 다른 여러 성들도 또 굳게 지켰으므로 비로소 적을 가볍게 여기는 망므을 갖게 되었다"고 하고 "이것이 모두 원충갑의 힘이었다"고 하여 원주 승첩의 결과에 대하여 높이 평가하고 있다. 원주민(原州民)의 승전을 기념하는 의미로 정부는 원주의 행정구역 명칭을 익흥도호부(益興都護府)라 고쳤다. 이는 일종의 집단적 포상의 의미를 갖는 것이었다.[23] 아울러 원주 방호별감 복규(卜奎)에 대해서도 그의 출신지 면

---

22) 『고려사』30, 충렬왕 세가 17년 2월.

천(沔川)(충남 당진군)을 현(縣)에서 군(郡)으로 승격 조치하였다.[24]

원주 싸움은 고려민의 사기를 크게 진작 시켰다는 점 이외에 정규의 군사나 관리 등 국가의 공적 조직에 속하지 않은 다수의 지방민들이 참여하여 결정적인 공을 세웠다는 점에 또 다른 의의를 찾을 수 있다. 이 때문에 원주에서의 승전은 후대에 의병(義兵)의 선구적 사례로서 평가 되기도 하였다. 임진왜란 초기 충청도 옥천(沃川)에서 거병(擧兵)하였던 중봉(重峰) 조헌(趙憲)(1544-1592)은 의병을 모병하는 소모(召募)의 격문 가운데

　원충갑이 북을 한번 치고 매를 날려 치악에서 카단을 꺾고, 김윤후(金允侯)는 화살 하나로 적장을 쏘아죽여 황성(黃城 ; 龍仁)에서 몽병을 물리쳤으니 이들은 모두 유(儒)나 승(僧)으로서, 무(武)를 숭상하는 자나 뛰어난 장수가 아니었던 것입니다.(『重峰集』13,「起義討倭檄」)

라고 하여 원충갑의 치악성 승첩을 예로 들어 국가 위란(危亂)의 시기에는 무재(武材)의 유무에 관계없이 궐기할 것을 호소하였던 것이다.[25]

---

23) 원주는 고종 46년(1259) 관내에서의 민란 봉기에 대한 책임을 물어 一新縣으로 일시 강등된 적이 있는데 원종 10년에 당시 권력자 임유무의 外鄕이라하여 精原都護府로 승격되었다가 '益興'으로 이름이 다시 바뀐 것이다.(『고려사』56, 지리지 1, 양광도 원주) 한편 원충갑(1250-1321)은 원주 승첩의 공으로 官途에 올라 三司의 右尹을 거쳐 충선왕 때에 鷹揚軍 上護軍에까지 이르렀으며 충숙왕 6년 推誠奮勇定亂匡國功臣에 봉해졌다.(『고려사』104, 원충갑전)

24) "忠烈王 十六年 以縣人卜奎 御哈丹兵有功 陞知沔川事"(『신증동국여지승람』19, 沔川郡)

25) 충렬왕 17년 정월에 있었던 원주 치악성전투의 종료 시점은 분명하지 않으나 대략 다음 달 2월까지로 보면 좋을 것 같다. 원주 방호별감 卜奎가 58명의 포로를 중앙에 정식 접수시킨 것은 4월에 들어서의 일인데 사후처리가 이처럼 늦어진 이유는 아마 뒤이어 전개되는 충주산성에서의 싸움의 결과를 관망한 때문이 아닌가 한다.

4. 1291년 연기 정좌산 전투

충렬왕대 원 카단군과의 싸움은 몽고군에 대한 항전과 유사한 점들이 발견되지만, 전체적인 모양에는 차이가 있다. 그것은 무엇보다도 고려가 대몽 항전을 포기하고 원의 정치적 간섭을 수용한 정국의 변화에서 기인하는 것이다. 이로써 쿠빌라이의 원조(元朝)에 반기를 든 카단의 봉기에 대하여 고려는 원과 동일한 입장에 있게 되었다. 카단적의 봉기가 일어나자 고려는 원에 조군(助軍)을 보내기도 하였고, 반대로 이들이 고려에 침구를 개시하자 이번에는 원의 원군에 당연히 기대하는 실정이었던 것이다.

원의 고려 원군에 대한 기록은 카단군이 고려의 동북 변경 지역을 본격적으로 침구하였던 충렬왕 16년(1290) 12월의 "원의 평장사(平章事) 설도간(薛闍干), 도리첩목아(闍梨帖木兒), 그리고 우승(右丞) 탑출(塔出) 등이 보기(步騎) 1천 3백을 이끌고 왔다"는 것이 보이고 있다. 그러나 실제 이들이 고려에 당도한 것은 이듬해 충렬왕 17년 4월에 들어서의 일이다.[26] 그리고 이에 뒤이어 나만대(那蠻歹), 탑해(塔海)가 이끄는 1만의 중원군이 추가로 배치 되었다. 원군의 도착이 4월에서야 이루어졌기 때문에 그 사이 중부 내륙지역 각처에서의 전투는 원군과는 아무런 관계없이 이루어졌던 것임을 알 수 있다.

원주에서 패퇴한 카단군은 다시 남하하여 충주에 이르렀다. 충주는 경상도와 연결되는 내륙의 요충으로서 일찍이 여몽전쟁 기간중에도 몽고군과 가장 치열한 항전을 지속적으로 벌였던 지역이다.[27] 충주산성에서

---

26) 『고려사』30, 충렬왕세가 17년 4월 신사.
27) 윤용혁, 1984, 「13세기 몽고의 침략에 대한 호서지방민의 항전」, 『호서문화연구』4 및 1991, 「몽고의 침략에 대한 고려 지방민의 항전 -1254년 진천민과 충주 다인철소민의 경우~」, 『국사관논총』24.

의 싸움에 대해서는 『고려사』충렬왕세가 17년 4월 병자에 "충주산성 방호 별감이 적을 격파하고 적의 머리 40급을 바쳤다"고 간략히 적혀 있을 뿐, 전투의 상세한 경과가 밝혀져 있지 않다. 그러나 중앙으로부터 충주에 방호별감이 파견되어 지역 방어에 임하고 있었다는 사실을 알 수 있으며, 이로써 당시 충주산성에는 원주의 경우와 같이 충주의 관속(官屬), 주병(州兵)과 더불어 많은 충주민들이 성안에 함께 입보하여 있었음을 짐작할 수 있다. 이들은 원주에서의 승전에 적지 않게 고무되어 있었고, 일치된 방어전으로 카단군의 공격을 재차 좌절시켰던 것이다. 충주산성 전투의 결과는 4월 9일(병자)자에 보고가 접수되고 있는데 이는 싸움이 3월에 전개 되었음을 추측케 한다.

충주에서의 패전으로 카단군은 경상도 진입이 봉쇄 되었다. 이제 이들의 퇴로는 자연 서쪽이 될 수 밖에 없었고, 이로써 카단군의 진로는 충남지역을 향하게 되었다. 그러나 본군이 원주, 충주를 경유 충청도 연기방면으로 나아가는 사이, 소부대로 분산된 기병들은 개경을 포함한 경기 혹은 서북 지역 등 여러 곳에서 출현하고 있었다. 그 내용을 『고려사』에서 뽑아보면 다음과 같다.

(충렬왕 17년) 3월 무오, 대장군 송화(宋華)를 보내 개경의 궁궐을 지키게 했는데 송화가 카단적 10여 기를 만나서 그 중 3명을 죽이고 1명은 사로 잡았다. 이천(利川)사람 신비(申費)가 카단의 첩자와 모의 하였고 용강(龍岡)사람 김철(金哲)은 적에게 항복, 향도가 되어 서울로 들어왔으므로 모두 저자에서 참수 하였다.
4월 병자, 곡주(谷州) 별장(別將) 강평기(康平起) 등이 카단적에게 노획한 말, 안장 등을 바쳐왔다.
갑오, 장군 오인영(吳仁永)을 원에 보내 카단이 개경에까지 침입하였음을 보고 하였다.

위의 자료에서 4월에 이르는 사이 카단군의 소부대 기병은 개경, 이천의 경기지방 이외에 황해도 곡산에 평남 용강 등 서북지역에도 출몰하였던 것이다. 아마도 이들 카단 기병은 원산만 지역에서 바로 서쪽으로 들어온 별도의 부대였던 것 같다.

3월 충주에서 패한 카단군은 이후 방향을 서쪽으로 돌려 충청도 중심부로 이동하였다. 이들이 연기 지역에 당도한 것은 4월이었는데 이때에는 2개부대의 원의 원군이 경기지역에 당도하여 있었던 터라 정부군과의 연합작전이 계획되어 적의 동태가 예의 주시되고 있었다. 4월 17일 고려의 3군이 재편성되어 카단적을 향해 출정하였다. 중익군(中翼軍)은 인후(印候), 좌익군(左翼軍)은 한희유(韓希愈), 그리고 김흔(金忻)이 우익군(右翼軍)을 담당하였다. 이에 맞추어 원의 설도간(薛闍干) 원군도 함께 남하를 개시하였다.[28]

연기현에서의 전투는 충렬왕 17년(1291) 5월 2일 새벽에 개시 되었다.[29] 그것은 연합군의 계산된 기습전이었다. 전날 목천(木川 ; 천안시)에 있던 고려의 3군과 설도간군은 적이 연기현에 주둔중이라는 고문려(高文呂)의 보고에 따라, 28명의 정찰병을 고문려에게 딸려 보냈다. 그리고 밤을 이용해 강행군을 하였고, 다음날 밝을 무렵 연기현 정좌산(正左山) 아래에 주둔하고 있던 카단군을 돌연히 포위, 기습적인 공격을 감행 하였던 것이다. 정좌산에 대해서 『동국여지승람』에서는 "연기현 북쪽 15리에 있다"고 하였는데, 현재 연기군 서면(西面)의 쌍전리(雙錢里) 일대의 야산이다. 1934년 간행된 『연성지』의 정좌산 조에서는 이 전투에 대해서 다음과

---

28) 남하도중 金嶺驛에서 원의 薛闍干이 점을 치게 하니 술객이 "5월 5일 접전하게 될 것"이라는 패를 얻었다. 만호 印候도 奇孝眞에게 점을 부탁한 바, "5월 2일 적과 싸워 이길 것"이지만, "적괴 카단은 잡지 못한다"는 답을 얻었다 한다.(『고려사절요』21, 충렬왕 17년 4월)

29) 연기 승첩 1차전투의 날짜를 『고려사』 충렬왕 세가에서는 5월 1일(정유)에 적고 있는데 『고려사절요』등의 여러 기록을 종합할 때 5월 1일은 연합군이 목천에 당도한 날이며, 여기에서 다시 밤을 새워 연기에 당도한 것은 다음날 2일 새벽의 일이다. 따라서 연기승첩 1차 싸움은 5월 2일의 사건이었다고 보아야 한다.

같이 기술하고 있다.

(정좌산은) 쌍전리에 있는 산으로 뒷봉우리는 넓고 평평한데 단지(壇址)가 있다. 고려 충렬왕 17년 몽고의 반적 카단이 내침하여 원나라 장수 설도간과 고려장수 한희유, 김흔, 인후 등이 이 산에서 전투를 벌여 대파하였다. 패퇴하는 적을 쫓아 금강에 이르렀는데 적의 시체가 30여 리에 이르렀다.

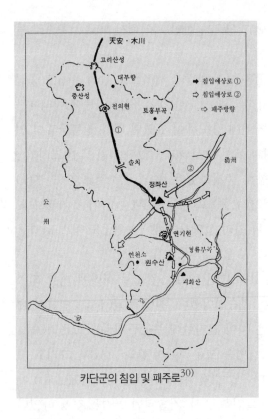

카단군의 침입 및 패주로[30]

정좌산은 해발 100여 미터의 낮은 야산이지만, 산에 오르면 의외로 조망이 뛰어나 주변 일대가 한눈에 들어온다. 이같은 지리적 이점 때문에 카단적은 일대에 주둔하게 된 것 같다. 그리고 여기에서 여원군의 기습적 공격을 받게 된 것이었다.

갑작스런 포위 공격에 혼란에 빠진 카단군은 산으로 올라가 산세를 이용하여 대항하고자 하였다. 이에 고려의 3군 보졸(步卒)이 전면(前面)을 차단하고 기병이 뒤에서 공격하자 양면 협공을 받게된 적은 말을 내려 숲속에 매복, 활을 쏘면서 고려군의 접근을 막는 것이었다. 선봉이 적의 화

---

30) 이해준, 1994, 「연기대첩지 현장에 대한 조사연구」, 『연기대첩연구』, 공주대박물관, 121쪽에서 옮김.

정좌산의 원경

살에 맞아 쓰러지므로 주춤거리자 우익군 만호 김흔(金忻)은 "물러서는 자는 베겠다"고 단호하게 맞섰다. 이에 5백의 병력이 돌격하여 결사적으로 싸웠으며 사졸 이석(李碩), 전득현(田得賢)이 적의 선봉 2명을 베자 승세를 이용하여 함성을 지르며 대군이 공격해 들어가니 적은 더 이상 방어가 불가능해져 흩어 달아나고 말았다.

　1차 전투지가 되었던 연기군 서면 쌍전리는 1914년의 행정구역 개편으로 쌍괴리와 전당리를 합한 것이다. 그런데 이 쌍전리의 마을 이름은 전투와 관련된 지명이 대단히 많다. 작은 창고개, 큰 창고개, 전승골, 군량골, 전당골, 원당골, 창뜰 등이 그것이다. 그 가운데 특히 창고와 관련한 지명이 많다는 점이 주목된다.『한국지명총람』에서 이를 확인하면, 다음과 같은 지명 유래가 설명되어 있다.

　　군량골 : 상고시대에 군량을 쌓아두었던 곳이라 전해짐.

창고개(창현, 쌍괴) : 전당골 동남쪽 마을, 상고시대에 창고가 있던 곳. 마을 앞
　　　　　　　　　　의 들을 창들이라 함.
창거리 : 월하리(가래터) 앞의 큰 길, 전에 창고가 있었다 함.
군량골 : 류의식 씨 집터 뒤에 건물지와 탄화미가 나왔었다는데, 아마 이것이
　　　　당시 창고터의 일부였던 것이 아닌가 생각된다.

　5월 2일 연기 정좌산에서의 기습 공격으로 카단군은 미처 손쓸 새도 없이 무너지고 말았다. 아군은 달아나는 적을 추격, 공주강(公州江 ; 금강)까지 이르렀는데 "죽어넘어진 시체가 30여 리에 이어졌고 익사한 자도 매우 많았다"는 것이다. 부녀자, 의복, 말안장과 보기(寶器) 등도 숱하게 노획 하였으나 카단군의 정예 기병 1천은 물을 건너 빠져 나갔다. 이로써 사실상 카단군은 전력(戰力)을 크게 상실 하였거니와, 이것이 연기현에서의 1차 승전이다.

5. 행복도시, 원수산 일대에서의 승첩

　앞에서 언급한 연기현에서의 1차 승첩과 관련, 한 가지 정리할 문제가 있다. 그것은 이 싸움과 현(縣)의 남쪽에 위치한 원수산(元帥山)과의 관계이다. 『고려사』 등에는 이 1차 승첩이 연기현 북쪽의 정좌산에서의 사건으로만 정리되어 있을 뿐, 원수산에 대해서는 전혀 언급되어 있지 않기 때문이다. 반면 『세종실록지리지』에서는 카단에 대한 승첩 사건의 개요를 비교적 장황히 소개하면서 이를 정좌산이 아닌 원수산에 대한 설명으로 적고 있으며 덧붙여 "사람들이 지금에 이르러 당시 군사들이 주둔했던 곳을 원수산이라 부른다"는 것이다.[31] 이점은 『동국여지승람』에서도 그대로 이어지고 있다. 그리하여 이 책에서는 정좌산을 기재 하였음에도 카단 승첩의 사건은 역시 원수산에서 취급하고 있다.

연기현의 남쪽, 현재 연기군 남면에 위치한 해발 254 미터의 원수산은 금강이 합수(合水)되는 주변의 경계가 멀리까지 조망되는 곳이며 연기대첩과 관련한 풍부한 구전이 남겨져 있다. 선초의 지리서 및 현지의 구전 등을 근거로 할 때 원수산은 연기대첩에서 매우 중요한 전적지였음을 부인하기 어렵다. 원수산은 원수봉, 문필봉, 형제봉 등의 봉우리가 있다. 동쪽으로는 전월산과 노적봉이, 그리고 산 남쪽으로 금강이 굽이쳐 흐르고, 그 금강 건너에는 괴화산이 위치한다. 금남면 괴화산의 당산제에는 연기대첩과 관련된 것으로 보이는 다음과 같은 흥미 있는 구전이 전한다.

아주 먼 옛날 왜놈들이 금강을 타고 이곳 괴화산에 진을 쳤다. 그 때 강 건너 전월산에서는 우리 병사들이 진을 치고 전투가 벌어졌다. 괴화산 밑에 있는 주민들은 왜군이 쳐들어와 꼼짝달싹 못하고 제각기 다락이나 깊숙한 곳에 숨어 동태를 살피었다. 어떤 이들은 마을을 떠나는 이들도 있었고 주민들의 불안은 여간 큰 것이 아니었다. 산위에 진을 치고 있던 왜놈들은 총공격을 하기 위해 무기를 점검하고 날이 밝으면 강 건너에 화살을 쏘면서 강을 건너는 작전을 구사하였다. 그런데 다음날 아침에 일어난 왜군은 깜짝 놀랐다. 어제 저녁에도 성했던 화살과 무기들이 짐승들이 쪼아 모두 못쓰게 만들어졌다. 이제 무기가 없는 왜군은 꼼짝달싹을 하지 못하였다. 그때 우리 아군이 화살을 쏘아 적군 모두를 사살하고 불과 몇 명만이 살아서 도망쳤다. 동네사람들이 알아보니 괴화산의 짐승들이 적군의 무기를 못쓰게 만든 것이다. 이 사실을 알게 된 동네사람들은 괴화산의 짐승들에게 고맙다는 뜻으로 음식을 차려놓고 제를 지내기 시작했는데 그것이 오늘날 산제당의 산신제이다. 산제 지내는 날은 비린 음식을 먹지 않고 특히 살생을 금하며 하찮은 동물들도 절대 죽이지 않았다.[32]

이 전승은 적을 왜군이라 표현하고 있지만, 전투의 전개 양상은 카단적의 침입시의 상황을 연상시키고 있다. 적어도 카단적 침입의 사실이 구

---

31) 『세종실록지리지』 연기현.
32) 이해준, 앞의 「연기대첩지 현장에 대한 조사연구」, 133쪽.

연기대첩지, 행복도시 조성 지역 원경

공주하(금강)와 전투 지역 원경

전으로 변형되어 전하는 것이라 생각된다.

『고려사』 등에 의하면, 5월 2일 새벽에 개시된 정좌산 전투에서 적을 일거에 제압한 여원연합군은 도망하는 적을 추격, "공주하(公州河)에 이르니 죽어 넘어진 시체가 30여 리에 이어졌고 익사한 자도 매우 많았다"는 것이다. 정좌산에서 원수산까지의 거리가 대략 30리, 그리고 원수산이 바로 금강(공주하)에 연(沿)해 있음을 생각하면 위의 기록은 당시 카단의 주력이 주로 원수산 쪽으로 도망해왔음을 시사한다. 아마도 도망하던 카단군의 상당수는 금강에 의해 후퇴로가 차단되자 원수산을 근거로 최후 저항전을 벌였고 이 때문에 원수산 일대는 정좌산에 이어 다시 치열한 격전지가 되었던 것이라 하겠다. 정좌산이 전투의 개시 지점, 그리고 연합군이 확실한 승기(勝機)를 잡은 곳이었다고 한다면, 원수산은 적을 다수 살상하면서 전투를 일단 끝낸 지점이었다고 정리할 수 있을 것이다.

승전한 연합군은 회군하여 연기현 북쪽 50리 지점에 주둔 하였다.[33] 그 사이 적은 다시 대오를 정비, 최후 결전을 감행 하게 된다. 5월 8일(갑진), 카단의 정예 기병은 연합군을 공격 하였다. 그러나 이 때에는 원의 후속부대인 나만타이(那蠻歹)군까지 합류하여 있었다.

적진의 용사 1인이 있어 아군을 쏘는데, 쏘는대로 아군이 넘어지는 것이었다. 한희유(韓希愈)가 긴창을 가누고 말을 달려 적진에 돌입하니 적들이 놀라 한쪽으로 밀리므로 그 용사를 붙들고 나와 베어죽였다. 그리고 머리를 창에 걸어 적에

---

33) 『고려사』 혹은 『고려사절요』에서는 연기현 북쪽 50리 지점까지의 회군이 마치 정좌산전투 당일(5월 2일) 저녁의 일인 것처럼 정리되어 있지만, 이것은 불가능한 일이다. 목천에서 밤을 새워 달려온 연합군이 정좌산 전투를 치르고 금강변까지 30리를 쫓아 내려간 다음, 다시 약 80리를 북상하여 비로소 저녁을 맞는다는 이 일련의 과정이 하루의 일이라고는 결코 생각할 수 없다. 연기현 북쪽 50리 지점에서 카단군의 반격을 받은 것이 5월 8일의 일이었으므로 이상의 과정은 적어도 4, 5일 정도의 시간적 소요가 있었던 것으로 보아야 할 것이다.

보이니 적의 기가 꺾이므로 이에 대군을 휘몰아 공격하여 크게 이겼다.(『고려사』 104, 한희유전)

2차 승첩으로 적을 결정적으로 궤멸시켰던 원수산의 거점은 진의리 산성으로서, 진의리 뒷산 성재 해발 170미터 정상부에 토석혼축으로 구축되어 있다. 이 산성은 봉우리 셋을 연결하여 약 1,200미터의 길이이다. 이곳은 질마산이라고도 하는데, 다음과 같은 구전이 전한다.

옛날 이곳에서는 치열한 전투가 벌어졌다. 적군이 쳐들어와 온갖 약탈과 불을 지르는 등 심각하였다. 그때 마을 주민과 군사들은 산 위에 올라 성을 쌓고 전투 준비를 하였다. 여자들은 치마에 돌을 날랐고 남자들은 지게에 돌을 날랐다. 적군이 이제 이곳에까지 오는 것은 얼마의 시간이 남지 않았다. 마을 주민들과 군사들은 밤낮을 가리지 않고 성을 쌓았다. 이제 마을 뿐 아니라 나라를 지킬 성이 완성되었다. 적군은 온갖 무기를 동원하여 성을 함락시키려고 애를 썼지만 마을 주민과 똘똘 뭉쳐서 대항하여 적을 크게 무찔렀다. 그때 지게에 짊어지면서 돌을 날랐다하여 이곳을 질마산이라 불렀다 한다.[34]

이같은 구전이 카단적 침입 당시의 상황이라고 되지는 않지만, 그 내용을 읽어보면 당시의 상황일 것으로 생각된다. 남녀의 지역 주민들이 적에 대항하여 혼신의 힘을 다하여 이를 격퇴한 것은 역사의 기록에 남아 있지 않지만 충분히 상정할 수 있는 것이기 때문이다. 이 구전은 연기지역 전투에서 지역민들이 적극 참여하여 외적을 방어하는 데 공헌하였다는 것을 암시하고 있어서 매우 중요한 의미를 갖는다.

원수산의 진의리산성은 남벽과 동벽이 잘 남아 있는데, 남벽은 일부 협축이 있으나 주로 편축식이고 자연지형을 최대한 이용하여 구축한 관계로 성안의 높이는 높지 않지만, 밖은 높이가 높고 보다 험하게 조성되어

---

34) 이해준, 1994, 「연기대첩지 현장에 대한 조사연구」, 『연기대첩연구』, 공주대박물관, 139쪽.

원수산 진의리 산성

지점에 따라서는 수 십 미터에 이르는 곳도 있다. 남, 동벽에 비하여 서, 북벽은 많은 유실과 훼손이 있어서 성곽의 잔적이 확인되지 않는 곳도 많다. 그러나 성안은 모두 평탄면이고, 성 밖은 경사가 있어서 성곽의 전체 개황은 충분히 확인이 가능하다. 동벽과 남벽이 만나는 지점에 높이 약 1m, 길이 7-8m의 토단이 조성되어 있는데, 아마 성내에 있었던 주요 시설의 건물터일 것이다. 여기에서 남쪽 미호천, 혹은 금강이 잘 조망되고 있어서 매우 중요한 시설물이었을 것임을 짐작할 수 있다. 서문지로 추정되는 서벽의 중간지점에도 큰 건물지가 있고, 정반대의 동벽 중간에도 약 5백 평 정도의 대지가 확인된다. 이밖에 동벽과 북벽이 만나는 지점, 북벽 근처, 남벽 근처에도 넓은 대지가 보이고 있어서 성내 곳곳에 건물들이 흩어져 있었음을 짐작할 수 있다.

산성의 부속시설로서는 건물지 이외에 우물과 성문지가 있다. 우물지 1개소는 서문지 안쪽에서 확인된다. 그러나 성문지의 흔적이 명확한 것은 아니어서 대략 추정할 수 있는 정도이며, 약간의 고고학적 조사를 통하여 그 사실을 명확히 할 수 있을 것으로 생각된다.[35]

한편 원수산의 정상에는 '장대' 혹은 '장군바위'로 불리는 곳이 있다. 부근의 부안임씨 '임영대묘비'에도 그 바위를 '장군암'으로 지칭하고 있다. 이 바위는 카단군을 격파했던 김흔, 한희유, 인후 등 고려 3장군의 지휘부가 웅거했던 장소라는 것이다.[36]

정좌산에서의 1차 연기 승전은 우익군만호 김흔의 역전에 크게 힘입었는데, 며칠 후 연기 북쪽 50리 지점의 2차 연기전투에서는 좌익군 만호 한희유의 독전이 주효하였다.[37] 카단(哈丹)과 노적(路的) 부자가 이끈 2천의 정예기병은 포위를 뚫고 도주 하였다. 연기현에 늦게 도착한 관계로 승첩에 참여하지 못한 원의 나만타이(那蠻歹)는 도망간 카단을 추격할 것을 제의 하였으나 설도간이 이를 거절 하였다. 연합군은 이곳에서 다시 석파역(石破驛)으로 옮겨 주둔 하였다. 고려의 3군은 연기에서의 승첩을 강화도로 전승을 보고 하였으며 포로로 잡은 부녀자 8명을 바쳤다. 5월 27일 (계해), 연합군은 개경으로 개선하였으며, 왕과 왕비가 강화도에서 나와 이들을 직접 환영 하였다. 다음날로 원군은 모두 고려로부터 철수를 시작 하였다.

연기승첩에 대해서는 후대 윤기(尹頎)의 시에 그 정황이 다음과 같이 묘사되어 있다.

---

35) 이남석 · 서정석, 1994, 「연기대첩지 지표조사」, 『연기대첩연구』, 49-53쪽.
36) 이해준, 앞의 1994, 「연기대첩지 현장에 대한 조사연구」, 138-139쪽.
37) 韓希愈(?-1306)는 嘉州(평북 博川郡)의 州吏 출신으로서 그 武才를 인하여 무반이 되어 김방경을 따라 진도 제주도 등지에서의 삼별초 진압에 투입되었고 일본정벌전에도 출정, 선봉에서 분전한 경력이 있다. 뒤에 벼슬이 左中贊에 이르렀는데 담력이 뛰어나고 성품은 강직 청렴하였다고 한다.(『고려사』104, 한희유전)

원수산(우)과 진의리 산성(좌) 원경

말 멈추고 서쪽으로 연기산(燕岐山) 바라보니
뜬구름 아지랑이 빛이 어이 푸르른고
길가는 나그네 탄식하면서 가다 다시 멈추되
이곳은 지난날 큰 싸움터라네
적의 기병 올 때 몇 만이나 되었던고
공중을 덮은 깃발 구름이 휘날리듯
처음에 강동(江東)으로부터 사방을 노략하니
한번만 지나가면 폐허로 변하였다
영웅임을 자랑하고 힘을 믿고 이 땅에 주둔할 제
기세도 혁혁하다 누가 감히 당하랴
장막 안의 미인은 절세의 일색이요
수레 안의 금과 비단 사방 것을 탈취 했네
마음대로 탐락(耽樂)해도 오히려 부족하여
만 마리 소를 삶고 천 마리 양을 잡았네
황금병 백옥잔으로 춤추고 노래하며 노는 흥도 길었다
천병(天兵)이 한번 오매 모두 무너져 흩어졌나니

큰 수레바퀴가 범아재비 누르는 것과 무엇이 다르리요
우습도다 구구한 무리 제힘 요량 못했다가
계책 이미 다하여 하루아침에 망하고 말았다네
　　　　　　　　　(『동국여지승람』18, 연기현 산천조)

　　합단 침입과 연기대첩의 현장을 회고한 이 시에 등장하는 '연기산'은
원수산일 수도 있고, 전월산일 수도 있다. 어쩌면 이 두 산을 합칭한 것일
것이다.

　　2차에 걸친 전투를 치른 연기승첩으로 카단적의 붕괴는 명확하여졌
다. 그러나 아직 도처에 그 잔여 세력이 횡행하고 있었다. 평양에서는 카
단의 군사 2백이 출현하여 4명이 사로잡히는가 하면, 3천 기에 달하는 카

단군의 후속부대도 철령을
넘어 다시 남하하고 있었다.
그중의 일부는 옛 동주(東
州)(철원)까지 내려왔다가 연
기에서의 대패 소식을 접하
고 다시 오던 길로 철수하고
말았다. 6월 1일 고려정부는
카단의 잔적(殘賊)에 대한 작
전을 다시 개시한다. 그리하
여 김흔(金忻)을 죽전(竹田)
에, 한희유(韓希愈)는 충청도
에, 그리고 나유(羅裕)를 교
주도(交州道 ; 강원도)에 파
견하여 임무를 수행하도록
조치하였다.

　　6월 5일, 카단의 잔적 580

연기대첩비(고복저수지)

명이 한희유에게 투항 하였다. 카단의 아들 노적(路的)은 휘하를 이끌고 죽전(竹田 ; 황해도 瑞興)을 경유, 평양 방면으로 도망 하였으나 나유, 현문혁(玄文奕), 이무(李茂) 등이 이를 맹공하여 적을 대패 시켰다. 연기전투 직전 고려의 중익군 만호 인후(印侯)가 추관정(秋官正) 기효진(奇孝眞)으로 하여금 점을 쳐보게 하였을 때 전투 일자는 5월 2일, 승패는 이긴다, 그러나 적괴 카단은 잡지 못한다는 괘를 얻었다는데[38] 여하튼 카단은 고려에서의 여러 차례 패배에도 목숨을 부지 하였던 셈이다.

맺는말

충렬왕 17년(1291) 5월 연기현에서의 전투는 카단군을 최종적으로 궤멸, 패주시킨 승첩이었다. 이로써 고려는 더 이상의 전화(戰禍)를 모면 할 수 있었는데, 만일 카단군을 연기에서 패몰시키지 못했다면 기병을 주축으로 한 이들의 기민성으로 인하여 그 피해가 극대화 되었으리라는 것은 상상하기 어렵지 않다. 그럼에도 불구하고 종래 카단군의 고려 침입과 이에 대한 항전은 별로 주목되지 못한 채 간과되어 왔던 것이 사실이다. 그 이유는 아마도 카단군이 중국왕조의 정규군이 아닌 일종의 반란군이었다는 점, 그리고 침략군의 분쇄에 있어서 원군(元軍)의 도움이 있었다는 이 두 가지 이유 때문이 아닌가 한다. 그러나 앞에서 보았듯이 카단군의 침입은 몽고와의 전쟁의 연장적 성격이 있고 더우기 원군의 참여는 극히 부분적인 역할에 불과 하였다. 이러한 점에서 카단군의 침입과 그 과정에서 보여준 고려인의 항전, 특히 연기에서의 지역민의 전투 참여는 주목될

---

38) 『고려사절요』 21, 충렬왕 17년 4월.

만한 것이다.

1291년 7월 고려 정부는 충청도와 서해도에 구급별감(救急別監)을 파견하였다. 일종의 전후 사회 안정을 위한 대책이라 하겠다. 그리고 8월에는 낭장(郎將) 김용검(金龍劒)을 경상, 전라, 충청도의 소복별감(蘇復別監)에 임명하여 파견 하였는데 이는 "카단적의 침입으로 백성들이 곤란을 겪고 재산을 손실 당하여 원망하는 소리가 높아졌기 때문"이라는 것이다. 9월에는 판삼사사(判三司事) 한희유(韓希愈)와 지밀직사사(知密直司事) 류승(柳陞)에게 강도(江都)에 머물러 지키게 하고, 아울러 전란의 피해를 입은 지역에 대해서는 조세를 감면하는 조치를 취하였다. 이렇게 하여 2년에 걸친 전란의 상처도 잊혀져 가게 된다.

한편 원에서는 카단적 토벌에 공을 세웠던 고려측의 여러 장군 나유, 한희유, 김흔, 인후 등에 대한 포상을 실시하였으며 카단적의 일당인 탑야속(塔也速) 등 3인을 백령도, 대청도, 오야도에 나누어 귀양 보냈으며(4월), 카단에 가담했던 황족들을 영흥도와 조월도에 귀양보냈다. 개경으로의 환도는 이듬해 충렬왕 18년(1292) 정월 비로소 이루어졌으며 환도를 전후하여 카단군 침입으로 가장 피해가 컸던 충청도에 대하여는 조세감면의 조치가 취해졌다.[39]

충렬왕 17년(1291) 5월 초 2차에 걸친 연기전투는 2년에 걸쳐 전개된 원 카단군의 침입을 종식시킨 결정적 싸움이 되었다. 원의 카단군은 중국적 전통을 수용한 쿠빌라이의 원조(元朝)에 대하여 반기를 든 집단이기는 하지만, 유목문화에 기반한 몽고의 정통성을 계승한다는 명분으로 몽고제국의 제위(帝位) 계승 분쟁의 과정에서 봉기한 정치적 집단이며 쿠빌라이의 원조에 대항하여 수 십년을 대치한 카이두(海都)세력의 일파이다. 따

---

39) 『고려사절요』21, 충렬왕 18년 3월, 4월, 충렬왕 19년 6월조 참조.

라서 카단의 침입은 그 양상에 있어서 몽고군의 침입을 방불하는 점이 많았다.

2년에 걸친 카단의 침입으로 인하여 고려의 내륙 중부지방은 상당한 피해를 입었으며 약탈과 살상을 일삼으며 횡행하였기 때문에 무력적 해결 이외의 다른 방법이 없었다. 그러나 고려는 오랜 몽고와의 전란으로 피폐한 데다 2차에 걸친 일본정벌전 참여 등으로 극도의 곤궁 상태였고, 더욱이 원의 정치적 간섭하에 놓임으로써 군사적 독자성과 체제 또한 급격하게 붕괴되는 시점이었다. 이같은 고려의 내부 사정으로 인하여 카단의 침입은 고려정부와 인민들에게 커다란 위기감을 증폭 시켰던 것이다.

침입 초기 고려정부는 대규모 기병을 주축으로한 카단군에 대하여 적지 않은 무력감을 가졌지만 각 지방에서의 치열한 항전에 힘입어 점차 자신감을 회복 하게 된다. 열악한 조건에서 보여준 강인한 정신력과 이에 바탕한 전력(戰力)은 대몽전쟁에서 보여준 고려인들의 저력을 재현한 것이었다. *

---

* 공주대박물관, 1994, 『연기대첩연구』에 실린 동일제목의 논문을 보완한 것임.

■ 충청 역사 문화 연구

참고문헌

1. 사료

『고려사』『고려사절요』『공산일기』『공산지』『대동여지지』『대동지지』『동국삼강
행실도』『동사강목』『문종실록』『삼국사기』『삼국유사』『서산정씨가승』『선화봉사
고려도경』『세종실록』『세종실록지리지』『신증동국여지승람』『양촌집』『여지도서』
『역옹패설』『연려실기술』『지봉선생집』『충청도 읍지』『태조실록』『태종실록』

공주문화원, 2001, 『공주의 지리지·읍지』.
김용선, 2001, 『역주 고려묘지명집성(하)』, 한림대아시아문화연구소.
동아대학교 고전연구실, 1982, 『역주 고려사』.
민족문화추진위원회, 1967, 『국역 신증동국여지승람』.
＿＿＿＿＿＿＿＿＿, 1968, 『국역 고려사절요』.
서산문화원, 1992, 『호산록』.
신호열 역, 1979, 『양촌집』, 민족문화추진위원회.
이익성 역, 1993, 『택리지』, 을유문화사.
조동원 등 역, 2005, 『고려도경』, 황소자리.
조선총독부, 1976, 『조선금석총람』, 아세아문화사.
충청남도 역사문화원, 2006, 『사료로 읽는 태안의 역사』.

허홍식, 1984,『한국금석전문』, 아세아문화사.

2. 보고서 / 시군지류

경기도 박물관, 2006,『한성백제』.

계룡시, 2008,『신도내 건도사업 의의 및 활용방향 모색을 위한 워크숍』.

공주군 유도회, 1957,『공주군지』.

공주대 박물관, 1993,『아산의 문화유적』.

_____, 1993,『아산의 역사와 문화』.

_____, 1994,『아산 금석기문』.

_____, 1995,『공주의 역사와 문화』.

_____, 2000,『천안 용원리 유적』.

_____, 2002,『개태사지』.

_____, 2002,『문화유적분포지도(홍성군)』.

_____, 2004,『문화유적분포지도(연기군)』.

_____, 2004,『서산간월도 관광지조성부지 문화재지표조사결과보고서』.

공주대 역사분야 연구단, 2007,『도청이전 신도시 건설사업 예정지 문화재지표조사(역
　　　사분야)』.

공주사대 백제문화연구소, 1979,『백제문화권의 문화유적(공주편)』.

국립공주박물관, 1981,『공주 박물관 도록』.

_____, 1999,『정지산』.

_____, 2007,『계룡산』.

국립부여박물관, 1997,『국립부여박물관』.

국립해양유물전시관, 2006,『신안선과 동아시아 도자교역 - 신안선 발굴 30주년기념 특
　　　별전』.

백제문화개발연구원, 1988,『충남지역의 문화유적』2, 공주군.

_____, 1990,『충남지역의 문화유적』4, 논산군.

_____, 1991,『충남지역의 문화유적』5, 온양시 · 아산군.

_____, 1995, 『충남지역의 문화유적』9, 예산군.

부여군, 1998, 『백제의 고도 부여-그 역사와 문화의 발자취』.

부여문화원, 2000, 『부여의 누정』.

_____, 2000, 『부여의 지리지 · 읍지』 II.

상명여대 박물관, 1995, 『홍성군 장곡면 일대 산성 지표조사 보고서』.

서산문화원, 2007, 『양렬공 정인경과 서산지역』(세미나 자료집).

서산정씨 대종회, 2006, 『양렬공 정인경』.

서산시, 1998, 『서산의 역사(서산시지 2)』.

예산군, 1987, 『예산군지』.

_____, 2000, 『예산군지』.

오성장학회, 1991, 『예산의 맥』.

윤무병, 1981, 『정림사지 발굴조사보고서』, 충남대 박물관.

이남석, 1998, 『제 · 라 회맹지 취리산』, 공주대 박물관.

이남석 · 조원찬, 1997, 『홍성의 문화유적』, 홍성문화원.

전영래, 1992, 『전주 동고산성 건물지 발굴조사 2차 약보고서』, 원광대 마한백제문화연
　　　구소.

조선문화보존사, 2004, 『조선중앙력사박물관』.

중앙문화재연구원, 2001, 『홍성 월산리 유적』.

천안시, 1990, 『역사의 현장』.

충남대 백제연구소, 2000, 『논산 황산벌 전적지』.

충남발전연구원, 1998, 『문화유적분포지도(서산시)』, 서산시.

_____, 1998, 『홍주관아 복원을 위한 기초자료 조사』, 홍성군.

_____, 1999, 『문화유적분포지도(논산시)』, 논산시.

_____, 2000, 『문화유적분포지도(서천군)』, 서천군.

_____, 2001, 『문화유적분포지도(예산군)』, 예산군.

_____, 2002, 『예산군의 효행과 우애』, 예산군.

_____, 2003, 『문화유적분포지도(아산시)』, 아산시.

충청남도, 1993, 『금강지』상.

충청남도, 1993, 『문화유적총람』.

_____, 1994, 『계룡산지』.

충청남도지편찬위원회, 2006, 『충청남도지』4.

한국인의족보 편찬위원회, 1977, 『한국인의 족보』, 일신각.

한국토지공사 외, 2006, 『행정중심복합도시 건설 예정지역내 문화유산 지표조사』 고고
        분야, 역사분야.

한글학회, 1974, 『한국지명총람』4·5 충남편.

홍성군, 2004, 『홍성군지』.

公州公立高等普通學校 校友會, 1935, 『忠南鄕土誌』.

3. 저서

가산불교문화연구원, 1992, 『한국 불교문화 사상사』상.

공주대 박물관, 1991, 『백제의 조각과 미술』.

_____, 1994, 『연기대첩 연구』.

공주대 백제문화연구소 편, 2004, 『백제 부흥운동사 연구』, 서경문화사.

국사편찬위원회, 1993, 『한국사』18.

김갑동, 1990, 『나말여초의 호족과 사회변동 연구』, 고려대 민족문화연구소.

_____, 2000, 『태조 왕건』, 일빛.

김두진, 1999, 『한국 고대의 건국신화와 제의』, 일조각.

김상기, 1948, 『동방문화 교류사 논고』, 을유문화사.

김영관, 2005, 『백제 부흥운동 연구』, 서경문화사.

김재원, 1979, 『단군신화의 신연구』, 탐구당.

김정배, 1973, 『한국 민족문화의 기원』, 고려대학교 출판부.

김정호, 2003, 『한국의 귀화 성씨』, 지식산업사.

김창현, 2006, 『고려의 남경, 한양』, 신서원.

김충렬, 1987, 『고려 유학사』, 고려대학교 출판부.

김호동 역주, 2000, 『마르코폴로의 동방견문록』, 사계절.

나도승, 1992, 『공주 금강권의 역사지리』, 금강권연구소.

노중국, 2003, 『백제 부흥운동사』, 일조각.

류영철, 2004, 『고려의 후삼국 통일과정 연구』, 경인문화사.

문경현, 1987, 『고려태조의 후삼국통일 연구』, 형설출판사.

박주, 1990, 『조선시대의 정표정책』, 일조각.

박은봉, 2002, 『한국사 편지』 1, 웅진닷컴.

杉山正明(임대희 등 역), 1999, 『몽골세계제국』 신서원.

신호철, 1993, 『후백제 견훤정권 연구』, 일조각.

_____, 2002, 『후삼국시대 호족연구』, 개신.

심정보, 1995, 『한국 읍성의 연구』, 학연문화사.

양주동, 1965, 『증정 고가(古歌) 연구』, 일조각.

오윤환, 1955, 『백제 구도 공주의 명승고적』.

원영환, 1990, 『조선시대 한성부 연구』, 강원대학교 출판부.

윤용혁, 1991, 『고려 대몽항쟁사 연구』, 일지사.

_____, 2000, 『고려 삼별초의 연구』, 일지사.

_____, 2005, 『공주, 역사문화론집』, 서경문화사.

_____, 2007, 『고려 몽골전쟁사』, 육군본부.

이남석, 2002, 『웅진시대의 백제고고학』 서경.

이남석 편, 2004, 『백제문화의 원형』, 공주대 백제문화원형복원센터.

이도학, 1997, 『새로 쓰는 백제사』, 푸른역사.

_____, 2000, 『궁예 진훤 왕건과 열정의 시대』, 김영사.

이병도, 1948, 『고려시대의 연구』, 을유문화사.

_____, 1961, 『한국사(중세편)』, 을유문화사.

이수건, 1984, 『한국 중세사회사 연구』, 일조각.

이익주, 1996, 『고려 · 원관계의 구조와 고려 후기의 정치체제』, 서울대 대학원.

이정신, 2004, 『고려시대의 정치변동과 대외정책』, 경인문화사.

이향복, 1999, 『예산 - 예산의 문화유적탐방기』, 내포문화연구원.

이희덕, 1984, 『고려 유교정치사상의 연구』, 일조각.

전호태, 2004, 『고구려 고분벽화의 세계』, 서울대 출판부.

이해준, 2006, 『서해와 금강이 만나 이룬 문화 - 충청남도의 역사와 정신』, 충청남도 역사문화원.

정은우, 2007, 『고려후기 불교조각 연구』, 문예출판사.

정청주, 1996, 『신라말 고려초 호족연구』, 일조각.

조동길, 2000, 『공산일기 연구』, 국학자료원.

조영록 편, 1997, 『한중 문화교류와 남방해로』, 국학자료원.

지수걸, 1999, 『한국의 근대와 공주사람들』, 공주문화원.

채미하, 2008, 『신라 국가제사와 왕권』, 혜안.

최길성 역(村山智順 저), 1990, 『조선의 풍수』, 민음사.

최석영, 2004, 『한국 박물관의 '근대적' 유산』, 서경문화사.

최창조, 1984, 『한국의 풍수사상』, 민음사.

추만호, 1999, 『동학사』, 우리문화연구원.

충남대학교 백제연구소 편, 2000, 『후백제와 견훤』.

허흥식, 1986, 『고려 불교사 연구』, 일조각.

홍승기 편, 1996, 『고려 태조의 국가경영』, 서울대학교 출판부.

輕部慈恩, 1971, 『百濟遺蹟の研究』, 吉川弘文館.

旗田 巍, 1965, 『元寇』, 中央公論社.

大林太郎, 1991, 『北方の民族と文化』, 山川出版社.

ドーソン, 1933, 『蒙古史』, 三田史學會.

三品彰英, 1971, 『建國神話の諸問題』, 平凡社.

池內 宏, 1937, 『滿鮮史研究』中世篇 2, 吉川弘文館.

4. 논문

강헌규, 1983, 「취리산 주변 2, 3 지명고」, 『논문집』21, 공주사범대학.

_____, 1990, 「곰나루 전설의 변이형 고찰」, 『웅진문화』2 · 3합집, 공주향토문화연구회.

_____, 1992, 「'공주' 지명에 나타난 '고마 · 웅 · 회 · 공 · 금' 의 어원」, 『웅진문화』5, 공주향토문화연구회.

강현모, 2003, 「백제 건국신화의 전승양상과 의미」, 『비교민속학』22, 비교민속학회.

구중회, 2007, 「고마나루 설화가 갖는 민속학적 의미와 활용방안」, 『충청학과 충청문화』6.

권선정, 2002, 「텍스트로서의 신도안 읽기 - 조선 초 천도과정을 중심으로」, 『문화역사지리』14-3, 한국문화역사지리학회.

김갑동, 1992, 「고려시대 불교와 개태사」, 『개태사지』, 공주대 박물관.

_____, 1994, 「고려 태조 왕건과 후백제 신검의 전투」, 『박병국교수 정년기념사학논총』.

_____, 1999, 「백제 이후의 예산과 임존성」, 『백제문화』28, 공주대학교 백제문화연구소.

_____, 1999, 「백제유민의 동향과 나말여초의 공주」, 『우재 안승주박사추모 역사학논총』, 웅진사학회.

_____, 2001, 「나말여초 면천과 복지겸」, 『한국 중세사회의 제문제』, 한국중세사학회.

_____, 2002, 「나말여초 천안부의 성립과 그 동향」, 『한국사연구』117, 한국사연구회.

_____, 2002, 「후백제의 멸망과 견훤」, 『한국사학보』12, 고려사학회.

_____, 2004, 「고려초기 홍성지역의 동향과 지역세력」, 『사학연구』74, 한국사학회.

김균태, 1987, 「공주지역의 곰 전설고」, 『한남어문학』13, 한남대학교 한남어문학회.

_____, 2000, 「곰나루 전설의 변이와 의미」, 『설화와 역사 - 최래옥박사 회갑기념논문집』, 집문당.

김기덕, 2006, 「한국 중세사회에 있어 풍수·도참사상의 전개 과정」, 『한국중세사연구』21.

김명진, 2007, 「태조 왕건의 천안부 설치와 그 운영」, 『한국중세사연구』22.

_____, 2008, 「태조 왕건의 일리천전투와 諸蕃勁騎」, 『한국중세사연구』25, 한국중세사학회.

_____, 2008, 「태조 왕건의 충청지역 공략과 아산만 확보」, 『역사와 담론』51, 호서사학회.

김용국, 1957, 「서울 천도의 동기와 전말」, 『향토서울』1, 서울특별시사편찬위원회.

김윤곤, 1981, 「삼별초의 대몽항전과 지방군현민」, 『동양문화』20·21합집, 영남대 동양문화연구소.

김인호, 2008, 「조선 초 천도논의에 관한 고찰」, 『민족문화논총』39, 영남대 민족문화연구소.

김정기, 1987, 「백제계석탑의 특징」, 『마한백제문화』10, 원광대학교 마한백제문화연구소.

김호동, 2007, 「고려시대 일선(선주)권역의 변천과 지역사회의 동향」, 『한국중세사연구』22.

김효경, 2008, 「부여 임천군 성황사와 유금필」, 『역사민속학』26, 한국역사민속학회.

나도승, 1980,「금강 수운의 변천에 관한 지리학적 연구」,『논문집』16, 공주교육대학.

남권희·여은영, 1995,「충렬왕대 무신 정인경의 정안과 공신녹권 연구」,『고문서연구』
　　　7, 한국고문서학회.

남지대, 1994,「서울, 어떻게 '서울' 이 되었나」,『역사비평』봄, 역사비평사.

_____, 2000,「조선 태조대의정치와 군신관계」,『인문과학연구』9-2, 전주대학교 인문과
　　　학종합연구소.

瀧音能之, 2007,「일본과 한국의 신화·전설에 보이는 곰」,『충청학과 충청문화』6.

도수희, 1983,「백제어의 백·웅·사비·기벌에 대하여」,『백제연구』14, 충남대학교 백
　　　제연구소.

류영철, 2001,「일리천 전투와 후백제의 패망」,『대구사학』63, 대구사학회.

류주희, 1998,「조선초 비개국파 유신의 정치적 동향」,『역사와 현실』29, 역사비평사.

박순발·정원재, 2004,「공주 계룡산성」,『백제연구』40, 충남대학교 백제연구소.

박재우, 2006,「고려 정안의 양식과 기초자료」,『고문서연구』28, 한국고문서학회.

서정석, 2002,「탄현에 대한 소고」,『중원문화논총』7, 충북대 중원문화연구소.

손정목, 1987,「일제하 부여신궁 조영과 소위 부여신도 건설」,『한국학보』49, 일지사.

송상규, 1979,「견훤의 완산 입도설에 대한 고찰」,『전라문화연구』1, 전북향토문화연구회.

신종원, 2002,「단군신화에 보이는 곰(熊)의 실체」,『한국사연구』118, 한국사연구회.

양승률, 2003,「의종은 형제 '이성만·이순' 의 紀事碑攷」,『호서지방사연구 - 최근묵교
　　　수 정년기념논총』, 경인문화사.

오종록, 2003,「조선 초엽 한양 정도과정과 수도 방위」,『한국 중세의 수도와 천도』(한국
　　　사연구회 2003년도 학술대회 발표논문집), 한국사연구회.

원영환, 1988,「한양천도와 수도 건설고」,『향토서울』45, 서울특별시사편찬위원회.

윤명철, 2005,「동아시아 속의 서산과 그 해양문화적 의미」,『백제문화』34, 공주대 백제
　　　문화연구소.

윤여헌, 1988,「공주 금강8정」,『웅진문화』1, 공주향토문화연구회.

윤용혁, 1982,「고려의 海島 입보책과 몽고의 전략 변화」,『역사교육』32.

_____, 1991,「서산·태안지역의 조운관련 유적과 고려 영풍조창」,『백제연구』22, 충남
　　　대학교 백제연구소.

_____, 1997,「공주지방의 효행사례에 대한 역사적 고찰」,『효의 사상과 예술』, 한국예

총 공주지부.

_____, 1997, 「지방제도상으로 본 홍주의 역사적 특성」, 『홍주문화』13, 홍주향토문화연구회.

이강렬, 2008, 「안흥정에 대한 고찰」, 『서산의 문화』20, 서산향토문화연구회.

이경복, 2005, 「부여 보광사지와 원명국사 충감」, 『충청학과 충청문화』4, 충청남도 역사문화원.

이남석·서정석, 1994, 「연기대첩지 지표조사」, 『연기대첩 연구』, 공주대 박물관.

이남석, 1997, 「웅진지역 백제유적의 존재 의미」, 『백제문화』26, 공주대 백제문화연구소.

_____, 2005, 「수촌리 고분군과 백제의 웅진천도」, 『역사와 역사교육』11, 웅진사학회.

이문종, 2001, 「택리지로 본 충청도」, 『문화역사지리』13-3, 한국문화역사지리학회.

_____, 2002, 「이중환과 공주」, 『웅진문화』15, 공주향토문화연구회.

이미영, 2000, 「고려 통일전쟁기의 태조 왕건과 천안지역」, 공주대 교육대학원 석사논문.

이병도, 1938, 「이조 초기의 건도문제」, 『진단학보』9, 진단학회.

이욱, 2002, 「조선전기 유교국가의 성립과 국가제사의 변화」, 『한국사연구』118, 한국사연구회.

이원명, 1984, 「한양천도 배경에 관한 연구」, 『향토서울』42.

이은창, 1966, 「백제양식계 석탑에 대하여」, 『불교학보』3·4합집, 동국대 불교문화연구소.

이존희, 2001, 「한양의 지정학적 성격」, 『조선시대의 한양과 경기』, 혜안.

이태진, 1994, 「한양천도와 풍수설의 패퇴」, 『한국사시민강좌』14, 일조각.

이한상·신영호, 2001, 「취미산 석단과 취리산 축단」, 『국립공주박물관기요』1, 국립공주박물관.

이한수, 2000, 「조선초 '개국주도파'와 '개국후 참여파'의 정치사상적 갈등」, 『청계논총』2, 한국정신문화연구원.

이해준, 1994, 「연기대첩지 현장에 대한 조사 연구」, 『연기대첩 연구』, 공주대 박물관.

_____, 2007, 「고마나루 문화자원의 효율적 활용방안」, 『충청학과 충청문화』6.

_____, 2008, 「연산 개태사의 지역문화사적 성격」, 『역사민속학』26, 한국역사민속학회.

이형우, 2003, 「고려 우왕대의 천도론과 정치세력」, 『한국학보』113, 일지사.

임선빈, 2004, 「충청도의 유래와 '금영'의 변천」, 『열린충남』27, 충남발전연구원.

장성균, 1999, 「천안의 진산 왕자산과 태조봉의 위치 비정」, 『향토연구』10, 천안향토문화연구소.

장지연, 2003, 「여말선초 천도 논의에 대하여」, 『한국사론』43, 서울대학교 인문대학 국사학과.

정경현, 1990, 「고려 태조의 일리천 戰役」, 『한국사연구』68, 한국사연구회.

정선종, 1986, 「백제계 석탑에 관한 일고찰」, 『사학지』20.

정재훈, 2007, 「고마나루의 역사적 경관 조성에 대한 연구」, 『충청학과 충청문화』6.

정호완, 1996, 「'곰'의 사회언어학적 고찰」, 『한글』231, 한글학회.

조재훈, 1995, 「공주 곰나루 전설 연구」, 『공주의 역사와 문화』, 공주대박물관.

_____, 2002, 「공주 곰나루 설화에 관한 몇 가지 물음」, 『전설과 지역문화』, 민속원.

차용걸, 1978, 「백제의 제천사지와 정치체제의 변화」, 『한국학보』11, 일지사.

최광식, 2002, 「신라 국가제사의 체계와 성격」, 『한국사연구』118, 한국사연구회.

최래옥, 1982, 「현지조사를 통한 백제 설화의 연구」, 『한국학논집』, 한양대학교 한국학연구소.

최석원, 2005, 「공주 사공암과 천연대에 대하여」, 『웅진문화』18, 공주향토문화연구회.

최석원·이철원, 1990, 「인조의 공주 파천과 향토 사적」, 『웅진문화』2·3합집.

최성은, 1991, 「백제지역의 후기조각에 대한 고찰」, 『백제의 조각과 미술』, 공주대 박물관.

_____, 2003, 「개태사 석조삼존불입상 연구」, 『미술사논단』16·17, 한국미술연구소.

한건택, 2008, 「홍성 미륵사의 폐사와 홍주성 축성」, 『웅진문화』21.

한영우, 1988, 「한양 정도의 민족사적 의의」, 『향토서울』45, 서울특별시사편찬위원회.

홍승기, 1991, 「고려 태조 왕건의 집권」, 『진단학보』71·72합집, 진단학회.

홍제연, 2000, 「호산록에 나타난 조선전기 서산의 사회상」, 『역사민속학』11, 한국역사민속학회.

吉岡完祐, 1983, 「中國郊祀の周邊國家への傳播」, 『朝鮮學報』107, 朝鮮學會.

森平雅彦, 2008, 「高麗における宋使船の寄港地'馬島'の位置をめぐって」, 『朝鮮學報』207.

충남 역사문화 연표

*본 연표는 이해준의 「충청남도의 주요 연표」를 보완한 것이다.

BC18	온조, 하남 위례성에 백제 건국
400	
462	무령왕 출생(461)
475	문주왕 즉위. 웅진으로 천도
477	내신좌평 곤지 사망. 해구가 문주왕 살해, 삼근왕 즉위. 웅진의 궁실을 중수함
478	해구가 은솔 연신과 함께 대두성에서 반란
479	동성왕 즉위
486	웅진 궁궐 남쪽에서 대규모 열병
489	제단을 설치하고 천지에 제사 지냄
490	동성왕이 사비원(泗沘原)으로 사냥나감
491	금강 물이 넘쳐 웅진 도성 200여 호 표몰
497	웅진도성, 홍수로 민가 파손
498	공주에 웅진교 가설
500	공산성에 임류각 건립
501	가림성 축조, 백가가 동성왕 살해. 무령왕 즉위
521	무령왕, 영동대장군에 봉해짐
523	무령왕 사망, 성왕 즉위
525	무령왕릉 축조

991	한산(서천) 지현리 석탑 건립
995	10도제의 시행에 의하여 충남 지역이 하남도(河南道)로 편제됨

1000

1010	천안 성거산 천흥사 동종 제작
1011	현종, 거란 침입으로 잠시 공주에 머무름
1021	천안 봉선홍경사 사찰 200여 칸 완공
1028	부여 정림사 중건
1030	당진 안국사 중수
1106	양광충청주도 설치
1123	송 사신 서긍이 마도 안흥정에 정박
1134	태안반도 굴포 운하 건설 시도
1170	무신정권이 성립됨
1176	망이 · 망소이의 난 일어남
1177	망이 · 망소이의 난 평정됨

1200

1231	몽고군이 고려침입을 개시함
1232	몽고의 침입으로 고려 서울을 개성에서 강화도로 옮김
1236	대흥(예산군)과 온수(아산시), 공주에서 몽고군 격퇴
1237	남송의 관인 정신보, 서산에 정착
1256	충주도 순문사 한취가 아산만에서, 장군 이천은 온수(아산시)에서 몽고군 격파
1272	삼별초군이 고란도(보령) 공격, 고려 전함 6척 불태우고 조선 기술자 살해, 홍주부사와 결성, 남포의 감무를 잡아감
1281	부여 보광사 중창비 건립
1284	부성현을 서산군으로 승격
1291	원의 카단(합단)군을 연기에서 격파
1294	가정 이곡, 한산에서 태어남
1300	충청도를 양광도로 개편

1308	예산 수덕사 대웅전 건립
1310	소태현을 태안군으로 승격
1314	양광충청(주)도, 충청(주)도 등으로 사용되던 도명이 '양광도'로 일반화됨
1328	한산인 이색 출생
1346	장곡사 금동약사여래죄상 조성. 문수사 금동여래좌상 조성
1358	보광사 원명국사 대보광선사비 건립
1362	목은 이색, 아버지 가정 이곡의 문집 간행
1369	왜구, 충청도 조운선 약탈
1376	최영 홍산대첩
1377	왜구, 부여 청양 일대 침입
1378	공주·이산·회덕 등지 왜구 침입
1380	왜구, 결성·홍주·진포 침략
1382	왜구, 부여 일대 침략
1388	노유린이 시주하여 마곡사에 묘법연화경 사경 완성
1389	최무선·나세의 진포대첩 (금강 하구, 서천)
1390	태안에 순성진(蓴城鎭) 설치. 김종서 공주에서 출생
1391	굴포 개착 공사 재개
1392	조선 건국
1393	계룡산에 신도 건설하다 중단. 태조의 태실을 진산 만인산에 둠
1394	무학대사, 신원사 중건
1395	양광도가 경기도와 충청도로 분리되어 충청도라 칭함. 목은 이색 사망. 경상도 조운선 16척이 안흥량에서 침몰
1396	진산에 태조대왕 태실비 건립

1400	
1404	태안에 소근진(所斤鎭) 설치
1407	태안 향교 창건
1408	왜구, 충청수영 침범
1413	태종, 계룡산신에 제사. 도·군·현 칭호 개정

1414	전라도 조운선 66척이 안흥량에서 침몰, 200여 명이 익사함
1416	태안에 강무장 설치
1417	태안읍성 축성
1418	해미로 충청병영 이설
1430	비인읍성, 보령읍성 축성
1431	맹사성, 벼슬에서 물러나 온양에서 여생을 보냄
1433	온양행궁 건축
1439	면천읍성 축성
1440	당진읍성 축성
1445	남포읍성 축성
1447	충청수영 개설
1451	결성읍성 축성
1453	김종서, 수양대군에 의해 살해당함
1456	계룡산 동학사에 초혼단 건립
1465	세조가 온양 온궁에 체류중 온천물(神泉)이 솟아남
1467	연산 고정리에 양천허씨 정려비 건립
1478	면천 범근내포의 공세곶창을 폐지
1484	서산 개심사 대웅전 중건
1491	해미읍성 축성
1493	매월당 김시습, 부여 무량사에서 입적
1497	대흥 이성만 형제 우애비 건립
1500	경기와 충청도를 무대로 활동하던 '강도' 홍길동이 관군에 붙잡혀 죽음
1505	환관 김처선 사건으로 충청도가 충공도로 개호됨
1506	충공도를 충청도로 복호
1510	보령 오천성 축성
1514	서천 장암진성 축성. 태안 소근진성이 좌도수군첨절제사영으로 축조됨
1523	아산 공세곶창 개설, 충청일대 40개 고을의 조세 보관
1537	안흥량 의항 굴착
1538	서산 명종대왕 태실 조성

1539	충청도를 청공도로 개호했다가 바로 복구
1546	서산 명종 태실비 건립
1547	홍수로 금강물이 불어 보름동안 침수됨
1548	사계 김장생 출생
1549	충청도를 청홍도로 개호
1567	청홍도를 충청도로 복호
1569	갑사 소장 월인석보 목판 판각(한산 죽산리)
1570	선조의 태실을 임천에 둠
1574	김집 출생
1577	부여 의열사 사액
1579	아리타의 도조 이삼평, '금강도'에서 출생
1581	충남지역 최초의 서원인 충현서원 창건
1583	갑사 동종 주조
1592	임진왜란, 금산전투에서 조헌 등 7백 의병 순절
1595	충청도를 충공도라 칭함
1596	금산전투에서 조헌·영규 등 의병 순절, 김시민 진주성전투에서 순절.
	천안 광덕사 전소. 부여 홍산에서 이몽학의 란 일어남
1598	명나라 군대 공주 주둔
	이순신 노량해전에서 전사. 이삼평이 왜장 나베시마에 잡혀 감

1600

1602	충청감영 공주로 이전, 공주 공산성 수축
1603	관찰사 유근, 충청감영 관아를 공산성으로 옮김
1604	임진왜란 때 불탄 갑사 대웅전을 중건
1611	한산(서천) 문헌서원 사액
	청주목이 서원현으로 강등되어 충청도를 충홍도로 개호
1613	충주목이 충원현으로 강등되어 충홍도를 공홍도로 칭함
1614	이순신 묘소 현재의 위치(아산시 음봉면)로 이장
1618	안면곶의 나무 4,5천주를 관아 건축용으로 벌채

1623	충청도로 복호됨
1624	인조, 이괄의 난으로 공주 파천. 충현서원 사액
1626	김장생, 강경에 임이정 건축
1628	충주목이 충원현으로 강등되어 충청도를 공청도로 개호
1633	연평부원군 이귀, 공주 이인에 묘를 씀
1634	연산에 돈암서원 창건
1637	충청도로 복호됨
1644	충주목이 충원현으로 강등되어 충청도를 공청도로 개호
1646	이산현(논산 노성)에서 유탁 모반사건 발발
	공주목이 공산현으로 강등되고 공청도가 홍청도로 개호됨
1649	효종, 김집·송시열을 조정으로 부름
1651	공주 마곡사 대웅보전 중건
1652	충청도에 대동법 실시. 청주로 충청병영 이설, 해미읍성은 호서좌영이 됨
1653	충청도로 복호됨
1655	온양행궁 중수 복원. 태안 안흥진성 축성.
1658	충청도를 충홍도로 개호
1659	돈암서원 사액. 갑사 사적비 건립
1661	숙종의 태실을 공주에 둠. 홍주목이 홍양현으로 강등되어 충공도로 개호함
1662	충공도를 충청도로 복원함
1672	회덕향약 실시, 논산 노강서원 건립
1673	서산 개심사 동종 주조
1675	홍주 노은서원 사액
1680	충주목이 충원현으로 강등되어 충청도를 공청도로 함
1681	청주목이 서원현으로 강등되어 공홍도로 함
	홍산 만덕교비 건립
1682	노강서원 사액, 윤황·윤문거·윤선거·윤증 등 배향
1685	충무공 정충신에게 시호 교지와 함께 숙종의 하사품이 전해짐
1689	충청도로 도명이 복원됨. 송시열 사사
1704	현충사 건립

1707	충청감영, 형 공주사대부고 자리로 이전. 현충사 사액
1708	공산성 진남루 서측에 쌍수정 사적비 건립
1711	서산 명종대왕 태실비 건립
1715	가례원류 발문으로 당론 격화
1716	권상하 등이 노성에 궐리사 건립
1717	김장생 문묘 배향, 창렬사 창건
1728	무신란으로 동학사 초혼각에 방화
1731	강경 미내다리 완공
1734	공주 공산성 쌍수정 건립
1739	충청도의 이름을 공홍도로 개호
1741	서원훼철령으로 서원 훼철. 공주시 소학동 향덕비 건립
1746	공주에 인조의 5남 숭선군의 신도비 건립
1747	충청도로 도명을 되돌림
1748	절재 김종서 신원, 복관 후 묘소 앞에 비석건립
1749	정순왕후 서산에서 출생
1756	송시열 · 송준길 문묘 제향
1777	청주목이 서원현으로 강등되어 충청도를 공충도로 개호
1778	공주목이 공산현으로 강등되어 공홍도로 개호
1782	마곡사 화재
1783	영조의 둘째 딸 화순옹주에게 열녀 정려가 내려짐
	천안 수신에 홍대용 묘 조성
1784	예산출신 이단원이 공주에서 천주교 전교
1791	천주교 진산사건 발생
1795	정약용 금정찰방으로 부임
1800	
1801	신유사옥
1804	도명을 공충도로 개호함
1805	노성 궐리사를 현 위치로 이건

1810	영규대사 묘비 건립
1813	공충도를 충청도로 되돌림. 공주 마곡사 대광보전 중건
1816	영국 군함, 마량진에 출현
1817	충주목이 충원현으로 강등되어 충청도를 공충도로 개호
1819	공주 등지에 대홍수
1824	홍주읍성 수리
1833	공주감영 선화당 건축
1834	충청도로 이름을 되돌림
1836	부여 홍산 객사 건립
1837	대흥군에 괘서사건 발생
1845	저산팔읍 보부상단 공인. 남연군 묘 덕산 가야산 북쪽 기슭로 이장
1846	김대건 신부, 서울 새남터에서 순교
1849	최양업 신부 서품
1851	김옥균, 공주시 광정면에서 출생
1856	추사 김정희 묘소, 예산 고택 옆에 조성
1862	회덕·공주 등지 민란 발생
	청주목이 서원현으로 강등되어 충청도를 공충도로 개호
1865	대원군, 예산 보덕사 건립
1868	오페르트, 덕산 남연군 묘 도굴 시도
1869	부여동헌 재건
1870	홍주성 조양문 건축
1871	서원철폐 단행. 충청도로 이름을 되돌림
1873	최익현, 홍선대원군 배척상소로 제주도 유배
1876	신원사 중수
1879	명성황후, 계룡산 중악단 중수. 한용운 결성 성곡에서 출생
1889	김좌진 홍성 갈산에서 출생
1894	동학농민군, 우금티에서 패전. 김옥균 살해당함
	일본군이 풍도에서 청군 공격하고 아산 백석포로 상륙(청일전쟁)
1895	홍주 을미의병. 23부제에 따라 공주부·충주부·홍주부 설치

1896	13도제 개편, 충청남도로 개칭
1897	한성서울 - 공주간 전보 개통. 공주성당 설립(기낭신부)
	홍주 · 서산 · 태안 3군에 분속되어 있는 안면도를 홍주군에 전속하여 관할케 함
1898	프랑스 신부 진베드로, 공주 성당 건립
1899	갑사 철당간, 태풍으로 절단
1900	논산 원목다리 완공. 오천군을 신설하고 안면도 등을 이에 소속시킴
1901	부여 구룡면 금사리 성당 창설(공베르 신부)
1903	공주-은진-강경포간 전화개통
1904	경부철도, 영등포 - 대전간 영업개시. 최익현이 정산에서 향음례를 주도함.
	고암 이응로 출생
1905	경부선 개통, 공주영명여학교 설립
1906	홍주 병오의병, 홍주성 주둔 일본군 공격. 최익현 대마도에서 순국.
	공주영명학교 설립
1907	이남규선생 순절
1908	동양척식주식회사 설립(대전, 강경지점). 윤봉길 의사 출생
1909	의병 50여 명 예산경찰서 습격. 온양온천주식회사 설립
	공주 제일감리교회 예배당 건축. 충남의 신문 '삼남일보' 창간
1910	초대 충청남도장관 박중양 부임
	공주 농업학교(예산농업학교, 공주대 산업과학대의 전신) 개교
1911	대전공립보통학교(삼성초등학교) 설립
1913	호남선 개통. 예산에 호서은행 설립
1914	군현 통폐합과 지방제도 개편, 평택군을 경기도에 편입
	김옥균 묘 아산 영인에 이장됨
1915	부여 능산리고분군 조사
1917	호서은행 광천 지점 설치
1918	대전역사 준공. 호서은행 천안, 안성 지점 설치
1919	유관순, 천안 아우내 장터에서 독립만세운동 중 체포 됨.
	공주 전기회사 설립
1920	김좌진 장군, 청산리전투에서 일군 격파. 유관순 열사 순교

	강경공립상업학교 설립. 조선노동공제회 예산지부(충남 최초의 노동운동 단체) 창립
1921	초대 한국인 도지사 김관현 부임
1922	공주고등보통학교 설립, 공주(예산)공립농업학교를 예산으로 이전
1924	예산공립농업학교 학생 동맹휴학
1926	온양온천을 조선경남철도주식회사에서 인수, 충남제사(忠南製絲) 회사 설립
1927	공주 송산리고분군 조사. 충남체육회 조직. 신간회 홍성지회 창립(회장 윤대영)
1929	부여 고적보존회 결성. 낙화암에 백화정 건축. 공주영명학교 동맹휴학
1930	시인 신동엽 부여에서 출생. 호서은행, 한일은행과 통폐합
1931	천안읍, 조치원읍, 강경읍 승격
1932	윤봉길 홍커우 공원에서 투폭. 대전으로 도청이전. 현충사 준공
	예산농업학교 '적색독서회 사건'
1933	공주 금강철교 준공. 공주 중동성당 착공. 공주사적현창회 발족.
	공주 송산리 6호분 조사. 김일엽 수덕사에서 출가
1935	대전읍, 대전부로 승격. 부여 군수리사지 조사
1936	장항 제련소 준공
1937	수덕사 대웅전 수리
1938	공주사범학교 설립. 논산면이 논산읍으로 승격되고, 서천군에 장항읍 설치
1939	조선총독부 박물관 부여분관 개관. 부여신궁 조성계획 발표. 서울 - 대전간 복선 열차 운행
1940	예산군 예산면이 예산읍으로 승격
1942	부여 정림사지 발굴. 홍성군 광천면이 광천읍으로 승격
1943	대전 방송국 개국
1944	온양읍, 홍성읍 승격
1945	광복 후 박제호 지사 카프대령에게 업무인계, 미군정기
1949	대전부가 대전시로 개편
1950	6.25전쟁 발발, 공주 및 연기 대평리에서 금강 전투

찾아보기